为你钻取
智慧之火
Get the fire of wisdom for you

中山市文联专项资助项目

中山传

ZHONGSHAN
ZHUAN

叶曙明 著

南方传媒 广东人民出版社

·广州·

图书在版编目（CIP）数据

中山传 / 叶曙明著. —广州：广东人民出版社，2022.4
ISBN 978-7-218-15621-7

Ⅰ.①中… Ⅱ.①叶… Ⅲ.①中山—地方史 Ⅳ.①K296.53

中国版本图书馆CIP数据核字（2022）第042439号

ZHONG SHAN ZHUAN

中 山 传

叶曙明 著

出 版 人：肖风华

封面题签：刘斯奋
特邀主编：陈江梅　卢曙光
选题策划：汪　泉
责任编辑：汪　泉
装帧设计：萨福书衣坊
内文设计：奔流文化
责任技编：周星奎

出版发行：广东人民出版社
地　　址：广州市越秀区大沙头四马路10号（邮政编码：510102）
电　　话：（020）85716809（总编室）
传　　真：（020）85716872
网　　址：http://www.gdpph.com
印　　刷：广州市岭美文化科技有限公司
开　　本：787毫米×1092毫米　1/32
印　　张：18.75　　字　　数：400千
版　　次：2022年4月第1版
印　　次：2022年4月第1次印刷
定　　价：99.00元

如发现印装质量问题影响阅读，请与出版社（020-83716848）联系调换。
售书热线：（020）85716826

20世纪30年代孙中山故居照片
（孙中山故居纪念馆供图）

石岐烟墩山塔

民国时期县城石岐全景

民国时期石岐金花庙四月初八浴佛节转龙会出会景之头锣

民国时期中山人日常生活的场景

民国时期县城石岐一角

石岐黄氏大宗祠

中山市博物馆雕塑

石岐街头雕塑

中山市博物馆雕塑

20世纪20年代中山县的孙文西路（右边为孙中山先生创办的"中西药局"商铺）

20世纪20年代中山县
的先施公司

中山县守备军队列
（出自《大公晚报》香港
版1939年8月7日，中山市
博物馆藏）

目录

走出天地洪荒

- 散落的珍珠

- 一切都在改变

- 五百年前是一家

散落的珍珠

1990年，在珠江口的横门以西，大片的田野、树林、村庄、池塘，远远近近，疏疏朗朗，一簇簇的荔枝树、蕉树，在耀眼的阳光下，显得如此静谧、清晰。几头躺在树荫下的水牛，偶尔甩动尾巴，驱赶苍蝇。翠鸟蓦然尖锐地啼叫，从远而近，低低地掠过池塘，在叼到一条小鱼后，投入蕉树丛中，只在水面留下一圈圈的涟漪，令夏日显得更加幽静。天空纤云四卷，烈日高悬。从珠江口吹来的海风，拂过田野，拂过村庄，带来了一阵清凉。这里是中山县南朗镇龙穴头村。

南朗，原名南蓢，"蓢"字原意是指沼泽或滩涂，后来简写为朗，失去了地名的本义。南朗位于石岐东南面，附近有大尖峰、后门山、象棚山、鸡头山，群山并峙；宫花水、榕树环、石盆溪、三度溪，诸水回环。在清同治朝的《香山县志》中，留下了如诗如画的描绘：群山并峙，一山得似一山雄，有的"积石峨峨，甚为崇峻，遥望如金仙耸立于云霄，翘观东海，拱揖朝曦"；有的"尖峰矗立，奔赴而东，如欲逾海而渡然"；有的"山痕如螺黛染点于烟浪中"；有的"山形如珠"；有的"峰峦层折"。诸水回环，一水更比一水长，有的"浪花滚雪，势甚漂疾"；有的"涡漩凹似壅，湍急响如雷"；有的"豁然成湖"；有的"弯曲如环"。看尽山川形胜，总是气象万千。

这天，一位老伯骑着单车来到龙穴头村外的沙堤上，把单车靠在树荫下，然后在荒地四处巡看，走走停停，时而蹲下，从地里捡起一些残石碎瓦，吹去尘土，仔细端详；时而把捡到的碎片，装进背包里。偶尔有路过的乡民认识他，远远和他打招呼，老伯也笑着扬手回应。他不是拾荒者，而是一位业余的考古爱好者。

老伯兴冲冲地把捡到的物品，背到孙文中路的中山市博物馆，一进门就嚷嚷："快来，快来，看我找到了什么？"当工作人员看着老伯把东西一件一件从背包拿出来时，眼睛里闪出奇异的火花——这是非常古老的彩陶和夹砂陶残片，他们几乎一眼就认了出来，嘴里惊呼："是它，没错，新石器时代的东西，不得了！"仿佛接收到了另一个世界传来的信息，此刻他们的表情是难以形容的，欣喜、惊诧、疑惑、期待，全写在脸上。

老伯把考古人员带到了发现彩陶片的沙堤现场。这里西距石岐22千米，往东再走两千多米，就是烟波浩渺的大海了。早在1986年，考古人员就曾在附近找到了一些砾石、石锛、石网坠、穿孔砑璋和铸铜石范，当时判断是新石器晚期至春秋战国时期的物品；1988年又发现了一些彩陶片，考古人员尝试挖了两条探沟，但收获不多。这次发现的彩陶和夹砂陶片，再度引起了人们的关注。

1990年的冬天，异常寒冷。12月，由广东省文物考古研究所、中山市博物馆、中山市文物管理办公室组成的考古队，来到了龙穴头村。他们在沙堤上搭起工棚，安营扎寨，划出了一个310平方米的发掘区，开始正式发掘。一场来自西伯利亚的寒潮正影响着广东沿海地区。天上寒云四合，北风卷起阵阵尘土，把枯草、败叶送向天际，消失无踪。

考古人员冒着严寒，夜以继日地工作，到1991年1月发掘完成时，从100多厘米深的地底，挖出了数量可观的夹砂陶釜、陶器座、陶支脚、陶拍、陶罐，其中有两只基本完好的镂孔圈足钵和镂孔圈足碗，弥足珍贵，因为中山地区以前从未发现过如此完整的彩陶器皿。陶碗上下呈喇叭形，中间细腰，曲线流畅优美，表面刻有卷状的水波纹、圆点、条带纹，在圈足有镂孔，划有水波纹、折线纹和弦纹，丰富多样的纹饰，透出一种拙朴的美感，考古人员用皲裂的手把它们轻轻捧起，不禁感叹：生于山陬海澨之地，在恶劣的生存环境之中，尽管每天要与风暴、海潮、猛兽搏斗，但先民并没有放弃对美的追求，在那些仅能遮风挡雨的窝棚里，在那些粗糙的器具上，仍不忘用美丽的色彩与花纹来装饰。

从残存的陶片上，人们还发现了一些奇怪的图案，可惜因岁月的磨蚀，已模糊难辨，意义不明。有人大胆猜测，可能是一些最原始的文字。如果是真的话，它记载了什么呢？它想告诉后人什么？从彩陶表面的颜料，似乎能看到被毛笔刷过的痕迹，让人十分困惑：难道比传说中的蒙恬造笔还早两千年，中山先民就在用毛笔给陶器上色了？

古人留下的谜团，实在太多，令人遐想无穷。就在五千年前那个风和日丽的清晨，一个腰上围着树皮布的男人，坐在窝棚外的石头上，聚精会神地往陶罐上描着颜料。他的皮肤黝黑，目光有神，嘴唇隐藏在浓密的胡子里。当他完成工作以后，站起身退后几步，从远处端详自己的"作品"。此时此刻，他在想着什么？他的心情如何？他对自己的手艺是否满意？他可知道他涂下的这一抹淡红，会出现在五千年后的聚光灯下？今天，当漫漫的时间之流再度交汇，从每一块残破的陶片中，感受着隔世犹存的先人体温，体会着他们的喜怒哀乐时，每个人都感动得泫然欲泣。

考古人员还发掘出一批敲砸器、石锛、石锤、石球、石饼、石拍、石网坠等石器。这些多是生产的用具。敲砸器和砺石都是用来制作各种石器的，石锛可以砍树和刨土；石拍用来拍打树皮，制作树皮衣服；石网坠是系在渔网上捕鱼用的。2004年，考古人员对这个遗址的东侧进行发掘，挖出了更多的石刀、石斧、石砧、石锛和石拍。在古中山（包括今天的珠海市、澳门等地），类似的文化遗址，不止一处。在石岐白水井大街，在火炬高技术产业开发区宫花村、沙边村和小隐村，在大涌镇岚田村和全禄管理区，在沙溪镇秀山村，在五桂山镇龙塘村，在唐家湾镇的唐家村、下栅村、鸡山村、淇澳岛，在三灶镇草堂湾，高栏岛宝镜湾等地，都发现了新石器时代先民留下的信物。

可以肯定，不晚于新石器中期，中山人的先祖，已在这片丘陵、台地起伏的赤红壤上，生息蕃庶，形成了最初的人群聚落。山高海阔，天地苍黄，就在海桑陵谷的变迁之间，从远古弥天大夜的深处，文明的第一抹曙光，刹那透现。

五千年前的中山，还是南海上的一个无名的大岛，它最早的名字叫"香山"，四面环水，北面是石岐海，与今天的番禺、南海、东莞、新会隔海相望，南面是无边无际的大海。明末清初学者屈大均在《广东新语》一书中写道："古时五岭以南皆大海，故地曰南海。其后渐为洲岛，民亦藩焉。东莞、顺德、香山又为南海之南。"

珠江口的海潮，一日两涨两退，崖门、三灶一带，潮水涨退之间，落差可达三米以上，而磨刀门的潮水落差最小，但涨潮时顺着较为平坦的西江河道，可以一直冲到三水，甚至从思贤滘涌入北江干流。在中山市黄圃镇石岭山下、沙溪圣狮村西侧，至今仍有两处海蚀遗迹，从海蚀平台到海蚀崖、海蚀洞，历历可辨。

石岭山遗址，范围达1.675万平方米，在几千年的海浪冲刷下，形成了许多岩洞和以河卵石为主的岩层，蔚为奇观。当地人相传，八仙之一的吕洞宾，曾在石岭山下的海蚀岩洞，留下云游的行迹。后来，乡人把这个洞称为"玉泉洞"，并筑了一座仙庙，供奉吕洞宾。狮山遗址，是五千多年前形成的古海岸，现存面积约5000平方米，布满了海蚀洞、海蚀崖和海蚀平台。作为地质标本而言，在珠江三角洲地区，这两处遗迹是最完整的。

珠江三角洲以狮子洋为界，大致可以分为东西两部分，东部是凭借东江之力形成的东江三角洲，而西部则是由北江、西江合力形成的三角洲，面积比东部要大，香山在其中焉。东西两边的最大区别，在于东部是一马平川，而西部则冈峦起伏。

香山的地形，在全新世（距今约1.2万年至8000年），由于海面回升，低洼地区遭受海侵，形成了众多的小海湾。其后海面持续快速上升，除了一些低山丘陵外，其余地方全都成了一片汪洋。冒出海面的山峰，包括五桂山、卓旗山、大尖山、南台山、周东坑山、白云迳山、飞云洞山等，最高的是五桂山，俗称五鬼山，由燕山期花岗岩侵入体构成，海拔500多米，苍然耸起于海面，而诸山群岛则垂首伏行，有如群臣面君。后来，岛上的人烟渐渐稠密，它便有了一个好听的名字，叫"香山岛"。北宋人乐史在《太平寰宇记》一书中写道："东莞县香山在县南隔海三百里，地多神仙花卉，故曰香山。"后人根据"隔海三百里"的距离，推断出乐史所说的，就是五桂山。

因"地多神仙花卉"而得名，十分浪漫，人们也乐于把这当成定论。于是，关于香山得名的其他说法，都被一一否定了。曾经有人猜想，香山是因为岛上生长了许多香木而得名，明代嘉靖朝《香山县志》便反驳说："按县地产香木绝少。"有人说因岛上有一座香炉山，清代道光朝《香山县志》也予以否定："香炉山仅穷谷中一峰耳"，不足以为名。还有人说因东莞盛产莞香，当年运莞香往香埠头（今九龙尖沙咀）的船只，中途在此歇泊，久而久之，便被叫作香山。此说更被当地人嗤之以鼻，因为莞香的全盛期约在明代，香山的得名，比这要早得多。

不过，所谓"神仙花卉"，并不是说五桂山上有很多神仙，而是形容漫山遍野的奇花异草，其中有一种叫"神仙茶"的植物。清代乾隆朝《香山县志》写道："五桂山在县南八十五里，周围二百余里，岩壑瀑布，与罗浮诸胜争埒。山左有大小花园（地名），多异花，其阳产神仙茶。"志书上所载香山岛的"异花"，除了兰花、珠兰、鱼子兰、素馨、茉莉、瑞香、月桂、九里香、夜来香、夹竹桃、山茶、雁来红、秋海棠诸花之外，还有许多叫不出名字的花草。一年四季，岛上繁花似锦，香阵冲天。

香山岛属于典型的南亚热带季风海洋性气候区，夏、秋两季，天气变化无常，有时碧空如洗，忽地油然作云，大海瞬间转为黑压压一片，烈风掠过山谷，万窍怒号，草木欲飞，受惊的老虎、猿、鹿、豪猪、山马，在密林涧壑间仓皇奔走，鹧鸪、斑鸠、山乌、伯劳、白鹤等飞禽，也纷纷投入草丛躲避，风声、雨声、溪水声，混夹着嗷鸣、唧唧、呦呦、啁啾的声音，此起彼伏，在山谷中呼啸而来，呼啸而去。但一场暴雨过后，忽地残云散尽，万象明澈，大海也顿时收起怒容，恢复了丝绸一般柔软安静。大自然变脸之快，让人觉得神秘莫测。

珠江每年都有五次大潮，三月头造水为一，四月八潮为二，五月龙舟水为三，七月慕仙水为四，八月中秋水为五。每次大潮如果遇上台风、暴雨，或与下游潦水相遇，相激相荡，其势更加壮阔。岛的西面是珠江八大口门之一的磨刀门，东边是珠江的另一个口门横门。这两条水道，每年把三千多万吨的泥沙，推向大海，以致在五桂山四面，出现了愈来愈多的沙洲、岛屿和平原、滩涂，香山的古镇、海洲、小榄、长洲、大黄圃等，亦先后成陆，慢慢连成一片。今天中山以低山、丘陵、台地和冲积平原、海滩为主的地貌，便在这一轮轮的沧海桑田变迁中，渐次形成。

岛上河溪纵横，小隐涌（宫花水）、北台涌（梅花水）、茅湾涌和社爷河（又名沙爷河），都出自五桂山，纵横交贯，连接着各条河流水道，如蛛丝结络。西有古镇水道，上承海洲迳头海，汇入磨刀门水道；古镇旧名古海乡，大冈山、南无山、曰富山，都是岛屿，四顾茫茫，在水中央；北面的石岐海，受着珠江泥沙冲积的影响，逐渐变窄，形成大片平原，出现了洪奇沥水道、桂洲水道和岐江水道等；东面黄圃水道、鸡鸦水道与小榄水道，蜿蜒蛇行，相汇于横门水道出海；西江经南海九江、新会外海，注入磨刀门水道，拱北河与石岐水道绕五桂山，亦汇入磨刀门水道，同奔于海。

五桂山、南屏山、望门山、老安山、象角山、石门山诸山森列，如金锁捍门。按照古人的观念，凡众山咸止，诸水咸集，山水相会处，便是真龙止息之地。清乾隆朝《香山县志》形容："形胜雄于他邑，三洲水汇，五桂峰悬，泱泱乎大风也哉！地綦重矣！"

在浩乎无际的大海上，散落着大大小小的岛屿，如横门岛、大茅岛、二茅岛、三茅岛、蚝田岛、野狸岛、九洲头岛、氹仔岛、淇澳岛、三灶岛、大小横琴岛、竹湾头岛、大万山岛、高栏列岛等，就像撒在玻璃盘中的一把珍珠。直到明嘉靖朝的《香山县志》，罗列出没有在版图上出现的小岛就有：小湖洲、马盾山、大磨山、小磨石、大罗洲、小罗洲、白椒、芒洲、散洲、白藤洲、鸬鹚洲、桑洲、赤洲、担竿洲、南亭山、竹洲、粉洲、大托、小托、大淋、小淋、文湾、连湾、二湾、三门、浪白、倒触、宿聚、鬼叫、皋兰、鹿胫、潭洲、鸡龙、王鱼洲、知州屿、丫洲、锡坑、箔洲、拏洲、游鱼洲、大吉山、小吉山、九澳山等。实际上，在三四千年前，很多地方尚未成陆，岛屿远远不止这些。

后世不少史家认为，新石器时代的香山岛，只是内陆地区的古南越先民出海捕鱼，或躲避天灾时的临时栖身地，一年之中，只有在某个季节，他们才从珠江地区中段乘船南下香山岛，从事季节性活动，季节一过便离去。他们的理由是：在五桂山没有找到古人居住过的洞穴或房屋遗址。有的人更进一步怀疑，在龙穴头村发现的新石器时代彩陶，有可能是大陆沿海南越人的沉船留下的。

真的是如此吗？在愈来愈多的考古发现面前，这些想象与假说，开始站不住脚了，一个相反的结论，却呼之欲出：香山岛的文明是本土发育起来的，不是外人偶然带进来的，时间上与整个岭南地区基本同步。

1989年，人们在高栏岛宝镜湾（今属珠海市）的风猛鹰山和海滩上，发现了多处被广东省文物考古研究所认定绘于四千年前的岩画。这里不仅有香山先民留下的艺术创作，还有各种生活用具和祭祀用具。恍如灯光亮起，舞台的大幕徐徐拉开，璀璨耀眼的场景，逐渐呈现，让人叹为观止。

岩画以阴纹凿刻在花岗岩面上，有人物、动物和船只等图形，包括蛇、鸟、鹿和云纹、雷纹、波浪纹等，还有一些令人无法理解的神秘符号。岩石表面风化斑驳，风暴、雨水、苔藓、真菌留下的岁月痕迹，让人感到它们与今天相隔如此遥远。

这些岩画，后来被发现者命名为"载王之舟""觋傩之舞""人牲""凤鸟"和"灵魂出窍"等。其中一幅岩画，刻画一群人和动物，围绕着一条船奔走雀跃，他们在干什么呢？是庆祝渔采丰收吗？还是一种崇拜自然的仪式？另一幅岩画，刻画着几个高举双手，两腿分开，状似舞蹈的人，站在一条船上，他们又是在干什么呢？在跳娱神之舞吗？在祈求上天保佑海不扬波，出海平安吗？有研究者认为，这种舞姿类似于当今壮族的"纸马舞"，是巫师酬神、祛邪、送鬼、祭祀时表演的一种舞蹈。

最引人注目的，是一幅被称为"载王之舟"的岩画。在两条叠压的船上，刻着一位头戴羽冠、面目模糊的王者，形似威武的饕餮；在船的右上方有翼龙、蛇虺，右下方有凤鸟、夔兽，有人从这些动物图案猜测，这也许代表了四个部落的不同图腾；左后方有带羽的灵蛇、鼍龟和狒猿等，动而若静，栩栩如生。载王之舟下半部，似乎是一座干栏式房屋。左边是手舞足蹈的女巫，右边有一只猎豹看守着伏地受戮的"人牲"。所谓"人牲"，是指在祭祀仪式上，被杀死做祭品的人。"人牲"的右边是一队翩翩起舞的男觋和鼓吻奋爪的神龙。

在宝镜湾遗址，曾出土了一件青石长条圭、一件石钺和一件筒形器。青石圭的形状，体薄而窄长，石质细腻，经过细细打磨。最初人们以为这是石斧，但反复研究后，认定是在祭祀仪式上使用的镇圭，筒形器也可能是某种法器。种种证据表明，那时人们已在岛上举行祭神活动，这些岩画不是单纯的艺术作品，而是对祭祀活动的记录，再现了四千年前香山岛越人的祭礼场面，盛大而热闹。因此，风猛鹰山被人认为是一座"神山"。

香山岛古越人是用什么工具，创作这些岩画的呢？是石器还是青铜器？考古界一直意见分歧。有人认为，凿刻如此细腻复杂的图画，很难用石头完成，只有青铜器才可以；但更多人相信，古越人就是用比花岗岩硬度更高的石英石、透闪石等砺石，完成如此细腻复杂的工程，这才是最令人惊叹之处。岩画中的许多线条，与在遗址发现的陶器上的纹饰相类，当为同时代产物，而这些陶器出自四千多年前的新石器时代，这已没有什么异议了。遗址的文化层厚达两米多，说明这里不是古越人的临时栖身地，而是一个长久稳定的居住点。

每年入冬以后，到初夏之前，珠江口咸淡水交汇之处，都会聚集大量洄游鱼群，晚上发出闪闪鳞光，白天则如一团海底的乌云。《广东新语》写道："鱼大至，水底成片如黑云，是谓鱼云。"这是捕鱼的好季节。考古人员在龙穴头村、宫花村、白溪村、秀山村、宝镜湾等遗址，挖出数以百计的石网坠，有一件石锚重达18.5千克。他们推断，当时香山先民已懂得采用围网、拖网和刺网等多种方式捕鱼。他们驾着小船出海，乘浪逐波，追踪"鱼云"，撒出一张张系着石网坠的渔网。直到日薄海角，归航的渔船，满载渔获，驶进了湾澳。这时，在山上捕猎的人，也扛着猎物，咿咿哑哑唱着歌下山，和采集果实的人，在山脚相会了。入夜以后，繁星闪烁，人们在山上点起堆堆篝火，指引那些夜归的渔船。

这种场景让人觉得，四五千年前的香山岛，仿佛是个蓬莱仙岛，山清水秀，鸟语花香，先民过着日作夜息、鼓腹含哺的安详日子。其实不然，漫长的夏季，气温炎热，疫病肆虐，春夏有青草瘴和黄梅瘴，秋冬有新禾瘴和黄茅瘴。东汉人班固在《汉书》中写道：越地"夏月暑时，欧泄霍乱之病相随属也。曾未施兵接刃，死伤者必众矣"。飓风、雷暴、豪雨、山洪，各种自然灾害，像海浪一样，层层叠涌而来，没完没了。一些人出海捕鱼，便再也回不来了。山林之间，毒蛇猛兽出没，危险无处不在，狩猎者往往成了猛兽的猎物。在这里，人的生死系于一线。

然而，生存环境恶劣，却没有把香山先民吓跑。相反，这成为推动他们创造的原始动力。那些从未到过香山，甚至从未踏足岭南的人，经常有一种离奇想象，以为岭南是蛮荒之地，岭南人一直过着野处穴居、赤身裸体、饮血茹毛的生活。《山海经》的作者甚至觉得他们有可能是"人面有翼，鸟喙"的怪物。这种想象，令"岭南"直到唐代仍是许多中原人的噩梦，更不用说远在岭南之南的香山了。

史实与想象之间的距离，是如此之大。

与尼罗河流域的古埃及文明、两河流域的苏美尔文明、印度河流域的哈拉帕文明以及中国黄河流域文明发育差不多同时，珠江流域的岭南文明也在发荣滋长。在这波势不可挡的文明浪潮中，香山文明开始破土萌发了。

在龙穴头村、宝镜湾、草堂湾等地，都发现了新石器时代的石拍，龙穴头村的石拍，甚至还有装柄的洞，是世界上现存最早的树皮布复合型石拍。香山先民用石锛把树砍倒，剥取树皮，再用石锛削去外皮，留下内皮晾干，然后放在石砧上，用石拍不停拍打，当树皮开始变软后，折叠起来再拍打，其间不断喷水，不断折叠，不断拍打，直到树皮纤维完全柔软，便用来做"树皮布"。香山先民最初就是用树皮布做衣服，遮身蔽体，挡风御寒。这是文明的开端。

后来，先民开始学会用纺轮织布。在后沙湾、棱角咀、白沙、烟墩环、东澳湾、宝镜湾等地，都发现了四千年前的纺轮。先民把一束束纤维缠绕在纺杆上，用力转动纺轮，把纤维拉直、拉细，拧成麻花状，然后编织成布。这与今天的纺织机，工作原理同出一辙。在涌浪沙丘遗址中，还出土了三件用半边肢骨制成的缝纫骨针。从石拍到纺轮，是一个了不起的飞跃，标志着文明向前大大跨进了一步。

文明发展的另一个里程碑是：青铜器出现了。考古人员在翠亨村镇中珠排洪渠，挖出了西周至春秋时期的一把青铜斧和一个青铜环。按照某种固化的观念，一定有人认为这是中原人带来的，然而，在龙穴头村的遗址，还发现了一个同时代的石范，从形状上看，是铸造铜斧的模具。

在翠亨村镇东南方近珠江口的下沙村后沙丘上发现的战国墓中，有一件青铜鱼镖，这是捕鱼用具，显示墓主可能是一位渔民。考古人员先后在金鼎外沙发现了春秋时代的铜箭镞，在南屏北山村发现了战国时代的铜剑，在拱北西瓜铺发现了战国时代的铜斧。即使有个别内陆人偶然把青铜器带到岛上，也不可能分布如此之广，数量如此之多。这证明在中原人进入香山之前，香山先民已懂得制作铜器了。香山岛进入青铜时代，并不比整个东亚大陆地区更晚。

孤悬海外的香山岛，水天茫茫。直到秦始皇统一岭南之前，岛上都没有中原人的足迹，没有人来岛上"传播文明"，没有人来"移风崇教"，没有人来教岛民如何渔猎，如何纺织，如何建筑，如何耕种，但他们就这样成长起来了。

一切都在改变

　　清康熙朝《香山县志》写道："香山，古扬越地，本禹贡扬州之外境。"按《禹贡》描述，扬州是九州之一，范围包括淮河以南、长江下游及岭南地区，几乎把西北与中原以外的整个东南地区，统统囊括在内了。这片辽阔的土地，本来就被中原视为东夷南蛮之地，而香山更是蛮夷的"外境"，简直遥不可及了。

　　那些忙于逐鹿中原的人，几乎从来没有听说过香山，也没有人在意它的存在。千万年来，它一直处在默默无闻的自然成长状态。直到秦始皇三十三年（前214），他们来了！

　　他们来了，历史从此改写。

　　五十万北方大军在任嚣、赵佗的率领下，浩浩荡荡，越过五岭，经过数年征战，终于平定岭南，完成了秦王朝并天下为一家的大业。大部分越人都宾服了，一些不肯归顺的，或逃进大山，或逃向大海。躲进山里的越人，慢慢演化为黎、壮、畲、苗等少数民族，逃向大海的则成了后来的疍家（旧称蛋家、蜑户）。这是史界对这些族群起源的一种说法，是耶非耶，尚需进一步考证。

秦始皇在岭南设置桂林、象、南海三郡。香山属于南海郡，这是香山第一次被纳入了国家的行政系统之中。任嚣出任郡尉，秦二世二年（前208）任嚣去世，弥留之际，他对赵佗说："番禺负山险，阻南海，东西数千里，颇有中国人相辅，此亦一州之主也，可以立国。"任嚣死后，赵佗接任郡尉。

秦军到底有没有进驻香山岛？这是一个谜。《香山钩沉》一书说："当时居住在中山境内的人，除原先生活在这一地域的南越人，另外有部分是秦代和汉初南迁的三批中原人。"书中所说的三批中原人，第一批是任嚣、赵佗麾下的五十万秦军；第二批是指平定南越后，被秦始皇谪徙至岭南的"治狱吏不直者"；第三批是赵佗向秦二世提出"求女无夫家者"，因而到岭南为将士缝补衣服的妇女。

这三批中原人的到来，是岭南第一次大移民潮，中原文化由此开始全面影响岭南，这是没有疑问的。但疑问在于：他们有没有到达香山岛？

《淮南子》记述，秦军五十万征岭南，"一军塞镡城之岭，一军守九疑之塞，一军处番禺之都，一军守南野之界，一军结余干之水"，主要部署在粤西和粤北一带，只有一支军队是"处番禺之都"，也就是广州地区，负责拱卫主帅行辕和重要的造船工场。没有哪本历史书提及秦军进驻了各个海岛。事实上，当时岭南各地越人的反抗，此呼彼应，秦军疲于奔命，并无余勇可贾，可顾及星罗棋布的海岛。

汉高祖三年（前204），赵佗趁着中原楚汉相争，天下纷乱之际，在岭南建立南越国，自号"南越武王"，定都于番禺（广州），随即闭关自守，派重兵镇扼横浦关、湟浦关、阳山关、湟溪关；断绝从江西入广东南雄、从湖南入广东连州、从湖南入广西贺县和从湖南入广西静江四条新道；在乐昌、仁化、南雄、英德、清远、石门等布下层层防线，以防北兵攻打南越；同时派大军扫荡桂林、象郡。整个部署的出发点，都是针对北方，海岛并不在考虑之列，赵佗也没有多余的兵力，可分派去守海岛。

因此，历史也许有另一种可能性，那就是秦军没有大规模渡海攻入香山岛。这里不仅未经战火蹂躏，而且成了秦军征服岭南后，大批南越人逃难避秦的地方。他们以舟楫为宅，以捕鱼为生。他们是越人中最顽强不屈的一族。

赵佗建立南越国后，置番禺县，香山划入番禺县范围。赵佗采取"和辑百越"的政策，与越人和平共处，不仅鼓励中原汉人与土著越人通婚，而且委任越人为高官，逐渐消除双方的敌意。秦军带来的关中话，慢慢与古越语融合，形成了独特的"广府白话"。但赵佗始终没在香山设置行政机构，也没有派官员去管理，岛上岁月，依旧是"岸草汀花自在春"，打鱼的继续打鱼，采樵的继续采樵。历年在香山的考古，都没有发现秦军的遗物，也没有找到南越国的流风尘迹。

一切似乎都没有变化，但变化已不知不觉地来临。

随着平原的不断扩大，愈来愈多的人从山上下来，在平原定居。人们建房屋，平道路，挖水井，修池塘，养禽畜，植果树。几乎每年都会有一些新的聚落出现。在这些聚落里，充满了生活的气息。小孩在屋舍间打闹，你追我逐，尖叫声混合着鸡鸣狗吠的喧闹；大人在门前搭起木架，晾晒渔网，或拎着陶罐到溪边打水；纺车在缓慢地转动；炉灶升起了呛人的柴烟；站在家门口，深深吸一口空气，喉咙便好像塞满了鸡屎的臭味和鱼虾的腥味，与"香山"这个名字，似乎有点不符。

香山人早已告别了简陋的窝棚，大部分房屋都是干栏式的，上层住人，下层养牲畜。这样的房子，可以防止野兽的侵扰，如果半夜有毒蛇、狸猫闯入，牲畜受惊就会嗷嗷乱叫，人们便赶紧出门，使劲敲打各种器具，把野兽吓走。但遇上体型巨大的猛兽，他们饲养的牲畜，还是经常会被叼走，只能自叹倒霉。每天早上人们在动物粪便的气味中醒来，晚上又在动物粪便的气味中沉沉睡去。这些气味，让人睡得安稳，因为这表明家有余裕，不愁饥厄。

人们每天出门第一件事，就是看看天空，以决定一天的安排。香山地区流传着很多关于天气的谚语，比如说："春雾晴，秋雾雨，冬雾不寒，夏雾不暑。"又比如说："破蓬摋西，日头晒死鸡；破蓬搔东，唔系雨就系风。"①破蓬（也有人写作"播蓬"），就是半截断虹。不知为何美丽的彩虹，在香山人口中会变成破蓬。这句话的意思是残虹在西，明天将烈日炎炎；残虹在东，明天将风雨如磐。人们出海捕鱼要看天气，上山狩猎也要看天气，一年到头都要看天吃饭。

当老人谆谆教诲后生"干冬湿年，禾黍满田"时，说明农业已经出现了。明代霍韬在《赠黄正色令香山序》中说："邑多涨卤，积而为岛，可稻、可菱、可盐、可渔，有力者利焉。"考古人员尽管迄今还没有找到香山人在秦、汉时期种植的农作物，但在翠亨村发现了香山人早期使用的农具：铁锸。这是用来翻土的，《韩非子》里说"禹之王天下也，身执耒臿以为民先"，指的就是这种农具。经鉴定，翠亨村发现的铁锸，乃公元前206年至公元220年间也就是两汉时期的产物。据此或可推测，当时已有部分岛民，过着面朝黄土背朝天的耕种生活了。

在南越国持续九十多年相对稳定的日子里，香山人与内地的交往，日益频繁。由于冲积平原日渐扩大，石岐海变窄了，乘船渡海不再是一件不可能的事情。交通的方便，使香山岛与内地不仅有贸易往来，也开始有人出岛读书和谋生。考古人员在唐家湾镇（今属珠海）后环渔村发现了几件完整的汉代四耳瓮、侈口罐、双耳罐和青釉盂，其造型与纹饰，和在广州汉墓中发现的陶

---

① 粤语"搔"是拉的意思，"破蓬搔西"是说西边拉起了一道断虹。

器，高度相似，简直就像出自同一个工匠之手，可见两地在汉代已有生意来往，产品不再是产地自用，而是流往四方了。

赵佗对越人的生活习俗，一向比较尊重，并没有在岭南强推秦、汉的中原衣冠。他甚至有时会模仿越人的打扮和举止，在接待汉朝使者陆贾时，便故意模仿越人，椎结箕踞，以致引起陆贾不满，口出"掘烧君王先人冢墓，夷种宗族"的恶言。汉武帝元鼎六年（前111），也就是赵佗死后26年，汉军果然大举兴兵，以杀戮与掘烧之法，把南越国彻底荡平。南越国覆亡后，汉廷任命石戴为交州刺史，南海归其统监，治所迁到苍梧。中原汉俗由此开始在岭南全面推广。

以前的越人装束，大多是为了方便劳作生产。《淮南子》描写他们："被发文身，以象鳞虫；短绻不夸，以便涉游；短袂攘卷，以便刺舟。"但汉代以后，逐渐出现了士人阶层，他们穿起宽袍大袖的衣服，步履安详地行走在路上，让那些每天满身大汗地劳作，习惯于长襦短褐，穿犊鼻裤的渔樵耕夫们见了，无不啧啧称奇。这种衣服上衣下裳连成一体，把身体完全隐藏起来，四尺多长的衣袖，两三尺宽的袖口，在海风吹拂之下，有一种飘飘欲仙的感觉。与之配套，士人往往头戴一顶缁布进贤冠，腰佩金属制作的带钩。在第二代南越王赵眜的墓中，便出土了一件七星纹银带钩，钩首为龙头形状，钩身装饰着北斗七星纹；另外还有金质虎头带钩和铁芯玉带钩各一件，做工都非常精良，可见带钩是当时从王室到民间的服装均不可或缺的饰物。有些男人还喜欢在身边挂一把佩刀，但这种"刀"并无锋刃，不能伤人，只是一种装饰品，让人更显雍容优雅。

从南越王墓中出土的玉舞女，也可以一窥当时岭南妇女所流行的衣饰，和中原汉服大致相同，一如汉乐府《陌上桑》所描写："头上倭堕髻，耳中明月珠。缃绮为下裙，紫绮为上襦。"她们头上盘着乌黑的云髻，耳朵挂一对琉璃耳珰，身穿短襦长裙，腰间系条细长的腰带作为装饰。这也是一般民妇的装束。

香山人的饮食，逐渐出现变化了。赵佗在《报文帝书》中称："南方卑湿，蛮夷中西有西瓯，其众半羸。"南宋人周去非在《岭外代答》一书中也说：岭南"五谷涩而不甘，六畜淡而无味，水泉腥而黯惨，蔬茹瘦而苦硬。人生其间，率皆半羸而不耐作苦，生齿不蕃，土旷人稀，皆风气使然也"。从赵佗到周去非，相隔千年，岭南人的体质，似乎没有太大改善，依旧是"率皆半羸"。周去非归咎于岭南的自然环境，影响了人们的饮食健康。

其实，周去非对岭南饮食的评价，是出于自己的饮食习惯和口味，与部分南方人嫌羊肉膻腻难吃，是同一个道理。清乾隆朝《香山县志》说："香山，水国也。"水国饮食，自然以水产为主。香山水域的渔产，有鲤鱼、鲢鱼、鳙鱼、鲩鱼、鲫鱼、海鲚、鲟鱼、凤尾鱼、苍鱼、蓝刀、鲥鱼、河豚、燕鱼、庵鱼、鲌鱼、鲛鱼等，品种繁多，数量丰富，任人脍炙，无比肥美。香山人的餐桌上，永远不会缺少鱼虾鲜食，但当地人却觉得，这些都是粗贱之物。

香山人也自己酿制土酒。在翠亨村出土了一只两汉时代的陶提筒，上面有一对桥形耳，方便拎提，筒身上刻着一些凹弦纹、三角纹和菱格纹，很可能就是香山人盛酒的器皿。屈大均的《广东新语》写道："粤地故多灵泉甘液，终年花果鲜美芬芳，而当时人民饶裕，户户为酒。"身为外来人的周去非认为岭南"水泉腥而黯惨"，而身为本地人的屈大均，却认为岭南"多灵泉甘液"；周去非称"蔬茹瘦而苦硬"，屈大均却说"花果鲜美芬芳"。从两者的评价可看出，有没有故乡之情，得出的结论，便有天壤之别。

自然地理的变化，往往可以造成一种文明的兴亡。新石器时代过去了，青铜时代也过去了，南越国兴了，南越国亡了，秦朝兴了，秦朝亡了，现在又到汉朝兴了。香山在这几千年光阴里，发生了许多的变化。山岸丘陵一座一座浮出海面，冲积平原一寸一寸扩大，但人口的增长，却并不很明显。据近代学者梁方仲的研究，西汉元始二年（2），南海郡的面积为9.6万平方千米，约9.4万人居住，人口密度平均每平方千米仅约一人；到东汉永和五年（140），南海郡增设了增城县，而人口升至25万，这个增幅，放在138年的时间线上看，仍属十分缓慢。而香山更在南海郡的边陲，人口肯定是在平均密度之下。

朝廷曾派边兵到香山屯田。他们是在本地征募的，还是北方派来的，已漫不可考，但人数虽然不多，却为香山带来了一股勃勃的生机。生活在岛上的人，虽然人丁单薄，住得疏疏落落，鸡犬之声难闻，但也你来我往，用黄猄换大米，用大米换鲟鱼，用鲟鱼换麻布，用麻布换陶鼎，人与货物的流动愈来愈频繁。跟随着人群流动的脚步，香山历史也走进了一个新时代，孤悬海外的岁月，终于成为过去。岛门打开了，他们来了！

这次是香山人来了！汉顺帝永建年间（126—131），香山人陈临，身穿直裾袍，脚蹬翘头履，神采英拔，登上了政治舞台。史书对其生平的记载，十分简略，只知道他世居香山，可能早年便负笈渡海，到内地求学。那时岛民到番禺、南海各地，已不是什么稀罕的事情。在圣贤书的陶熔鼓铸之下，逐渐领悟王政之道，先圣之德，于是"奋志不同蛮俗"。他的学识，赢得了岭南儒林的赞誉，南海郡向朝廷举荐了他。这是汉武帝立下的规矩：每年郡国举荐孝廉各一人，由朝廷加官进位。这是读书人入仕的正途。到东汉时，孝廉合为一科。陈临获举孝廉后，被委任为苍梧太守。

清康熙朝《香山县志》说，陈临"官至苍梧太守，推诚而理，导人以孝悌"。苍梧有一个流传很广的故事，说当地有一个遗腹子，长大后为父报仇，杀死了仇人，官府判他死刑。陈临听说这个死囚无嗣，不禁心生怜悯，允准死囚的妻子到监牢里侍寝，直到诞下一男婴后，才把犯人处死。这件事令苍梧郡人深为感动，编了两首歌谣在坊间传唱：

苍梧陈君恩广大，令死罪囚有后代，德参古贤天报赉。

苍梧府君惠及死，能令死囚不绝嗣。

有人考证，这只是民间传说而已，并非史实；但民间传说，总是民意向背的折射，人们崇敬他，才会编出这些故事来。汉献帝建安年间（196—220），陈临晋升为廷尉，列位九卿，专掌诏狱和修订律令诸事。当时他已是一位百岁老人。尽管其行谊宦绩，史书所载不详，但从他死后，民间的对他的追念崇拜从未断绝。

陈临去世后，岭南人把五月初五定为祭祀日。历史上，端午到底纪念谁，众说纷纭，有说是纪念屈原，有说是纪念伍子胥，也有说是纪念曹娥、介子推。但岭南旧俗，端午的一项重要内容，是纪念香山人陈临。每年端午这天，广州府就在陈临的神祠举行拜祭仪式；而梧州人也会让孩童换上干净衣服，舞蹈于府城东门上，以表达对陈临的感恩之情。《魏书》的作者魏收曾有一首《午日咏岭外风土》诗，便记述了这一习俗：

麦凉殊未毕，蜩鸣早欲闻。
喧林尚黄鸟，浮天已白云。
辟兵书鬼字，神印题灵文。
因想苍梧郡，兹日祀陈君。

这是历史上第一首咏香山人的诗作。唐代的《初学记》也说苍梧端午是"祭屈祀陈"，把屈原与陈临并列。明代洪武初年，广州越秀山上有一座玉山楼，祀奉晋代以前的九位南越先贤，其中就有陈临。清乾隆朝《香山县志》记载：陈临身后"子孙蕃盛，播于岭徼，世以为阴德所致云"，有人甚至宣称，岭南陈氏多是他的后裔。香山人第一次出仕，就留下了如此美好的德声。

　　三国时期，荆州刺史刘表与曹操支持的交趾太守士燮，一度在岭南相争。赤壁之战后，东吴气势如虹，趁着曹魏受挫的机会，开始介入岭南。孙权派步骘为交州刺史，借道零陵，直奔苍梧，杀苍梧太守吴巨、都督区景，然后顺西江而下，在高要峡再破吴巨残部，夺得南海郡治番禺。至此，香山正式被纳入了东吴的势力范围。

　　天下鼎足三立，岭南未受战祸波及，被视为孙吴重要的"后方仓库"。然而，为了应付战争的巨大需求，东吴在岭南采取竭泽而渔的政策，政刑暴虐，赋敛无极，引起极大的民愤。吴永安六年（263），魏灭蜀汉，交趾、日南、九真三郡，相继发生叛吴归魏的变乱，迫使东吴把交州改置为广州，领南海等四个郡，南海郡领番禺、四会、中宿、增城、博罗、龙川、揭阳、平夷八县。

到了西晋，北方的兵荒马乱，有增无减。先是八王之乱，继而永嘉之乱，匈奴铁骑入侵中原，晋室衣冠南渡，中原百姓纷纷向南逃亡，道路相望，风尘弥天，多少豪族巨室，拖男带女，仓皇而走。后代史家把这一时期林、黄、陈、郑、詹、邱、何、胡八姓入闽，视作北人入闽的开端。这股难民潮沿着海岸，涌入广东潮州各地，部分在潮、汕地区定居，部分继续西逃，进入珠江三角洲，《晋书》记载了江浙人"乃从海道入广州"，"渡南海至交趾者不绝"，其中跑到香山的，也不乏其人。《香山县乡土志》写道："畲蛮，本闽潮人之逃叛流亡者，就地垦荒，以刀耕火种为名，随处有之。"今天在沙溪、南朗、三乡一带，还有很多讲闽语的人，便是他们的后裔。

晋时广州坊间有流行谚语："永嘉世，天下荒，余广州，平且康。"因岭南相对安稳，从三国吴到晋室南渡，江浙人蜂拥而来，吴越文化对岭南的影响，愈来愈明显。石岐有一首古老的儿歌："嗳姑乖，嗳姑大，嗳姑门楼打饭斋。"这个"嗳"字，便是来自吴语，意思是"驭着"。所以屈大均说："大抵粤音柔而直，颇近吴越，出于唇舌间，不清以浊，当为羽音。"不仅在语言方面，习俗、饮食方面的吴越痕迹，亦可见。

随着珠江三角洲人口增多，东晋咸和元年（326），朝廷把南海郡东部（增城）划出，置东官（莞）郡。不料，安稳的日子没过几天，便被来自江浙的"五斗米道"，一轮洪水横流似的扫荡，彻底粉碎了。东晋隆安三年（399），孙恩在浙江上虞作乱，继而卢循在浙江永嘉作乱，最终把战乱引入了广州。

东晋元兴三年（404），卢循兵临南海郡。广州刺史吴隐之坚守番禺城池百日后，卢循派遣细作混入城中纵火。时值深秋，夜风大作，火势蔓延，城中顿成一片火海，民众上天无路，入地无门，被烧成炭灰者，不计其数。《晋书》描写其惨况："由是府舍焚荡，烧死者万余人。"宋代史书《册府元龟》也记述："逾城放火，焚烧三千余家，死者万余人。"卢循生擒吴隐之，自称平南将军，摄广州事。

东晋义熙六年（410），卢循发兵北伐，攻打建康（南京），而东晋大将刘裕乘机抄卢循后路，攻下广州。第二年，卢循旋马返旆，企图重夺广州，讵料出师不利，被东晋军杀得七零八落，逃往交州，又遭到交州刺史杜慧度阻击，再次大败，部众四散溃逃。卢循也中箭负伤，无力再战，只好把妻妾全部毒死，自己投水溺亡。

这场大动乱，本来与香山没有直接的关系，但卢循败后，大批残部余众逃往海上，香山周边的岛屿，成了他们藏身之地。当时就有人声称，在珠江三角洲一带，过着浮家泛宅生活的疍民，大多是逃往海上的卢循部众后人。在今中山火炬开发区一带，尚有卢亭井，相传是卢循余党留下的遗迹。

唐代刘恂的《岭表录异》便持此论："卢循昔据广州，既败，余党奔入海岛野居，惟食蚝蛎，叠壳为墙壁。"清代著作《月山丛谈》也说："晋贼卢循兵败入广，其党泛舟以逃居海岛，久之无所得衣食，生子孙皆裸体，谓之卢亭。尝下海捕鱼充食，能于水中伏三四日不死。"这种说法不足信，无非想把疍民划入鳞介一类。以前很多人把疍家人称为"龙户""鲛人""鲲人""鯤人"，粗俗一点就叫他们"疍家佬"，再粗俗一点就叫"疍家獭""水流柴"，还绘声绘色地说他们能够"化身为鱼，泣泪为珠"。

疍民起源充满神秘色彩，在榕树下，成了老人们讲不完的故事。

出身书香世家的清代文人邓淳，在《岭南丛述》中写道："大奚山（今香港大屿山）三十六屿，在莞邑海中，水边岩穴，多居疍蛮种类，或传系晋海盗卢循遗种，今名卢亭，亦曰卢余。似人非人，兽形鸠舌，椎髻裸体，出没波涛，有类水獭。往往持鱼与渔人换米，或迫之则投水中，能伏水三四日不死，如复如旧。"他还活灵活现地讲述了一个疍家人在香山被捉的故事，在这个故事中，疍家人的神秘身世，被演绎到了荒诞的程度：有一名疍家人在海上遇到风暴，潜伏在水里几个月不能出，游至香山，被人捕获，送到官府。"有识之曰此卢亭也。初获言语不通，久之晓汉语，询之信然。"

这个故事以今天的常识来看，完全不可信。这只是疍民起源的诸多说法之一。疍民的出现，远远早于卢循之乱。有说他们是范蠡和西施的后人；有说是当年反抗秦始皇五十万大军的越人，失败后匿居海岛；有说是秦始皇发童男童女入海繁衍出来的后代；还有说广西三江、贵州南部有称为"但族"的山民，与疍民同出一源；甚至有说他们是色目人。总之五花八门的志怪故事，三天三夜也说不完。最初疍民也是水陆两栖的，但他们是从什么时候起、因何缘故，变成完全的水上人，迄今仍无定论。

无论是广府，还是潮州、客家人的地方，甚至远至福建、浙江，只要有江河湖海，几乎都有疍民。澄海的蛋家园，潮阳有蛋家宫、蛋家岐，揭阳有蛋家山，丰顺有蛋家湾，在香山也有蛋家墩（现已改名），留下了大量疍民生活过的痕迹。社会学、历史学学者陈序经在《疍民的研究》中，提出他的估计：20世纪40年代中期，珠江流域及广东沿海的疍民，不少于百万，大致分为淡水疍民和咸水疍民，前者又叫河疍，生活在江河之上，后者称作海疍，生活在海上。

香山一带的疍民语言，其实和广府白话差不多，穷根究底，很可能因为他们都有古越人的血缘，但却备受陆上人的歧视。不准与陆上人通婚；不准穿鞋屐上岸；不准他们穿绫罗绸缎，有些疍民为免遭人白眼，新衣服也要打块补丁；疍妇梳头也只能梳半爿髻，不准与陆上妇女的发髻相同，否则会被呵斥、辱骂、讥讽，甚至殴打。

疍民的全部家当就是那条小船，上无片瓦，睡无床铺，食无桌子，被人轻蔑地称为"九十七"（少了三样）、"水流柴"（随水漂流的木柴）。由于长年屈居于狭小的船上，走路不多，很多疍民都有曲足驼背的疾患，陆上人叫他们作"科题"，意思是"裸蹄"（或曰"曲蹄"）；常有顽皮的小孩在他们身后拍手唱："曲蹄仔，脚弯弯，打死难见官，起厝不许基落地，穿鞋不准拉后踭。"疍民所受到的种种屈辱，难以备说，尽管他们并不乐意被称为"疍"，但身卑体贱，亦无可奈何。

由于不能读书，疍民大多是文盲，不知世事，不记年岁，生生死死、世世代代都在那条船上，四处漂泊，既不知从何而来，也不知往何而去，甚至连个正经的姓名也没有，有的直接就叫"阿虾""阿蟹""阿鲳""阿鲤"。死了就把尸体抛到海里，实行海葬。他们不愿意上岸土葬，因为过着四海为家的生活，葬在岸上，反而不易拜祭。疍民因为无法同姓聚居，所以没有牢固的宗族观念，也没有宗祠、祖坟，很多人连自己已故的祖父、父母的事情，也茫然无知。

香山坦洲一带，直到20世纪，仍生活着大批"围口人"，其实本是疍家人。坦洲在香山南端的大沙田，磨刀门水道的东北岸。由于陆上人也经常要雇用疍民耕田，和疍民做买卖，所以双方关系，也不至于太疏远，此地的疍民对"不准履鞋上街""不准陆居"之类的禁条，并不放在眼里，"虱你都生飞滋"①，照样上岸盖房子，卖鱼籴米，陆上人也听之任之。男人晃着脑袋，光着膀子，只穿一条宽裆短裤；女人头上裹着头巾，腰上系着围裙，有的手腕还戴着镯子，身上挂着叮当响的金属饰物，四处行走，高声谈笑。这种豪放，别处的疍民是不多见的。

香山疍民有一个共通的爱好，就是唱歌。他们虽然没读过

① 中山方言："虱"是理会之意，"飞滋"是口腔溃疡。此句意为"懒得理你"。

书，却是编歌的行家里手，不假思索，即可"爆肚"而出，滔滔不绝。年轻的疍家妹撑着一条船，在河汉遇上另一条船，船尾坐着一个疍家哥，疍家妹毫不羞涩，开口便唱："你是钓鱼仔定是钓鱼郎啰嗬？我问你手执鱼丝有几十壬啰嗬长？有几多十壬在海底？几多十壬在手上？还重有啰嗬几多十壬在船呀旁啰？"这是在探问男子是不是单身。疍家哥一听便来精神了，赶紧跳起来回唱："我是钓鱼仔不是钓鱼郎啰嗬。我手执鱼丝有九十九壬啰嗬长；三十三壬在海底，三十三壬在手上，还重有啰嗬三十三壬在船呀旁啰。"①

两条船擦舷而过，桨声欸乃，荡起层层细澜。男女相视而笑，面若桃花。如果还想交往，就得继续唱。这边唱："有请阿妹，虾仔冇肠鱼冇脏哩姑妹，冇肠冇脏点叫得姑妹你开喉阿哩。"那边又唱："有请阿哥，虾仔冇肠白饭（鱼）冇脏哩兄哥，有情有义唱得姑妹开喉呀哩……"渐渐唱得入港，便人约黄昏后了。

香山人把疍民渔歌称为"咸水歌"，捕鱼劳作也唱，男女调情也唱，女子出嫁也唱，哄小孩睡觉也唱，家里死了人也唱。这种古老的歌谣，起源已漫不可考，最早在北宋典籍《太平寰宇记》中就有记载："香山之人在婚丧嫁娶，庆典祀神时，均歌唱以导其情。"屈大均在《广东新语》中，收录了一首：

① 疍家方言："定是"是还是之意；"壬"指两手平伸开的宽度。

清河绾髻春意闹，三十不嫁随意乐。

江行水宿寄此生，摇橹唱歌桨过滘。

歌词描写了疍家女不受礼教束缚，自由自在的生活。坊间有一句俗话"山高皇帝远，海阔疍家强"，就是他们性格的最好写照。

东晋时期，因卢循之乱而逃入香山的，不光有那些战败的散兵溃勇，也有不少避乱的大族。香山钱姓、石姓，便是在卢循之乱平息后第二年，从南海、番禺迁入黄圃北头村的；孟姓、赵姓，则从浙江、江西迁到黄圃灵会村。水曲山隈之间，愈来愈多参差的屋寮，从绿荫深处，升起了缕缕炊烟。元代《大德南海志》写道："广州为岭南一都会，户口视他郡为最；汉而后州县沿革不同，户口增减亦各不一；大抵建安东晋永嘉之际至唐，中州人士避地入广者众，由是风俗革变，人民繁庶。"

东晋元熙二年，亦即南朝宋永初元年（420），朝廷把南海郡西部（今新会）划出，设新会郡，郡治在盆允县（今江门市新会区北杜阮镇）。至此，香山的东部黄角（今番禺黄阁）等地属东莞，西部古镇等地属新会，两县以鲟鳇沥（又叫鲟鱼洋）为界；大榄、小榄等地属南海，黄圃、潭洲等地属番禺。一波一波的移民潮，带来了五湖四海的面孔，南腔北调的声音，东边是"颍川门第"，西边是"汾阳世家"，香山的人口结构，正发生着前所未见的巨变。

香山人的语言，大致可分为广府白话、客家话和闽南话三种。清康熙朝《香山县志》写道："邑民禀山海之气，土薄水驶，其气清，其质柔，其音唇舌，其声羽，其调十里而殊。或有客话，有东话。"白话流行于石岐一带，客家话流行于五桂山一带，闽南话流行于沙溪、大冲、三乡一带。如果再细分下去，白话还可以分成四邑话、石岐话、沙田话、三角话、古镇话；闽南话还可以分成三乡话、隆都话；石岐话也可以分成小榄话、黄圃话、水上话（即疍家话、围口话）等不同的口音；唐家湾也有自己的唐家话。到香山各处转一圈，才知道什么叫"五里异音，十里各调"。

乡间的生活，大部分时间，都是平淡如水的。两个男人在桥埭偶遇，一个挑着鱼筐，一个牵着水牛，互相问候："吃咗未？""吃铺啰。""唔使落田？""歇下赖。"①然后一笑而别，各走各路。这次相遇，在他们的记忆中，没有留下任何痕迹。而在桥下那条清清泠泠的小河边，有两个年轻女子，一个来打水，一个来浣衣，互相打着招呼："得闲去我姑耍啊，我请你食粉果。""去阮厝踢跎啦，阮请你食米粿。"②然后也是一笑而别。晚风很快吹散了她们的声音，只剩下潺潺流水与呖呖鸟啼，还有树叶沙沙作响。天地如此安静。

---

① 石岐方言："吃了没有？""吃过了。""不用下田？""休息一下。"

② 前一句是石岐方言："有空上我那儿玩啊。"后一句是闽南方言："去我家玩吧，我请你吃米粿。"

这种情景，在乡下很平常，谁也不会停下脚步想一想，这到底是哪里的乡音。

语言学家说，现汉汉语有七大方言：北方方言、吴方言、湘方言、赣方言、客家方言、粤方言和闽方言，香山一地就存在其中三种。

比如那句"破蓬揽西"的谚语，"揽"是广府白话，意思是"拉""挽"，把两个打架的人拉开，叫"揽开两个人"；"破蓬"在石岐话里，是"半截彩虹"的意思，在温州话里，也是这个意思。广府地区有一首童谣，以前香山人都会唱："细蚊仔，莫撩刁，买只船仔你去摇。""细蚊仔"是广府白话，指小孩子，而"撩刁"是客家话，"调皮捣蛋"之意。隆都人把眼睛叫作"目周"，这是闽语，也可以叫"眼"，这是白话，两者都通用。水上话把"脚"读作"角"，把"长"读作"床"，在白话中常把外面叫作"开面"，其实是源自水上话。水上话和白话都把太阳叫作"热头"，但发音略有差异；也有一些词是不同的，比如白话把壁虎叫作"檐蛇"，水上话叫作"蟧蛇"。在这里，南腔北调显示出互相渗透、融合的特征。

进入唐代以后，天下承平，而石岐海的面积，继续缩小，黄圃以南已变成陆地，新会牛牯岭、黄杨山一带的大小岛屿，也逐渐连成一片。从南海、新会到香山，不像以前那么困难了，轻舟便楫，亦可逐浪而渡，于是有很多人从东莞过伶仃洋，从新会过磨刀门水道，迁入香山定居，形成了长安、丰乐、仁厚、永乐、长乐五个渔村。

长安村在濠潭（山场）、鸡拍、濠镜澳一带，以捕鱼与制盐为主；丰乐村在五桂山以南、金斗湾以北，即桥头、榕树埔、马鞭埔、茅湾一带，以耕种为主；仁厚村在五桂山西北面，即石岐山、仁厚里、釜涌、沙涌一带，以渔耕为主；永乐村在五桂山以北，即神涌、濠头、西桠一带，亦以渔耕为主；长乐村在岛的东北面的水岸、岛屿一带，包括小隐涌、珊洲、马安岛等地，以渔业为主。

唐至德二年（757）朝廷调整行政区划，再设东莞县，县治迁至到涌（今莞城）。一个重要的举措，是在香山设文顺乡，归东莞县管辖。唐朝对乡村的管治，以百户为里，五里为乡，里设里正，乡设乡长。许多史家都称，这是香山最早的行政机构，但唐贞观十五年（641）朝廷裁撤了乡长一职，乡实际上已无行政管理功能。因此，文顺乡没有设乡长，一切按比户口、课植农桑、检察非违、催驱赋役之类的乡间事务，都是由里正负责。

另一个重要举措，就是东莞县在境内设了两个镇，一个在屯门，一个在香山，派府兵守备，香山镇的镇将驻节山场村。

"镇"是唐朝的一种军事单位，可分为三级，五百人为上镇，三百人为中镇，不足三百人为下镇，五十人以下则为戍。香山镇驻有多少府兵，史无详载，但既以镇名，至少在五十人以上。

然而，《香山县乡土志》却收录了另一种说法，认为唐朝时香山并没有设镇，而是在宋朝的时候，先设寨，再升级为镇，再升级为县："香山镇之设，当在元丰之后，绍兴之前（1078—

1130）。盖初以厄险设寨，后复以人烟繁盛建镇。镇曰监官，寨曰寨官。秩虽同从九品，而职掌各异。史志皆云以镇置县，不云以寨，则元丰之后，改寨为镇，可知也。"这一记载再一次为后人展示了历史的纷繁错迭。

文顺乡人的营生，无非是渔、农、盐。文顺乡的范围，大约包括了今天的沙溪、大涌、石岐、张家边、山场村、前山、澳门、万山、唐家、下栅、三乡、神湾镇一带，而其他的地方，仍然分属南海、番禺、冈州（新会）管辖。按唐朝的编制，一乡有五百户人家，假设每户四人，则有两千多人，日子也可以过得热热闹闹了。

唐代的珠江三角洲，地旷人稀，人口密度还不及粤北山区，甚至不如西江沿岸地区，香山更在三角洲的边陲。在此安家的人，大多是在风里浪里谋生的渔民。

四月以后，开始刮东南风，珠江口浪涌甚大，出海的人便减少了，渔民们都有经验："唔好东风搞坏海。"这时出海是捕不到鱼的。但人们发现，每年这个时候，浩浩渺渺的伶仃洋上，会有一些来自海外的巨舶出现，它们大都从香山东侧的水道驶往广州，偶尔也会有几艘在香山停靠，引起人们的好奇与围观。

这些巨舶，一船可载数百人，个个长得怪模怪样，有的皮肤黑如墨斗，鬈发皆卷，手臂挂满金钏，身上裹着青花布；有的鼻子高耸，长着浓密的络腮胡子，头上缠着金色头巾，身上散发出奇异的浓烈香味，说话"哇啦哇啦"，谁也听不懂，但比划着手势，慢慢也能明白对方的意思。

巨舶都是装载珊瑚、犀角、象牙、珍珠、琉璃、玳瑁、香料之类的宝货，到广州进行交易。日本奈良时代人真人元开所著《唐大和上东征传》，记述天宝七年（748）在广州城外"有婆罗门、波斯、昆仑等舶，不知其数，并载香药、珍宝，积载如山；其舶深六七丈。狮子国、大石国、骨唐国、白蛮、乌蛮等，来往居（住），种类极多"。这些海舶有时等候入港时间较长，便在香山靠岸，用木香、没药、苏合油、蔷薇水等小玩意，与人交换些食物，还会上九星洲山上取淡水。

香山是海舶到广州的必经之路。到了冬天，这些巨舶又会满载着丝绸、陶瓷、肉桂、麝香、貂皮和高良姜等货物，乘着强盛的西北风，从广州驶出，一艘艘再经过香山，驶往伶仃洋，场面甚为壮观。

无论是打鱼还是耕种，都要看天吃饭。农夫的经验是，正月初八是谷日，那天如果天晴，预示今年收成会好，如果下雨，那就要积谷防饥了；每月第一天如果下雨，这个月将整月多雨；如果廿五日下雨，则预示下个月会多雨，农夫称之为"隔月雨"。四月廿日是小分龙，五月廿日是大分龙，这两天下雨是好兆头，如果不下雨，也要积谷防饥。

进入夏季以后，天气变幻无常，所谓"五月天，孩儿脸，说变就变"。有时明明晴空万里，忽然飘来一片乌云，顿时大雨倾盆，农夫称之为"白撞雨"。这种雨对早禾生长颇有裨助，所以农谚说："早禾望白撞，翻藁望偷淋。"偷淋就是夜雨，晚上下一场雨，明天翻地锄草就容易了。

六、七月间，南海进入台风季节，海上的船只明显减少。风暴一个接一个，疯狂肆虐，人们都不敢出海了。一旦人们嗅到海上刮起腥风，看见天空红霞弥布，听到潮水发出骇人的隆隆轰响，便知道飓风将至了。老渔民都说："红云盖顶，揾地湾船。"渔船慌忙入湾躲避，农家也忙着赶鸡豕入圈，晒谷的赶紧收谷，菜地里还有菜没收割的赶紧收割，门户屋顶破损的赶紧修补加固。村头村尾，呼爹唤儿，东奔西跑，鸡飞狗跳。俄而乌云飞驰，电闪雷鸣，白昼如夜，狂风大作，陆上飞沙走石，海上巨浪冲天，直如海沸山崩。来不及泊岸的船只，就像败叶一样，飞上半空，又摔进浪谷，瞬间被打得粉碎。

台风是渔民的噩梦。到了夏天，即使天气晴朗，也只能在海边捞点小鱼小虾。所以从四月到八月是捕鱼的淡季。很多渔民干脆把船往埠头一湾，上岸搭个茅寮，帮人种水稻去了。那时还没有围海造田，耕稼之业，仍以火耕水耨为主，水稻一年只种一造，宋代以后才开始一年两造。

每年播种前，人们都会跑去潭濠村附近的溪口看看，溪里有两块石头，一大一小，如同升斗，如果溪水不受淤沙所阻，从两块石头中间流过，人们便喜笑颜开，认为这预示今年丰收；如果是绕着石头两边流过，那就要备点粮食了，可能今年会歉收。不过，香山地多人少，即使收成略减，也不至于缺谷米，而且溪水从石头中间流过的年份居多。人们常说："一年丰收，可养三年。"在唐代香山人郑愚的诗《醉题广州使院》中，便有"今日海隅鱼米贱，大须惭愧石榴黄"的句子。

等水稻收割完了，禾也打过了，该交的田亩租税都交了，天气也有了淡淡的秋意。人们该到地里给甘蔗剥荚了，剥去黄叶甘蔗才长得好；慈姑苗正舒展着绿叶，子姜也丰收在望了。当人们忙了一天，从田里回到家时，看见凤眼果的壳已一个个爆开，赶紧给小孩扔个小竹篓，让他们去捡果子，因为相传用水煎服此果，专治虫积腹痛。

村头村尾，孩子们在树下一边玩耍，一边捡果子。"这是我的！""是我的！""是我的！"男孩子的吵闹声响成一片。女孩子嫌他们太闹，都跑到另一棵树下，不准男孩子过来，自己凑一堆聊天。"柔红丝线，绿线边，乜谁估中做神仙！""嘻嘻，我三岁就识估啦，系禾虫啰！""我再讲一个，柔柔软软，软软柔柔，风吹不去，水浸不流。连我阿嫲都估唔出。""我估系咸水草。""系禾田？""系青苔？"孩子们清脆的声音，传得很远很远。河涌两岸的龙眼、黄皮、橄榄都成熟了，枝头果实累累，这是一年最美好的时光。

八月间，台风季节已近尾声，当山谷里的芙蓉盛放，秋菊破蕾时，渔民们也把出海的东西收拾好了，择个吉日，整备三牲福物，祭过海神，请村塾先生写一副"顺风顺水顺人意，得财得利得天时"之类的对联，贴在船上，渔船便又要出海了。在万顷碧波中，一艘一艘的渔船，驶往担杆列岛、万山群岛一带的渔场，海上再次回荡着"虾仔在涌鱼在海，鱼虾跃水等哥追来"的歌声。

到了腊月，朔风日紧，天寒地冻，出海的船都回来了，当然也有些船再也回不来了。船夫们忙着修船、补网；甘蔗也要收割了。即使没什么活干的人，也不愿意闲着，天气虽然冷得赶狗也不出门，但男女老少，都背个竹篓，到田边、河涌、沟渠，蹚着刺骨的水，在烂泥里寻找冬眠的白鳝、生鱼，捉去换点米和盐，因为快要过年了。

隋朝开始推行《大业历》，后来唐朝改成《戊寅元历》，再后来又改成《麟德历》《大衍历》，但无论推行哪种历法，孟春元日都是一年之中最大的节日。从腊月二十三日（或二十四日）小年夜开始，就算入年界了。明嘉靖朝《香山县志》写道："小年夜，十二月二十四日之夕也，家各祀灶，妇女不至，次日关仓，忌用财物求假。"这一天，是旧岁新年更替的一天，灶君要上天向玉皇大帝禀告人间善恶。

灶神是五大家宅神（门神、户神、井神、灶神、中溜神）之一，家宅平安和睦，全赖这五神的庇佑。因此，各家各户都要蒸糕饼谢灶，也就是祭祀灶君，祈求灶君"上天言好事，下界降吉祥"。大户人家一次就用几斗米做糕饼，阵仗之大，令人咋舌。糕点放糖的叫"甜糕"，不放糖的叫"白糕"；用豆壳灰和粉做的叫"鹻糕"，用黄叶汁和粉做的叫"黄叶仔糕"。还有用糯米粉蒸饼的，显然"居心不良"，因糯米够黏，封住灶君的口，不让他说坏话；还有更"不厚道"的，直接在灶台抹上酒糟，希望把灶君弄醉，他就不能在玉帝面前"乱噏廿四"①了。东升人家祭灶君，别具一格，喜欢用生鲤鱼、慈姑、桂圆、糖和甘蔗，在别的地方不多见，不知有何讲究。

祭灶君一定要在腊月二十四日，时辰一过，阵仗再大也没用，堵不住灶君那张嘴了，徒给自己添麻烦而已。所以香山有句歇后语："年卅晚谢灶——好做唔做。"祭完灶君后，将灶君的"灶土龙神"牌位与冥纸一起火化，到迎接灶君从天庭返回时，再立新的神位。

灶君一走，仿佛债主们也无所顾忌了，从这天起，纷纷出门讨债。那些还不起债的"债仔"们，都躲得远远的，有的远走他乡，有的上山躲藏，不敢回家了。村道上不时有人拖长声音，在寒风中喊着："卖灶疏，还钱啰……"直到除夕夜三更，债主也回家过年了，"债仔"们才敢悄悄摸回自己家。

除夕那天，家家户户准备了丰富的菜肴。滨海人家，鱼虾不值钱，但干煎鳊鱼、鲢鱼，却是少不了的，寓意年年有余；又有慈姑炆鸭，寓意毓子孕孙，传宗接代；再有莲藕煲猪肉，寓意通爽透气，合家和睦；还有各种煎堆、糍粑、炒米饼、萝卜糕。最有特色的是一种叫"骨董羹"的美食，以鲤鱼、鸡、鸭、猪肉、饾饤，熬为一锅，其味鲜美无比，从灶台飘出的香气，已让人馋涎欲滴了。而穷苦人家，则把龙眼、荔枝果核，舂研成粉，用水

---

① 民间传说灶君腊月廿四日上天告状，故广东人有"乱噏廿四"的俗语，意思是胡说八道。

浸泡，减轻苦涩味，然后用来蒸糕，亦可聊以应节。

从早到晚，村里处处飘着诱人的香味，小孩子围在炉灶前，个个咂嘴弄舌，两眼放出饥饿、急切的光亮。香山人有个习俗，就是除夕的饭菜，只吃一点点，留起大半，饭要放到年初一吃，菜肴放到年初二吃，称为"压年饭菜"，意思是"今年吃了，明年还有得吃"。不过，在压年饭菜中，从来不会有鸡，因为相传百足（蜈蚣）怕鸡，如果鸡肉放在桌上过夜，百足一定会在上面捣乱，令鸡肉变味不可再吃，岂非大大的可惜？

欢乐的时光，转眼即逝。年初八以后，渔船又该出海了，农民又要下地了，有一首农事歌是这么唱的："正月东风徐来，桃李盛花，生菜秀柔，冬蔬大收，桑花繁茂，摘花催芽，正合时宜，姜芽茁壮，整地栽培。"农耕讲时令，所谓"正姜二芋三茨四葛"，直到清明前，都有忙不完的活。

从文顺乡到东莞到涌的县衙门，山长水远，来回一趟得花几天时间，所以衙门中人很少到香山，香山人也乐得天高皇帝远，日子虽然淡泊，却也安稳。不料，唐乾符六年（879）春天，发生了一件惊天动地的大事，几乎把香山推入万丈深渊。

开枝散叶

- 销得锦半臂

- 煮海为盐

- 移民如潮水

销
得
锦
半
臂

就在唐乾符五年（878），人们已隐隐约约听走南闯北的人说，号称"冲天大将军"的黄巢，率领一班盐贩子，在山东作乱。天下又有风尘之变了。大多数人都懵然不知，山东究竟在哪里？离香山有多远？更没几个人觉得，这个黄巢与香山有什么关系——虽然香山也有不少盐贩子，但都是循规蹈矩的良民。

乾符六年（879）五月的某一天早上，住在海边的人，揉着惺忪的睡眼出门，蓦地看见海面上竟密密麻麻布满了船只，各色旗帜，迎风飞舞，刀枪剑戟，遮天映日，一望无际，顿时吓得三魂不见了七魄：黄巢的大军杀到了！

十几万大军，浩浩荡荡，经今福建泉州、漳州进入广东潮州；五月攻占东莞，兵临广州城下。黄巢向驻守州城的岭南东道节度使李迢提出，他要当天平军节度使，但李迢装聋作哑，不予理睬。黄巢自恃兵精马壮，强横无比，直接上表朝廷，要当安南都护、广州节度使。皇帝与群臣商议，大家都觉得"南海以宝产富天下，如与贼，国藏竭矣"，但又不敢装"聋耳陈"，最后同意授予黄巢"率府率"的官衔。黄巢接到朝命后，嫌官太小，勃然大怒，把告身扯得粉碎，随后又上表，非要当这个安南都护、广州节度使不可。朝廷不允，黄巢便下令攻打广州城，仅一天时间，就把广州城攻陷了。

在这个讨价还价的过程中，东莞、香山一带，成了黄巢大军的后方基地，十几万人的衣食，都由这里供给。而黄巢离开广州时，已号称有五十万大军。可以想象，东莞、香山的钱粮秣刍，被黄巢大军搜刮净尽，仍嫌不足。

广州城陷后，黄巢进行了大肆屠杀。《中国印度见闻录》说："仅寄居城中经商的伊斯兰教徒、犹太教徒、基督教徒、拜火教徒，就总共有十二万人被他杀害了。此四种教徒的数目之所以能予确定，是因为中国政府对于外国人要按口征税的原（缘）故。"作者发出感叹："中国的情势，发生了前所未有的剧变。由于事变频仍，开往中国的航船已经绝迹；在中国的国土上，田园荒芜，秩序荡然，国势也逐渐衰落了。"

黄巢对珠江三角洲最大的生态破坏，就是把桑树砍伐一空，令当地的养蚕业、缫丝业，几乎遭到灭顶之灾。黄巢大军在广州只停留了一个月，然而，军中瘟疫流行，死者十之三四，人心思归，便打着北伐的旗号，离开广州北上，杀向洛阳、长安。黄巢以"天补均平"为号召，但他在珠江三角洲转了一圈，田未分，赋未减，粮未免，役未省，却留下一个"烽火照夜尸纵横"的废墟。《旧唐书》说：广明元年（880）"东南州府遭贼之处，农桑失业，耕种不时。就中广州、荆南、湖南，资贼留驻，人户逃亡，伤夷最甚"。

当黄巢大军剑指长安，京城告急之际，庙堂上下，一片惊惶，唐僖宗李儇急召正在外地的礼部侍郎郑愚，火速入京，共应时艰。郑愚奉旨，星夜北上。那是一个风号雨泣的残冬之日，郑愚身穿紫袍，正襟危坐于官船上，面容肃穆，官帽两侧垂下的缕缕白发，在风中徐徐飘动。他手执一卷经籍，朗朗诵读："圣人之心静乎，天地之鉴也，万物之镜也……"

郑愚北上途中，惊闻长安失陷，帝奔蜀地的消息。一路上，无数从长安向南逃难的民众，纷纷藉藉，挤满了水陆两路，只有郑愚的船，孤零零逆流而行，直赴成都。

郑愚是香山人。清乾隆朝《香山县志》说他"家世殷富，驵僮布满谿谷，皆纨衣鼎食"。在晚唐时期，香山已有这样的豪门巨族了，家中的仆人多，而且都是锦衣玉食。郑家是靠什么致富的，史书无记载，但唐代时香山尚土旷人稀，以捕鱼、耕种为业，糊口或可有余，要达到郑家这样的富裕程度，却非庶民所敢望。一个合理的猜想是，郑家可能参与了广州的市舶贸易，通过与海外番客做生意，积攒了大量财富。不过，香山人的传统，唯务渔农田圃，不屑工商，即使做生意赚了钱，也是用来买田买地。

　　唐时广州的海外贸易，繁盛兴旺，唐代的诗人，留下了"连天浪静长鲸息，映日帆多宝舶来""货通师子国，乐奏武王台""城连虎踞山图丽，路入龙编海舶遥"等诗句。朝廷在广州设市舶使，专管海外贸易事宜，香山有近水楼台之便，不乏奔走射利之人。张籍的《送海南客归旧岛》便写道："海上去应远，蛮家云岛孤。竹船来桂浦，山市卖鱼须。入国自献宝，逢人多赠珠。"而殷尧藩的《偶题》也写道："越女收龙眼，蛮儿拾象牙。长安千万里，走马送谁家。"还有不少人出海做珍珠买卖，王建的《南中》诗便写道："独有求珠客，年年入海行。"这时的香山，已不可以海隅蛮荒之地视之。

　　唐开成二年（837），郑愚赴京参加尚书省礼部主持的科举考试，这是他第一次出远门。舫船之上，翩翩公子，当风独立，天际仿佛飘来断断续续的歌声："妹阿好阿咧，乜嘢花开阿咧蝴蝶样阿咧……"这熟悉的歌声，来自茫茫烟波深处，来自幽幽南台远岸。眼见得家乡渐行渐远，别有一番离情愁绪，涌上心头，郑愚展纸挥毫，写下了一首描绘香山景物的诗《泛石岐海》：

> 此日携琴剑，飘然事远游。
>
> 台山初罢雾，岐海正分流。
>
> 渔浦飔来笛，鸿逵翼去舟。
>
> 鬓愁蒲柳早，衣怯芰荷秋。
>
> 未卜虞翻宅，休登王粲楼。

怆然怀伴侣，徒尔赋离忧。①

这一年，郑愚省试高中进士，在秘书省当了几年校书郎。唐咸通元年（860）授桂管经略观察使，驻节桂州（今桂林），兼桂州刺史，领桂、梧、贺、连、柳、富、昭、环、融、古、思唐、龚、象十三州的军政事务，成为杖钺一方的封疆大吏。

当时崔铉在荆南，他是崔元略之子，在儒林极负盛名，谁的文章如果有幸得到他的检阅，指点两句，蒲扇之价，当可倍增。郑愚慕名前去拜访，为了表示尊重，特意在袍衫外面，再套一件用扬州彩色文锦织成的锦半臂，在所有宾客中，显得仪表脱俗，艳色耀目。见面时，郑愚把自己的文章交给崔铉，态度十分谦谨。崔铉与他并不相熟，用眼打量一下，见他衣着光鲜，以为只是个普通纨绔子弟，便把文章随便搁在桌上，并不去看一眼，只留他和宾客一起宴饮，分明是对文章不屑一顾，其他宾客无不相顾窃笑。别人遇上这样的场面，都会惶恐无地，但郑愚脸上却无一丝沮丧之色，只说自己要更衣，一揖而出。大家在他背后哄然取笑，都说此公一定是自惭逃席去了。

崔铉趁这个空暇，把郑愚的文章取来翻阅，不料一读之下，惊叹不已，连连拍案叫好。这时郑愚换了一身鲜红的锦衣，重新步入，原来他是为了出席晚宴，去换一套更华丽的衣着，以示郑重。崔铉不禁脱口而出说："真销得锦半臂也！"意思是他的文

---

① 《全唐诗》卷五九七收"台山"以下四句，题为《幼作》。

章与锦半臂，都是那么华美，相得益彰。

咸通三年（862），广西外有南诏国入寇，内有岭南东道反侧，郑愚兼岭南西道节度使、邕州刺史，领兵御敌。由于他采取以静制动之策，固守邕州，城池赖以保全。但事后一些朝臣却指责他没有及时援救其他地方，郑愚遂以"臣无将略，请任武臣"为由，自请解去兵符。这是他人生的一次挫折，赋闲几年，才出任礼部侍郎。

在儒林中，流传着一段他与诗人皮日休之间的故事。

皮日休是晚唐有名的文学大家，字袭美，复州竟陵（今湖北天门）人，曾居住在鹿门山，道号鹿门子，又号醉吟先生、间气布衣等，咸通八年（867）参加省试，榜末及第，而这年的知贡举者，正是礼部侍郎郑愚。

早在几年前，两人已有一段恩怨。皮日休写过一首《三羞诗》，诗中有"南荒不择吏，致我交趾覆。绵联三四年，流为中夏辱"等句，在另一篇《忧赋》中又说："见南蛮不宾，天下征发，民力将弊。"字里行间，处处流露出对南方人的轻蔑与不满。几乎所有人都看出，这是讽刺郑愚在广西御敌不力。

然而，郑愚在这次考试中，并没有对皮日休横加非斥。相反，皮日休的文章，既有文采，又有见地，令郑愚赞赏不已。考试过后，他以座主身份见皮日休。皮日休的一只眼睛有疾，造成了相貌不扬。究竟是什么"疾"，是一只眼瞎了，还是眼型肌无力，眼皮耷拉，史书上没说清楚，皮日休在《病中书情寄上崔谏议》诗题也言及自己"时眼疾未平"。

相见之下，郑愚不禁为之惋叹："子之才学甚富，其如一目何？"皮日休朗声回答："不可以一目废二目。"意思是说郑愚不应因他的一只眼睛有疾，而废了自己两只眼睛的察人之明。旁边的人都为皮日休的牙尖嘴利①捏了一把汗，但郑愚却哈哈一笑，毫不在意。后来皮日休出任苏州刺史从事。郑愚在这件事上表现出的大度包容，赢尽儒林好评。明代郭棐所著《粤大记》称："舆论咸颂其公云。"

这个故事，还有另一个版本。在这个版本中，郑愚见皮日休时，并非说"其如一目何"，而是说"其如一日何"。皮日休则应声答道："不可以一日废二日。"尊为主考官的郑愚，竟拿皮日休名字中的"日"字开涮，皮日休则以郑愚的"愚"字反唇相讥，"愚"字上部可分拆为两个"日"字。在这个版本中，两个人的对话，已没了"人不可以貌相"的含意，沦为文人相轻，互相挖苦。经过这样的曲解之后，故事便变得很无趣了。

后来两人因见解不同，逐渐疏远。唐时对佛教有不少争论，韩愈反对供奉佛骨，被朝廷贬到岭南，皮日休是同情和支持韩愈的，曾上《请韩文公配飨太学书》，对韩愈大加赞扬。而郑愚则崇信佛教，与一些高僧大德过从甚密。唐代著作《栖贤法隽》中，便记载了一段"僧惠明与西川节度判官郑愚、汉州刺史赵璘论佛书"的故事。

唐代佛教大盛，也传到了香山。贞观年间，有一位朝廷命

---

① 粤语"牙尖嘴利"是伶牙俐齿、说话不饶人之意。

官，因厌倦了官场生活，挂冠而去，与夫人渡海来到香山，寻找避世的地方。他们走了很多地方，最后看中了香林山。这座山属于五桂山的余脉，海拔一百多米，乡间早就传说山上有狐狸成仙，引来不少人烧香膜拜。这对夫妇对外宣称是兄妹，男的法号正芳，女的法号正机，在山上搭起小茅寮，作为禅修之处，正芳住处命名为"雪山古香林寺"，正机住处命名为"善慧庵"。当地人都叫这里作"师姑坑"。

这对僧尼除了长斋礼佛，还开垦了几亩地，种瓜种菜，躬耕自乐之余，给当地乡民占卜诊病，以致住处香火愈来愈旺。自从这两位上人来后，香林山似乎再也没有狐狸作祟了。他们圆寂后，正芳被尊奉为开山师祖，正机被尊奉为高祖老师太。宋代时，善慧庵迁到了石岐，另立门户。香林寺香火很旺，初一、十五上香的信众，经常多达千人以上，于是官府把附近几千亩税山，拨给了香林寺，这座原本很偏僻的古寺庙，因而成为方圆几十里最大的道场。

郑愚在岭南做官时，香林寺已是香山第一名刹。他有没有上香林寺瞻礼炷香？有没有与山僧坐而论道？在史书中，找不到片言只语的记载。然而，人在最失意的时候，往往最接近禅机，有悟性的人，即使置身于黑暗隧道之内，也能够豁然见光。郑愚也经历过几年官场失意，在他返回岭南时，就有高僧法果禅师随行，一路上与他谈经说法。郑愚曾在《潭州大沩山同庆寺大圆禅师碑铭》中，阐述对人生的禅悟：

有口无所用其辩，巧历无所用其数。愈得者愈失，愈是者愈非。我则我矣，不知我者谁氏；知则知矣，不知知者何以。无其无不能尽，空其空不能了。是者无所不是，得者无所不得。山林不必寂，城市不必喧。无春夏秋冬四时之行，无得失是非去来之迹，非尽无也，冥于顺也。遇所即而安，故不介于时；当其处无必，故不踞于物。其大旨如此。

信佛的人常警醒自己："作福不作恶，皆由宿行法，终不畏死经，如船截流渡。"郑愚与皮日休最终走了两条不同的道路。黄巢起事后，皮日休投靠了黄巢，虽然有人辩称他是被迫的，但不管是否被迫，事实就是黄巢在长安称帝时，郑愚星夜驰赴四川行在勤王，而曾经嘲讽"南荒不择吏"的皮日休，则当了黄巢大齐国的翰林学士。

唐僖宗李儇躲在蜀地，足足四年，直到光启元年（885）才算平定了黄巢之乱。所有被兵燹蹂躏过的地方，都急需与民休息。在这个兴废继绝的关头，郑愚再次出任艰难，掌印岭南节度使，坐镇广州，重修这个被黄巢破坏得疮痍满目的城市。

皮日休在兵荒马乱中消失了，从此下落不明。江湖传闻，他被黄巢杀了，但也有人说他在穷途之中，被迫南奔，投靠昔日的座主。郑愚不计前嫌，收容了他，让他在南蛮之地终老。两人的不同结局，令人不胜唏嘘。

在宋代文人孙光宪所写的《北梦琐言》里，还记载了郑愚的另一件"轶事",亦与佛教的因果报应有关。书中记载,唐懿宗时的宰相杨收,被贬官赐死于岭外。当时郑愚正镇守岭南,某日杨收上门求见。郑愚大惊失色——死人如何又复活了?急忙整衣出见,一边走,一边疑心。杨收果然坐在厅中等候,两人叙过礼,杨收说:"我是被军容使杨玄价诬陷致死。天帝赐我阴兵来报仇,想请尚书犒赏他们,再借钱十万缗给我。"郑愚沉吟说:"借给你可以,但军府哪有这么多钱?顶多只能拿出五千。"杨收说:"不是铜钱,要纸钱,烧的时候千万不要着地。"郑愚松了口气说:"这个我可以照办。"杨收从容作揖,倏忽消失了去。第二天,郑愚命人准备了酒菜和纸钱,烧给杨收。

不久,有人看见杨收骑着白马,手执红弓红箭,由一名红衣天吏牵马,沿街大呼:"现在天帝允许我杀杨玄价报仇,我射中他,他必死无疑。"人们忙去打听,杨玄价果然病骤危笃,岐黄无效,一命呜呼。这个故事在香山流传甚广,老人们每次讲完,总要感叹一句:"种其因者,须食其果;善恶之报,如影随形。"

少小离乡的郑愚要回家了,他的家在岭南,他的家在香山,路很远,路很长。在对往事日渐模糊的追忆中,一些零星的碎片,时时浮现在脑海:若干年前,在一处荒凉的驿馆里,夜静更阑时分,月色清凉如水,一个女子的声音,在他的窗前低低吟哦,"红树醉秋色,碧溪弹夜弦。佳期不可再,风雨杳如年……"郑愚从梦中飒然惊醒,急急披衣开门,外面却空无一人。

这就是魂牵梦萦的家乡，他又吃到家乡的清蒸螺蚌和水鱼羹肴，又听到“哥阿咧，妹阿咧”的咸水歌声了，但他已经老了。那一年，春天的雨水特别多，溪河都涨满了，鱼儿跳上了岸。尚书左仆射郑愚在家中溘然去世。似乎没人记得他的生死，因为他没有子嗣，也没族人再出来做官，这个曾经“驺僮布满豁谷，皆纨衣鼎食”的显赫家族，就这样散荡消索，被时间抹去得一干二净。

多少年后，有一位书生上香林山访古。他顺着青苔斑斑的石阶，策杖缓行，一步步登上山顶，放眼四望，鸡母山、三支香、白头岭、狗仔地、左丹蹄、梁上挂红等众小山，环绕四周，十里青霭，百壑树声，山下万户人家。此时此刻，他也许正默诵着郑愚的诗句：“未卜虞翻宅，休登王粲楼。怆然怀伴侣，徒尔赋离忧。”也许他想对山河大地说：这就是郑阁老的家乡！这就是香山人的故土！也许他什么也没有想，什么也没有说，只是在静静聆听着群山的呼吸。

这一夜，书生无眠，在香林寺与住持秉烛长谈。当一轮明月出现在东山之时，他写下了这样的诗句：“蹑屐南山巅，山深不知路。一线千回沿，怪石蹴行步。好鸟纷飞鸣，野草蔓零露。云霞异彩翠，山麓渺昏暮。飞涧不停流，空中起烟雾。风送远钟来，泠然惬幽愫。旃林郁嵯峨，恰与赏心遇。老衲笑相迎，元言肆谈吐。清旷屏宿氛，沉冥豁良悟。月出照千岩，苍苍隐寒树。”

人世几多变幻，而这种宁静澄幽的景色，却仿佛千百年不变。在这位书生上山之后，又过了不知多少年，人们在香林寺的山门上，一锤一凿，刻下了一副楹联："善恶到头终有报，只争来早与来迟。"旁边的巨石上，刻着"老实念佛"四个大字。

外人往往觉得，香山人的性格，很难琢磨得透，他们到底是怎样的人？是像郑愚老先生那样宽厚，还是像"哥好阿咧"情歌那样温婉？是像"海阔疍家强"那样不羁，还是像开山劈石的壮夫那样豪迈？也许这些特质他们全有，所以清乾隆朝的《香山县志》写道："吾邑城乡风气既殊，故习俗刚柔各别。然人知礼教，其君子崇尚诗书，砥砺名节；其小民务本力田，安分守业。盖国家久道化成，所渐摩者深矣。"

在黄巢攻陷广州不到四十年后，大唐鼎祚终结。南海王刘䶮在广州称帝，建立南汉国，改广州为兴王府。历史踏入了残唐五代的动荡时期。

煮海为盐

南汉国割据岭南，一心以盛唐为轨模，大开贡举之门，设立铨选之制，广招人才。不少唐朝的衣冠宦族，因避乱投奔而来，都得到妥善安置，所以《南汉书》把这一时期描述为："名流毕集，分任得宜，岭表获安。""府库充实，辑睦四邻，边烽无警。"南汉历代皇帝都有两大嗜好，一是诵佛，一是珍珠。

因为信佛，所以到处兴建佛寺；因为爱珍珠，所以宫中珍珠堆积如山，连御沟都铺满珍珠。皇帝在东莞、屯门海上设媚川都，专门从事珍珠打捞。屈大均在《广东新语》中说："故凡还珠之郡，媚川之都，沉珠之浦，禺珠之乡，珠□之国，生其地者，人多秀丽而文，是皆珠胎之所孕育者也。"

很多栖息于香山沿海的疍民，被征募去捞珍珠，不少人一去便不复还了。捞珍珠的方法，是把绳子系在潜水者的身上，让他潜入深海，当捞到了珍珠后，或者憋不住气时，就扯动一下绳子，让船上的人把他拉出水面。但他们在海底，常会遭到各种凶恶大鱼的突然袭击，有时绳子缠绕在礁石、珊瑚之间，无法通知船上的人，便这么葬身海底了。宋代诗人方信孺有一首《媚川都》诗写道："潆潆愁云吊媚川，蚌胎光彩夜连天。幽魂水底犹相泣，恨不生逢开宝年。"

香山四面环海，珍珠与食盐，是两大特产。南汉国疆境有限，食盐供应充裕，但皇室对珍珠的需求，却像一个无底洞。不过，南汉国只经历了四帝五十四年，就被北宋灭了。宋太祖赵匡胤认为南汉之亡，亡于奢靡，于是下旨废了媚川都，不准人们再去采捞珍珠，原来以采珠为生的人，年轻的黥首充军，年老的回家务农。

但不是人人都有田地可供耕作的，很多人回家也无农可务，甚至无家可归，于是便到盐场打工，从采珠变成了煎盐。

《盐铁论》是汉代的一部著名作品，反映了当时朝廷对盐、铁专营政策，曾展开激烈的辩论。但辩论归辩论，食盐专卖的垄断制度，始终没有动摇。盐业是西汉朝廷的重要财政支柱之一。尽管香山濒临大海，有取之不尽的盐业资源，但由于偏处海陬，与中原相隔千里，道阻且长，运盐成本并不划算，所以直到宋代以前，香山的盐业，并不受北方朝廷的重视。

说起"金斗湾"，当地人都知道是濠潭（山场）、坦洲、拱北和下栅一带，但谁也说不上来，究竟从什么时候开始，有人在这里熬盐。年岁实在太过久远了，细佬仔常听亚奶①讲，海边那些人，从阿爷的阿爷的阿爷那代起，就以煮海熬盐为生了。以前人们传唱着一首咸水歌："有女唔愿嫁落金斗湾，年年水咸，食水要担；路烂难行，踢跋脚公②，磨损脚踭；基地种菜生蟛，水田种禾又唔生。"

吴甘露元年（265）九月，吴主孙皓迁都武昌，并在今深圳南头设立司盐都尉，管理盐业的生产与买卖，又称东官太守。东莞、香山一带所产的海盐，主要供应岭南和长江中游地区。南朝梁天监六年（507），东官郡改为东莞郡；南朝陈祯明二年（588），改为东官郡；到了隋朝开皇十年（590），朝廷废了东官郡，改为宝安县，香山全境归南海郡管辖。

自从宋太祖禁了采珠以后，从事盐业的人，便愈来愈多，用清乾隆朝《香山县志》的话来说："盐为食货之一，日用必资，东南盐务纷繁，而香山为产盐之区，灶户、灶税，赆累错出，经国者三致意焉。"

唐代没有实行盐榷，允许民间自行生产，自由买卖。东莞（包括香山）的盐，大部分只供应岭南地区，迨至晚唐，逐渐卖到五岭以北了。官府在山场这个小地方设镇驻军，很可能也是为了保护食盐的制作与运输。进入五代以后，天下纷扰，各地财政吃紧，开始把盐纳入专卖。后汉乾祐二年（949），兵部侍郎于

---

① 小榄方言：细佬仔即小孩，亚奶即祖母。

② "脚公"即脚趾公，方言，指脚拇趾。

德辰上封事，便提及"湖南见食岭南盐，请置官纲于湖南立务权（榷）卖"。

两宋时期，盐、酒、茶、矾、铁、煤、香料、宝货等，都曾被列为禁榷。在岭南，民间虽然可以随便制盐，但不准随便销售，只准卖给官府，"约其卖数，定为煎额"，价格、运输、销售，都由官定、官营。朝廷设置提举广东茶盐司，进行管理；盐场则置监修置场官（俗称盐官），负责食盐征收和招垦盐灶。但实际上，管理盐场的官，名目繁多，有监仓官、买纳官、催煎官、管押袋盐官、支盐官等，数不胜数。盐场是一棵多大的摇钱树，看树上有多少苍蝇，由此就可以知道了。

食盐既是民生的必需品，也是朝廷重要的财政收入。为了防止私盐买卖，朝廷制定了种种法律条文，最严厉时，私下买卖碱盐至三斤，便是死罪一条；把蚕盐（农村按户配售的食盐）私卖到城里，三十斤以上，就要吃官司，是坐牢还是流放，上奏朝廷裁决。《宋史》写道："宋自削平诸国，天下盐利皆归县官。官鬻、通商，随州郡所宜，然亦变革不常，而尤重私贩之禁。"但利之所在，无所不趋，官府禁得愈严，私盐愈猖獗，官盐与私盐的明争暗斗，从来没有消停过。虎门镇至今有一条叫"思贤冲"的街道，顺德也有一条思贤涌街道，其实原名都是"私盐涌"，曾经是香山周边非常红火的私盐市场。

香山虽然很早就开始产盐了，但以前因为地方偏僻，官府不太重视，直到宋室南渡以后，只剩下半壁江山，才不得不更加依赖岭南的财政收入，遂于南宋绍兴年间（1131—1162）正式在濠潭村、翠微村一带，设立香山场。南宋第一个皇帝赵构，印发了二十万贯广南盐钞，招引商人算请，以弥补丢掉的淮浙盐利。香山盐业的地位，因此而日益称重。

官府在香山场辟建草荡池，设立盐课司，负责香山场及盐栅盐务。定时定点，那些盐官便坐着小船，到盐场督促出盐，催交盐税。制盐的人，一般被称为"盐丁""灶丁"或"灶人"。香山场的盐丁，多达一千三百多人。清康熙朝《香山县志》写道："宋绍兴设立香山场，草荡池土扁不一，俱凭灶丁煎盐办课。每丁一日一夜计煎盐若干，周年三百六十日共计煎盐若干，应征盐一大引，入官折色银肆钱六分五厘。"盐官的算盘打得噼啪作响，每天生产出来的盐，一船一船运往广州。

随着生产规模愈来愈大，开始出现拘籍在盐场的盐户，称为"亭户"。因此，盐户分为两大类，一类是在盐场内打工，编入了盐籍的，另一类是没编入盐籍，在盐场外自行制盐的。官府对他们的管控，时松时紧。市道好时，卖点私盐，官府也不太理会。不过，当盐价上涨时，为了争夺盐利，官府与私盐贩子之间、盐场内盐户与盐场外盐户之间、各村村民之间，冲突几乎无日无之。盐就是钱，抓一把撒地上都会叮当作响。

香山场周围住着谭、陆、洪、萧四姓，谭、陆二姓在濠潭，洪姓在大镜山，萧姓在乌石铺。田姓各有各的营生，或打鱼，或晒盐，或耕种，一向相安无事。据某些史料记载，谭姓最初是做买卖的，在山场开了个医馆，以岐黄之术救人，是当地有名的善长仁翁。但崖口的谭氏族人却声称，他们的高祖谭惟月举孝廉出身，南宋绍兴四年（1134）当过东莞县尹，崖口谭氏始祖谭仲伯在香山场当盐官，不是什么江湖郎中。在谭姓于山场开村后，又有鲍、吴、黄等姓，陆续迁入，大多都是从事盐业的。

鲍姓长袖善舞，很快成为一方强族，与谭姓因为盐灶烟火、地界等事，不时争长论短，最后演变成斗殴。谭姓虽然定居山场最早，但鲍姓人多势众，打架每占上风。谭仲伯仙游后，谭姓便失了靠山，被迫离开山场，合族迁到崖口，重新开村创业，繁衍族属。根据《谭氏族谱》记载，谭仲伯"生于南宋咸淳元年乙丑八月十二日，卒于元大德四年庚子正月初二日"，可见谭姓在崖口开村，也是在这一时期。

不过，谭姓族人并不承认自己是被挤出山场的，《谭氏族谱》说，他们的先人是因"海寇窃发"，地方不太平，才离开山场的，后来觉得"崖口山水奇秀，故就近择而居之"。所谓"海寇"，当指元至元二十年（1283）盐户陈良臣的暴动，在《元史》中有如下记述："时盗梗盐法，陈良臣煽东莞、香山、惠州负贩之徒万人为乱。"谭氏族人在这场动乱中，匆促放弃了在山场的基业，转往崖口。

谭姓的先祖在东莞和香山都做过官，十分珍视这份香火血脉的传承。谭氏大宗祠的门口，至今悬挂着一副楹联："莞水渊源远，崖溪德泽长。"尽管一般族谱的记述，都有添油加醋的通病，但仍可观见，盐业对香山人生活的影响，简直无处不在。

盐利虽厚，但制盐却是一件苦事。普通人家，趁农闲熬几斤盐，赚点外快帮补家用，还是比较自由自在的，可一旦入籍盐场，就像卖身做了牛马，一世捱生捱死了。制盐的工序，按清乾隆朝的《两广盐法志》说，包括"潮水泡田、晒沙、收沙、淋沙滴卤"几个步骤。大致上，就是先在海边平整一块土地，经过反复耙耱，把泥块碎为粉末，清除杂草，然后浇上海水，暴晒至干硬，再细细划平，使其光滑如镜，坦荡如砥，然后在上面铺上厚厚的草木灰，浇上海水浸泡，再晒干，再浸泡，再晒干，直到草木灰充分吸收了盐分。

香山是咸淡水交汇之处，想判断海水的咸度是否适合制盐，盐丁们自有一套祖传的秘法："俟潮至取注缸中，以饭粒试焉，饭粒之所止，乃可分其咸淡，咸则留之，淡则去之。"屈大均把这些秘法做了详细记录："盖海水阴，有力而能任重，故饭粒止而不沉。能胜饭粒，则可以为盐也。"

盐丁把吸足了盐分的草木灰，运到卤水池中堆放，然后在上面来回踩踏，直到把草木灰踩实，再慢慢浇淋海水，从下面渗出来的便是卤水。卤水通过芦管，汇集到专门的储存井里。《香山县乡土志》载"黄角乡人每岁食盐，皆取咸田稻秆烧灰，渍卤为盐"，用的就是这种制盐方法。

为了判断卤水是否合格，盐丁会往井里抛一只鸡蛋，或者一颗核桃，如果浮起来，就证明卤水可用了。于是把合格的卤水引到煎盐的工棚里，用大竹镬（牢盆）熬煮。宋代著作《图经本草》说："其煮盐之器，汉谓之牢盆，今或鼓铁为之；或编竹为之，上下周以蜃灰，广丈，深尺，平底，置于灶背，谓之盐盆。

《南越志》所谓'织篾为鼎，和以牡蛎'是也。"这种竹镬是岭南特有的，用竹篾编成，把蚝壳、珊瑚和贝壳烧成灰，混合泥巴，封实四周，使它不会漏水。卤水引至后生火日夜煎煮，把卤水熬干，剩下的就是白花花的盐了。一镬可煮二十余石卤水，一昼夜可煎出十几石的盐。这就是所谓的"煮海为盐"。

东南沿海地区（如淮、浙、闽等地）煎盐，大多用铁镬，而铁是朝廷榷货，官府较易通过控制铁镬的数量，掌握盐的产量。但岭南用的是竹镬，谁都可以自制一只，上山砍几捆柴回来，便可生火煎盐，官府难以掌控，这也是岭南私盐特别兴旺的原因之一。

用煎熬方式制出来的盐叫熟盐。屈大均在《广东新语》里说，熟盐"成于火煎，性柔易融化，味咸而甘，便于调和"，主要卖给渔民。还有另一种方式，就是晒盐，把制好的卤水，放到烈日下晒干，晒出来的是生盐。屈大均说，生盐"成于日晒，性刚能耐久"，因为"其味倍咸，食之多力"，所以山民比较喜欢。自古以来，鬻海之法，离不开"煎"与"晒"两种。无论哪种方法，盐丁之苦，都是倍于耕渔的。清康熙朝《新安县志》收录了一首歌谣，反映了盐丁的生存状况：

> 煎盐苦，煎盐苦，煎盐日日遇阴雨。
>
> 爬艫打草向锅烧，点散无成孤积卤。
>
> 旧时叔伯十余家，今日逃亡三四五。
>
> 晒盐苦，晒盐苦，皮毛落尽空遗股。

晒盐只望济吾贫，谁知抽算无虚土。

年年医得他人疮，心头肉尽应无补。

公婆桁腹缺常餐，儿女全身无全缕。

场役沿例不复怜，世间谁念盐丁苦？

　　煎盐要用大量柴薪，尤其是像香山场这种规模较大的盐场，盐丁不可能自己上山砍柴，只能花钱向樵户购买，这更令盐户雪上加霜。《宋会要辑稿》载，南宋初期，官府收购香山盐的价钱是七文一斤，但由于柴薪不断涨价，盐户经营，倍感艰难，南宋绍兴三年（1133）尚书省奏称："昨缘柴米高贵，恐亭户盘费不足，节次增添，见今每斤一十二文，增钱几倍，而所买未广。"官府把盐的收购价提高至每斤十二文，反映了柴薪价格对盐价影响之大，连管打密底算盘的官府，也不得不提价，否则，盐户就只有破产，或转去生产私盐了。晒盐的好处是不用柴薪，虽然晒一斤盐的时间，比煎煮要长，但成本较低，因此逐渐为愈来愈多的盐户采用，成为主要的制盐方法。

　　北宋平定南汉国的当年，即开宝四年（971）四月，朝廷便下诏新收复的广南地区实行盐禁，官方制定的盐价，每斤四十文足。北宋太平兴国二年（977），朝廷调整了东南各路，包括淮南、江东、江西、湖北、两浙、福建的官卖盐价，按不同地区，定为每斤四十文到五十文。在香山这些沿海产盐区，盐价十分便宜，但愈往北走，价钱愈高，靠近岭南的虔州（今赣州）、汀州，盐价定为五十文一斤，达到了最高的限价；后来经过官府一再减价，仍达四十七文，在丰收年份，已可买到一斗米了。

然而，官营的特点，就是价高质劣。虔州的官盐，"卤湿杂恶，轻不及斤"，不仅杂质多，还湿漉漉"呃秤头"[①]，令当地人怨声四起。私盐贩子从中看到了商机，于是八仙过海，各显神通，把香山等地出产的优质岭南盐，运到虔州低价出售，占了很大一部分的盐市场。据《宋史》记载，北宋熙宁三年（1070），提点江西刑狱张颉向朝廷报告："岭南盗贩入虔，以斤半当一斤，纯白不杂，而卖钱二十，以故虔人尽食岭南盐。"如果把"斤半当一斤"的折扣也计算在内，实际上是十三文钱一斤，且质量远胜于官盐，难怪刑宪摆在面前，人们还是照买岭南的私盐。

南宋的盐法，实行官般官卖制，即由官府把盐集中到某地的转般仓，再由官发卖。东莞、香山的盐，大部分运到广州的转般仓，再由官府卖到各地。这个办法效率低，成本高，且不断受到私盐冲击，影响收入，因此南宋绍兴八年（1138）后，不得不作出改革，改为广东的盐九成由官府专营，一成由产盐的州县自行出售。专营方式也有所改变，取消官府直接卖盐，交由客商卖钞贩盐。盐商须用官袋装盐，限定斤重，封复印为记，一袋为一引，编立引目号簿。盐商缴纳盐价和完税，领取盐引，凭引核制对号簿支盐运销。这样确保了官盐的收入。

官盐由商人买卖后，各地价格便大幅浮动，有的地方便宜

---

①　粤语指斤两不足。

了，有的地方贵了，比如钦州的官盐，从每斤四十七文，涨至一百二十文足。货疏市爽，供求调节。由此可知，原定的官价，在这里并不合理。《宋会要辑稿》也承认："盖缘本州滨海，系产盐地分，虽多方招诱，客旅终是稀少，难以趁办如官卖之数。"因此，商人买卖，虽不一定就优质与便宜，但他们会随行就市；而官府垄断经营，带给消费者的，永远是性价比的严重失调。这几成铁律，除非用官威压人，否则官营斗不赢民营。这就是《宋史》里说的"约束愈密而冒禁愈繁，岁报刑辟，不可胜数"。当官威也压不住时，便直接动武，最终酿成民变。

南宋庆元三年（1197）闰六月，在香山场的盐丁中，流传着一个消息：朝廷派来了新的提举广东茶盐官徐安国，其人下车伊始，即扬言要严厉打击私盐。盐丁忧心忡忡，盐场外那些没编入盐籍的盐丁，更是惶恐不安。他们平时会以自己食用为由，造一点私盐，叫作"醃造盐"，以前官府明知他们会拿去私卖，但数量不大，也就听之任之了，但如今会不会新官上任三把火，先烧到他们头上，连这点蝇头微利，也要断绝了呢？

徐安国，字衡仲，号春渚，江西上饶人，进士出身，写得一手"杯螺浮碧，髻鬟拥翠"的好词，但并不熟悉盐业运作，对盐丁的苦况，更全无矜念，只认定这些穷乡贱子，竟敢违抗朝廷刑律、皇上圣谕，不杀一儆百，无以立威。

大奚山是东莞县属地，环三十六屿，周回三百余里，与香山隔着伶仃洋，遥遥相望，岛上大部分是瑶民、疍民，民风强悍。官府在南头城（今属深圳）西面二十多千米处修建了固戍角寨，派重兵驻守；又在海上的涠洲岛设置望舶巡检司，在杯渡山（今属香港）设置捕盗廨，为的是震慑地方，严防东莞、香山一带的"盐贼""盐盗"闹事。

这回徐安国要"犁庭扫穴"了。官军分乘多艘大风帆船，横渡大海，扫荡大奚山。香山人隔海望着大奚山方向，浓烟冲天而起，个个惊得毛发皆竖。不久，大奚山有盐丁驾着艇赶来，一路狂呼，他们和官兵打起来了，全岛的民众都反了，官兵寡不敌众，狼狈奔入海而去。盐丁们一不做，二不休，准备船只、武器，要杀往广州，杀尽残害盐民的贪官污吏。

香山盐丁纷纷奔走相告，大家都是同一个县的人，咫尺相邻，做同样的工，吃同样的苦，自然同病相怜，声气相投。有人摩拳擦掌，跃跃欲试，也有人唉声叹气，躲得远远的。大家从早到晚，议论纷纷，吃饭时在说，睡觉时也在说。每个人心头都交织着紧张、兴奋、忧虑、恐惧和莫名的期待。

朝廷为了平息民怨，匆匆罢免了徐安国，但为时已晚，盐民的船队，浩浩荡荡出发了。他们沿着香山的海岸，进入了虎门水道。一些香山人跑到山上，眺望海面，几百艘渔船首尾相继，络绎不绝，船上站满了高高矮矮、裹头赤膊的盐丁，手执刀枪棍棒，在八月阳光的照耀下，显得威风凛凛。这阵势一辈子难得一见。山上的人用手拢嘴，一齐呼叫："生个来！生个来！"群山四面回应。

盐民船队顺风顺水，很快逼近了广州城。官府大为震恐，速调摧锋军驰援。摧锋军是岭南的地方军队，战斗力颇强，号称

"所战皆捷"。盐丁煮海晒盐是行家，可哪里会行兵布阵？甫经交战，旋即溃败，被摧锋军一路追杀到大奚山。摧锋军登上海岛，不问男女，见人就杀，枪挑刀砍，有如劈瓜剁菜。《宋会要辑稿》描述："一岛万人俱遭屠戮，冤无所诉。"恐怖之状，难以描述。那些躲到山林里，侥幸不死的，事后被官兵捕到，也受到杖脊、配役、羁管等严厉处罚。在镇压了盐民暴动后，摧锋军留下三百名水军，镇守大奚山，三个月轮换一次，以防盐丁死灰复燃。

大奚岛恢复了平静，香山也沉寂下来了。一切就好像做了一场噩梦。没几天，海上的浮尸都被鱼吃尽了，岛上觅食腐尸的大嘴乌鸦群也散去了，盐官又开始大摇大摆到盐场收税了。盐丁们那低沉的嗓音，继续唱着"煎熬辛苦无奈何，彼思出作而入息"的歌谣，继续在草木灰上来回踩踏。太阳懒洋洋地晒着广阔的盐田。海潮依时而来，依时而退。日子过得很慢很慢。

对于盐丁来说，受尽煎熬的日子，好像没有任何变化，但拉开历史的距离来看，这时的香山进入了快速发展的时期。北宋天圣元年（1023）以前，东莞、静康等十三个盐场，每年产盐仅二万四千余石，供给广南东路和西路的昭桂州、江南的南安军。到南宋乾道年间（1165—1173），广州盐场年产盐已达到十六万一百八十六石三斗四升。据记载南宋史事的《乾道会要》统计，其中静康、大宁、海南场产三万三千五百二十八石三斗四升，东莞场产三万一千二百四十八石，香山金斗场产一万一千五百石，广田场产七千石，归德场产二万四千九百八十石，叠福场产一万五千石，都斛场产九千六百石，矬岗场产八千五百石。

宋代的商品交易，空前繁荣，但宋代的货币，五类杂种，给人们造成诸多困扰。市场上一直以铜钱和铁钱为主，但两者的携带和使用，都非常不便。首先是它们的价值不高，却十分沉重，一贯铜钱就有五六斤重，一贯铜钱的购买力，约等于十贯铁钱，如果用铁钱买卖，膂力差点都不行。在宋仁宗时，买一顶京师士兵戴的青纱帽，要一贯铜钱，比帽子本身还重。李焘的《续资治通鉴长编》说，在京师一套华丽的服装要一万贯铜钱，即一千万枚铜钱，岂非要用几辆牛车去拉？

其次，人们有存钱的习惯，富裕人家，几乎家家都有钱窖，把铜钱贮存起来，以防盗贼、火灾和荒年。他们不仅收藏当代的货币，甚至历朝历代的货币，也统统深藏起来。1924年麦应荣编著的《榄溪劫灰录》弁言便有记载："前数年，九洲基居民建屋，掘地得古钱一瓮，皆宋时钱币也。"1995年，深圳宝安区松岗沙浦围村花果山在进行工程建设时，挖出了多个宋代的钱窖，内藏重达四吨的钱币，连汉代五铢钱、新莽货泉、唐开元通宝、乾元通宝、五代十国的周元通宝、南唐的唐国通宝、前蜀的通正元宝都有，最晚的是南宋淳祐十二年（1252）的淳祐元宝。当年的宝安，与香山同属东莞县。一县之内，风气都是一样的，人们热衷于大量藏钱，结果市面上的钱币不足，形成了钱荒。朝廷也曾发行纸币，但信用不好，愿意使用的人不多。

两宋始终未能妥善解决货币问题。有的地方只用铜钱，有的地方只用铁钱，有的地方铜钱、铁钱兼用，有的地方还以绢帛为钱，不同地区交易时，来回兑换，极其麻烦，大大增加了交易成本。这成了宋代经济发展一个突不破的瓶颈。

金银本来主要是作礼品之用，供人玩赏，很少直接作为货币流通，但到了北宋中后期，由于其他货币过于复杂，币值不稳，白银的作用，便愈来愈大了。朝廷收取的商税、盐税、茶税等，白银占了四至五成。军队士兵的薪饷，也往往是白银、铜钱、纸币搭配发给。一些边远地方的赋税、贡品，因为运送不便，要折换成白银交纳。

提举茶盐司规定，盐商交钱领引时，要折成银子交付。因此，税民只能向本地的金银铺购买白银，但金银铺的银子也有限，要远赴外地购买。东南沿海最大的银矿在福建，运输成本高昂，自不必说，采买者还经常被山贼海盗打劫，血本无归。为了解决"银荒"问题，人们便着魔似的在本地寻找银子，于是催生了一个行业：采矿。

皇天不负有心人，香山人还真的找到了银矿。按朝廷规定，金银都不准私自开采，私开淘取者以盗论。珠江三角洲有三个经官府批准的银场，循州（今惠州）有一个，东莞有两个，一个在桂角，还有一个在香山崖。

香山崖银场位于凤凰山南麓的鸡拍村（今名鸡山，属珠海市）。当地以杨、文、唐三姓为主。凤凰山在香山南部，由大南山、小南山、大径顶、枇杷地、白鹤顶、望天狮、尖山、真子排顶、红花山、南锅神、周坑山、径东山、白沙岭、鸭贵门等众多小山，连成一条大山脉，最高峰海拔437米，覆盖着郁郁葱葱的阴香和山乌桕。山的东边有一条开辟于宋代的官道，一直通到澳门，历任官员到澳门视察，大多走这条官道；西边也有一条被称为"古鹤古径"的山路，通石岐、三乡、雍陌、古鹤和前山等地。

自从香山崖发现银矿后，远近轰动，各地跑来采矿的人，络绎不绝，甚至有的举家迁来，聚居于海边渍地，村民轮番入矿，鸡鸣时来一拨，黄昏时又来另一拨，采挖到的矿石，用船运到彩虹坊，由官窑鼓铸成银。在唐家湾风门凹岭上，至今还留有银矿的遗址。金银铺大都是采购这几个银场的白银，然后卖给当地税民。

开采银矿，和煮盐一样，是备尝艰苦的事情，得每天日晒雨淋，风餐露宿，钻山挖坑，寻找矿苗。银矿是露天开采的，《天工开物》记述："采者穴土十丈或二十丈，工程不可日月计。寻见土内银苗，然后得礁砂所在。"矿工把采到的矿石，运到碓坊，用春碓捣成粉末，再用大桶盛水，往桶中投入矿石粉末，不断搅动，把沉到桶底的"粗矿肉"捞起，用木盆细细淘汰，把无用的石末统统淘去，剩下真"矿肉"。再把含银的矿肉与铅熔为一体，冶炼时用风力使铅氧化成密陀僧，沉积到炉灰里，白银就能分离出来。这种炼银方法，古已有之，称为"灰吹法"。

据明嘉靖朝《香山县志》记载，北宋大观年间（1107—

1110），有官员上奏朝廷，指香山崖的银矿苗脉微甚，但吸引了大批浮冗之人，以纳官为名，毁坏民田，骚动邀贩。朝廷下诏罢宜禄场，令官府封禁，违禁者诛。县志说："逾三百年，人无敢发者。"其实，利在眼前，杀头都要干，一纸禁令，算得了什么？俗话说："官不容针，私通车马。"只要能从银场得些好处，官府也乐得"只眼开，只眼闭"，不会认真执行禁令。

东莞人李春叟，南宋宝祐四年（1256）省试中选，因荐授惠州司户。他对盐丁、矿人之苦，深怀恻悯，曾上书朝廷，痛陈盐课、银场重税的不合理，吁请废除。朝廷最后接纳了他的建议，取消银场重税，香山的盐丁、矿人，无不为之欢呼。由此可见，香山的银矿，早已恢复开采。

到了明代，人们挖矿更加卖力，甚至"豪民勾引势家，纠集逃叛及白水贼徒，伪捏朝旨执照，乃开矿采煎"，目无王法，已臻极点。不过香山的银矿，藏量不算丰富，到明代嘉靖年间，已基本采尽了。香山产银虽然不多，但对当地商业的发展，起了重要作用，对城镇化进程，也不无推毂之助。

移民如潮水

北宋天圣年间（1023—1032），朝廷正忙着编撰国史和校订医书、研究针灸。天下太平无事，远在海角的香山，比北方更多一份安宁。

十字门外的海舶，每年如期而至，时多时少，船的体型愈来愈大，有的竟可装载三百吨货物和五六百人，一条船就是一个村了，实在大得吓人。不过，香山人对此已见怪不怪，反倒是见到体型较小的海舶经过，会啧啧称奇：横竖都是跑一趟，为什么不用条大船呢？这小船跑一趟能赚多少？老人们嘲笑说："老鼠尾生疮——大极都有限。"北宋淳化二年（991）朝廷曾下诏，允许一些非禁榷的舶来货在当地售卖，放宽了对专卖的管制。大海舶的数量也多起来了。有些香山人跑到广州，在蕃坊外的街市，搜罗乳香、檀香、玛瑙、蕃布等物，回香山倒卖，也赚了不少钱。

尽管广州软红十丈，繁华热闹，但香山人并不一定想住在广州，因为百物皆贵，居大不易，而且财多招盗，不时受兵革扰乱，北宋皇祐四年（1052）便发生了侬智高围攻广州五十多天之事，吓得许多人跑到香山避难。香山北部出现了愈来愈多的村落，主要是曹姓和古姓的两大族。曹姓居于曹溪，古姓居于古溪，这也是曹步与古镇得名的来由。

唐、宋以后，更多的陆地浮出海面，香山周围形成了许多小海，如石岐海、象角头海、叠石海、分流海、碧鉴海、古镇海、螺州海等。浮虚山上，放眼四望，天青青，水蓝蓝，大地锦绣如画。宋代的邓光荐在《浮虚山记略》中记载："番禺以南，海浩无涯，岛屿洲潭，不可胜计，其为仙佛之所宫者，时时有焉。未至香山半程许，曰浮虚山。山虎踞而凤翥，钟悬而磬折，苍然烟波之上，四望无不通。方空澄而霁，一望千里，来航去舶，棹歌相闻。及微风鼓浪，喷薄冥迷，舟望山咫尺，若不可到。"浮虚山在今天阜沙镇内，石岐以北约15千米处。在石岐西面的象角附近稻田下的牡蛎壳层中，考古人员曾发现有北宋铜钱，说明当时这里正在成陆。大海在一定程度上，为香山提供了安全屏障。

清同治朝《番禺县志》记载，侬智高围城时，在广州城南聚集了几百艘兵船，声势浩大。摄番禺县尹萧注从城中冒死突围而出，"募海滨壮士，得二千人，乘大舶，集上游，因飓风起，纵火焚舟，破其众"。香山海滨离广州最近，民间大舶亦多，驰指可集，这两千海滨壮士中，不乏性格刚烈的香山人。

人们选择在香山定居，有各种各样的考虑。有人是厌倦了代耕生活，有意回归田桑，做个邻舍翁；有人是年纪大了，想觅一处安乐土，颐养天年，燕翼贻孙；有人是觉得香山地处边远，徭役较轻，适合安家乐业。甚至有人只是路过，却一眼就喜欢上了，索性留下不走。北宋初年，就有一个南海县的渔民，在海上遇暴风，把船湾在溪角躲避，台风过后，发觉这里肥田沃地，可生衣食，又没甚人烟，便干脆上岸，搭屋砌灶，长住下来，反客为主，成为德庆村的开村之祖。如今在溪角里巷还立有一座石碑，纪念此事。总之，出于各种缘由，迁到香山定居的人，逐年增多。

香山各个姓氏的源流，构成了一部脉络复杂的移民史，从来没有人能够把其中纷繁的枝蔓，真正理清理顺，但放在历史的大背景下，却总能得到某些有趣的启示。

南朗程氏的先祖程师孟，是岭南一颗耀眼的星。他是苏州吴县（今苏州市）人，北宋景祐元年（1034）进士，历任光水、钱塘县尹，桂州通判，楚州、夔路和河东提点刑狱，在夔路开仓赈济灾民；在河东兴修水利，防治水患，北宋熙宁元年（1068）以光禄卿出为福州知府，疏浚河湟，修造桥梁，创办州学，弭盗安民，在各地都留下了良好的政声，洪州、福州等地都建有他的生祠。

熙宁三年（1070）程师孟调任广州知州，越年任经略使。当时侬智高之乱有十几年了，广州处处可见兵燹的遗痕，城墙倒圮，市面萧条。《续资治通鉴长编》写道，由于没有城墙的保护，不时受到盗匪光顾，"自是广人以无外城常讹言相惊，莫安其居"。有人建议重修城墙，才能使民众安居乐业，但也有不少老成之人觉得，广州城西临江，土质松软，螺蚌混杂，地基难以稳固。程师孟偏不信邪，请人勘测地质，研究各种加固地基的办法，认为城墙可筑，于是力排众议，绘制图纸，奏准朝廷，硬是把西城墙筑了起来，事后得到了朝廷降诏敕奖谕。程师孟在任期间，大力整顿对外贸易，鼓励通商，使广州的市舶贸易，从侬智高之乱后，得以回黄转绿。他的诗作《题共乐亭》，在广州坛坫传诵最广：

> 千门日照珍珠市，万瓦烟生碧玉城。
> 山海是为中国藏，梯航尤见外夷情。

程师孟离开广州时，州人为他建了生祠，以纪念他对地方的功德。程师孟的四子程柏峰，北宋熙宁三年（1070）随父亲到广州，在东莞县衙任职，管理香山场的盐务，娶妻谭氏，后来殁于任上，与夫人合葬在吉大山（又名蛋家墩）。他的后人也没有返回有"上有天堂，下有苏杭"之誉的苏州，而是不辞长做香山人，在南朗繁衍生息，家道殷富不绝。程师孟被奉为南朗程氏的一世祖，程柏峰为二世祖。

曾经在军伍中当小军官的南雄保昌县人陈文龙，北宋嘉祐年间（1056—1063），从冈州德行里（今台山市冲泮村）迁到香山仁山下定居。不少人把他与南宋末年在福建抗元，兵败被执、绝食而死的参知政事陈文龙混为一谈。其实，两人相隔了一百多年。

陈文龙迁入香山时，广南西路正风起云飞，宋军在邕州一带与交趾军大战，胜负未分，四乡人心惊恐，流传讹言，纷纷不一。陈文龙已脱离军伍，天大的事都与己无关。在家耕几亩肥田，每天有半壶浊酒，一尾鲈鱼，日子颇为惬意，又娶了伍氏为妻，诞下陈天伦、陈天觉、陈天叙三个儿子，直如林下神仙，夫复何求。后来，三个儿子分居各地，长子天伦的子孙在陵冈，次子天觉的子孙在釜涌（库充）、冈背和水溪等地，三子天叙的子孙在鸦冈，聚族而居，人丁兴旺。

在香山历史上，陈天觉是一位值得用很多笔墨去书写的人物，不过这是后话。

北宋宣和年间（1119—1125）陆续迁入香山的，还有南雄林氏，迁到丰乐村的平岚；广州郑氏，迁到仁厚村莲塘；当过六品京官的梁仲卿，辞官归田，携子梁溪甫，先在石头村隐居，后来迁到仁厚村的曲涌（今称福涌）。梁仲卿精于土木，在京师时，就是负责营建宫室的官员，子承父业，一家三代都是有名的三行①师傅。香山当年很多美轮美奂的祠堂建筑，都是他们设计的。

---

① 粤语称泥水、斗木、搭棚行业为"三行"。

北宋靖康二年（1127），北方发生战乱，女真族入侵，徽宗、钦宗二帝被俘，山河变色。宋室仓皇南渡，康王赵构即位为高宗，改元建炎，四年后又改元绍兴，朝廷播迁杭州，定为"行在"（天子巡行所在）。至此，北宋历史谢幕，南宋时代开启。

建炎南渡，是中国历史的一个转折点。整个中原大地，掀起南徙狂潮。尤其是南宋建炎三年（1129）六月，赵构下了一道诏书："朕与辅臣宿将备御寇敌，接应中原。官吏士民家属南去者，有司毋禁。"这就像下了一道南迁动员令，豪门巨族闻之，纷纷收拾细软，没命地向南逃窜；老百姓也如受惊的羊群一般，扶老携幼，紧随尘头之后，汹涌往南、再往南。此时大庾岭已成入粤的必经之路，粤西的水路几被完全取代。珠玑巷成了一个中转站，难民在进入南雄后，在此栖身，再由这里散往广东各地，其中很大一部分，以竹结筏，继续向南逃，直逃到大地尽头，前面已是茫茫大海，波涛浩渺，再无去路，便在香山安下家来。

客家人都把福建宁化县石壁村奉为圣地，这里曾经是他们南逃的"中转站"。宁化地处闽赣交界，崇山峻岭环绕，号称"八山半水一分田，半分道路和村庄"，因此没有受到北方战火的直接荼毒。唐、宋时期，来自八省五十多个州县的中原移民，大多先在这里落脚，然后再分散流向各地。客家文化于焉萌蘖滋长。

在珠江口西侧，有一处叫唐家湾的地方，北邻大坞湾、金星门，南邻香洲湾，南距澳门约四塘汛[①]。有史家考证，唐家湾所在地，曾是一个有淡水、有人居住的岛屿，外国商船须在此停

---

① 中山人说十里为一塘汛。

靠和加淡水，然后可以续航前往广州。于是有人猜想，这个岛屿原来是没有名字的，番商既然把中国称为"唐家"，而这里的岛屿是一个优良的港湾，便命名为"唐家湾"。这个大胆的猜想，包含了两重意思：一是唐家湾的"唐"，与唐朝的"唐"是同义的，二是唐家湾是番商为之命名的。

不过，根据文献记载，唐朝时这里虽有人群村落，但规模很小，名为"横沟浦里"，村人并非姓"唐"。在唐姓迁入前，这里主要有江、程、冯三姓，人称"三家村"。本地唐姓一族，始祖唐陶（字居俊，号绍尧），南宋时从珠玑巷流落新会，传至第五世唐箕（字子英）再辗转迁入香山，初在釜涌境定居，后来嗣族分散到釜涌境、三乡、鸡拍等地。"唐家"作为地名，首次出现在文献上，是明嘉靖三年（1524）的《梁氏家乘》和明嘉靖二十三年（1544）《香山县志》，这时距离唐朝，已经很遥远了。

唐家湾"背山环港，内勾外锁"，风水非常好。唐姓在这里扎根后，浸明浸昌，瓜瓞绵绵。在中国近代史上，唐廷植、唐廷枢、唐翘卿、唐丽泉、唐国安、唐绍仪等一大批显赫有名的人物，都是从唐家湾出来的。

上栅卢姓始祖卢隆（字始昌，号龙庄），南宋咸淳九年（1273）从珠玑巷迁到新会潮连卢鞭，再分散到各地，有的去了佛山，有的去了归善，有的去了东莞。留在潮连卢鞭的一支，传到七世祖卢彬（字芳松、大振，号霞山）时，迁入香山莲塘境（即上栅），被奉为上栅支系的始迁祖，这一支系被称为平台

"霞山支系",又称"大卢",其子孙分布在上册、员山仔(今名员峰)、南大涌等地。这一系的人在清代从事茶叶贸易,出了不少富家巨室,都是门庭盛贵于一乡。另外还有"细卢"一系,是怎么迁入香山的,已难以追溯。

在宋室南渡这波移民潮中,有一个故事,在珠江三角洲流传甚广,那就是皇室苏妃私逃出宫,在珠玑巷隐居,最后导致牛田坊五十八村九十七人结伴南逃的故事。其中最详细的版本,是《槎滘罗氏族谱》中的《珠玑徙居事志》。故事梗概是这样的:

南宋建炎年间(1127—1130),皇宫中有一位苏妃,貌美如花,但秉性贪淫,激怒了皇上,被贬入冷宫。后来她设法逃了出来,装扮成丐妇,行乞于京城。南雄府始兴县牛田坊有一富人叫黄贮万,奉官府之命,备船运粮上京,遇到苏妃在码头唱歌乞讨,见她外表虽然污糟邋遢,但明眸皓齿,却是掩藏不住,举止动静,都与俗人不同,便把她收容在船上,回家后纳为宠妇,改姓张氏。后来虽然知道了她的身世,但自以为这事神不知鬼不觉,只要不对外声张,便可瞒天过海。

不久,皇上想起了苏妃,想召她出冷宫,才发现早已鸿飞冥冥。由是龙颜震怒,敕兵部尚书行文各省司道府县,严行访缉,但经年没有下落。直到黄贮万的一个家仆,因事被逐出门,怀恨在心,把这件事泄露出去,京师沸传。兵部尚书张英贵担心皇上责怪他访查不力,伪称南雄府始兴县牛田坊有贼作乱,流害平民,冒奏皇上准行,派兵进驻南雄府牛田坊,以建兵寨为名,要荡平这个地方。

　　牛田坊有岁贡生罗贵，亲戚在京做官，向他通风报信，把五十八个村的村民，吓得六神无主。罗贵和大家商量："自祖传闻南方烟瘴．土广人疏，必有乐土可居。大家向南而去，但遇安处，冈山融结，田野宽平，又无势要之处，众相开辟住址，朝夕相见，仍如今日。"大家都说好，于是由罗贵领衔，九十八人会签，陈告县衙，准立文案、文引，再向府衙申请，立号编甲。绍兴元年（1131），这九十八人，各携家眷，挑着家什，坐着竹筏，浮涟水而下，急急如漏网之鱼，逃往珠江三角洲，然后四分五落，星散到各地，有的逃入南海，有的逃入新会，有的便逃到了香山。

　　这个故事的另一版本，主角仍然是宫中妃子，不过苏妃变成了胡妃，时间也从南宋初的绍兴元年（1131），移到了南宋末的咸淳八年（1272），相隔一百四十余年。这年皇帝举行祀典，由贾似道担任大礼使。祀典结束后，天降大雨，皇帝本应乘辂还宫，近臣胡显祖劝皇上改乘逍遥辇，皇上问："问过大礼使了吗？"胡显祖随口回答："大礼使已经同意了。"这事激怒了贾似道，认为礼仪之事，不容大臣干预，于是逼皇上罢免胡显祖，否则他就撂挑子。皇上迫于无奈，只好罢免了胡显祖，并把胡显祖的妹妹胡妃送出宫，削发披褐。

　　胡妃出宫后，并没有与青灯古佛为伴，而是流落街头为丐，被南雄保昌县富民张贮万（不姓黄，改姓张了）看中，带回保昌牛田坊，纳做箕帚之妾。后来这事在乡间渐渐传开，被官府知道，这是欺君大罪，牛田坊的人担心朝廷报复，急于逃灾躲难。

于是珠玑巷九十七家共议南行，向县衙申请路引。其中就有小榄麦氏的先祖麦必荣、麦必秀、麦必达、麦必瑞、麦必雄兄弟五人，挈家二百余口，于南宋咸淳九年（1273）二月十六日起程抵广州，五月十五日到香山黄旗角乡（即黄角），不久再分散到各属。其中一支，在元至治三年（1323）迁至小榄滘口涌。

麦必达率领家人到黄角定居后，捐钱十万，建立石基以防水患。这是香山东北部（今番禺南部）最早的围垦和石堤工程。小榄小围、四沙小围、三灶岛等地，都留下先民筑围的痕迹。在两宋三百二十年间，香山、南海、东莞、番禺、三水、顺德、高要、博罗等地，共筑堤二十八条，长达两百多千米。

关于皇妃的故事，还有多个版本，有的说苏妃出宫是绍定年间（1228—1233）的事，因与东宫不和，越宫潜逃；也有说苏妃与胡妃是同一人，只是出宫后改了姓而已；也有说苏妃出宫后，隐姓埋名，在某庵堂里终其天年，所谓嫁了富家翁的事，纯属讹传；还有说胡妃出宫后，患了癫狂症，溺水而亡，贾似道却诬陷民间藏匿，以致珠玑巷的民众大起恐慌，纷纷举族奔逃。

《小榄麦氏族谱》认为："究之事远年湮，传闻异词，岁月不无讹舛，而揆厥时势，当不离南渡后绍兴间者为近，决不在咸淳间时也。"然而，不管是绍兴年间、绍定年间，还是咸淳年间，都备受质疑。不少历史学者，甚至通过考证建炎年间有没有皇妃姓苏，咸淳年间有没有皇妃姓胡，哪一朝有岁贡生叫罗贵，宋代的南雄是称"州"而非"府"，官府文案、文引，与宋代格式不符等破绽，来证明故事穿凿附会，不过是把正史、野史、坊间闲话、演义传奇，炒成一碟而已。

"李"常被视为中国最主要的姓氏之一。香山石岐的紫里、麻洲街、堑头街，良都的恒美、库充，隆都的涌边、涌头、岚霞、起凤环、大岚，都有李家村，榄都的山边坊、东边涌、永宁、宜南，四字都的小隐、李屋边，谷都的茅湾、神湾等地，都分布着众多的李姓居民。小榄李姓宋末避乱时从珠玑巷迁到荔枝山，再迁入小榄。《香山仁都麻洲李氏族谱》说，李氏先祖居南雄珠玑里，宋季避乱逃到新会，南宋咸淳七年（1271）从新会徙居仁山下，再分散到各地。

北宋时代，香山大榄、小榄，四面环海，因境内有小山丘形似橄榄而得名，最初可作耕地的平原不多，而且地势较低，不足防潦，所以人烟稀少，只有渔民捕鱼为生。北宋建隆元年（960），人们开始在永宁、九滘至第一垾，修筑了小榄小围，同时在横栏贴边，修筑四沙小围，以解决旱涝问题。

然而，大榄一带，还是萌草苍苍，烟水茫茫，没有多少人居住。南宋绍兴十三年（1143），有窦姓的疍民，在这里建屋定居。随着大量中原人南迁定居，大榄飞驼岭西南侧，逐渐人烟稠穰，出现了规模较大的自然村落——冈头村。杜、毛、曹三姓，居冈头村及飞驼岭附近；曾、罗二姓，居凤山北麓冈底涌一带及西南麓（即竹源罗涌）一带。罗姓的始迁祖叫罗起凤，其家族颇为富有，在当地修了一座石墩木板桥，命名为"起凤桥"，还开凿了一条河涌，称为"罗涌"。

据龙廷槐的《柳州太守何敬亭墓表》中说，小榄何族世居北方，北宋末年，中原多故，挈家南徙，流寓南雄珠玑巷，后迁香山小榄乡。而何大佐的《榄屑》引《南雄水木记》记载甚详：南宋咸淳八年（1272）胡妃被逐出宫为尼，第二年患癫狂症，溺水而亡。坊间哄传贾似道怪罪民间收匿，准备大举搜捕。人民畏惧，举族奔逃。"时无舟楫，我祖兄弟砍竹为排，乘流飘泊。夜半突至连江口，潦水冲散"，于是一部分人逃到南海县西琳都华桂坊，后来迁到小榄凤山下，在凤山南麓三角社定居，以制作豆腐为业，因为凤山的泉水清冽甘甜，做出来的豆腐特别嫩滑，所以生意十分兴旺。后人为纪念先祖，便把该泉命名为"思源泉"。

隆都山谿角的刘姓，其始祖刘汝贤，是北宋宣和年间（1119—1125）南雄刺史刘仲敏之子，南宋绍兴末年由珠玑巷迁到香山土瓜岭，六传后迁到山谿角，光大其族，分支到石岐、龙聚环、涌头、寮后、龙眼树涌、坑口圩、北台、胡芦棚、湖洲、沙棚下、龙塘、库涌、新村等地。在齐东、古鹤等村，还有刘族的另一支派。

查香山各村各姓的族谱，南屏张族、容族，谭井刘族，平岚林族，大都陈族，大车林族，麻子陈族，濠涌严族，南塘简族，冈背陈族，坎下梁族，张溪梁族，古坝韩族，赤坎阮族，海州魏族，莆山陈族，南村曹族，永原缪族，众角阮族，北山杨族，四字都陈族，山场吴族、鲍族，鸦冈郭族、刘族，良都郭族、杨族，麻洲李族、蓝族，隆都刘族、余族，水塘头陈族，龙头环侯族，唐家湾唐族，婆石村陈族，过城高族、任族，小榄梁族、李族、麦族、孙族、朱族、何族、吴族、邓族、杜族、刘族、甘族、罗族、石族，四字都黎村梁族，淇澳钟族、蔡族、苏族、姚族、大涌南文萧族，都宣称自己是两宋时期从珠玑巷迁入的。

这些开村昌族、百世流芳的故事，在珠玑巷族谱中，比比皆是。他们真的都是从珠玑巷来的吗？也许是，也许不是。人们修族谱，是要让子子孙孙牢记住自己的根，但有时为了攀上"河洛移民"的"显贵血统"，在编撰族谱时，会无中生有地给自己杜撰一个中原的根。这种现象，在珠玑巷的族谱中，亦习以为常。甚至有些世代在伶仃洋上浮荡的疍家人，也自称来自珠玑巷。有人忍不住质问："你的趾甲没有凹陷，哪里是中原人士？"他们笑嘻嘻地反驳："我们有钱，坐船南下，所以趾甲好好的。你们穷，靠两条腿从珠玑巷走来，还不把趾甲走烂了？"

然而，无论如何，在南下移民的心目中，珠玑巷已经成了一个不可动摇的文化符号，是身世血脉的标志，代表着"天水家声""南阳世泽""洛水源流""西平旧居"。如今在珠玑巷的门楼上，仍刻着"珠玑古巷，吾家故乡"八个大字。客家人也常用一句话来激励自己的子弟："宁卖祖宗田，不丢祖宗言。"所谓祖宗言，就是他们与留在遥远北方的宫庙城社保持联系的精神纽带，是他们文化习俗和家学渊源的象征。不管他们是不是来自珠玑巷，他们的精神，都和珠玑巷紧紧联在一起。这一点，殆无疑义。

早在宋初，朝廷为了恢复国家元气，曾立下规矩，凡五代十国以来丢荒的土地，归现在的耕种者所有；农民开垦新的农田，只纳税，不交租，田地归开垦者所有。这大大刺激了民众垦荒耕种的积极性。因此，原来人稀地旷的香山，随着移民的大量涌入，逐渐出现了耕地不足的情形。

人们想尽办法，提高土地的使用率。首先是一年种两造水稻。学者郑熊在《番禺杂记》中记述："春插夏熟者，早稻也；夏种秋熟者，晚稻也。"当时一年两造水稻，已在珠江三角洲推广开了。其次是引进优质品种，北宋大中祥符年间（1008—1016），从占城（在今越南中部）引进了早熟、耐旱的占城稻，使水稻一年两造成为可能，并大大提高了产量。

在康平的年代里，五桂山下，岐江河畔，几乎每一块平地都变成了农田。春光明媚，一簇簇的桑树、果林都绿了，当橘橙开始抽花时，芒果花已是芬芳飘漾；一片片的水稻、菜畦也绿了，这正是播种、栽蔗、栽芋的季节。满眼的绿油油，绿得可以淌出水来；五黄六月，稻田转成一片金黄，清风徐来，在朝阳下就像一块随风起伏的金色丝绸。人们在田头插上几支香，拜过土地，然后发出欢乐的吆喝："开镰啰——开镰啰——"当夏去秋来，十冬腊月之际，虽是山寒水冷，但香山却是"芥椰薯葛堆满场，老姜新芋亦登场，农家锄地育种子，户户辛勤备春耕"，已弥漫着浓浓的初春气息了。

沃野平原的洋田，渐渐都有人耕种了，迟来的人们，只好往山上走，在山径之间开辟坑田，靠山水浇灌，脱粟布被，尚可度日，但如果遇上雨季，山洪暴发，便荡然无收了。等到坑田也被开尽，人们只能到更远的地方，开辟旱田，这些田地远离水源，一旦天不下雨，庄稼就会干枯，所以又叫"望天田"。为了获得更多的耕地，香山人还有一个办法，就是围海造田。

人们在海边筑起长长的堤围，阻挡咸潮，从北江或西江引入淡水，冲洗碱土，改良土质，把卑湿的平原，改造为可供耕种的沙田。屈大均在《广东新语》中说："广州边海诸县，皆有沙田，顺德、新会、香山尤多。"明嘉靖朝《香山县志》写道："东北海通广西，潮漫汐涸，稼宜交趾稻，每西水东注，流块下积，则沙潭渐高，植芦草其上，混浊凝积，久而成田，然后报税，其利颇多。豪右寄庄者，巧立名色，指东谓西，母子相连，则截而夺之，争讼至于杀人，反为吾邑之患也。"

冲积平原不断向大海延伸，人们修筑的堤围，也不断向前推进。成陆较早的地方，如大榄、小榄一带的沙田，就叫作"老沙田"，形成较晚的沙田，就叫作"新沙田"。老沙田已经远离大海了，经过一代代人的灌溉与耕种，土地的碱性也大大改善，土质肥沃，种什么都长得好，那里的人特别富有。香山北部的西海十八沙、东海十六沙，也逐渐成为陆地。明嘉靖朝《香山县志》记载，香山县已有大小沙坦35个，吸引了周边县份的民众迁入。

屈大均详细描述了人们耕种沙田的方式："农以二月下旬，偕出沙田上结墩，墩各有墙栅二重以为固。其田高者牛犁，低者以人秧莳，至五月而毕，名曰田了，始相率还家。其佣自二月至五月谓之一春，每一人一春，主者以谷偿其值。七八月时耕者复往沙田塞水，或塞箅箔，腊其鱼、虾、蟛、蛤、螺、虫呈之属以归，盖有不可胜食者矣。其田皆一熟，或种秋分，或白露，或霜降，必兼种之。使自八月至十月，月月有收，其以八九月熟者曰小禾，秋分、白露、霜降等种是也。以十月熟者曰大禾，赤秥是也。沙田咸卤之地，多种赤秥，粒大而色红黑，味不大美，亦名大秥，皆交趾种也。其黄秥、花秥，唯内地膏腴者多种。禾既获，或贮墩中，或即舟载以返。盛平时，海无寇患，耕者不须结墩，皆以大船载人牛，合数农家居之。"所谓"咸卤之地"，就是新沙田，称为"开边"；而"内地膏腴者"，就是老沙田，称为"埋边"。[①]

屈大均说五月是"田了"，这是东莞、香山一带农家庆丰收的活动。一般都在七月夏收完成之后，四乡八镇的孩童们，成群结队，吹着芦管，表示欢庆，俗称"吹田了"。在那些火伞高张的日子里，村头村尾、塍岸田基、果园菜地、港汊河涌，到处响彻着芦管的"哗哗"声，空气里弥漫着稻谷的香气，人人喜笑颜开。屈大均说五月田了，可能是因为一些早熟的稻子，五月就开始收割了。香山文人张铁生有一首《沙田行》诗写道：

> 海水摇天天不动，海岸积沙沙成陇。
> 潮来潮去几经年，沧江转瞬变沙田。
> 初时鹤立还防倒，继乃膏腴能种稻。
> 底须卖剑买耕牛，奇货可居珍似宝。

---

① 粤语"开边"是外面之意，"埋边"是里面之意。

不愁西潦不愁风，万顷黄云岁屡丰。

何止多收十斗麦，令人羡煞富家翁。

沙田大致可分为四种，一种是海坦，不时被水淹没，只能种些乌胶、菱角之类，收成没什么保障；一种是浅水的沙田，水中有鱼，但鹤可以站立，种些高脚早稻、莲藕、圆草之类，属于下等田；另一种是筑了围的，一年可种两造水稻，属于中等田；还有一种是最好的沙田，土地肥沃，除了两造水稻，还可以冬种。

黄角、小榄都是肥得流油的老沙田区，麦氏在这块风水宝地定居，生生不息，枝叶蕃盛。仅麦必达一支，在小榄就有二十几间祠堂，包括麦氏四世祖祠、麦氏六世祖祠、半仙祠、大夫七世祖祠、莲溪麦公周副君祠、介庵祠、大夫十世祖祠、大夫十一世祖祠、莘亭祠、直庵祠、毓辕祠、将军赞庵祠、擢超祠、五桂祠、节和祠、秀冲祠、义祀祠等，其族嗣的繁盛，可见一斑。

夏天的晚上，忙完一天的老沙田人，一群群、一簇簇，坐在村头的榕树下，摇着大葵扇，敞开肚坡①乘凉聊天。他们谈论着张三家今年的收成如何，李四家去广州做买卖赚了多少，王五家嫁女了，赵六家添丁了。与新沙田区的"开边人"相比，他们对自己的生活，很满意了。那些"开边人"，很多还是地无立锥，

①　石岐方言："肚坡"即肚腩。

衣穿四季，一层皮蒙层骨，一世给人做牛做马，只挣个朝夕糊口。别说箩耳拍箩耳，"开边人"与"埋边人"哪有得比？①

在树下玩耍的孩童们，听到大人的聊天，有一句没一句，也不知在说些什么，便围着榕树，边跑边拍着手唱："一层皮，蒙层骨，铁股胲，木屎窟。"②大人们听了，哈哈大笑，把树上栖宿的鸟雀都惊得飞起了。言谈嬉笑之间，他们对"埋边人"的身份，充满了自豪；对明天的生活，怀有无限的憧憬。

---

① 粤语"开边人"指在新沙田区租地耕种的蜑家人和雇工；"埋边人"指老沙田区的占有土地的大户与农民；"箩耳拍箩耳"，指两只箩摆在一起互相比较。

② 中山方言中，"层皮蒙层骨"指瘦到皮包骨；"胲"指男童子阴，"屎窟"指屁股。这是一首流行于中山地区的童谣谜语，谜底是灯笼。

好一座铁城

- 上第大县

- 岐海九曲护铁城

- 南宋埋骨地

上

上第大县

太阳出来了，风和日丽，秋高气爽。这天是圩日，很多人挑着蔬菜瓜果、鸡鸭鱼虾，从四面八方往墟场走。"墟"在北方也叫"草市""赶集"，大家在固定的墟期，把各种东西拿到墟场上买卖。有的墟市是一四七（每月逢一、四、七日）为墟期，有的是三六九，有的是二五八，总之一年到头几乎天天有墟，大年初三是头墟，岁末腊月廿九日是尾墟。

宋人吴处厚在《青箱杂记》中写道："岭南谓村市为虚……盖市之所在，有人则满，无人则虚。而岭南村市，满时少，虚时多，谓之虚。"这个解释似乎有点牵强，岭南的"墟"，并非无人的"废墟""空虚"之意，相反，应作"人烟凑集"之解，如"墟里""墟井"之类。墟场大都在河口、城门、桥头、寺庙附近，以方便水陆交通。香山的三岁稚童都会唱："富亲嫁上港，冇亲姊妹嫁落塘。"上港就是指河口埠头，通常都是墟地，财货汇聚之地，较为富庶，能够嫁去上港的女子，当然令人羡慕。香山最大的墟场，就在石岐附近，靠着九曲河畔。

香山有盐场、矿场、渔场和农田，人们的日常所需，造船、农樵、制盐、挖矿的生产工具，一切生活用品，从芒屦布衣，到锅碗瓢勺，甚至生子添灯做三诞①，嫁女置办妆奁、糖果礼饼，统统要到市场采购。无论你是寒耕暑耘的农户、种麻瓜菜果的园户、养猪鸡鸭鹅的农户、煮海为盐的盐户、入海打鱼的渔户、上山狩猎的猎户，还是操持机杼的织户、开门做生意的店户、登山陟岭采矿的矿户，都离不开市场。夫耕妻织，自给自足的日子，早已一去不复返。自从唐代把住宅区与交易区分开的坊市制被打破以后，除了朝聚夕散的墟市外，还有愈来愈多的固定店铺，到处开张。

每到墟日，墟市人来人往，十分热闹。仁山下开了好几家店铺，有卖山货、缸瓦、竹器的，也有卖油盐酱醋酒、茶果糕饼的，东头有一家打铁铺，西头有一家豆腐坊，都在门口招徕顾客。道路两边摆满了大大小小的箩筐，白菜、生菜、莲藕、葛菜、芥蓝、芋薯、落葵、竹笋、慈姑，应有尽有。

在路的另一边，麻雀佬用细绳子绑着一大串麻雀、禾花雀，一声长一声短地叫卖，身边蹲着一个卖水鸭的，也在向过往的

---

① 中山习俗，婴儿出生后第三日剃头，谓之"做三诞"，要备全鸡、全鱼和猪肉祭祖，宴请亲友。

人，频频招手叫卖；另一个卖鹧鸪、山鸡的黑瘦矮子，却闷声不响，专心观看身旁两个人在斗蟋蟀。

有些人把从山上采来的车前子、枇杷叶、两面针、宽筋藤、千斤拔、牛大力、小罗伞……一堆堆摆在路边，见妇人走过就招手说："树头茶、伤寒草，样样有，有病有痛，一饮就灵。"见男人走过也招手说："专医风湿，陈年旧患，跌打刀伤，续筋驳骨。"大家都叫他们作"树仔婆""树仔佬"，也有人叫他们作"大刀生"，因为这些人身边总带着一把锋利的砍刀，随时帮顾客切树仔头。

香山人很相信这些山草药，有一句谚语："檐前滴水是灵丹，野草拉藤皆圣药。"无论是风寒感冒、夜寐不安，还是积滞化热，消化不良，树仔婆都可以从那堆古怪的树枝丫杈中，挑出一两样"百试百灵"的草药，推荐给病人。还有一些人自制成药，挎着箱子沿街叫卖，一路吆喝："蛇药膏药乌麻麻，贴落大疮冇个疤，癫痫瘰疬都唔怕，肤损溃疡有揸拿。"这种叫卖声，几百年都不会有什么变化。

被人赶着去打种的母猪，在街上一颠一颠地走过，发出"吭哧吭哧"的喘息声；阉鸡骟猪的档口，各种禽畜的尖叫声，更是沸反盈天。卖布的小贩右手扛着一捆布匹，左手撑着一把油伞，沿街兜售，谁家要买布裁衣，就到门口向他招招手，唤他入屋丈量裁剪，但有时生意不好，走了半天，那捆布还是原封不动。走街串巷的木匠挑着各种工具，一家一家地拍门问要不要做木盆、箍木桶，口音一听就是外乡人，香山本地木匠都不屑于做箍桶之类的"湿碎"①活儿，光是盖房子、造船、做水桓、修水利的大活，都接不过来，忙得满天星斗。

药铺门口站着个脏兮兮的男人，光着上身，露出两排凸起的肋骨，脚下放着一只麻袋，他说里面有条银环蛇，问店家要不要。店伙计跑出门口问："你带蛇药了吗？"对方支支吾吾说没有，店伙计马上把他轰走："不要，不要，你到别处去卖吧！"真正以捕蛇为业的人，随身都会带有蛇药，以防被毒蛇咬伤，没蛇药的都是要钱不要命的外行人，店家不与他们做生意。但卖蛇的人赖着不肯走，店伙计嫌他妨碍生意，愈加恶声恶气地驱赶，引来了大帮人围观。

在卖甜角仔的档口前，也有大帮人围观，但又是另一种景象。小贩一手端着一只装满粉糊的小盆，一手揸一双筷子，面前放一盆凉水，先把筷子在水里浸一浸，然后往粉糊里一挑一挟，便做成一只菱形的小粉角，然后放进凉水中过一过"冷河"②，手腕翻飞，一挥而就，像变魔术一样，让人眼花缭乱。很多人其实没打算买甜角仔，却忍不住停在那儿欣赏他娴熟的手艺。如果有人帮衬，小贩就用笊篱把粉角往预先煮好的汤里滚两滚，再用碗盛起，倒入糖水，一碗香喷喷的甜角仔，便放在顾客面前了。小孩个个"肚皮痕"③，围着档口不肯离开了，就算吃不上，看一看、闻一闻也解馋。

---

① 粤语"湿碎"是零碎之意。

② 粤语"过冷河"指把食物放入冷水中，使食物更加爽口。

③ 粤语"肚皮痕"是嘴馋之意。

各色人等在墟场上你呼我唤，开价的、还价的、唱叫的、聊天的，摩肩接踵，磕磕碰碰；各种声音交错在一起，嘈嘈杂杂，模模糊糊，就像一锅沸羹，没人分辨得清楚。对终日耕田捕鱼、放牛养鸭、舂谷簸米的人来说，墟日就像一个小小的节日，一家人食粥食饭，就看趁墟的收获了。小孩更是急不可待，家里的肥鸭若能卖个好价钱，父亲一高兴，说不定就会带包饴糖、果脯回来。

仁山之下，一幢幢新房子冒起来，木匠和泥水匠们，一年到头都不得清闲。埠头上停泊着许多船只，装着满满的青砖、砻灰、筒瓦、杉木和麻石。工人忙着卸货，运往工地。到处热气腾腾。大家说这里是藏风聚气之地，日后必发鼎甲，很多大户人家都往这里搬。果然，北宋庆历六年（1046），石头村（今恒美村附近）出了一位进士，名叫梁杞。

能够从万人之中，蟾宫折桂，本来是一件光宗耀祖的大事，但奇怪的是，梁杞的登科，似乎没有引起很大的关注。史书记载寥寥，对梁杞的描述，只有"赋性温纯，醇谨好学，精通诗书"一类在古人列传中常用的陈词滥调，他究竟如何醇谨，如何好学，则语焉不详；说他"精通诗书"，却一首诗也没有流传下来，连他的字、号和生卒时间都不清楚。《万姓统谱》说他是福建莆田人，明嘉靖朝《香山县志》说他是香山延福里人，明万历朝《粤大记》笼统说他是香山人，而清道光朝《广东通志》则说他是番禺人。让人不禁想起郑愚，他的早年记载，也同样是模糊不清。尽管已过去一百多年，但官史对香山的人物，似乎还是很不重视，轻描淡写，一笔带过。

如果梁杞不是和香山立县这件事有关，他会不会被人们忘得一干二净呢？

梁杞登科后，先是授连州司理，也就是主理狱讼官，因谳狱详明，获吏部官员赏识，晋升桂阳（今湖南郴州）令。到任之处，施行惠民为本之策，套用明嘉靖朝《香山县志》的话来说，"恤孤寡，抑奸猾，作陂池，教种艺，平赋役，弭盗贼"，把一些欺行霸市的商人，驱逐出去，民众无不拍手称快。

不久，梁杞升任比部员外郎，再以朝政郎通判鄂州（今湖北武昌一带）军事。梁杞到任后，发现当地文化教育很落后，民众有病不去求医，反而都跑去求巫觋鬼神，念经拜忏，烧纸许愿。那些神棍乘机装神弄鬼，拿些凶吉祸福的话去吓人，以禳灾祈福为名，诈骗钱财为实，搞得不少人小症变大症，大症变死症，最后落得家破人亡。梁杞对此深恶痛绝，下决心打破这种陋妄的风气，他在邑中设置局医，延请有经验的郎中，为民众诊病施药。同时在乡间推广教育，冬夏诗书，春秋礼乐，四术四教，以圣贤之学荡涤淫邪。仅几年时间，鄂州风移俗易，士习民气蒸蒸然。

北宋熙宁元年（1068）七月，京师连连发生地震，白昼天黑如墨，大雨倾盆，河朔、辽南地区也发生强烈地震；八月京师又再地震；九月莫州（今属河北省）地震，狂风大作，声响如雷；十一月京师和莫州都再次地震。人们惊恐不安，不知会有什么灾异。翰林学士兼侍讲王安石大倡变法，朝中正酝酿着一场风暴。

但梁杞却已倦鸟知还，不愿再卷入政潮之中，奏准朝廷，致仕还乡，回到了阔别二十二年的香山。在他眼里，家乡还是山清水秀，风光旖旎，一切无改旧观，田月桑时，也与当年一样。走南闯北半生，最后才蓦然觉得，天下的佳肴美馔，都不及家乡的大头菜根好吃啊。

当时的香山，有盐、银和蚕丝之利，带动百业繁荣，人烟阜盛。正如《香山翠微韦氏族谱》中的《十排考》所写："我邑东南一带，枕控沧溟，滨海居民多以煮盐为业。宋元之季，地运日开，人丁渐聚。"梁杞觉得，香山的地境、人口、物产，已达到一个县的规模了，现在作为东莞县的一个乡，与县治隔海相望，咫尺天涯，无论对官府管治，还是百姓生活，都有诸多不便，应该自立为一县。他不断游说广东的官员，希望得到他们的支持。北宋元丰五年（1082），终于说动了广东转运判官徐九思，把香山的山川风土情形，叙了个奏疏，请朝廷改香山为县。

这是香山立县的第一声。

这次奏疏递了上去，朝廷却没有准奏，只同意设立香山寨，派驻寨官一员，仍属东莞县管辖。香山人虽然失望，但立县的主张，从此深深植入了当地士民的心中，再也无法抹去。总有一天，它还会破土而出的。

香山寨建在香山场的西侧，与唐代的香山镇在同一位置，坐北朝南。面对茫茫大海，四周筑起坚固的高墙，前面架起一排鹿角栅栏，西有晏清门，东有物阜门，北边耸立着两座高高的望楼。围墙内南北都有兵房，拱卫着中央一组青砖灰瓦大屋，那是香山寨官员的辕垣。整个寨子就像个小县城，最重要的作用，就是防范海盗的侵扰。辕垣东边是前山村，住着数十户人家，闾户门巷之间，鸡犬相闻，炊烟处处。村子的南面是前丰市，每到墟日，附近的村民都到这里趁墟。

东莞县划了三百九十七顷六十六亩田地给香山寨，秋粮可获一千二百七十八石，上缴东莞县二百七十八石，其余留作自用。前山村的耕地都在寨子外头，村民们每天从前丰市的寨门出去耕作。南墙外有一个很大的风水池塘，水边种满了水芙蓉。夏天的傍晚，水牛在池塘里休憩；到了秋天，村民便下池塘挖莲藕。寨子内外，散布着天妃宫、观音阁、牛王庙、关帝庙、马王庙、大王庙等土庙，每逢初一、十五，村民便成群结队去上香，求神灵保佑出入平安，种田的五谷丰登，出海的渔获满舱。

梁杞仙游后，安葬在大仰环。他的家族迁往漕边。这里地处梅岭南侧边缘，有清清的河溪，自北往南流经村西，连接北台涌，与石岐河相汇，绿水环绕，青山在望，是一块适合开村昌族的宝地。由于这是通往梅岭山区的主要水运通道，故村初名"漕边"（清代改为曹边）。梁族定居漕边后，果然日盛一日。明嘉靖朝《香山县志》说："海曲族望称陈、梁二家，而杞家声尤著。稽其谱牒，显仕者十余人，散在他邑凡千余指。"

人们没有忘记梁杞。在他去世六百年后，清康熙三十八年（1699），广州府、肇庆府各房梁姓共同发起，在广州修建梁氏先贤千乘侯祠，作为广肇两府梁氏合族祠堂，供奉孔子弟子梁鳣、春秋时梁国君主梁康伯以及赞助兴建祠堂的各房先祖神位，亦称梁氏家庙，为梁姓宗族子弟到省城参加科考、诉讼、缴纳赋税等提供居所。而梁杞一脉，也有两位族贤，配享广州先贤千乘侯祠奉祀。后因朝廷禁止合族宗祠，千乘侯祠改为青云书院。清乾隆三十九年（1774）对书院进行了改建和扩建。清同治五年（1866），又进行一次重修扩建，增建了西斋（昌后堂）。

青云书院坐北朝南，现仅存中路，左右两路均不存。大堂悬"忠孝堂"匾额，二堂中间有高屏一座，缮写圣谕。二堂与三堂俱有楼阁和左右厢房，供各地梁氏子弟到省城应试时寄寓。二堂侧有治事小厅，为递年值事公馆；馆后为大厨房。三堂后南向八柱大堂，为先贤正寝室，悬"道开南服"匾。寝室东面为始封夏阳祖祠，题额"先河堂"。寝室前立牌坊一座，寝室东角是青云书院的房舍。

1920年，广州城建大兴，拆内街，筑马路，维新路（今广州起义路）是当时城内最宽阔的新筑马路，按照规划，须从青云书院穿过。次年任北洋政府国务总理的广东名流梁士诒，曾任北洋政府司法及财政总长的梁启超，分别致函当时的广东军政府，要求保护青云书院，梁士诒提出"求通不求直"的建议，被广东军政府采纳，维新路在书院处拐弯绕过。青云书院得以幸存，可见是很有地位的。

如今，在曹边村里，还有梁氏大宗祠、怀杨梁公祠（老长房）、前宇梁公祠（长房）、玄鄂梁公祠（三房）、灿文梁公祠、木生梁公祠等多座梁氏宗祠。2015年中山人在曹边学校内竖立了梁杞的塑像，基座上镌刻着："梁杞 宋进士 鄂州通判 倡立

香山为县 祀乡贤 1007—1102。"人们记得他为香山立县发出了第一声。根据镌文，梁杞活了九十五岁，但他的生卒年月，史籍都无记载，这里所记的，不知是如何推算出来的。2017年，曹边村获评为"全国美丽乡村示范村"，是中山市唯一入选的乡村。2018年，曹边村重新修葺了梁氏大宗祠。

每当走过梁杞的塑像前，中山人都不免想起这位香山乡贤。尽管星移斗转，人间已不知换了多少个春秋，但在曹边村长长的石板路上，似乎还能听到他漫步而行的足音；在洒满夕阳余晖的碉楼旁，在武侯庙外的荔枝树荫下，在起伏有致的金黄稻穗间，依然能看见他雍容闲雅的身影，宽大的袍袖，在晚风中飘飘欲飞，透出别样的韵致。

这时，另一位人物出场了。

他的名字叫陈天觉，名元英，字天觉，号香叟，以字行。他是陈文龙的次子，生于北宋元祐二年（1087），绍兴三年（1133）乡贡，绍兴八年（1138）试博学宏词科，特赐进士第，当时他已年过半百。

宋代的科举，最初沿袭唐朝规矩，每年都有放榜，有时一榜多至四五百人。北宋治平三年（1066）改革科考，三年一开科场后，科考的难度提升了。以前的殿试，只考诗赋，太宗时加试论一道。熙宁三年（1070），殿试进士，罢诗、赋、论三题，专以策定着，考生不光要会写文章，还要对现实的时政利弊，提出自己的主张。后又加试律义、断案。南宋以后，朝廷南迁，一方面的确需才孔亟，一方面也要照顾更多的南方人参加科考，遂于绍兴三年（1133）设博学宏词科，这一科的进士，每次通常有三四十人，陈天觉中的就是这一科。

陈天觉高中后，授朝议大夫。清乾隆朝《香山县志》说，陈天觉"议论切直，为时贵所黜，不仕"。他究竟因什么事情，说了什么切直的言论，得罪了朝中哪些"时贵"，都没有详言。后人也就无从揣测了，只知道绍兴二十二年（1152），他已回到香山。也就是说，他在外做官时间，再长也不会超过十四年。

有的史籍说，陈天觉回到家乡后，担任了香山寨的寨官。但以堂堂进士，担任一个从九品的小小寨官，可能性似乎不大，而且寨官是武职，陈天觉不过一介书生，既没有点兵派将的虎略，又没有跃马横戈的本事，当时已是六旬老翁，日常在家里，也只做些与诸生讲习礼仪、汲引文士、互相唱和的事情。在他的推动下，乡间文风渐兴，弦诵日闻。很多筑路架桥、兴办庠校的事务，乡亲都会请他主持，他也不遗余力，是一位备受尊重的缙绅。

当时让东莞县感到头痛的一件事，是每年香山寨上缴的二百七十八石粮食，中途经常受到强盗拦劫，不得不派重兵押运。粮食数量不多，运送成本却不低，就同鸡肋一般，要也不是，不要也不是。陈天觉趁机向时任东莞县尹的姚孝资进言，不妨向朝廷重提旧事，请立香山为县。姚孝资在官场向有"治才精敏"的名声，被陈天觉的建议深深打动，香山一旦立县，田赋、盐税、徭役，都可以直接输与广州，无须再到东莞绕一圈，这对朝廷、对地方都好。于是姚孝资在绍兴二十二年（1152）上奏朝廷，再次请立香山为县。

这次，朝廷准奏了，把香山从东莞独立出来，设置香山县，归广州管辖；再从南海、番禺、新会三县的濒海之地，划出一部分给香山，以扩大县境。此时距离梁杞、徐九思第一次建议立县，恰恰过了七十年。从此，在中国版图的南方，在那片辽阔的海洋之滨，就有了一个香山县。

按明嘉靖朝和清康熙朝的《香山县志》的记载，香山县成立时，下设十个乡：仁厚乡，范围包括今石岐、环城、深湾一带；德庆乡，今沙溪、大涌一带；永乐乡，今张家边、库充一带；长乐乡，今神涌、珊洲一带；永宁乡，今南朗、翠亨一带；丰乐乡，今三乡、神湾一带；长安乡，今山场、前山、唐家湾、下栅与澳门一带。以上七个乡是从东莞划出的。从南海县划出小榄、海洲等地，设宁安乡。从番禺县、东莞县西部划出今黄圃、潭洲、黄阁等地，设古海乡。从新会县划出今斗门、乾务、白蕉、三灶等地，设潮居乡。

香山县的规模到底有多大呢？1997年出版的《中山市志》写道："香山县原是由一群海岛组成（包括从南海、番禺、东莞、新会四县划入之部分海岛在内），彼此没有陆地相连，人口稀少（只近万户），可耕地少，经济落后，故在宋、元、明代，均被朝廷列为下等县。"依据是明代的《永乐大典》的记载："香山为邑，海中一岛耳，其地最狭，其民最贫。"还有清乾隆年间（1736—1795）的县志说："今则民繁地瘠，家鲜余资，衣食取给于农圃。"

然而，"下等县"的结论，并不正确，以"只近万户"作为下等县的证据，更是错得离谱。因为县的规模，不是以穷富为标准，而是以人口为标准的。在农业社会，过于贫瘠的地方，养不起太多人口，必然会造成人口流失，不太可能会出现"民繁地瘠"的情形。但香山长期是人口流入的地方，而不是流出的地方。

宋室南渡后，香山的人口不断增加。在明嘉靖朝《香山县志》里记载："宋制男夫二十为丁，六十为老，户至三千为上县，而香山户近万，县称上第。"读史至此，不禁为之怦然心动，"户近万"这个三倍于当时朝廷定下的"上县"标准的数据，在《中山市志》里也被引用，但何以得出"下等县"的结论呢？

香山县的地域，按县志所载，"广二百九十里，袤二百一十二里，海屿周回，凡七百里。陆路东至大字都鸡拍村，西至龙眼都叠石村，南至恭常都沙尾村，北抵县港"。简而言之，今天中山市、珠海市和澳门，全是香山的。无论香山人走到哪里，当人们问起时，他都可以自豪地回答："我是香山县人，听说过香山县吗？那可是一个上第大县！"

岐海九曲护铁城

香山立县后，第一件大事，就是兴建一座县城。

县城选址，关系到千秋万代的兴衰，谁也不敢掉以轻心。最后为什么会选定在石岐，史书上有两种说法。

一种是说，在讨论城址时，陈天觉与三乡郑族出现了意见分歧。陈天觉希望县城建在仁山下的仁厚村一带，而郑族则希望建在三乡雍陌村一带。

香山的郑族，分为三乡郑族（西山郑族）、义门郑族、莲塘郑族和古鹤郑族四支。其中，三乡郑的始祖就是从福建莆田迁来的郑菊叟，子孙分布在乌石、古鹤、雍陌等地。桥头村的郑廷举、郑廷辅兄弟，平时热心公益，是两位深孚众望的乡绅，说话有一言九鼎的分量。他们主张县城建在雍陌村，得到很多人的支持。

雍陌村在今中山温泉旁边，紧挨着罗三妹山。相传当年雍陌村有一女子叫罗三妹，自幼失怙，家贫如洗，母亲不幸又罹重病，罗三妹朝夕侍奉左右，毫无倦容。在她14岁那年，母亲病逝了，罗三妹悲痛欲绝，终日涕泣，十几天粒米未进，竟至哀伤而死。后来村民为纪念这位孝女，把这座山命名为"罗三妹山"，并在山上兴建了一座罗仙姑庙。

罗三妹山海拔98.8米，又有小香山之名。最有名的是山上有五六块巨石，重重叠叠，危如累卵，看得人心惊胆战。用石块敲击巨石中点，铿然作响，听上去就像击鼓的声音。两排巨石之间，只留下一线罅隙，翘首上望，只见一线蓝天，故名"一线天"，至今仍是中山的一大奇景。

陈天觉却认为，石岐的地理更佳。石岐这个名字，本身包含了山与水。"石"指烟墩山，海拔55.7米，相传以前山上岩石嶙峋，人称"石山"。明嘉靖朝的《香山县志》说："石岐山在县西北一里，与莲峰对峙，高厚多石，直入海中。"后来采石过多，才成了一座土山。烟墩山与武山（今称西山）、仁山、寿山相连，有如一道天然屏障。而"岐"则指石岐河，水自西江而来，其间分分合合，岐出多道，在石岐的西北方，与狮滘河交接，绕烟墩山而过，最后汇入横门水道。古时"岐"与"歧"是相通的，在郑愚诗中，有"岐海正分流"之句，写的正是石岐之水，千支百脉，繁错相织的形态。

对石岐山水的形成，1963年撰写的《石岐志》，有详细描述："古代石岐山之周围为海洋，经过大自然本身'沧海桑田'

的变化，长期潮汐之一涨一退，西潦东注，上流而下，土块和冲积层便顺沿山边，渐次形成海滩。后经人工修筑，把山边砂石填覆于海滩之上，构筑成一条大堤，横卧海边。"据说，石岐海边的南、北两道石堤（石岐人把它们叫作上基、下基），就是陈天觉带领人们修筑的。筑堤需要大量石块，后人猜测，很可能就是从烟墩山上挖来的。

石岐依山傍水，山环水抱，水陆交通，四通八达，堪称建城的风水宝地。但郑氏族人坚持要建在三乡，他们深信，三乡才是儿孙富贵家无穷的风水宝地。双方都是为了香山好，相持不下，最后达成了妥协，采用称土之法，看看哪里的土重，就在那里建城。这是古人传下来辨土凶吉之法，在《相宅经纂》里有记载："取土一块，四面方一寸称之，重九两以上为吉地，五、七两为中吉，三、四两凶地。或用斗量土，土击碎量平斗口，称之，每斗以十斤为上等，八九斤中等，七八斤下等。"在称土时，陈天觉事先让人在石岐的土里，悄悄混入铁砂，结果称出来比雍陌的土重，郑氏的族人也没话可说了。

另一种说法，出自清乾隆朝的《香山县志》，说陈天觉主张在自己家的釜涌建县城，其他人反对，双方争持不下，决定以称土轻重决定。"众以形势固执，乃阴布铁砂于今城址，曰建城必贵地，地贵者土重。因秤土，重倍釜涌。遂建焉，号铁城。"使出掺铁砂这种小阴招的，变成了是"众人"，而不是陈天觉了。但从地理上看，釜涌就在后来建成的铁城东门外，烟火邻居，鸡犬相闻，何至于要出拗爆①呢？

这个故事，在坊间流传很久，甚至被写入了县志，虽然历朝历代都有质疑，但香山人还是津津乐道。

县城定址石岐后，陈天觉请了仁厚乡曲涌村的梁溪甫设计施工。梁溪甫一家三代都是做三行的，他的父亲曾带他上过京师，见识过巍巍的高城深池。梁溪甫用心区画，绘图设计，他的四个儿子，长子天盛擅施工，二子天福擅瓦工，三子天富擅木工，四子天财擅磁漆雕刻，各人负责一座城门的施工。

为筹集工程费用，陈天觉带头捐粮数千斛，桥头村郑廷举兄弟也捐粮数千斛，县中富户、盐场、银场、渔场一呼众应，踊跃赞襄，东莞县也出了一些钱，很快筹得十万斛的粮饷。在陈天觉的监督下，众人鸠工庀材，大兴土木，开始修建香山人的城池了。

修城的方法，是依城墙的厚度，两边架起木板，往中间填泥土、石块、蚝壳之类的东西，填一层夯实一层，再填一层，再夯实一层。香山寨的士兵和各村的青壮年，纷纷加入到筑城民工队伍里，挑土的挑土，夯地的夯地，工地上人如潮涌，热气腾腾，打夯的号子声响彻云霄。陈天觉每天都要到工地上巡视一番，看着城墙一天天长高，一天天延长，内心有一种难以言状的自豪。

根据北宋李诚所编写的《营造法式》，各地对夯土城墙的修

---

① 拗爆，中山方言，指在竞赛中作弊，不守规则。

筑，都有严格标准，"筑墙之制，每墙厚三尺，则高九尺，其上斜收，比厚减半。若高墙三尺，则厚加一尺，减亦如之"。香山的城墙，周围四百五十丈，建有四座城门，南为阜民门，东为启秀门，北为拱辰门，西为登瀛门。由于当初陈天觉在泥土中混入铁砂，才选址石岐兴建这座县城，所以人们又给它起了个响当当的名字——铁城。

这一带本来都叫石岐，但自从建了县城以后，香山人慢慢习惯了把城内叫做"铁城"，西城外大庙下、上下基、青云桥一带，才叫做"石岐"。直到20世纪，城墙已经拆除了，但那些住在原县城范围内的老人们，仍然把通往铁城范围外的孙文西路，叫做"去石岐"，年轻人听了不明白："这里不就是石岐吗？你还去哪个石岐？"老人一本正经地回答："这里是铁城。"

仁山下原有一户官宦人家，主人叫刘必从，绍兴年间（1131—1162）封敦武校尉，授邕州副将，他的父亲封忠训大夫，兄长封训武校尉。刘必从对建城也非常热心，甚至爽快地把一块祖地捐了出来建县衙，自己举家迁居长洲村。

县衙是一组青砖灰瓦的建筑，北靠着仁山，位置在今孙中山纪念堂公园内，大门前左有旌善亭，右有申明亭，建筑进深三十余丈，广十七丈有余。仪门、照壁、耳房、吏房、谯楼、库楼、狱房、厨舍悉备；正堂明镜高悬，仪型森严，四面山墙环绕，廨舍廊阁俨然。西侧是关帝庙，东侧是城隍庙、守御所、文昌庙和东岳庙。南门外正对着麻洲街，街旁有一座小小的雷坛，用来祭祀雷神；西门外还有山川坛、三元庙、观音阁、天妃庙；东门外有一座金花庙；北门外是北帝庙。各路神仙各安其所，歆享人间俎豆。

为了表彰梁溪甫一家在建城工程中的出色贡献，由良都沙涌马氏缙绅提议及资助，县知府主赞，梁溪甫父子五人在曲涌村建起了"功建铁城梁公祠"，录载其事，以传后世。但乡间一直有种说法，说梁溪甫父子在世时为自己建祠堂，犯了忌讳，所以后来梁家人丁不旺，祠堂也一度荒废，1925年重建过，祠内立碑，碑文写的却是："三世祖孙泽公赐进士，通判鄂州军事，督理建筑香山城有功，崇祀乡贤礼，曰有功德于民则祀之。"祠内奉祀的是第一个提出立县的梁杞，而不是梁溪甫父子，但说梁杞"督理建筑香山城"，却是张冠李戴了。

朝廷虽然批准成立香山县，但并没有委任县官，而是由东莞县尹姚孝资兼任。直到南宋乾道五年（1169），才由范文林出任县尹，这时香山已经立县十七年了。

铁城在元代没有太多改变，到明洪武二十六年（1393）时，方由守御千户陈豫广主持，进行了彻底地改建，把夯土墙改成砖墙，城墙高一丈七尺，上宽一丈，下宽一丈八尺，周围六百三十六丈；城墙上有三千六百四十个雉堞，四个城门一律以方位命名，南门在今长泰街与治安街之间，北门在今拱辰路与扒沙街之间，东门在今孙文中路与扒沙街交界处，西门在今弓箭巷与孙文中路之间。共兴建了四座城楼，四座谯楼，四座兵马司，两座水关，十二个警铺。城的规模比南宋时大大扩张了，亦愈加

雄伟壮观。明代香山人黄佐在嘉靖朝的《香山县志》中，对县城
有一段气象雄阔的描写：

县城东南山陵，西北水泽，设治于屿北，而四围皆
海，居然一小蓬岛也。大尖、胡洲笔峙于前以为望；乌
岩、香炉屏障于左以为镇。龙脉拥入县治，隐而不露。
登高而观，襟带山海，真岭表之奇境也。西有象角海
口，北有县港海口。潮则弥漫巨浸，汐则浅隘难渡，虽
近外洋而无番舶之患，此实滨海咽喉，自然天险，广郡
之要津也。

在铁城的东郊，有一条蚬涌，水从沙冈而来，在东郊库涌
分为两支，其中一支绕城而过，经今天的银通街、柏山村，弯过
了九道弯，汇入从南门河、方基涌，人们因而把这条河称为九曲
河，如同县城的护城河一般。

相传当年修筑铁城时，东、西、北三面都是丘陵山地，唯
独南面是一马平川，九曲河水面宽阔，水流急湍，故在修筑南门
时，人们遇到了难题：投入河中的砂石，瞬间被水冲走。大家
议论纷纷，都说水中有怪物作祟，必须有宝物镇伏，才能继续施
工。陈天觉家中有一只聚宝盆，传闻是多年前他在河边救了八
只由神仙化身的田鸡①，于是神仙为了报答他，把聚宝盆送给了

① 粤语"田鸡"即青蛙。

他。这只神奇的盆子，你放什么东西进去，它都会不断繁殖，放谷子进去就会生出很多谷子，放银两进去就会生出很多银两。陈天觉把聚宝盆献了出来，装了一盆砂石，放入河中，河水立即平静下来，人们就在聚宝盆生出的砂石上修起了南门。

南门的官名叫"阜民门"，但石岐人习惯把它叫做"南门头"，风水佬说南门是"生门"，北门是"死门"。以前拱辰门（北门）外是校场，也是处决死囚的刑场，所以人们觉得这个地方不太吉利。凡是到香山的官员，都把官船停靠在登瀛门（西门）外的天字码头，却不从西门进城，而是绕一个大圈，从南门进城。南门内大街叫正薰街，也就是今天的民生路。后来邑人在城门旁边的街道上建了一座方塔，以汇拢聚宝盆的仙气，名为方塔街，这条街至今犹在。县城建成十九年后，县尹梁益谦又对南濠进行了一次改造，疏浚河道，引水灌溉陂田，令附近的乡民都受益。

香山算不上富裕，有风水佬声称，石岐的地形本来是"网缯地"，烟墩山与马山，隔江相对，就像两根撑杆，撑起这张网，但烟墩山略矮，令这张网向烟墩山倾斜了，财气便从这里溜走了。于是，明万历三十六年（1608），邑人向知县蔡继善提议，在烟墩山上修建一座风水塔，以捍门砂。官府接纳众议，在烟墩山上，建起一座七层八角的花塔，塔高24.5米，菱角砖与拔檐砖相间叠涩出檐，塔刹是铁铸宝瓶，翼翼然，峣峣然，挺立于苍苍林霭之间，就像一支直指蓝天的大笔，所以又称为"阜峰文笔"，是香山最著名的地标之一。

其实，香山人并不觉得自己很穷，紧挨着番禺、南海、顺德、东莞、新会这些鱼米之乡，从铁城出发，到广州不过四百里水路，四日可达，到南海泌冲也不过一天半的水程，到番禺两天足够。对珠江三角洲的人来说，船比车更重要，船能到达的地方，就算交通便利了。水路四通八达，意味着"财通四海，利达三江"，再穷也穷不到哪里去。

承平时代，九曲河是铁城人盛夏消暑的好地方。飞霞半缕，绿水绕城，凉风习习，两岸树影婆娑。文人墨客泛舟水上，一壶菊花清酒，一碟和味龙虱，吟诗作赋，发其胸中磊落之气。渔翁蓑笠纶竿，垂钓于林岸，时有顽童故意向水中投掷土块，惊走鱼群，渔翁也不以为意，呵呵一笑，稳坐不动。载着柴薪、禾秆的船只，顺流而下，船夫站在船头棹艇，竹篙一左一右，一起一落，带起点点水花飞溅。远处埠头传来了稚童的声音："行渡渡，阿婆买豆腐。买唔到，踣踣倒……"此情此景，处处透出盎然的生机。

明弘治年间（1488—1505），铁城在城墙外再扩地两丈多，兴建子城，以蚝壳为墙。至此，香山县城的城墙范围，扩大至周围三里多。城墙在明嘉靖、崇祯，清康熙、嘉庆、道光、同治等时代，进行过多次修葺。从明嘉靖朝和清康熙朝的《香山县志》地图中，可以清楚看到，城墙的西北角外是烟墩山，东北角外是给士兵练习骑射的校场和演武厅，武山、仁山、寿山都在城墙内。但在清乾隆朝的《香山县志》中，校场已移到了西北角外，原来东北角外的校场位置，演武厅改成了关帝庙，庙前辟为沙冈墟。

沙冈墟最有名的就是有一棵大榕树，郁郁苍苍，繁荫匝地。人们都把那个地方叫作"榕树头"。一位老中山人回忆说："关于'榕树头'，民间有很多传说和故事，其中以沙冈墟最有故事。沙冈墟是中山的一个历史悠久的集市，几经搬迁，其中在太平路榕树头这一带的历史不短。每逢农历三、六、九日，石岐附近乡镇的农民就会带着各自的土特产前来摆卖：横栏的农民带来鸡和鹅，民众的农民带来粉葛和大蕉，沙朗的农民摘来'胭脂红'……最特别的，还要数五桂山的乡民，他们从山上割山芒来摆卖。"

每到墟日，榕树头下便欢闹起来了，人群如蚁附蜂屯，空气里散发着烂菜和臭鱼的味道。人们不仅不讨厌这种气味，还很兴奋。如果遇上官府处决犯人，这里就更热闹了。人们把各种烂菜、臭鱼往犯人身上扔，嘴里不断发出咒骂。看完杀人以后，男人们便聚集在酒肆里喝酒，直灌得脸红脑涨，最后留下一地嚼烂的槟榔残渣，各自归家。这个墟直到20世纪70年代还在，90年代以后，才逐渐淡出人们的视野，猪仔街、卖鸭街、蓑衣街这些承载着乡村记忆的地名，也逐渐淹没在城市化的巨流之中。

如今，在扒沙街西北面还保存着一段东城墙的残垣，高5米多，厚约0.8米，长约32米，城墙是用褐色花岗岩石块和方砖砌成的。残墙上长了一棵大榕树，根须交错，深深植入了墙体的石缝之间，墨绿的枝叶，遮天蔽日。这段城墙1990年被中山市列为市级文物保护单位。

九曲河也已经消失了，有些河段被填平，有些河段加盖成了暗渠，从水关街，河泊大街，上、中、下河泊，后岗涌这些街名，还可以依稀追寻到昔日护城河的遗痕。1994年，一位中山人在回忆九曲河的文章中感叹："进入了（20世纪）90年代，石岐东郊地区进行了大规模的市政建设，又将上述这条小河用钢筋混凝土覆盖成陆路，与中山路（即岐关东路）和民族路水路接通。石岐的'九曲河'成了历史记载，而九曲河附近一带，建成的高楼大厦，一幢比一幢高，成了石岐的新市区之一。"

"上第大县"不能没有县学。香山是新立之县，虽然民风一向淳美，但毕竟是海邦边土，要崇三教而振士风，涵濡四代之学，作育地方英才，还有赖于庠序的兴盛。于是，南宋绍兴二十六年（1156），陈天觉再次慷慨解囊，在莲峰山下，辟出一方净土，建起了一座煌煌学府——香山县学。

北宋庆历年间（1041—1048），朝廷下诏兴学，各地纷纷兴办州学、县学。宋代的地方行政区分为三级：路、州、县。广南东路管着广州，广州管着南海、番禺、清远、东莞各县，香山立县后，亦归广南东路管。路一级不设学校，只负责督促州、县置学。因此，地方的官办学校只有两级：州学和县学。由于官学往往与孔庙合二为一，故又称儒学、庙学、学宫。县学生考试好的，可升入州学；州学生考试好的，可升入太学，也就是朝廷的最高学府；太学毕业就有做官的资格了。

香山县学的位置，就在今天的中山市人民医院处。人们正期待黉门大开，广收生徒，不料，南宋乾道五年（1169）范文林出任县尹，以弘扬佛道为己任，对教育并不重视，反而投入大量人力物力，去兴建佛寺道观，无量寺、宝庆寺、北极观等，都在他任内兴建，哪里还有余钱去修葺学宫？好在他在香山时间不长，两年后便调任，改由梁益谦接任县尹。

梁益谦是荆南人，主持香山的时间，也只有短短三年，但一改前任的宗旨，把振兴庠序，课督士子，作为首要之务，不仅扩建学舍，还拨了两百多亩膏田做学田，解决了学宫的日常经费。士子的地位得到大大提升，无不扬眉吐气，赶紧把梵册贝叶藏起来，把尘封在箱笼里的四书五经，取出来晒一晒，把平日舍不得穿的白细布襕衫，也拿出来洗一洗，用火斗熨一熨，走在路上，显得神清气爽。

在一片"大学之道，在明明德，在亲民，在止于至善"的读书声中，愈来愈多的人走出了香山，在朝廷做官，衣锦还乡，让人看到了读书的好处，于是有更多的人，希望把自家子弟送入学校。在官府的大力支持和乡绅的热心襄助下，一邑之境，文风蔚起。从绍兴二十六年（1156）学宫建成之日，到祥兴元年（1278）南宋溃亡之前，香山出了梁现、陈嘉绩、李廷宾、杨达行、赵时镞等一批乡举之士，其中梁现和赵时镞都中了进士。

清乾隆朝《香山县志》大赞："益谦下车，修举百度，气象一新。"南宋淳熙元年（1174），梁益谦离任，香山人立了一块"县令梁公德政碑"，纪念他的功德，碑文写道：

吾邑始创垂十九年矣，得令尹而邑之气象始新。自吾邑有学，阅数令尹矣，得令尹而学之规模始就。至于山川蟠结，自天造地设以来，伏奇隐秀者，亦得令尹而轩豁呈露焉，其事伟矣。

陈天觉因为有立县之功，在香山享有非常高的声望。他的父亲陈文龙死后，葬于县衙后面的仁山。每年清明，陈氏族人要扫墓时，县尹都会大开中门，让陈氏族人通过县衙上山，以表示对陈天觉的尊崇。

淳熙九年（1182）是不平静的一年，朝廷颁布了多项经济法规，都与香山有关。最初，因官卖盐法害民，派官员到广东、广西了解盐法利弊，决定更改两广官卖盐法，复行客钞法；其后又合并广东、广西盐事司，重新规定两路卖盐岁额。同年，朝廷为防止金银外流，下令禁止番舶贩易金银、铜镪，并著为法令。这些对香山的食货之政，都有不小的影响，乡间的缙绅先生们，天天聚议纷纭，但在他们中间，已听不到陈天觉的声音了。这一年，陈天觉在家乡骑鹤登仙，享年九十有六。

陈天觉逝世后，与夫人罗氏合葬于香山库充村金钟山。他的墓碑上刻有："宋进士敕授朝政大夫功配乡贤二世祖考天觉陈公 妣罗氏夫人墓"。左右是一副石刻对联："英魂留库岭，伟绩镇香山。"历朝的《香山县志》均将他列入《名贤传》中，以志其立县之功。1990年，中山市把陈天觉的陵墓列为市级文物保护单位。

南宋淳熙十年（1183）五月，香山遭到风暴吹袭，狂风怒吼，卷得飞沙走石，眼前对面不见，竟分不清东南西北，几人合抱的大树也被连根拔起，村舍倒塌了一大片。夜潮暴涨不退，直到白昼，潮势更为凶猛，沿海一带的田庐，尽成泽国，水深达四尺多。这种风暴，通常只出现在七、八月台风季节，五月刮起这样的大风，是非常罕见的。很多人都猝不及防，人畜被卷入海潮中溺毙者，不计其数。

然而，飓风一过，人们又返回家园，清理瓦砾，建屋砌灶，开始了新的一天。南朗有一座石狗山，又名黄道山。相传宋时有一位叫黄懒的道人，曾在山上修炼，乡人都说他符箓高妙。清乾隆朝《香山县志》说，这人"有异行奇术"，时而在石狗山上一个石洞里隐居，时而云游四方。洞里有许多大小石块，敲起来有金鼓之声，乡人称为"石锣""石鼓"。不少人在山上焚香膜拜，祈求风老爷不要再乱发脾气了，风调雨顺，年丰时稔。一日，黄道人游龙归岩，只见天高云淡，青翠盈目，他满心欢喜，用泉水洗干净身子，换了衣裳，结跏趺坐而化，官府赐号"普济禅师"。到元代时，人们在龙归岩兴建了一座龙归庵，以香花供奉黄道人。

在黄道人修炼的石狗山下，有一个村子，住着王、梁、蒋、陈四姓，一向以耕耘树艺过活，但在赵时鏦进士及第之后，他们也坐不住了。南宋景定五年（1264），四姓乡人共同出资出力，创办了一所义学，以广施教化，训育乡族子弟。时任香山县尹的洪天骥，对此非常支持，将其命名为"新美斋"，取"品德日日新，乡风日日美"之意，并为其题写了斋名。

义学一词，可以追溯到《后汉书》上所说："宽惠为政，劝课掾史弟子，悉令就学。其有通明经术者，显之右署，或贡之朝，由是义学大兴。"作为一种教育机构，义学兴起于北宋时期，通常由官府拨款或乡人集资开办，启智慧，传学问，培育地方人才。斋内有一方立于元代的石碑碑文《新美斋记》写道："凡子厥孙于是乎藏修息游，择其经明行修者师之，且捐金买田，收其租入，为束修廪膳教育之奉，殆如邑校焉。"学焉而经，师焉有教，廪焉有养，俨然有县学格范。

南宋淳祐四年（1244），香山学宫迁入铁城内。对此，很多人都不赞成，认为学宫的风水，因此而被破坏。风水之说，虽然十分虚幻，但有时又不得不信，香山的文运气脉，果真步入了衰微。元代学者吴澄感叹："县东有文庙（学宫）旧基，土质坚燥，山势拱抱。宋末迁于（城内）今所，迁之后，士风顿衰。"

然而，山川依旧，书卷不废，长夜再黑暗，文化薪火也不会熄灭，总有一天，会再放光华。香山学宫从建成之日起，至清光绪十三年（1887），进行过9次迁徙与重建，13次扩建与修葺。新美斋义学经历了宋、元、明、清改朝换代的岁月，尽管香山屡屡处于大风暴中心，遍地腥风血雨，它也没有关闭，巍然独存五百四十余年。诚如《新美斋记》碑文所写："美在其中，畅于四支，发于事业。凡学于是者，俛然日有孳孳积大，畜之日新，发而为坤之美畅，则庶乎有以副当时。"

南宋埋骨地

一轮巨大的红日，缓缓沉入了海平线，天空的云彩，都被染成一半红一半灰，预示着黄昏来临了，黑夜将至。海上的渔船，陆续驶向港湾。在遥远的海面上，隐隐约约，一把嘶哑粗犷的声音在唱："江南破，白雁过，更无一寸土可坐；自闽入广随波流，流氛暗天天亦愁；黄芦埋岸风飔飔……"

这仿佛是一个不祥之兆。南宋的鼎祚，已到了残灯破庙的时候。

南宋端平元年（1234），南宋联合蒙古，消灭了金国，本以为可以换来一段太平日子，不料，蒙古人的野心，比金人还大。端平二年（1235），蒙古大军开始大举南侵，长江流域烽火四起。南宋咸淳三年（1267），蒙古军攻打南宋重镇襄阳，打响了襄阳之战。咸淳七年（1271），忽必烈在大都（今北京）建国号为"元"。咸淳九年（1273），樊城失守，襄阳城破。南宋的大局，从此便如堤坝崩决，沧海横流，一发不可收拾了。

南宋德祐二年（1276）春，元军攻陷南宋首府临安，俘获了恭帝。宋军虽然拼命抵抗，但被蒙古铁骑打得鸟散鱼溃，年仅七岁的益王赵昰和母亲杨淑妃、异母弟广王赵昺，仓皇辞庙，向南逃窜。什么金枝玉叶的皇亲，什么龙章凤姿的国戚，一夜之间，都成了落荒而逃的难民。先逃到永嘉，觉得不安全，再逃到福州。在陆秀夫、张世杰、文天祥等大臣拥戴下，赵昰在福州即位，改元景炎。

但小板凳还没坐稳，气没喘上一口，蒙古铁骑已衔尾而至，千军万马，横冲直撞，直如海立山崩。宋军抵抗不住，只得继续奔逃。帝昰在群臣簇拥下，登船沿海向西，逃入了广东地界，先到潮阳南澳岛，再到惠州甲子门，随驾官兵17万，民军30万。

香山县笼罩着一种惶惶不安的空气，很多人都在互相打听，大宋江山是不是完了？蒙古人会不会打来？我们是不是也要"耕夫召募逐楼船"了？一些在外面闯江湖的人，带回来零星的消息，也经常互相矛盾，真假莫辨，谁也不清楚到底发生了什么。

忽然有一天，有人奔走呼喊："快看哪，快看哪，海上来了好多的船！"人们纷纷往山上跑，往海边跑，用手搭起凉棚往海面一看，都惊呆了，密密麻麻的官船、民船、大船、小船，前遮后拥，一望无际，凤帜龙旗，迎风招展，蔽天映日。据文天祥的《集杜诗·祥兴》序说："行朝有船千余艘，内大船极多。"《续资治通鉴》则称当时南宋有水师十七万，民兵三十万，淮军万余，合共四十八万人。场面的浩大壮观，让那些平时自吹见多识广的人，也目瞪口呆了。"是皇上来啦！皇上御驾亲征啊！"人们大呼小叫，整个香山县都沸腾了。

然而，如果了解真实的情况，人们就不会那么兴奋了，反而会感到大祸临头。因为船上满载着的，并不是什么士气高昂的熊罴之师，而是一些满身风尘、衣冠不整的残兵败将。南宋景炎二年（1277）二月，昰帝的船队从惠州抵达大鹏湾叠福盐场外。幼帝在左丞相陈宜中、少傅张世杰护卫下，恓恓惶惶登岸，在叠福盐场稍事休息，再乘船到大奚山。

大奚山是一处冤业深重的凶地。元朝的《南海古迹记》写道："大奚山在东莞南大海中，一曰碙州山。有三十六屿，山民聚渔盐不农。"当年盐民造反，摧锋军血腥屠岛之事，香山人记忆犹新，很多老人至今说起，仍情不自禁地压低声音，左顾右望，就像在说一个恐怖的鬼故事。朝廷大概也不会想到，有一天他们会以这个埋葬着无数冤魂的地方，作为天子"海上行朝"的所在。

中山、珠海至今仍然流传着一个故事：荔枝三月红①，是为宋帝而红。赵昰帝在大奚山驻跸时，很想吃荔枝，但当时还没到荔枝成熟季节。香山人日夜跪祷于天，恳求荔枝早日成熟。上天也被这些快要亡国的百姓感动，满树荔枝竟在三月便熟了，如红云一片，人们便给这些早熟的荔枝起了个名，叫三月红。

---

① 三月红是荔枝的一个品种。

风雨凄凄的四月，是一年一度的佛诞。天色格外晦暗，许多人都到寺庙上香，求佛保佑大宋江山，保佑香山免遭兵燹。赵昰帝在大奚山停留了几天，又驾起御舟，转到官富盐场（今香港旧启德机场一带），并且兴建行宫，构筑营寨，似乎在做长期抗元的准备。

入秋以后，前方传来消息，右丞相文天祥在江西领兵抗元，遭遇惨败，率领残部，投奔行在而来。虽然是一支败军，但以当时的危急形势，是韩信点兵，多多益善，大家都伸长脖子在等，不料却等来另一个消息说，元军水师乘风破浪，日夜兼程，已逼近广东了。赵昰帝左右的臣子，无不大惊失色，还没等文天祥抵达，便匆匆移驾浅湾（今香港荃湾），十一月又转赴秀山（今东莞虎门），十二月到了香山，就像一群无头苍蝇，乱飞乱撞。

对香山人来说，这是开天辟地第一回，真龙天子降临。老百姓冒着寒风，跪满道旁迎驾，希望能一睹天颜。不料赵昰帝的御舟遇上大风，在惊涛骇浪之间，几乎倾覆，最后停泊在仙女澳（又名深井山、井澳，今珠海市横琴岛深井湾），暂避风势。这个凶兆，令人们心头又添一层阴影，年幼的赵昰帝也因此得了惊悸之疾。

香山沙涌有一户豪门，家中广有田地，富累千箱，主人名叫马南宝。相传香山马氏的始祖，可追溯到战国时的赵国赵奢，被赵惠文王封为马服，称为马服君。赵奢死后葬于封邑，其子孙初以"马服"为复姓，后省去"服"字，简化为单一"马"字。马氏第三十三世孙马直北为北宋奉政大夫，宋室南渡时，他被贬到岭南，任冈州太守，族人分布各地，其中一支定居在香山沙涌，马南宝是马直北的第五世孙。

所谓"同姓三分亲"，马南宝的祖先也曾姓赵，似乎与赵宋有某种特殊关系。当马南宝得知幼帝遇险生病后，忧心如焚，与香山仁厚乡（今石岐一带）城关里的高添①、香山潮居里（今珠海斗门大赤坎一带）的赵若榉，一起觐见皇上，请圣驾登岸，到沙涌马府暂时休息，并捐出了数千石米粟，作为军粮。

马、高、赵三人都得到朝廷嘉奖，马南宝授工部侍郎，负责筹划兴建行宫；高添受封为宣义郎，令随朝听候宣召；赵若榉授武翼大夫衔，擢广南东路兵马钤辖，负责招募香山民兵勤王。陆秀夫为赵若桃各位兄弟，题写了"忠孝义士"四字。

那班流离失所的君臣，辗转万里，一个个都被折磨得灰头土脸，筋疲力尽，早就希望有地方可以睡个安稳觉了，于是立即准奏，左丞相陈宜中、少傅张世杰、殿前指挥使苏刘义率领文武百官，簇拥着圣驾上岸，一脚深，一脚浅，踉踉跄跄，跌跌撞撞，往沙涌马府而来。那些銮仪甲仗，幢节幡盖，一路上被风吹雨打，早已残敝失色，零散不齐，但在乡人眼里，却仍是一派威仪。

马南宝的祖上，也是做官出身的。其先祖马端，是河南汴梁开封府祥符县人，北宋政和年间（1111—1118）会试中进士，因世变而未有出仕。建炎宋室南渡，马端也迁入岭南，定居在新会

---

① 也有人称高添是隆都豪吐乡人。

城南金紫街，被奉为广东马氏的鼻祖。后来他奉召到南京任吏部郎中，授奉政大夫，未任旬而卒，诰赠朝奉大夫。他的儿孙分散在广东各地，包括香山、新会、高要、顺德、增城等地。香山沙涌这一支，由马端的儿子马驿、马驳繁衍开来，两兄弟被称作沙涌马氏的始迁祖。

马南宝是马端的第五代孙，自幼饱读经书。当此衰乱之世，朝市已改、横流方剧，他曾写下一首《游元兴寺》诗，把满腔抑郁忧愤之情，托于歌咏：

> 坐阅人间几劫灰，试从清浅问蓬莱。
>
> 此山此水自古有，是佛是仙何处来。

赵若榉，字平父，号平波，是魏王赵匡美的后裔。祖父赵悻夫，字季容，曾任香山县尹，落籍香山黄梁都（今珠海市斗门区），父亲赵时鐩，原名泷，字易蕃，号番阳，进士出身，当过承节郎，监广府在城税务。赵氏魏王派的后人取名，是按"德承克叔之公卒夫时若嗣古光登"排序，香山"时"字辈中最有名的是赵时鐩，"若"字辈当数赵若桃、赵若梓、赵若榉诸兄弟。

蒙古大军南下后，赵时鐩与侍郎翰林学士邓光荐、大理寺丞兼秘书龚行卿，逃到香山避难。赵时鐩在潮居里，邓光荐在黄杨山，龚行卿在龙归岩，三人都过着焚香扫地，倚窗读书的隐居生活。为了不时相聚，他们在黄杨山第二峰中腰（当地人称为乌苏峰），搭建了一处"金台精舍"。

邓光荐在《避乱至乌岩山赠承节赵公》中自称："棋酒从容新里社，衣冠萧散古遗民。"他们在精舍旁边开辟了九亩茶园，时而托诗酒以自遣，时而以甘泉烹茶会友，坐论天下兴亡，每次见面，都忍不住为九州陆沉大放悲声。诗词酒赋，都是忧时悱愤之作；幺弦孤韵，无非凄凉变徵之音。南宋咸淳九年（1273）赵时鏦去世，总算不必亲历亡国之痛了。

当幼帝逃到香山时，赵氏兄弟作为皇室族亲，率领潮居里数百乡民迎驾，提供各种衣食住行所需。这个新年，过得十分惨淡。皇室为全太后举办了一个落葬仪式。全太后是宋度宗皇后，度宗殂后被尊为皇太后。南宋德祐二年（1276），元军兵临临安，太皇太后谢氏带领宋恭帝投降，全太后也随儿子被押解到大都，最后在大都正智寺出家为尼而终。流落香山的宋室，消息不通，以为全太后已经死了，于是为她举办葬礼。

那天，凄风苦雨，天愁地惨。几十具棺木，被缓缓抬出沙涌，分别往不同的方向去。乡民都被禁止靠近，谁也不清楚哪具棺木是真，哪具是假。其实全是假的。清乾隆朝《香山县志》说，全太后陵在香山县城南面的梅花水坡上。明代学者张诩写过一首《全太后陵》的诗："全后燕京去不还，一陵谁道葬香山。颇疑也只衣冠在，月色长如见母颜。"

人们忙着在沙涌外修筑碉楼工事，用一道道的营寨，一层层的兵马，把幼帝的行在，铁桶一般围住。人们也不能像往年那样，互相登门拜年，祝贺春天的到来了。但香山人还是杀鸡宰猪，进贡给幼帝，希望他在异乡僻壤，也能过上一个丰盛的新年。

相传在给幼帝的菜肴中，第六道菜是"扣肉"，这是"寇肉"的谐音，有"壮志饥餐胡虏肉"之意。群臣们都觉得很吉利，于是以皇帝的名义，在行宫外燃放鞭炮庆祝。从此以后，沙涌人逢年过节，举办筵席，第六道菜必定是扣肉，形成了一种独特的习俗。今天"沙涌扣肉"依然是当地的著名食品，有不少专卖沙涌扣肉的店铺。

赵昺帝驻跸沙涌几天后，传来噩耗，广州被元军攻陷。马南宝召集乡民，组织抗元队伍。他把所有头目将领召集到府中，亲自为大家逐一斟酒，然后把酒碗高举过头说："痛饮黄龙府在此行也！"众人齐齐端起酒碗，一饮而尽。马南宝把碗往地上一摔，仗剑而立，高声诵读岳飞《满江红》词："怒发冲冠，凭栏处、潇潇雨歇。抬望眼，仰天长啸，壮怀激烈……"在场的人无不感泣涕下。

元军向香山节节进逼。十一月中，元军水师进袭井澳，这是一场斥候之战，元军在试探南宋军的实力后，便主动后退。十一月下旬，元将哈喇歹、宣抚使梁雄飞、招讨使王天禄合兵围攻香山南端的濠镜澳（今澳门），陈宜中、张世杰率军抵抗。这一仗打得天昏地暗，血肉横飞。最后南宋军兵败，陈宜中带着八百多条船和几千军士，退往秀山，途中又遭遇风暴，打翻了不少船只，被溺毙的军士不计其数，海面满是浮尸。

十二月中，元军再次进攻井澳。南宋军顺风放火反攻，击退元军，好不容易取得一次小胜。元军迅速重整队伍，在十二月下旬，再次对谢女峡（今小横琴岛）大举进攻，这回南宋军抵挡不住了，向海上败退。元军追至七洲洋（今澳门东北部九洲洋），夺得南宋船两百艘后，停止了追击。井澳之战被称为中国历史上最大规模的海战。1996年出版的《澳门总览》记载："宋端宗赵昰和张世杰等军民……凭借澳门妈阁山和路环高地击退元军。从此，澳门逐渐有人居住。"

南宋军虽然守住了井澳、香山，但折损近半，士气空前低落，弥漫着一股亡国的绝望情绪。与马南宝一起献粮迎驾的香山耆绅高添，因年老体弱，受不住这个打击，一病不起。其遗体由后人运返香山神湾镇芒冲村添公山安葬，墓碑上刻着"宋义士添翁高先生之墓"数字，至今犹在。高添只有一个儿子，也是早逝，葬于磨刀后山。以前在石岐有高南洲祠，奉祀高姓香山始祖，高添附祀为二世祖。

南宋景炎三年（1278）三月，前线忽然传来捷报，南宋军一度收复了广州，朝野一片欢腾，似乎在大夜至暗时刻，看到了一线光明。不过，此后形势却急转直下。由于长期颠沛流离，赵昰帝饱受惊吓，疢病不愈，群医束手，竟致夭亡，年仅九岁。朝廷派曾渊子充任山陵使，把赵昰帝的遗体秘密送到马南宝家中。马南宝雇人在寿星塘一带，修筑了五座疑冢，以迷惑外界。海上行朝的随驾大臣、翰林学士邓光荐在《填海录》中，只是含糊地宣称，赵昰帝遗体被悄悄安葬在新会厓山（今作崖山），称为永福陵。但厓山岛上，群山并立，帝陵的具体位置，一直无人知晓。

大批皇亲国戚流落在香山，前面已再无去路。大家都意识到，这是最后的时刻了。清明时节的雨雾，笼罩着大地，空气潮湿得让人透不过气来。陆秀夫与赵若梓、赵若桦兄弟相见，大家的内心，充满了黍离之感、薇蕨之悲。一部三百年的兴亡史，不知从何说起，唯有一哭而已。最后，陆秀夫提出了一个大家都在考虑、却没有人敢开口的问题：一旦亡国，如何保存赵宋的一点血脉。自古求死易，求生难。陆氏愿任其易，请赵氏兄弟任其难。大家又再抱头痛哭一场。赵若桦誓与皇上共赴国难，不肯独生。最后商定，由赵若梓携带赵氏的祭器谱牒，独自隐居在黄杨山下大赤坎村，以保存赵氏宗祀。

文天祥从江西赶回广东，转战循州。当他接获幼帝死讯，擗踊哭泣，提笔写下："御舟离三山至惠州之甲子门驻跸焉，已而迁官富场，丁丑冬敌舟来，移次仙澳与战得利，寻望南去止碙州。景炎宾天，盖戊寅四月望也。"他用四句杜甫的诗来表达内心的哀伤："阴风西北来，青海天轩轾。白水暮东流，魂断苍梧帝。"

文天祥有心勤王，却无力回天，屡战屡败，竟在海丰五坡岭被元军所俘。元军把文天祥押送到厓山，逼他写信招降张世杰，但文天祥断然拒绝，只写了《过零丁洋》一诗，留下"人生自古谁无死，留取丹心照汗青"的千古名句，而后被押到元大都（今北京）处死。

陆秀夫、张世杰、陈宜中等大臣，拥六岁的广王赵昺继位，改年号为祥兴，升碙州为翔龙县，广州为翔龙府。清乾隆朝《香山县志》记载："祥兴元年秋八月，星陨于海。"很多香山人都看到了这一惊悚的天象，内心同是一声沉重的叹息：天命难违，时间一到，该来的便会纷至沓来。

十一月，蒙古大军重新夺取广州。陈宜中建议幼帝移驾占城暂避，或向占城借兵抗元，他自己先去探路。马南宝正准备把队伍拉往厓山，作最后的玉碎之战，但因过度忧愤与疲劳，大病一场，竟无法下榻。当他听到陈宜中去占城的消息后，捶胸大哭说："丞相必不还，国事危矣！"其实，就算陈宜中能从占城借得兵来，国事之危，也是无可挽回的了。果然，由于道路断绝，陈宜中被困在占城，元军攻打占城时，他于乱军之中，只身逃亡至暹罗，隐姓埋名终老。

赵昺帝在群臣簇拥下，徙居厓山。这时，元军水师毕集，对"海上行朝"的大包围，已经合拢。南宋祥兴二年（1279）二月六日，中国历史上惊天地、泣鬼神的厓山海战，在香山西南方的海面上，骤然爆发。当日海上大雾弥漫，《宋史纪事本末》描写："会日暮风雨，昏雾四塞，咫尺不能相辨。"元军气势正盛，船队横冲直撞，指东打西，南宋军拼死抵抗，但终于溃不成军。海面四下烟火布合，从浓厚如幕的烟雾中，传来鼓声隆隆。张世杰、苏刘义带着十几条船，突围而去，赵昺帝及后宫诸臣，并十余万将士，却来不及跟上，陷于元军铁围之中。

疲癃残疾之师，不堪再战，号哭之声，震动海天。烈士死国、忠臣死君的时刻到了。将士们自刎的自刎，蹈海的蹈海，十万军民同年同月同日死。海上悲风怒号，血浪翻涌，浮尸层层叠叠，一望无际，如同陆地。陆秀夫长叹一声说："国事至此，陛下当为国死。德祐皇帝（宋恭帝）辱已甚，陛下不可再辱！"说罢，把国玺绑于腰间，背起幼帝赵昺，纵身跃入怒海中自沉。

文天祥的好友、翰林学士邓光荐，两次跳入海中，都被元兵捞起，一心求死却死不去，可谓"千古艰难唯一死"了。最后邓光荐与文天祥一同被押送至元大都。文天祥在柴市就义后，邓光荐写下了《文信国公墓志铭》《信国公像赞》《文丞相传》《文丞相督府忠义传》及《哭文丞相》《挽文信公》等悼念诗文。

突围而去的张世杰，仍计划聚兵反攻，但无奈南宋气数已尽，连老天也不帮忙了，一场风暴席卷南海，张世杰的船倾覆于平章山下（今阳江市海陵岛附近），遇溺身亡。他的遗体被运回香山，安葬在潮居里赤坎村。现存黄杨山东麓的张墓，是清乾隆十三年（1748）由香山知县张汝霖捐资修复的，墓碑上镌刻着："宋太傅枢密副使越国公讳世杰之墓"，左右立有石柱，镌刻着一副对联："云山空望侍郎宅，海水犹朝永福陵。"民间有一个传说，张世杰死后，军士曾在海岛上焚化他的尸体，发现他胆大如斗，火烧不化。军士们齐齐跪地恸哭，忽然天空出现金甲神人，原来是张世杰的真身。后人有诗挽之："曾闻海上铁斗胆，犹见云中金甲神。"

张世杰的陵墓，究竟在哪里，历史上是有争议的。明万历朝的《崖山志》说："在阳江县潮居里赤坎村。世杰溺死后，诸将焚之，函骨葬此。"明嘉靖二年（1523）江西人罗侨驻守阳江时曾作《张太傅祠记》也称："阳江有张太傅世杰墓，在潮居里之赤坎村，去阳江七十里许，密迩平章港。"这两处记事都是说，张墓在阳江。其实，阳江的张墓，是明弘治十二年（1499）才修筑的，并在墓前建祠纪念。当时的阳江县尹柯昌请大学者陈献章撰写祠记，但陈献章却称病婉言推却，他在《答柯明府书》中说："顾今拙病未能脱体，少延岁月，为之未晚也。病倦不能具大状。"似乎对张墓在阳江之说，也是心存疑惑。明代学者黄佐也考证了，在阳江并无潮居里。这是后话。

厓山一役，标志着曾经繁盛无比的大宋王朝，至此落幕终场。

大海日升月沉，潮起潮落，与从前似乎没有任何区别，但天下已经改变了。坊间相传，幼帝赵昺死后，遗体被海流冲到香山东面的赤湾。当日，渔民发现海上有千百只雀鸟围成一团，形成一个伞盖，好像在守护着什么，十分惊奇，把船摇近一看，原来有一具幼童的遗体。人们把遗体打捞上来，见面色如生，服式异于常人，大惊失色，知道是帝骸。因怕元军掘墓，便把赵昺帝秘密埋葬在赤湾天后庙西边的小南山脚下，坟墓砌成普通的样式，墓主的真实身份，亦秘而不宣。

马南宝听说厓山之败后，放声大哭，昏厥于地，醒来又哭泣不止，以至茶饭不思，神志恍惚。在悲愤欲狂的心情下，他挥毫题下两首《哭祥兴帝》诗：

翔龙宫殿已蓬飘，此日伤心万国朝。

目击崖门天地改，壮心难与海潮消。

黄屋匡扶事已非，遗黎空自泪沾衣。
众星耿耿沧溟底，恨不同归一少微。

张世杰死后，苏刘义改装易容，扮成江湖相士，趁着一片雨零星乱，辗转潜返沙涌，与马南宝会合。马南宝知道有机会东山再起，才恢复进膳。两人召集了千余军民，再次揭起抗元大旗。性格强悍的香山人，踊跃参加，有的扛着自家的刘钩、锄头、竹升，有的把仅有的粮食都捐了出来，只为抗击外来的侵略者。

为了号召天下，苏刘义、马南宝还找了一位姓赵的宋室幼童，拥立为王，在顺德都宁山立寨建都，命名为"都宁"，寓意"都此可宁"。可惜，他们片刻安宁也得不到，元军调集重兵，展开猛烈围剿。乡民顽强抵抗了一个多月，但终于不敌元军的金戈铁马，山寨被攻破了，苏刘义殉国，享年47岁。

马南宝在香山四处流奔，后来，听说陈宜中还在占城，便立即与招讨使黎德、梁起莘率领残部，带着粮草，投奔占城。不料梁起莘是墙头草、涌尾茜，看见南宋大势已去，便起了异心，途中约定一班喽啰，突然倒戈相向。由于变生肘腋，黎德仓促应战，殉于阵中。马南宝兵败被执，坚决拒绝向蒙古人投降，最后以死殉节，年仅36岁。

乡人偷偷藏起了马南宝的尸体，运回香山小赤坎鳌鱼岗（今珠海市黄杨山麓）安葬，最初只敢堆一个土坟，连墓碑也没有，每到清明、重阳，马氏后人只能偷偷拜祭。不过元朝的帝运很短，"尖屎酒埕坐唔稳"①，很快被推翻了。明朝把抗元志士的案子全翻过来，马南宝也被平反，追表其忠，崇祀乡贤。

清代，乡人在沙涌村建了一座文笔塔，以纪念马南宝。这座塔用花岗岩为基，塔身用青砖砌成，高11米，底周长13米，塔身上嵌有一块刻有"彩笔生花"四字的石匾。清道光元年（1821）乡人又为马南宝立了一个墓碑，碑刻："宋工部待（侍）郎配享大忠讳南宝马公之墓"。1987年，马氏后人重修了陵墓。1991年，沙涌人修筑了一座牌坊，上面刻凿着"宋帝遗迹"和"侍郎故里"八个大字。历史上，马南宝被尊为与陆秀夫、文天祥、张世杰齐名的南宋四大忠烈之臣。

"三百余年宋史、辽金西夏纵横，争强赌胜弄刀兵"，到如今，都化作石岐海畔咸水歌一曲。回看山河大地，四时更替循环，八节花开花谢，夕阳才去，晨曦又现。

---

① 粤语形容尖底的酒埕放不稳。

又见村歌社舞

- 看着它盖高楼

- 生个来！生个来！

- 把恶鬼赶走

看着它盖高楼

南宋亡后，那些不愿臣服新朝的遗老遗少们，纷纷潜入草泽，有的削发出家，有的隐迹山林，有的流落海外。元军占领香山后，大索赵宋皇族的遗孽余烈，包括流落在新会的太宗派和香山潮居里的魏王派，甚至扬言要血洗潮居里。赵若榉冒死向元军求情，才使潮居里三百多乡民，逃过了一场血光之灾。

南宋咸淳年间（1265—1274），赵时鏦、邓光荐、龚行卿等人曾在黄杨山筑的金台精舍，现在成了避元的渊林。他们在山上种的茶树，依然一片翠绿，每年发出新芽，人们称之为"黄山云雾茶"。在当年的黄杨山八景中，"茶田吐翠"就是其中一景，其余七景是：环海镜面、第一石门、无底深潭、赤脚仙踪、金台瀑布、清泉冽水和也字山峰。古人说香山得名于五桂山盛产神仙茶，但这种茶似乎一直处在野生状态，没有大规模人工种植，很早就被人采摘殆尽，市场上难得一见，到清代时已陷入"穷日搜摘，无过两余"的窘境。但赵时锼等人所种植的茶树，却很有名气，一说起，附近乡民都知道。

在香山赵氏魏王派的"嗣"字辈中，最为人传诵者，是潮居里大赤坎的南门赵族四世祖赵梅南，本名嗣焕，字仲华，别号箓猗，取《诗经》中"瞻彼淇奥，绿竹猗猗"之意。他是赵时锼的孙子，赵若梓的次子，"以道学文章为世所仰，称理学名贤"。尽管赵梅南出生时，南宋已亡17年，但他长大后坚决不做元朝的官。在《续修天源族谱》序言中，他愤然写道："嗣焕誓不与元贼共戴天，坐山谷以终日，观琴书以陶情。虽潮居山穷水尽之终，力耕种谷之俗，吾亦安堵修如也。"字字句句，凛若泰山。

赵梅南率领乡民开垦荒地，寒耕热耘。他特别喜欢竹子，在黄杨山上种了很多翠竹，修了一座"意翁亭"，亭子的四周，种满了奇花异草，堆叠着嶙峋怪石，恍如一神仙世界。通往亭子的山路，两边都是茂密的竹林，竹叶轻拂着行人的面颊，每一寸的空气，都是那么清新宜人，赵梅南给它起了名字叫"竹径"。元人黄观光的《意翁亭记》，写出了赵梅南的心境："吾性不喜纷华，意之所寓，不留于物，独以佳山胜水若有所嗜，朝夕观玩，出乎意表，悠然独酌，遂成微醺。故特取六一公（欧阳修）意不在酒，在乎山水之乐，以名吾亭。"

这是赵梅南每天盘桓的地方。亭中一架绿琴，一方楸枰，数卷鲁经，足以消磨漫长的日辰。每当风起之际，站在意翁亭上，看漫山修竹，此起彼伏，如绿浪滚滚而来，足以洗涤心中的俗虑。赵梅南时而与友人对弈，时而教晚辈读书，时而步屧徜徉，时而倚竹吟啸。他最为人传诵的诗作，是题香山潮居八景的诗作，其中《构亭对竹》写道：

竹林深处白云雾，诛草成亭晤此君。

翁意在亭更在竹，何妨暮倚绝尘氛。

亭子上有一副对联："但存方寸有余地，不可一日无此君"，同样反映出他对竹子的酷爱，简直可以称之为"竹痴"了。

赵梅南年轻时还经常与友人在山上打猎，追逐狐兔、鹌鹑于林涧，大有"左牵黄，右擎苍"的雄姿。他的诗《郊野畋猎》描写了打猎的场面："僻野山居世外林，纵禽逐兔古松阴。同行趫趫皆人杰，他日公侯寄腹心。"字里行间，似乎仍没有放弃光复宋室的宏愿。

然而，谁都知道，恢复宋室的希望，愈来愈渺茫了。元延祐二年（1315），朝廷正式开科取士，似乎已坐稳了江山，但民众的生活，其实并没有太大的变化，朝廷虽然把人分为蒙古人、色目人、汉人和南人四等，禁止汉人打猎、习武、摔跤，又禁止聚集人众，充塞街市，男女相混，但在远离大都的香山，这些禁令都相对松弛。赵梅南便常常违反禁令去打猎。

朝廷派了一名达鲁花赤（官职名）来，监控地方的军事与财政，但这些人根本不懂南方的风土人情，还要另外再配一名汉人（南人）做县令，负责具体的事务。蒙古人似乎也知道自己不可能改变岭南人的习俗，所以没有强迫岭南人学会吃奶疙瘩、穿襦子答忽，也没有要岭南人模仿献哈达、祭敖包的礼俗，香山人依然可以保持固有的生活传统，过自己的元日、元宵、清明、中秋。

元宵的乡村，还是那么热闹。凡是在去年喜添麟儿的家庭，都会喜气洋洋地举行"开灯"仪式。香山人的习俗，是在祖先牌位前、家门口的门官神位前、祠堂和社稷坛，挂上一盏灯，这是让全族人都觉得脸上有光的"香灯"，表示家族又多了一个"香炉墩"①了。开了灯的人家，用酒脯祭祖，向祖宗报告喜讯，然后在宗祠宴请村中父老，称为"灯菜"。菜式也不用很丰盛，萝卜和猪肉、炸猪皮熬成一镬，大家吃得开心就好。这些灯要一直挂到二月初二土地诞，或者清明节，才取下来烧掉，称为"结灯"。

南方的元宵并不寒冷，孩童们提着灯笼，在村前村后玩耍，就像无数的萤火虫，飞来飞去，闪闪烁烁。"黑麻麻，大姊掭灯妹绣花，火烧灯盏连灯挂，请齐姊妹看灯花……"女孩们在榕树下齐声唱着歌谣，他们的笑声、叫声，在夜空中回响，让老人们想起那些仿佛已很遥远的太平盛世。

赵梅南从山上下来，与乡民一起过节，被欢乐的气氛感染了，也忍不住写了一首《春宵即事》诗："悬灯月下夜如昼，玩

---

① 粤语"香炉墩"指能够传宗接代的男孩。

赏春光处处然。社酒乡邻乘兴饮，儿童歌舞乐尧天。"诗中似乎已不再抱有光复宋室的期望了，反而把当今之世形容为尧舜时代。他还捐了两顷十四亩田，用来兴建龙归寺，并作《龙归清话》一诗："山寺凭高万丈幽，游人罕见白云浮。花香流水无非道，谈罢归来月满洲。"从诗中看出他的心境，已近乎悟禅。

蒙古人派到香山的第一位达鲁花赤叫答失蛮。人们私下议论纷纷："答失蛮"是什么意思？有读书人自作聪明解释："答失蛮"写错了，应该叫"打厮蛮"。乡下人还是听不懂，但要是说叫"大石马"，他们马上就听懂了。香山人接触"异族"，也不是一天两天了，以前到广州的番舶，经常在香山停靠，求取淡水和食物，所以当地人对那些稀奇古怪的名字，早就习以为常。据史志的记载，这位大石马"为政尚宽，惠而不扰"，大概是无为而治，不失不过的一名官员。

后来大石马走了，来了一个叫劄忽进义的，名字一个比一个拗口，人们已没有兴趣去猜其含义了。史志对劄忽进义也不乏赞美之词，说他能"恤民劝农"，到了收成季节，用酒食慰劳辛苦了一年的农民；如果有人因贫穷而无法生活时，他甚至会送耕牛给他们，并且减其田租。

第一位汉人县令是王天祥，元至元二十年（1283）上任，他是大名滑州（今河南省滑县）人。上任之初，他便去视察县城，见城墙到处都破破烂烂。这座建成一百三十多年的县城，在岁月风雨中，显得如此残旧，令人震惊，甚至连衙署建筑也都朽坏倒塌，湮没于萋萋荒草之间。王天祥问了很多当地人，哪里是县衙，大家竟茫然地摇头。元代学人阮泳的《修县治碑》形容：偌大一个县城，"彫瘵弥剧，邑治荆榛，户口悬磬，习俗简陋"。王天祥登上阜民城头，女墙上都长满了野草，处处瓦渣尿溺，举目四顾，不禁黯然神伤说："民如子也，邑如家也，丘墟其家，欲俾赤子安辑得乎！"于是立了一个宏愿，在他任内，要把县城修葺一新。

王天祥到处奔走，募集资金与材料。在老人的指点下，他拨开荆棘草丛，总算找到了原来的县衙废址。乡中父老被他的努力感动了，踊跃捐输。王天祥把自己的俸钞也捐了出来，很快备足了材料，当年便奠基肇建了。王天祥每天都芒鞋竹笠，到工地监督施工，风雨不改，以致衣服也破破烂烂，积满尘污，看上去和挑泥夯土的民工差不多。

历时一年多，工程告竣，城池重现雄姿，衙门廨舍也焕然一新。清乾隆朝《香山县志》描写经过修葺后的县城，"周围四百五十丈，门四，南曰阜民，西曰登瀛，东曰启秀，北曰拱辰"。城池街道修好了，人们走起路来都精神奕奕，行为举止也变得斯文了。元大德四年（1300），李仁秀当县尹时，再次修葺了县治；元至大二年（1309），县尹程庆祖重建了鼓楼。经过历任官员的努力，踵事增华，县城更加壮观。

为了改变"习俗简陋"的现状，王天祥在修复县城的同时，还"以崇儒为先务，修葺学校，重建讲堂"，把倒塌了的明伦堂再建起来，青堂瓦舍，赫赫巍巍，在林木黛绿的仁山映衬下，显得端庄典雅。王天祥又聘请本乡名儒阮泳为教谕。阮泳出身乡荐，博识多通，学问以韩愈、欧阳修为宗，他的儿子阮士桂，也与父亲同年领荐，父子二人被乡人奉为仪表，纷纷把子女送去读书。

王天祥在任七年，《香山县乡土志》称"舆情爱戴如一日云"。前任的这种恤民宽农政策，得到后任者的继承。元元贞二年（1296）黄裳任县尹时，继续致力于教种艺、平赋役，史志称他"赋性慈柔，教民以孝弟忠信，赋税不扰而办"。他在香山留下四首诗作，都是表达忧民的心情，《考满自述》一诗写道："制锦无才偶四年，为忧民瘼觉华颠。"他听香山人说，刺桐没开花先发叶，是丰年之兆，便写了《刺桐花》一诗："我来到此忧民瘼，只爱青青不爱红。"《春日劝农》写道："宦游花县三年旧，心事香山百姓知。民瘼未甦思活策，春耕宜早趁先期。有情只欲陈忠谠，天远无由到玉墀。"他们的心事，皇上虽然听不见，但香山人是知道的，也是心存感激的。

然而，香山人还是有点闷闷不乐。因为学宫虽然经过更新换代，但香山的文运，似乎没有太大改观，自从南宋淳祐十年（1250）赵时縱中进士后，再没有人中过进士了。人们又在埋怨，学宫迁入城中，搞坏了风水。元泰定元年（1324），左祥就任香山县尹，他是盱江人，翰林出身，是名动儒林的理学家、经学家、教育家"草庐先生"吴澄的高足，初来乍到，人们便纷纷向他进言，希望把学宫迁回莲峰山下的原址。

左祥到学宫实地视察，也觉得地面太过狭窄卑湿，气脉壅窒，灵气不存，不利庠序，难怪不出进士。他把城中的乡绅、儒生召集起来，征询他们的意见。大家七嘴八舌，都说城东外的文庙，以前就是学宫所在，那里郁葱嘉木聚焉，是一块风水宝地。左祥又率领同僚，一起到文庙勘察，认为大家言之有理。这是大事，当然也要征得达鲁花赤同意，达鲁花赤那海无可无不可："好好，既然大家都说迁回原址，那就迁回原址吧。"

这是一项很大的工程，原址的建筑早已壁垣半圮，栋宇欲颓，泮桥莲池，鞠为茂草，要一砖一瓦，重新建造起来，所费巨大。教谕高元生慨然表示，如果县学能迁回原址，他愿意把自家的柱梁础石都捐献出来。乡绅杨仲玉、陈志、袁莹等人，都不甘后人，有的捐钱、有的捐材料、有的出工匠役夫，说干就干。第二年春天，先建起大成殿，秋天时建起仪门，面阔九间，气度雄远。明代初年曾任桂林府教授的东莞人陈琏，在《修学记》中这样描写："（新学宫）地位高爽，气象轩豁，诚有贤讲道之所，士风由是翕然而盛。古今崇儒，学校大兴，诗书礼乐之教，洋溢海内香邑，士彬彬乎，其盛视昔有加。"

可惜明伦堂还没建好，左祥便调任了，离开香山前，他还不忘把建筑材料都备齐了，并吩咐同僚，一定要把学宫建好。他写了一首长诗《劝学文》，规劝大家，要多读圣贤书，"人生天地间，唯学乃有觉，觉则为善人，不觉乃为恶"。人在童年都是天性淳朴的，长大后被物欲所困，气习变得浇薄，所以必须"每日三省身，拳拳不妄作"。诗中更语重心长，三复斯言相劝："奉劝尔子弟，勤勉无戏谑，学则为圣贤，千万加忖度。"他登船之日，香山的儒生成群结队，到码头相送，无不依依垂泪。

吴澄对这位学生的成政，大加称赞，撰《迁学记》以志其事，高度评价左祥："予谓左尹有三善。今之居官者，唯私于己，何恤于民，而尹无私于己，有志于民，其一善也；或优于政，不暇于教，而尹虽优于政，又及于教，其善二也；官之政教，去官则已，而尹虽已去官，犹不忘在官未竟之事，视官事如家事然，其善三也。"后来左祥到增城任县尹，继续兴学明教，香山、增城人对他都深怀感戴，建祠庙纪念。

如果香山立县之初时，还有人觉得它是个偏僻小县的话，这时也应该开始改变观感了。西北部的冲积平原不断扩大，形成了榄面沙、螺沙、流板沙、绩麻沙、高沙、乌沙、白鲤沙、太平沙、庵沙、观音沙、石岗沙、咸角沙、白蚝沙、指南沙、拱北沙、横栏沙、鸡翼沙、赤洲沙等沙洲，号称"西海十八沙"，也就是今天的小榄、东升、坦背、横栏镇一带。在这里大片新农田不断扩展，全县耕地达到31.1万亩，人口增至11379户。这是一个名副其实的上第大县了。

元至正四年（1344）张执乐温任香山县令，他是冀州南宫人，显然是一位汉人，但名字却如此之怪，又引起人们的好奇。在城门外的茶寮、墟场的酒铺中，人们都在交头接耳：如果说他姓张，汉人哪有三个字的名？如果说他姓"张执"，也从未听说过汉人有这个复姓。这位新县尹一定是学蒙古人，起了个三字名。有人说："不对，不对，他应该叫张执，字乐温。"也有人反驳："也不对呀，他的字是'敬之'，不是'乐温'。"这个无聊的话题，被城里的闲人谈论了好几天。

这些闲话传到张执乐温耳里，他只是捋了捋胡须，笑而不答。视篆之初，四出访察，了解民情。香山的农田面积虽然不断扩大，但田赋也不断增加，至元年间（1264—1294），朝廷征收香山的正耗米为一千二十三石多，到至正年间（1341—1368），已涨至一千三百七十五石多。除了亩税外，还有柴、炭、渔各种税负。乡间耆老纷纷诉苦，说赋税就像五桂山，压得他们喘不过气来。百姓人人面带菜色，儒生个个满脸饿纹，指望他们发迹，比登天还难。张执乐温听了，不禁神色黯然，对随行官员叹息说："吾民供输之劳，诚可矜悯，为官一任，理应为民请命，把实情向宪司报告。"

事后，张执乐温果然申文上司，请求革除各种敝政。香山人运气不错，碰上行中书省也能体察下情，当即同意。一时间，香山父老欢声动地，争着到寺庙烧香还神。

当时香山县衙的建筑，已破败不堪，虽然前任曾修葺过几次，但经不住年年台风吹袭，又变得千疮百孔了。一些人劝张执乐温先把衙署修葺好，官要有官威，衙门是脸面。但他却拒绝了："民瘼未理，政事未孚，年谷未登，何必忙着办这些不急之务？"他决定先修学校。香山要复兴，教育是第一位，庠序不兴，一切就是河滩上的城堡。他向大家承诺，若明年收成好，一定重修县衙。在他的主持下，学宫进行了全面修葺。

光阴飞逝，不觉又换了一个年头。第二年夏天，风调雨顺，五谷丰登，人们都劝张执乐温：县有治，治有堂，才能为民宣政化、察邪正、辨曲直，如果堂堂县衙，连瓦背头都是透风透雨的，门也关不严实，檐柱也被白蚁蛀空了，成何体统？县衙不新，则上无以示宣化之重，下无以耸观瞻之严。

张执乐温沉吟未决，这时，香山突然发生了另一件事情：一股海盗来袭。自从南宋灭亡以后，大批流民和散兵游勇流落在香山附近，这些人大都是身无恒产，两手空空，四处游荡。为了生存，最后便据岛为寇，以打劫过往船只为生。他们来去如风，剽悍无比，并且胁迫渔民、疍民入伙，势力日渐坐大，在大横琴山、三灶山、乌沙海、银涌角一带，建立起自己的地盘，俨然成了地方巨患。但他们以前只在海上活动，这回竟杀上岸来，在四乡引起阵阵骚动。这是官府不得不马上处理的危机。

年轻力壮的乡民，虽然被组织起来守护家园，但从来穿鞋的怕光脚的，光脚的怕不要命的，海盗都是亡命之徒，乡民有妻儿老小，打起来往往吃亏。乡中耆老相约到县衙，向张执乐温陈情：海盗不灭，民众难以安居乐业。他们列举海盗的种种恶行，声泪俱下，张执乐温拍案而起，誓言要剿灭海盗。他决定这一年不修县衙，先灭了海盗再说。

张执乐温率领水师出征，对海盗迎头痛击。这场仗究竟打得如何，史书缺如，似乎官军占了上风，夺取了海盗的一些船只，迫使他们退缩到更远的地方，暂时不敢太过猖獗。但清乾隆朝《香山县志》却惜墨如金，只有寥寥17个字："丙戌秋，季童入寇海上，奉檄平之，民赖以安。"这个海盗"季童"是什么来头，语焉不详，也有人说他叫"李童"。不管他叫什么，这一年，香山又没修成县衙。

春夏秋冬，一年转眼即过。大家觉得，现在海盗犯境已大大减少了，学宫也修得面目一新了，夏收又是丰收，县衙该修一修了吧。这回张执乐温不再拒绝了，笑着一拍大腿说："好吧，今年就把这事办了吧。"于是，大家分头去备工备料，趁农闲时间，大兴土木，把一座新县衙建起来了，同时还把城厢内外的桥梁、道路，也一并加固修整。

县衙修好了，张执乐温也要离任了。香山人立了一块"张侯敬之德政碑"，称颂这位县令："仁足以爱物，智足以烛奸，廉足以有为，宽足以御众，卓有材猷，克称厥职而无难为者。"还特别提到他"下车之初，即敦励风化，勉饬学校"，为香山开创了"千载一时"的好景。

张执乐温离任时，北方已是狼烟遍地。朱元璋以"驱除胡虏，恢复中华"为号召，纠合一班草泽英雄，揭竿而起，济宁、滕州、邠州、徐州、临清、广平、通州等地，均发生大规模民乱，并延烧至长江下游南京一带。元朝用铁马金戈打下的江山，开始分崩离析。

元至正二十一年（1361），动乱蔓延到了香山。东莞盐场的吴颜明、归德盐场的曾伯由、黄田盐场的郑润卿、盐田盐场的萧汉明，平湖的刘显卿和笋岗的欧广，先后聚众起义，一时间遍地狼烟。香山有个叫李祖二的人，登高一呼，从者如云，纷纷拿起锄头、棍棒，像潮水似地杀向铁城。

达鲁花赤朵罗歹被困在城里，最初他以为只是寻常盗寇，只要亮出官兵旗号，自然惊散。但乱民却愈聚愈多，攻城愈发火急，四面敲锣，喊杀之声，惊天动地。官兵抵敌不住，朵罗歹慌忙找城中的乡绅商议。莲塘人郑荣叟建议，把县治迁徙至莲峰山上，那里有个寨子，易守难攻，可以暂避一时。于是，朵罗歹带了印信和文书簿册，率众从东门突围而出，仓皇奔上莲峰山。

原以为是汤池铁城，万年江山，不料人心一散，民变一起，竟不堪一击。李祖二轻易占领了铁城，又把莲峰山的路径隘口，全部封死，打算把朵罗歹等人困死在山上。那些南宋的遗民，似乎又看到了光复旧物的希望。

赵梅南拄着拐杖，登上高高的黄杨山，眺望远海。在海的那边，天如蓝靛，水如丝罗，仿佛天地间有一条缝隙，让天与海泄出，向四面八方舒展开来，上下一色，茫无涯际。风还在吹，海鸟还在飞，涛声依然声声入耳，那就是宋室埋骨之地。赵梅南不知多少回，站在山上的草丛间，望着大海，独自潸然落泪，不时喃喃吟诵着自己所写的《厓门烟雨》诗：

> 目击慈元事已非，山河亦悔改为夷。
> 君臣母子恨犹在，泪湿朝衣天亦悲。

这一代人已渐渐老去，鬓发苍然，不复当年的水木清华了。至正二十五年（1365），赵梅南终于正寝，享寿七十，安葬在泥湾峰堆岭。虽然未及亲见元朝的最后覆亡，但天下大势，已经分明，他大可含笑而走了。后来，赵氏族人在兴建祖祠时，取名"菉猗堂"，以纪念这位德高望重的先祖。菉猗堂与一般祠堂不同，并非坐北向南，而是坐东向西，面朝着幼帝赵昺沉海的厓门。

李祖二占据县城长达七年时间，朵罗歹死在莲峰山上，但"县衙门"始终认为李祖二是盗寇暴民，拒绝向他投降。直到明洪武元年（1368），大明征南将军廖永忠率师入广州，郑荣叟悄悄下山，把所有文书簿册献给了明军，向大明输诚。

县治重新迁回铁城。洪武十四年（1381），朝廷改革行政区划，废乡而设坊都。仁厚乡分为仁厚坊和良字都，德庆乡改为龙眼都，永乐乡改为得能都，长乐乡改为四字都，永宁乡改为大字都，丰乐乡改为谷字都，长安乡改为恭常都，宁安乡改为大榄都，古海乡改为黄旗都，潮居乡改为黄梁都，共有11个坊都。

仿佛一场台风过去了，大海恢复了平静，天空重现蔚蓝，莲峰山上依然绿阴如海。林间的鸟儿不知人间变幻，依然百啭千声，唱个没完。在崎岖山路的那头，又传来了久违的歌声："掌牛阿哥岭顶坐，风流日子是揸过，成日都系唱山歌……"

当年赵时鏦、邓光荐、龚行卿等人烹茶论诗的"金台精舍"，后来改建为金台寺。这座见证南宋覆亡的寺庙，在乌苏峰上，经历了几百年风雨，屡遭兵火所毁，清乾隆年间曾进行过修复和扩建。但它的主体建筑在1958年被拆了，1981年兴建发电站时，全寺被完全铲平，不复存在，直到1992年，才由弘如法师主持重建。如今的金台寺，已建成有大雄宝殿、藏经楼、钟鼓楼、功德堂、客堂、库房、僧房、天王殿等建筑的大型佛教寺庙。

然而，那些盛衰兴废的往事，却早已随风而散，杳无痕迹可寻。也许，只有那些鱼龙与鸥鸟还记得，邓光荐"林壑摧残海惊波，惨淡一色无山河"的诗句，记得赵梅南那句"嗣焕誓不与元贼共戴天，坐山谷以终日，观琴书以陶情"的誓言。

文天祥在生命的紧要时刻，写下一句"留取丹心照汗青"的诗，说明这些人仍然坚信青史，坚信香山虽远在极边的南方海角，但他们的身影、他们的声音、他们的故事，会留下来的，一定会的。

生个来！生个来！

这就是香山，无论天下如何变迁，日子依然像小河一样，日夜流淌，波平风静。香山人依然每天上山、出海、下田，耕耘树艺，捕鱼煎盐，放鸭唱歌。

香山很多人家都养鸭，人们常说"独鸡肥，独鸭瘦"，所以一养就是一大群。在南方的河涌、沟渠、滩涂和水田里，有一种小型蟹类叫蟛蜞，喜欢在烂泥中打洞，用螯足钳断稻叶吸取液汁，繁殖很快，对稻子危害极大。乡下的教书先生说，蟛蜞还有一个儒雅的名字叫"长卿"，晋代的《古今注》中说："蟛蜞，小螯，生海边泥中，食土，一名长卿。"长卿是谁？教书先生摇头晃脑说："这你就不知道了吧？就是大名鼎鼎的西汉才子司马相如呀！他的字叫长卿。"

教书先生喜欢讲这个故事：从前有个官员，夜里梦见一只蟛蜞爬到他面前说，明天要光临城下的亭子，请他好好招待。他醒后大感诧异，不知是什么兆头。第二天，他派人去那个亭子等候，等了半天，来者竟然是风度翩翩的司马相如。这位官员惊呼："此人文章当横行一世！"于是，人们就把蟛蜞叫做司马相如了。

然而，长卿先生也有天敌，那就是鸭子。十月天高气爽，鸭群都被放到田里、河涌里，让它们翻泥翻水撒欢，蟛蜞是它们的美食，"嘎嘎"声所到之处，蟛蜞一扫而光。当觅食的鸭群，愈游愈远，队形逐渐散开时，从芦苇丛中，便棹出一条小艇，放鸭人头戴竹笠，手撑竹篙，扯起喉咙，用抑扬顿挫、似唱非唱的声音叫唤："啰嗬呵嗨——嗦啦嗦啦嗦啦嗦啰嗨——呷呷呷——"四处觅食的离群鸭子，闻声便扑打着翅膀，向小艇聚拢过来。放鸭人朝前方扔一块小石子，鸭群好像听到了指令一样，一窝蜂朝那个方向游去。

在立夏至小满，或寒露至霜降期间，也是乡人捕捉禾虫的时节。禾虫多生长于水田的泥里，在夏秋这两造，它们会钻出泥涂，随水漂流，产卵繁殖，人们便趁机张网捕捞。香山人视禾虫为珍肴，可以做菜、煲汤、制酱，也可以做成糕点。用蒜蓉、陈皮拌禾虫，文火炒干，再用加入蒜头和切碎的烧猪腩肉，武火炒香，简直龙肝凤髓都比不上。隆都人常说："鸡死鸡常在，螺蚬月月生，唯有禾虫过造追不返。"

放鸭船与禾虫船，经常在弯弯的河上相遇。大家互相打招呼，禾虫船的人说："今日是不是食泥封火鸭啊？请我饮酒啦！"放鸭船的人回答："你请我食禾虫糕，我就请你饮酒！"
两人哈哈大笑，这边故意把竹篙往水面一打，激起小小的浪花，
那边笑骂一声"斩头鬼"，两船便在鸭子的"嘎嘎"叫声中，各
自拐进了不同的河汊。虽然鸭子也吃禾虫，养鸭的人与捉禾虫的
人，本是互相对立的，但既然是乡里鬼鬼，①亦可相安无事，但
如果遇上外乡人，又是另一种情景了。

很多顺德人也过来香山放鸭，不同的鸭群碰在一起，小群
的鸭子往往会跟着大群的鸭子跑。这时，两边的放鸭人飞快赶
来，拼命分开鸭群，一看对方是外乡人，火冒三丈，始而炒虾
拆蟹②，互相对骂，继而挥起竹篙，乱捅乱打，从水上打到岸
上。香山人仗着是"地头蛇"③，一声唿哨，同村人从四面八方
赶来，把顺德人赶走。但顺德人也不甘示弱，回去后召集大队人
马，气势汹汹回来报复，最后打成一团，甚至打死人的事情，也
时有发生，闹得官府很是头痛。

香山人性格，就是这样倔犟。这种性格，也许是从当年抵抗
五十万秦军的越人那儿遗传下来的；也许是大海的惊涛骇浪磨炼
而成的。他们爱唱歌，爱跳舞，爱喝酒。唱起歌来，隔一座山都
能听见；喝起酒来，鲸吸牛饮，酒量大得惊人。香山的酒，小有
名气，香山的男人，都是酒中之龙。

---

① 中山人对同乡的亲热叫法。

② 粤语"炒虾拆蟹"指用粗言秽语骂人。

③ 粤语"地头蛇"指本地人。

　　屈大均在《广东新语》中说：在香山有一座"酒山"，用山上的白泥做酒饼，加入某些药材，就可以酿出美酒。山以酒名，泥可酿酒，在全国怕也是独一无二了。别人酿酒，多用米饭麴糵，香山人却用板杏树叶，混合豆桂等配料，味道十分清冽。一般人不敢轻试，屈大均便称这种酒"味太甘有毒"，酿酒要用蟊为麴，否则有如酖毒，"饮之既醒，犹头涔涔然"。但香山人才不管这些，黄酒、烧酒、板杏酒、村酒、浊酒，统统拿来，只要有大碗酒，大块肉，还有大盘龙虱、禾虫，人生何处不痛快。

　　相传在香山有一种瑜石，研磨成粉服用，可以解酒，但香山人喝酒，从来就不需要"解"，要喝就喝个痛快。当他们喝得半醉时，还会拿出几截祖传的木雕龙头、龙尾，踏着醉步，跳起一种古老的舞蹈。这种舞蹈从唐贞观年间（627—649）就开始流行了，最初与佛教有关。明代香山学者黄佐在《广东通志》中记述："唐贞观年间，南粤香山人兴舞龙首龙尾，先游市，再入寺，洒净水于佛。"

　　每年四月初八是佛诞日，又叫"浴佛节"。这一日，千家万户传出捣栾樨叶的声音，女人在家忙着用捣烂的栾樨叶，拌米粉做饼拜神，因为相传栾樨叶可以避瘟疫。清末民初的香山学者郑彼岸在《四月八》诗中描写："四月八，拜菩萨。家家做饼捣栾西（樨），捧出蒸笼热辣辣。"[①]男人们则成群结队，敲锣打鼓，簇拥着舞动的木龙，到寺庙进香拜佛。郑彼岸的诗对此也有

---

　　① 粤语"热辣辣"是"热气腾腾"的意思。

描写："何来一个伯爷公，人面龙头一样红，拈起木龙来乱舞，居然姿势似游龙。入夜头锣声嘡嘡，观众填街兼塞巷。狮子儿童在后跟，惹得人人烧炮仗。"

从唐朝到南汉，历代皇帝，都诚心信奉佛教，到处兴建佛寺，人人礼佛，家家呗赞，每年正月初八白衣观音诞、二月初八释迦牟尼佛出家日、二月十九观音诞、四月初八佛诞、五月十三伽蓝菩萨诞、六月十九观音得道日、九月十九观音出家日，各寺庙都会大肆庆祝。入宋以后，崇佛之风并未稍减，反而变本加厉，无量寺、西林寺、独觉庵、普陀庵、元兴寺、西山庵等一大批庵堂寺庙，都是在宋代修建的。

在四月初八的活动中，最特别的就是舞龙。香山的木龙，别具一格，全国独此一家，只有一截龙头，长约一米，由一名壮汉举着，腾拿跳跃，盘回穿插，有如搅海翻风，时而大吼一声："生个来！"时而停下，含一口檀香、沉香泡制的香水（净水），喷向围观的路人，众人便欢声雷动。一直舞到寺内，舞者把香水喷到佛像的金身之上，寺内木鱼、钟、鼓、磬、云板等各种法器，一齐大响，僧俗诵佛，声彻云霄。

为什么香山的木龙，只有头部一截？相传有一年四月初八，有个和尚在龙塘孖树坑的河边洗澡，遇上一条巨蟒袭击，和尚挥剑把巨蟒斩成几截，丢在河里。这时来了个醉酒的老渔翁，抓起蛇头舞了起来，那条蟒蛇竟然死而复生，化作一条龙，腾空飞去，余下的几截蛇身，变成了几棵栾樨树。所以每年的四月初八，香山人都会舞木龙，吃栾樨饼。

后来，舞蹈加进了龙身、龙尾，变成了三人舞，喷香水也变成了喷酒，这就更符合那个醉酒渔翁的故事了。舞者先大碗喝酒，醉眼蒙眬，翩翩起舞。舞步看似一个醉汉行走，东倒西歪，其实一进一退，一起一落，章法分明，非常有节奏。沿途村民不断把酒埕递给舞者，舞者来者不拒，接过就饮，饮到实在饮不下时，便把口中的酒喷向围观者。人们觉得这是龙涎，沾者有福，都疯狂地往前挤。

直到舞者酩酊大醉，倒在地上爬不起来，另一个人便接过木龙，继续舞下去。清道光朝的《香山县志》生动描述了这个盛大的场面："四月八日浮屠浴佛，诸神庙雕饰木龙，细民金鼓旗帜，醉舞中衢，以逐疫，曰转龙首。插金花、操木龙而舞，畀酒随之，有醉至死者。"难怪香山有一句俏皮的俗谚："第一牛，舞龙船头；第二牛，外公抱孙周街游；第三牛，姐夫借钱畀大舅。"①

整条街不断响起"生个来"的助威呐喊，挟着锣鼓、炮仗声，震天动地；舞者与观者都被酒湿透，如同淋了一场酒雨，连路旁排水沟都散发着浓郁的酒香。

在过去一年里生了男孩的家庭，早早就在门前等候，一听见锣鼓声、喧闹声近了，便赶紧燃放炮仗迎接木龙。木龙是专程前来致贺的，舞者举着木龙在门口转上三圈，寓三叩头的意思；两条木龙互相碰头三次，再互相碰尾三次，在震天响的锣鼓声中，

---

① 中山方言：牛是傻、笨的意思；畀是给的意思。

舞者再把龙头向天空举起三次，这是再行三叩首礼。主人家便把预先放在屋顶的荔枝、李子、粽子等食物，撒向舞龙的队伍。那些一路尾随着木龙的孩子们，就等着这一刻，一拥而上，争抢那些食物，惹得周围的人开怀大笑。

这种舞蹈被称为"醉龙舞"。任何人置身其中，都会被瞬间感染，变得醺醺若醉，热血沸腾。到清代的时候，醉龙舞又去掉了龙身，只有龙头、龙尾双人舞，但"生个来"这口号，则一直不变，到底是什么意思，也没人说得清楚，反正都是跟着上一辈的人喊，可能是源自古老的渔民号子吧。

醉龙舞在石岐、沙溪、大涌、张家边、南朗等地，流行最盛，当地人都说这里是醉龙的发祥地。至于醉龙的来源，各乡各镇都有不同的说法，有的说它前身是一条大蟒，有的说是一截随海潮漂来木头。它的出现，大抵都与渔民的生活有关，最常见的，就是说这条神龙能保佑出海平安、渔获丰收和驱除瘟疫。

隆都人把醉龙舞叫做"舞柴龙"，石岐人叫做"舞龙船头"。香山有一句俗谚："四月龙头随街绕。"各村的龙纷纷出动，张溪的金龙，古镇的云龙，沙溪的游龙，起湾、圣狮的金龙，在万众欢腾声中，纷纷走出祠堂，醉舞狂歌。

南朗的崖口有一种龙舞，别具一格，叫做舞板龙，是别处没有的。相传兴起于唐贞观年间（627—649），崖口古称崖溪，当时这里有盐场，吸引了不少福建人聚居，以盐业谋生。有一年，他们捡到一块被海潮推上岸的木牌，上面写着"阿斗的第五子"。

大家看不懂是什么意思，觉得很神秘，但大海把它送来，一定是有缘由的。请教乡间塾师，塾师说阿斗是三国时蜀汉昭烈帝刘备的儿子，阿斗的第五子叫刘谌。魏国大军进逼成都时，阿斗准备投降，刘谌劝阻无效，悲愤之下，先杀妻子，然后自杀殉国。乡人一听，是个忠烈之士啊！于是便在崖口建了一座大王宫祀奉。宫内最初并无神像，只立有一个牌位，上书"敕赐五位相公"，右为金花夫人，左为禾谷夫人。乡人记不住刘谌这名字，都习惯叫他做"阿斗仔"，或是"大王公"。后来朝拜的人太多，香火很旺，人们便为大王公塑了个神像，并且年年为它贴金。

二月十五是释迦牟尼佛的涅槃日，但崖口人为这天添加了一个内容，就是"大王诞"。崖口附近几个村的人，这天都会到大王宫跪拜炷香，在神像前掷杯筊，问吉凶之事。乡人对神明的指示，深信不疑，如果掷出杯筊的两片竹牌都是反面向上，就预示有凶事发生，要赶紧想办法避难逃灾了；一正一反则表示不好不坏；如果都是正面向上，乃大吉大利之兆，人们便欢天喜地，叩谢神恩而去。由于来求神问卜的人太多，年久日深，竟把神像前的地面跪出一个一尺多深的大坑。

然而，大王诞还不是最热闹的，四月初八的大王公巡游，才是崖口最热闹的活动。有人把它叫做"跳大王"，也有人叫做"耍菩萨"。各村轮流把大王头接回村里，供奉一昼夜。但不是人人都有资格接大王头的，必须由村里的新婚男子去接，每村只有五个名额。新婚男子要事先到村庙登记，还要由女家准备桃李果子、布帛等物，再由新婿送到牛王爷、武乡侯神像前，禀过神明，才能获得资格。如果这年新婚的人太多，便只能按先后排队，有时要排上几年才轮得到。

接大王头是一项非常侈费的活动，民国时期的《东镇侨声半月刊》曾经刊载文章说："如富者动耗数百金，大排宴席；若贫无立锥者，亦必罗掘，或典屋变产，或按借款项，以成其事。尤以崖口、左步头等乡之接神大王头，不恤身家之有无，亦穷奢极侈做去，早为识者所非也。"有人不惜为此倾家荡产，甚至发生过卖女儿换钱接神的悲剧。虽然官府以大王宫是没有列入官方祀典的"淫祠"，屡加禁止，但乡俗却如野草般顽固，随刈随生，这篇文章亦只能留下一声叹息："跳大王恶俗几牢不可破。"

接过大王头以后，五月初五，各村便把自己的"村神"抬出来巡游。这些村神的身份，五花八门，不乏周瑜、诸葛亮、孙权、司马懿之类的三国人物。乡人称之为"细耍"，规模相对较小，但也很热闹，孩童们提着灯笼，举着火把，沿街游走，寓意神明深入民间，引福归堂，广施恩泽，驱邪避灾。

第二天是跳大王的高潮，乡人称之为"大耍"（但也有人说，大耍是在八月举行）。舞板龙在耍菩萨活动中，是最抢眼的。村民用竹子、藤蔓、木头扎成龙头和龙骨，用一块一块木板拼接成龙身，这与一般以布做龙身的龙不同，要沉重得多，没有过人的臂力，还舞不动它。因此，舞板龙的动作，一般都较为简单，以明快的节奏吸引人，不做腾拿翻滚的大动作。它出动时，由在崖口村佃耕的"崖子佬"①举着头牌、花篮、布绣、彩旗等装饰，前后簇拥，以纹锣开道。疍家人连抬道具参与巡游的资格也没有。

与舞板龙并出的，还有舞麒麟。麒麟是用木棍、竹竿作支架，用纱纸和布料作装裱，然后上彩，做成人们想象中的麒麟模样，由五至六人共同舞动，动作柔中带刚，不狂而庄，人们敲起锣，打起鼓，也有采用八音乐队伴奏。

村民夹道相迎，连两旁的树上都爬满了人，远远看见耍菩萨的队伍，便发出各种兴高采烈的尖叫、大吼，夹杂着狗吠鸡啼，鸭声鹅斗，简直像平地刮起了龙卷风；细佬仔在人群中乱跑乱钻，妇女们在后面追逐自家的孩子，又是喊，又是笑，但她们的声音，瞬间淹没在热气腾腾、灰尘飞扬、酒气弥漫的人群之中，与五光十色、忙忙乱乱的景致，交织在一起，难以分辨。

后来，香山一带流行"飘色"，就是从耍菩萨中，演变过来的。巡游中，几乎所有神祇倾巢而出，武侯公、华佗、天后娘娘、太保公、文昌帝、十八奶娘、牛王公，统统盛装打扮，配上龙椅，由村民抬着出来，晒晒太阳。巡游的队伍中，加入了由几岁的稚童充当的"色仔""色女"，化装成各种历史人物和神话人物，由色架抬起在半空中，有如脚踏祥云，五彩缤纷，恍若飘飘欲仙。中山人张德业在20世纪50年代写过一篇文章，载于《星加坡中山会馆113周年纪念特刊》中，用粤语描写耍菩萨的场

---

① 崖口当地人称客家人为"崖子佬"，略含嘲讽意。

面，保留了不少古老的习俗传统，活色生香，生鬼①有趣，兹摘录一段：

时维五日，节届端阳，联欢随俗，奉菩萨以巡游；行乐及时，集村人而遣兴。红男绿女，喜地欢天，穿起靓裤靓衫，着起新鞋新袜。三声炮响，一致集中。个个都要出身，人人相当落力，锣鼓未响，高照先行，老窦担八宝，肥仔托三叉，龙狮凤色，样样齐全；鼓乐笙旗，式式具备。六角浪，七星旗，锦绣大旗，现出龙翔凤舞；簇新双彩，刺成骥展鹏飞，飞报姑娘骑白马，几够威风；文巡伯父派黄符，居然老实。担掌扇须着节衣，挑花篮要披彩带，车色、枭色两样唔同，头锣、大锣一般咁响。打锣鼓震耳欲聋，奏弦管开心到笋。手执红旗，指挥巡行，称为照后；肩荷武器，表演技击，叫做教头。文武棍有短有长，鸳鸯幡宜红宜绿。金狮献瑞，彩凤呈祥，银龙廿一节架势堪夸，锦伞二三支辉煌足道。吹箫引凤，擂鼓团龙，大姐仔装身，搽脂荡粉；细佬哥扮色，扎脚包头。欲饱眼福，请看花亭；贪遮热头，须担浪伞。抬菩萨行成淡定斯文，扮哪吒着起古灵精怪。五色饼、红包包，皆摆台所用；铜香炉、锡香案，亦随驾之需。浩浩荡荡，出齐百马千夫；盘盘旋

---

① 粤语"生鬼"是生动的意思。

旋，行遍六街三市，家家焚香点烛以参神，户户裹粽蒸糕以飨客。睇嘢亲朋，街头蹀躞；迎神男女，门口鞠躬。高兴大半天，赢来一身汗。借神道为节例巡行，何其妄也；供农村作工余游乐，庶几近乎。

五月初五端午日，少不了家家包粽子。豪放的香山人，连粽子也与众不同，别处的粽子，大都是用竹叶、荷叶包的，而香山的粽子，却是用一两米长的芦兜叶包的，一只就有两斤多重，所以有香山人开玩笑说："呢兜芦兜粽兜兜都咁大兜！"①也只有他们强健的胃，才配得起这"庞然大兜"的粽子。

香山粽子和广东别处差不多，也分咸水粽和碱水粽两种。石岐人把碱水粽叫做兼粽，把碱水糕叫做"兼糕"。兼（鰜）与碱在北方话里发音相同，但在石岐话里却大不一样。兼粽、兼糕，大概是从北方话转过来的。香山人做的兼粽，有一种特殊香气，街头焓粽，街尾都闻得到香味，而且他们还有一道特别的"秘方"：在兼粽上插一支苏木，或檀香木，据说可以消滞去毒。兼粽特别饱肚，吃一兜，一天都有气力。

香山人说，端午是男人的节日。这一日除了有和庆祝佛诞一样的醉龙舞龙头，还有端午龙舟的龙头。坊间又有俗谚："四月八，龙船扣底挖。"龙舟在平时是埋在河涌的淤泥里的，这天是

---

① 粤语"兜"是条的意思。整句话意思是："芦兜粽只只都这么大只。"

出水之日，俗称"起龙"。

吃过大兜粽，男人们就要在龙舟上，一展雄风了。赛龙舟，是香山人勇毅性格的又一次大爆发。明代嘉靖朝《香山县志》记载："端午为粽祀神，或彩画龙舟，水中竞渡，名曰夺标。俚人奉祠神，锣鼓、旗帜、歌唱过城市，曰迎大王。家以钱米施之，或装为神龙鬼头，歌舞数日而罢。"其热闹场面，如置身其中。

各村的龙舟在石岐海上举行竞赛，赢者夺标。比赛时岸上人山人海，密密的鼓声、狂热的呼喊、轰天裂地的炮仗声，仿佛可以崩倒一座山。龙舟象征着齐心合力、勇往直前，但它也有害怕的东西，那就是屎艇（乡间运粪便的艇）。比赛时遇上屎艇，是触霉头的事情，要赶紧躲避，以致阵脚大乱。所以香山有句歇后语："二叔公落涌——屎艇快过龙船"。

铁城几年举行一次赛龙舟，小榄却年年举行。清代文人何应斗在观赏榄溪赛龙舟后，激动不已，写了一首《跃龙竞渡》诗："江干昨夜雨痕消，队队龙舟趁早潮。两岸声喧桥畔过，浪花飞匝木兰桡。"龙舟总是与男人联系在一起的，有龙舟就有男人，有男人就有喝酒、打架，互争雄长，你骂我出猫，我笑你孱仔。①吵着吵着，就要拳脚相向了；一个两个打不赢，就要全村出动了。道光朝《香山县志》写道："其竞渡而夺标者，或劳伤，或溺死，或兴众大斗。"

长洲的老人经常吹嘘，他们村以前有两条龙舟，一条叫"鸡

---

① 粤语"出猫"是作弊之意；"孱仔"是指体弱之人。

公龙"，一条叫"鸡母龙"，速度快得连鬼都怕，年年都是他们夺标，年年簪花挂红。大家都说，这两条龙船一出场，别人都不用耍了，不如返屋企睇觉去好过。[①]连长洲人自己也觉得不好意思，在龙舟上装了一前一后两对龙爪，希望加大阻力，减低速度。不料这年的赛龙舟，鼓声一响，鸡公龙、鸡母龙速度更快了，直如离弦之箭，追风逐电，在观众的一片惊呼声中，一直冲出赛道，冲进了茫茫大海，连同船上的全体桡手，一齐消失无踪。自从发生了这出惨剧，长洲便不再参加龙舟竞赛了。

不过，关于长洲"鸡公龙"，乡间也有不同的传说，有些经常输给鸡公龙而不服气的人说，鸡公龙其实是有真龙附体，每到龙船斗得难解难分时，船身就会伸出两对龙爪划水，快如闪电，别人都斗不赢它的。后来，有个喃呒佬吃了狗肉，亵渎神灵，鸡公龙才在大海翻船，从此消失。

张溪的人也说，他们的王牌龙舟"麦龙"，才是有真神附体的。当初他们去订购木材做船时，木材铺老板一见他们就说："你们早先订的木料，怎么还不运走？"乡人听了很奇怪，他们现在才来订木料，先前没人来过啊。木材铺老板肯定地说："就是你们村订的，一点没错。"他描述来订木材那个人的相貌，竟和张溪村庙里的"麦相公"神像一模一样。大家恍然大悟，原来神灵早就帮他们挑选好木料了。于是张溪人用这些木料做成一条叫"麦龙"的大龙船，在比赛中屡屡获胜。

---

① 中山方言："屋企"是家的意思，"睇觉"是睡觉的意思。

这些故事，每年的端午节前后，都会被老人们翻出来，再说一遍。没听过的人，啧啧称奇，那些早听得耳朵起茧的人就打断他们的话说："鸡公龙嘛，麦龙嘛，都知道啦。盐多就咸，讲多就烦啦……"然后笑着一哄而散。

等到端午过后，龙舟重新埋入淤泥里，就像舞台转换了场景，一切瞬间安静下来了，锣鼓声没了，炮仗声没了，人群的喧嚣也没了。人们恢复了往日的平静生活。俗语说："未吃五月粽，寒衣唔入笼；吃哮（了）五月粽，过哮（了）百日又翻风。"夏天来了，清悠悠的河上，又传来了"啰嗬呵嗨——"的唤鸭声；黄皮开始结果了，黑叶荔枝收成了，芒果、木瓜也变金黄了，早熟的稻子可以收割了。

在几番春去秋来的日子里，世界变了。元朝灭亡了，明朝承运而兴。小雪山深水坑的瀑布，依旧日夜喧哗，从高处飞泻而下，巨石激散，有如凤舞云雾之间；堂堂溪水，还是奔腾不息，绕尽山腹到山头；香林寺古佛青灯，宝香缭绕，依旧一派祥和。每年佛诞，信众从四面八方而来，有挑着米的，有挑着酱的，有挑着香烛纸札的，人龙见首不见尾。上山的香客与下山的樵子，在崎岖的山路上相遇，一个念弥陀，一个唱樵歌。

把恶鬼赶走

第一次来岭南做官的北方人，最恐惧的东西，莫过于"瘴疠"，所以被贬岭南的韩愈，才会写下"好收吾骨瘴江边"这样悲哀的诗句。说起岭南，北方人便会联想起古书里所说的山瘴、海瘴、岚瘴、春瘴、炎瘴、青草瘴、黄茅瘴，总之离不开一个"瘴"字。《宋史》用"人间生地狱"，周去非的《岭外代答》用"大法场""小法场"等可怕的字眼，去形容岭南瘴疠杀人之多。这也不全是出于北方人的无知或误解，岭南确实有不少北方人闻所未闻的风土病。

不过，香山地近大海，形势开阔，风云流动，瘴气没有粤北山区严重，但风寒暑湿，地瘴咸卤，饮水冬季受咸潮影响，对邑人的健康，亦足以构成严重威胁。香山人对抗疾病的办法，无非是上山挖些山草药，或趁墟时买几把树仔头煲水饮。而妇女则习惯于求诸鬼神巫祝，比如家中的小孩，有噩梦、惊悸、哭闹不止、发烧抽搐等病症时，便认为是受到恶鬼惊吓，魂不附体，赶紧请一些道行高的神婆为之"喊惊"，把魂魄召回来。城厢内外，不时可以看见神婆的身影，在夜色中荡来荡去，拖长了声音喊着："好转啰！好转啰！"听得人毛骨悚然。大年三十晚，很多村民都会请神婆"喊平安惊"，不管有没有人患病，都要叫喊一番，有病治病，没病预防。

在岭南，神婆是一个重要的职业，几乎每个地方都会有，而且总是均匀地分布在四乡八镇，各有各的活动范围，不会密集扎堆，也不会一个没有。当人们需要时，总有一个神婆在附近。但凡遇上年灾月厄、困惑疑难、吉凶难断，或思念死去的亲人，便请神婆问米、扶乩、算卦、占卜、批八字，直至把阴间的鬼魂召上来，附体言事。乡间神棍，凭一册《通元遗书》或《玄妙解经》，便自称知道过去未来事，通阴间阳世路，为人"指点迷津"。

嘉靖朝《香山县志》说，在香山，"三家之里，必有淫祠，岁时男衙女会，事必求祷；至于疾病，以求医服药为谬，以问香设鬼为灵"。《香山县乡土志》中，亦有类似记述："（当地）俗尚祈禳，妇人入庙礼神，积习成风。"有一首《竹枝词》描写这种风气："粤人好鬼信非常，拜庙求神日日忙。大树土堆与顽石，也教消受一枝香。"

乡民们虔奉"拜得神多自有神庇佑"的信条，"宁可信其有，不可信其无"，不管是哪路神祇，上炷香，磕个头，总归是没有错的，拜神如神在，这叫"有拜错，冇放过"。某村的水井忽然冒出缕缕水蒸气，人们赶紧插上三炷宝香，望尘而拜，以为井中有真龙潜伏；又或者早上出门，发现村口多了一块平日没有的怪石，便断定是夜里神仙从别处移来的，不拜上一拜，心里不踏实；又或者有棵大树被雷劈了一半，里面有个大蚁巢，便觉得是妖精的巢穴，这一年村里有什么无妄之灾，都是妖精作祟，赶快请喃呒佬来作法驱妖；又或者一场台风过后，居然有间茅寮没被刮走，也会惊动全村，认为是鬼神显灵了，男男女女，扶老携幼，朝夕焚香祷告。

每到元宵节夜晚，各村的妇人便纷纷钻进自家厕所，焚香燃烛，念念有词，有请屎坑三姑紫姑出场："子胥不在，曹夫亦去，小姑可出。"屎坑三姑并非香山本土的神，全国各地都有，大文豪苏东坡便写过一篇《紫姑神记》，以紫姑的口吻称："妾，寿阳人也，姓何氏，名媚，字丽卿，自幼知读书属文，为伶人妇。唐垂拱中，寿阳刺史害妾夫，纳妾为侍妾，而其妻妒悍甚，见杀于厕。"相传她正月十五死于厕所，但职非司厕，只是寄住在厕所，为妇人解答未来之事，教人如何趋吉避凶。"子胥"是她丈夫，"曹夫"就是那个害死她的大婆[①]，妇人一定要告诉她子胥、曹夫都不在，她才肯降临。乡人都说，紫姑很容易请到，却不容易送走。一旦来了，就赖在厕所不走了，非得用很多供品拜祭，才肯离去，所以广东有句歇后语："屎坑三姑——

---

① 粤语"大婆"指正室夫人。

易请难送。"

在乡间有些庙甚至不知是供奉何神，连当地村民也说不上来，但初一、十五还是很虔诚地去上香。每个月都有不同的神诞，一年到头，林林总总有几十个甚至上百个。每逢神诞之日，乡间便要大肆庆祝，祈求神灵赶走恶鬼、消除灾难，保一方平安。乡民在村口、庙前，搭棚打醮，请喃呒佬来祭祷诵经。

打醮是一种盛行于乡间的酬神活动。每年当稻子收割完了，人们都会建醮酬神，规模大的，可以由整条村甚至几条村联合举办"罗天大醮"，前来作法的不仅有道士，还有大批和尚、尼姑，依科演教，斋筵祷颂，巡游过社①，铃铃镲镲、木鱼引磬，②大锣大鼓，闹上七天七夜，一方面是求福禳灾，一方面是附荐孤魂冤鬼，超度本村或本户的冤死亡灵。规模小的，也可以小至一家一户，遇上男婚女聘、小孩满月、祝贺寿辰等喜事，或者家中有人生病，有人去世，富裕人家也会设一坛斋醮，供些香花灯水果，请来几位火居道士，诵经拜忏，祈求福寿康宁。这类小型斋醮，通常一昼夜便完事。

大部分时候，打醮都是乡间一项充满喜庆欢乐色彩的活动。光绪朝《香山县志》写道："遇神诞日，张灯歌唱，曰打醮；盛饰仪从，舁神过市，曰出游；为鱼龙狮象，鸣钲叠鼓，盛饰童男女为故事，曰出会景。金支翠旗，穷奢极巧。"人们每年为这些

①　"过社"指拜祭各村的土地公神位。

②　"铃铃"指道士的三清铃，"镲镲"指铜钹，与木鱼、引磬均为道士作法时的法器。

活动，毫不吝惜地投入极大的人力与物力，并乐此不疲。不然，乡间的生活，便太过单调了。这些活动，不仅为了娱神，更可以娱人。

在其他地方，一座城里通常只有一座城隍庙，就算像广州这样的省城，也只有一座都城隍庙，但香山却有两座城隍庙，一座在铁城，一座在香山盐场。城隍原意是指城池，后来逐渐演变成地方的守护神，阳间有县尹管理，阴间则有城隍管理。清代的《阅微草堂笔记》称："幽明异路，人所能治者，鬼神不必更治之，示不渎也。幽明一理，人所不及治者，鬼神或亦代治之，示不测也。"这就是城隍的功能。从宋代开始，城隍被列入官方的祀典。南宋赵与时的《宾退录》描述："（城隍祠宇）几遍天下，朝廷或赐庙额，或颁封爵。未命者，或袭邻郡之称，或承流俗所传，郡异而县不同。至于神之姓名，则又迁就附会，各指一人。"这种情形，在香山亦得到了印证。

石岐的城隍庙，按官史记载，始建于南宋绍兴年间（1131—1162），似乎在元代末年曾被毁坏了，明洪武元年（1368）重建庙址，在今孙文中路；明成化年间（1465—1487）又进行过一次大修葺，明嘉靖二十年（1541）又再重建；直到民国初年被政府拆毁前，进行过多次修葺与重建，是香山最大的神庙之一。

香山场的城隍庙，建于元大德四年（1300）。落成那天，山场内外，拖紫垂青，冠盖如市，官员率领着各地的乡绅，前往城隍庙祭祀。当天发生了一件奇事：崖口村的谭仲伯作为香山场盐官，也参加了祭祀。不料，他进了庙里，蓦然倒地，不省人事。左右慌忙上前察看，见他双目紧闭，鼻孔只有气出，没有气入，登时气绝。

大家议论纷纷，说这位谭大人早不死，晚不死，一进城隍庙就死，一定是被昊天玉皇上帝点名做城隍去了。乡民一传十，十传百，把一个原本荒诞不经的怪谈，传得真龙活现，从此这座城隍庙里的主神，就成了"谭城隍"。谭仲伯的遗体，安葬在山场后的石牛岭上，俗称"半塘坑"的地方，每年谭姓族人祭祖时，都是先祭城隍，再到后山祭谭仲伯的墓。

这是在崖口谭姓人中流传的故事，但山场村的人，却另有一个更有趣的"水鬼升城隍"版本。他们说，谭城隍原来只是一个姓谭的打渔佬，某次出海，遇到大风浪，船翻溺毙，成了水鬼。但这只水鬼心地善良，不仅不害人，还常常指引渔民去捕鱼，大家都很感激他。后来他的尸首浮上海面，人们捞起，打算安葬在后山，但经过城隍庙时，棺木忽然变得很沉重，几个仵作拼尽全力，半步也挪不动。人们慌忙进庙炷香跪拜，恳求神灵放行，棺木这才恢复正常，让人们把尸体抬了上山，入土为安。当晚，这只水鬼给人报梦，喜滋滋地说他已经升做城隍了。

在香山，另一位鼎鼎有名的神仙"牛仔王"，也是本地人。他的神像供奉在龙归寺。但这位牛仔王，生前并没有什么惊天地、泣鬼神的事迹，相反，在雍陌一带的民间传说中，他是个好吃懒做、整天想着天降横财的顽童。"广东文化网"有一篇文章便写道："牛仔王自幼依靠双亲生活，衣来伸手，饭来张口，染上了好吃懒做的恶行。当他17岁那年，双亲都不幸病逝，留下了几亩地和一只老水牛给他。俗话说'江山易改，秉性难易'，牛仔王很快就忘记了父母临终时要他勤恳种地、痛改前非的嘱咐，终日游手好闲，不务正业，慢慢坐吃山空。"

奇怪的是，香山不少地名，都与牛仔王扯上关系。在民间故事里，这个"游手好闲，不务正业"的放牛仔，没心思干活，整天想着做大王，得到神仙指点，学会了移山之术，不用来造福民间，却在雍陌为自己兴建王宫。他用山来做城墙，把两座形似灯笼的小山移到海边，当做城门上的灯笼；又移来两座小山做守门大将军和战马。后来一场飓风，把他建的"王宫"，吹得七零八落，两盏"灯笼"被吹走了一座，"战马"的头也吹歪了。这就是灯笼洲、将军山和回头马的来历。

牛仔王见道术不灵，心下不快，拿自家的耕牛出气，死命虐打，逼得耕牛跳入大海逃命，游了很远才敢露出头来，这就是今天的牛头岛；耕牛在逃跑时撒的尿，便成了金斗湾河的九十九个湾。牛仔王迁怒于神仙，跑去把神仙居住的石室，凿穿两个大孔，两股仙气从孔中外泄，落到地上，便成了今天的雍陌温泉和茅湾冷泉。神仙见他胡作非为，勃然大怒，把他永远压在五指山下面。

不过，有意思的是，在潮居里一带，牛仔王的形象却大不一样，虽然传说中他还是个顽皮贪耍的牧童，却不失敦厚淳朴的秉性。有一年旱得河涌见底，"担水上天都没雨落"，王保山附近的稻田都快冒烟了，禾苗枯黄，乡民蹲在田头，人人愁眉苦脸。

这时远远有人在唱："哥哩哥仔两三罂，行到桥头等学生。学生来得晏，水浸田基冇路行。"①大家一看，是牛仔王骑着水牛，从小路晃晃悠悠走来。人们纷纷埋怨：你系攞景掅系赠兴啊？②田里滴水没有，还说什么水浸田基？

牛仔王不慌不忙跳下牛背，用赶牛的竹鞭，在稻田的四角各扎一个洞，然后跳上牛背，继续唱着歌，扬长而去。在他走后，四个洞一齐冒出清冽的泉水，干裂的稻田瞬间春水盈盈，禾苗回黄转绿。乡民便叫这块田做"水眼田"。

牛仔王其实还是孩子，十分贪耍，干活时经常分心，传说有一回与姐姐一起推磨时，忽然跑去追逐麻雀。姐姐忍不住用棍子敲了他脑门一下，肿起了一个大包，再也不能消退，于是潮居乡的人，便把头上肿起的包，一概都叫做"牛仔王瘤"。

牛仔王的姐姐嫁到了新会梅阁，牛仔王经常爬到松山村后的龙岩上，眺望梅阁方向，想念姐姐。久而久之，在龙岩上留下了两个"牛仔王脚印"，据说至今还在。后来，牛仔王在龙岩上死了，他吃剩的半兜粽子被他养的白狗吃了，也跟着一起死去。乡人哄传，牛仔王已羽化成仙，赶牛竹鞭变成青龙，白狗变成白虎，追随他的左右，有人声称看见他在空中飞来飞去。从此人们便把龙岩叫做"登仙石"，在山上修筑了龙归寺，供奉这位放牛仔。乡人还言之凿凿地说，龙归寺的牛仔王金身里，有他的

---

① 粤语"田基"即田埂；"冇路行"即无路可走。

② 粤俗语"系攞景掅系赠兴"指对别人幸灾乐祸。

骸骨，在寺中卜算吉凶，百验百灵，当地有句俗语叫"牛仔王直报"，形容事情确凿不移。

关于牛仔王的故事，在乡民中愈传愈多，愈传愈神。龙归寺供奉的"牛仔王菩萨"，法号游天得道大德禅师。每逢挨年近晚和四月初八牛仔王诞、七月十四盂兰盆节，寺里都会大吹大擂，耍狮拜神，颂庆升平。

在庆祝活动中，最热闹的是"抢花炮"。人们把牛仔王的神像用红带子系在花炮上，点燃花炮，把神像射向半空。花炮爆炸后，狂热、亢奋的人群便一拥而上，在四处弥漫的硝烟和纸屑中，争抢落下来的牛仔王神像，互相推撞，甚至有人跌倒被踩伤。抢到的，欢天喜地把神像迎回家中供奉，可以保佑一年家宅平安，人财两旺。到第二年牛仔王诞，这家人又把神像送回神庙，备齐三牲福物，酬谢神恩。然后神像又被用花炮送上天空，让人们再疯抢一回。年年如是，成了惯例。

据说有一年天大旱，某乡设坛祈雨，到龙归寺请出牛仔王金身，事后却把个假的送回来。假神像与真金身，状貌分毫不差，连寺僧也分辨不出。当晚，牛仔王托梦给龙归寺住持，说他的金身被人偷换了。住持问："这事无凭无据，乡人必定矢口否认，如何是好？"牛仔王密授取回之法。第二天，龙归寺和尚把假神像抬到某乡，要他们把庙里的牛仔王神像抬出来，一起放在日头下晒。和尚说："真神像是会出汗的，不出汗便是假的。"乡人哈哈大笑说："晒便晒，不信木雕泥塑的神像会出汗。"不料晒了没多久，被偷换去的真神像果真涔涔汗出，把乡人惊得目瞪口呆。

　　然而，按官史记载，龙归庵最初是供奉黄道人的，而龙归寺是赵梅南捐资兴建的。民间却为这些寺庙，附加了许多自己的想象与传说，而这些传说，即使在同一个县的不同地方，也有不同的内容，经过一代一代叙述者的演绎，不断掺入许多宗族文化、社会权力关系以及情感、偏见等集体记忆。牛仔王的形象，在雍陌村与潮居里，便迥然相异，但其内涵却是相通的，都是褒扬勤劳，贬斥贪懒。除了有教化的作用外，龙归寺亦因这些传奇故事，吸引了不少随喜男女，增添了许多灯油香火，俨然一方灵刹。

　　在乡间有一种神秘之物，闻者无不色变，那就是"蛊"。《说文解字》解释："蛊，腹中虫也。《春秋传》曰：'皿虫为蛊。'"南方由于气候湿热，故有很多奇难杂症流行，人们无法解释其病因，便归之于"蛊"的作怪。唐代著作《岭表录异》中，便有令人惊悚的记述："岭表山川，盘郁结聚，不易疏泄，故多岚雾作瘴。人感之多病，腹胀成蛊。俗传有萃百虫为蛊以毒人。盖湿热之地，毒虫生之，非第岭表之家，性惨害也。"

　　在许多古书中，都有类似记载，称云南、广西、湖南等苗人地区，有专门养蛊、放蛊的人，近世学者一般认为这是汉人对苗人的歧视和恐惧心理所致，其实养蛊之人在香山也有，而且是汉人。养蛊的方法，是把毒蛇、蝎子、蜈蚣、蟾蜍等毒虫，用罐子养起来，利用它们的尸体、粪便，研制成毒粉。蛊的名称，五花八门，有风蛊、雨蛊、水蛊、蛇蛊等。施蛊的手法，亦千奇百怪，让人防不胜防，低级的放在饭菜酒肉之中，人吃了便"绞肠吐逆、十指皆黑、周身浮肿而死"；乡人都说，夜里看见有发光的物体快速飞行，那就是有人放蛊出来了，不知谁家要遭殃。放蛊手法高超的，举手投足之间，甚至一个眼神、一个手势，或者呼一口气，就能让对方中蛊。中蛊的轻者大病一场，重者一命呜呼。

这些故事，真真假假，流传于乡间，经过不断添油加醋，变得愈来愈不可思议、耸人听闻。甚至有人专门写书，教人如何辨别养蛊之人，比如他们经常把手藏在衣底，或摸着头顶，因为手中捏着蛊毒，不敢轻易张开手掌；他们摸过的东西，会有一股腥气；他们的外貌，通常面黄肌瘦，两眼发赤，全身发痒，不时要乱抓乱挠，所以手臂上往往留下一道道青痕。更有一种骇人传闻：养了蛊的，一定要去害人，如果蛊主三年内不用蛊毒害人，那自己也会受蛊毒反噬而暴毙。

乾隆朝《香山县志》中写道："药鬼者，愚民造蛊图利。取百虫置器中经年，视独存者能隐形与人为祸。"人们相信，被蛊害死的人，鬼魂便听命于蛊主，如同虎伥一般。养蛊人家，通常都很有钱，而且家里整洁精致，纤尘不染，连一点蛛网也没有，因为有鬼魂替他们打扫；被蛊害死的人，死后也会把自己的所有资财搬运到蛊主家。所以，对那些没来由变得干净整洁、资藉豪富的人，大家都会有所疑忌，觉得他们可以驱役鬼神，绝非善类，避之则吉。

愈是神秘离奇事物，乡人愈是深信不疑。有人得了不知名的疾患，便终日提心吊胆，怀疑是中了蛊毒，把自己吓个半死，到处求巫觋解药。那些蛊主更加肆无忌惮，弄些神奸鬼计，骗人钱财。元朝末年，巫蛊之术在香山盛行一时，有人因养蛊而发了大财，横行乡里，谁敢与他争拗，一句"信不信我让你死全家"，就把对方吓得面无人色。

明洪武二十八年（1395），彭豫当香山县丞时，对这种现象深恶痛绝，决心加以扫荡。那些养蛊之人，自恃蛊术高明，可杀人于无形，并不把官府放在眼里，有人劝他们稍加收敛时，他们却冷笑说："看谁怕谁？"

彭豫赫然大怒，立派缉捕公人，到城里最有名的几户养蛊人家中，也不问情由，舞起水火棍，把他们的坛坛罐罐，砸得落花纷飞一般，那些蛇虫鼠蚁，四处逃窜，瞬间被捣成肉酱烂泥。几个蛊人被五花大绑，押到县衙，加力行杖，打得肉绽皮开，然后套上死囚枷，投入监牢。这些人只能哭爹喊娘，也没见谁能够呼一口气，或用一个眼神，让彭豫中蛊死去。

彭豫，字与志，江西泰和人，曾当过江西万安县训导。他办事斩钉截铁，极有担当。其时驻扎在香山的军队，只要看中哪些民膏腴田，便借口是荒废之田，据占自利，连郡县都不敢出面制止，但彭豫却单人匹马，闯入军营，直斥军中主帅："将军想祸害香山百姓吗？有我在决不行！"他义正词严，连手执兵符的将军，也莫谁何。彭豫把追回的田地，统统归还给百姓。此举为他在民间赢得了巨大的声誉。经过他的严厉打击，城里的蛊主闻风逃遁，只能在乡下悄悄活动，不敢靠近县城，城里养蛊的风气，扫地而尽。

除了蛊毒，香山还有一种叫胡蔓草的毒物，剧毒无比，又称"断肠草"，经常被歹徒用来杀人。这种毒草长在山上，开小黄花，看上去很平常，毫不起眼，但乾隆朝《香山县志》说，"一叶入口下咽，七窍流血，人无复生"，杀伤力异常骇人。由于草叶外貌太普通，一般人很难辨别，有些心肠歹毒的人，与别人结怨后，便暗中采胡蔓草的叶子煮水，只要骗对方饮一两口，便"肠断立毙"。甚至有人用胡蔓叶毒死亲朋好友，再诬陷别人。在县志中，便记载了一件骇人听闻的案件："邑之逆民，有持胡蔓杀母以吓人也。"这类官司三天两头便出一宗，搞得乡间人人提心吊胆，官府也不胜其烦。

别的地方，小民见官如见阎王，但香山乡民性格粗犷，从来不怕见官，什么鸡毛蒜皮的小事，都要打官司，比如谁家的鸡丢了，谁家的青苗被踩了，谁家田里的水多了，谁家田里的水少了，都要去告官。衙门里有老谋深算的师爷，为县尹度了一条妙计：凡是到县衙打官司的，一律要采几十株胡蔓草，与状纸一同递入，否则不予受理。

于是，那些要打官司有人，便急急忙忙上山，到处寻找胡蔓草。脑筋灵活的人立即有了赚钱的主意，每天到山上采集胡蔓草，专门卖给那些要打官司的人家。没过多久，山上的胡蔓草竟被抢挖一空，利用胡蔓草杀人的案件，也因此大幅减少。这从一个侧面，反映出香山人打官司之多。

千百年来，人们都一直坚信，所有天灾人祸，都是魔鬼妖精作怪，要消灾避祸，镇压地煞，也只有求诸神灵。因此，香山遍地都是神庙寺观，供奉着各路神仙，如菩萨、佛祖、洪圣、天后、龙母、玄武大帝、太上老君、财帛星君、雷神、电母、风伯、伏波神、三界神和五花八门的大王、侯王、将军、元帅、先师、师爷、娘娘、夫人之类，井有井神，灶有灶神，树有树神，屎坑也有屎坑神，简直满天神佛。有好事者数了一下，仅崖口村就有飞来禅院、大王宫、王巡府庙、文武庙、天后庙、武侯庙、财帛星君庙、北帝庙、瑶灵洞等大小十几座神庙。

如果问乡民，他们所供奉的这些神像，有什么来头，大多一问三不知。很可能，像大王公一样，最初不过是一截被海潮冲上岸的木头，只因形状奇异，或是上面有几个古怪的字迹，或是被人抛回海里，几天后又漂回来，人们便觉得必有鬼使神差。香山不少天后庙，最初都是人们在海里捞起木头，以为是天后神像，便建庙供奉。这种情形，并非香山独有，整个珠江三角洲，都是如此。

天后即妈祖，相传她是福建莆田望族九牧林氏的后裔，精通岐黄，救人危厄，又会观测气象，预知风雨，还可以"乘席渡海"，打救遇险的商船和渔船。乡民建庙祭祀，称她为天妃、天上圣母、娘妈，是渔民、海员、海上商旅共同信奉的海上神祇。渔民在出海前，一定要先拜过天后，求神明护航；平安回航之后，则要进香答谢天后的福佑。

香山最有名的天后庙，是崖口的大湾庙。曾经有渔民在海上作业，遇上风暴，来不及返航，被狂风吹到不知名的海域去了。当时豪雨如注，四面不见陆地踪影，只有一片灰沉沉的怒涛，狂风掀起的巨浪，劈头盖脸打下来，像要把渔船彻底打成碎片。渔船好不容易顶过了一个浪头，像落水狗似地从浪谷中钻上来，下一个巨浪，又滚滚而来。船上的人都认为，这回必死无疑了。大家只躺在舱底，默默向天祷告，似乎已放弃了求生的努力。

这时，在浑浑茫茫的黑暗前方，无边无际的狂风骤雨之中，忽然显现出一座古庙的轮廓。有渔民认出了这座庙，大声叫喊："大湾庙！那是大湾庙！天后娘娘显灵了！我们有救了！"于是大家重新爬起来，鼓起勇气，奋力把船朝那座大庙划去。风刮得更加凶猛了，船东倒西歪地前进着，大庙始终在前方引导，最终渔船平安返回岸边。

渔民们摇摇晃晃地爬下船时，异口同声说，是天后娘娘救了他们。从此，大湾庙成了附近渔民最崇拜的神庙，一年四季，香火不断。这座天后庙，原来只是供奉天后圣母的，经过历朝历代的修葺、扩建，规模愈整愈大，和尚来了，道士也来了，各种仙道杂神都来了。后来更名为集益寺，建有大王殿、飞来禅院、瑶台洞府、财神殿、观音阁、天后宫、霍肇元大老爷庙、星君府、元辰大殿、南海慈航十大殿堂。各路神祇共处一堂，同享人间香火，由此亦可一窥香山人的信仰特点。

这些神祇崇拜，在珠江三角洲，由来已久，有些得到官府加持，比如洪圣王，经过历朝历代朝廷的加封，变成"南海广利洪圣大王"，再变成"南海广利洪圣昭顺威显王"。正经的佛寺、道观、孔庙、城隍庙，也是官府承认的。但对供奉大量奇奇怪怪的杂神，官府历来都很反感，认为是愚妄无知的"淫祠""淫祀"，迎神赛会更是奢侈浪费，空耗民财，亟应废除。明代初年，朝廷一度严禁举办诞会之类的活动。洪武年间（1368—1398）颁布的《大明律》便明文规定："凡军民装扮神像，鸣锣击鼓迎神赛会者，罪坐为首之人，杖一百；里甲知而不首者，各笞四十。其民间春秋二社，不在此限。"

然而，朝廷的规定，愈往南行，效力愈减，到了天高皇帝远的珠江三角洲，几同具文，人们依旧年年打醮，岁岁拜神。直到嘉靖元年（1522），朝廷派魏校任广东提学副使，到广东督办府州县学祭祀、教养、钱粮等事，一场风暴，从天而降。

魏校，字子才，号庄渠，江苏昆山人。弘治十八年（1505）中进士，授南京刑部主事，改兵部郎中。他是崇仁学派大师胡居仁的私塾弟子，主张做人治学，都要敬兼内外，容貌庄正，心地湛然纯一，左绳右矩，严毅自律。他一到广东，便以雷轰电掣之势，推行新政，改俗迁风，包括禁止火葬，令民兴孝，拆毁所有淫祠，改为书院、社学、公署。

虽然风暴的中心在广州，但香山近在咫尺，亦感受到巨大的威力。衙门出榜禁谕，公人下乡，把那些神庙的金漆牌匾，统统拆下，把里面供奉的泥木神像，一律移除。凡私造科书、伪传佛曲、焚香施茶、降神跳鬼，摇惑四民，勾引妇女者，严惩不贷。一时间，平日生意兴旺的火居道士、神婆骗棍、师公师婆和无牒僧道人、尼姑等，纷纷潜骸窜影，不敢露头。官府要求民众建立里社，实施乡约，统一供奉五土五谷神，家里只准奉祀祖宗神主。

表面上看，四乡的风气，焕然一新。没有驱鬼道士的影子，妖魔鬼怪、春瘟夏疫也不见得比平时多，官府得意地训诫乡民：你看，花那么多钱拜神，有什么用？还不如供子弟读书。然而，第二年八月，香山遭遇特大台风吹袭。那是一场多年罕见的飓风，铺天盖地，就像一条受伤的怒龙，在海里翻腾，渔船被抛上山崖，大树连根拔起，飞过邻村，房屋成片倒塌，锅碗瓢勺、桌椅板凳，漫天狂舞，如雨而下，连学宫的棂星门也被刮倒，田里的晚禾全部倒伏，颗粒无收。农夫望着淹成一片汪洋的田圃，忍不住号啕大哭。但这一年没人敢去求神拜佛，只能躲在家里，暗暗烧香磕头，祈求老天保佑。

冬天来临，风吹着败叶和衰草，在地上懒懒地盘旋。铁城的城墙，在灰色浓云的压迫下，岿然耸立。从城门进进出出的人，还是和往日一样，熙熙攘攘。城外的田野，水已退去，烂掉的禾秆也已清走，一片荒凉，乌鸦在田间成群降落，又成群飞起，"哇哇"的叫声，在九曲河上回荡。这个冬天很冷、很长，人们的日子过得很艰难。不少人埋怨，这是得罪了老天的结果。

自从南宋亡后，曾经香火鼎盛的香林寺，亦因僧众流离失所，日渐荒芜，后来由非石和尚当住持，全面修葺寺庙，重铸佛像金身。但没多久，元亡明兴，朝廷打压佛教，和尚们再次四散逃亡，香林寺改为香林庵，缩小了规模。直到朱元璋死后，朝廷对佛教的管制逐渐放松，和尚们才披着一身破袈裟，托着一只崩口钵，陆续归来。

事实证明，官府强制改变人们的信仰之举，通常都是吃力不讨好的。魏校离开广东后，大部分的民间信仰，便迅速死灰复燃了。那些神庙，重新挂出了牌匾；道士们也把星冠云履、蓝布道袍和葫芦、鱼鼓、桃木剑，从樟木箱底翻了出来，重新披挂上阵，书符咒水，捉鬼驱妖；那些解三世书的老妇，亦仆仆奔走于各村，为人推算前世、今世、来世之事，讲解善恶报应，因果循环的道理；唱命的盲佬，拿起蛇皮三弦，挂着盲公竹，四处游荡，每到一处，往榕树下一坐，便喃喃唱着："嫁夫富贵谁唔爱，嫁着贫穷命所该。唔好怨爹怨娘双泪流，亦都唔好怨个做冰媒……"①婉转悲凉的唱词，都是关于命运的穷通得失，劝人安贫乐道；那些隐形已久的靠龟壳、铜钱、小鸟占卦算命的人，又在墟场露面了，摆开"神算子""半日仙"的档摊，算命起课，为人解签，还是和从前一样口若悬河："'船放江湖内，滩边获珍宝'。这一卦讲的是……"

这年秋天，远处传来了一片箫笙鼓乐之声，隐隐可见有无数彩旗迎风招展，城中的小童都一窝蜂往城外跑，边跑边唱："又

---

① 大意即嫁与贫穷或富贵的人家，都是命中注定的果报，怨不得别人。

喊又笑，乌蝇打醮，蠄蟧濑尿，老鼠行桥……"①稚嫩的声音，在空气中久久地颤动着、飞扬着。老人们脸上露出笑容，他们知道，今年的罗天大醮开锣了。

---

① 粤语"喊"是哭，"乌蝇"是苍蝇，"蠄蟧"是蜘蛛，"濑尿"是尿遗。

先生来兮

- 书香世家

- 办第一等庠学

- 不向俗恶低头

书香世家

明景泰七年（1456）夏天，在香山天字码头，烟雨迷蒙，一叶扁舟离岸，向着广州的方向摇去，船尾荡起的一层层波纹，逐渐扩散，逐渐消失。船上立着一位年约三十的男子，身边只有一卷简单的行李，他向送行的亲友频频挥手，直到岸头在薄雾中完全隐去，才慢慢转过身，凝望着广州的方向。他的名字叫黄瑜，字廷美，仁厚里人，香山县学的肄业生。今年是丙子科的考试年，他辞别家人，前往广州参加乡试。

黄瑜的父亲黄泗，字惟清，在铁城里开了一家米铺，家境富裕。有人说他是战国春申君黄歇之后，也有人说他是三国蜀汉五虎大将老黄忠之后。追溯源流，黄姓从宋代就开始迁入香山了，分布在长洲、雍陌、沙溪、大涌一带。但黄瑜这一支入粤时间较晚，始祖黄从简，初居南海，明代初年曾追随东莞伯何真起兵，大明平定岭南后，拜宣慰司副使，这才徙居香山仁厚里。

明清时期，香山以刘、黄、郑三姓势力最大，有这么一句熟语："刘黄郑，杀人唔使①偿命。"其中蕴含的是羡慕、敬畏之情，而非憎恶。当人们说起黄泗时，更是颂声载道。明永乐十四年（1416），香山曾发生饥荒，米价飞涨，路有饿殍，全城只有黄泗的米铺，每天拿出一定数量的大米，以半价出售，接济灾民。

有山中猎户到他的米铺籴米，因为不会计算，多给了几倍的钱。黄泗发现后，马上叫伙计把这猎户追回来，如数退还。伙计们开玩笑说："没见过这样的老板，嫌钱多还不如分给我们呢。"黄泗正色说："利用别人出错赚昧心钱，和强盗有什么分别？这种事切不可为！"那些伙计听了，吓得把舌头吐出来，缩不回去。

黄瑜出生在这样的家庭里。一些传记，甚至把他描写为"感天而生"的贵人，说黄瑜的母亲在分娩前，梦见一匹雄健的赤马，四蹄生风，脚下无尘，驰入屋中遂飒然惊醒，腹痛诞下黄瑜，于是起了个小名叫"马儿"。稍长几岁，当别家的"细佬仔"还在小河涌里摸鱼虾，在苹婆树下抢果子时，马儿已被祖父送入里塾，学习《孝经》《论语》。伏阁受读数年，六经三史都被他读遍了，黄泗常骄傲地对人说："光裕我家者，必此儿也。"果然，黄瑜顺利考入县学，米商之家，出了一位黉门

---

① 粤语"唔使"是不用之意。

秀士。

黄瑜到广州参加乡试这一年，祖父与母亲，都已过身。他在广州考过试，发榜中第五十七名举人。到学台衙门填过亲供①后，回香山报喜，然后席不暇暖，再次束装就道，北上参加第二年的会试。本来拿稳是一定高中的，不料却名落孙山。他颇不甘心，不肯就这样回乡，于是留在京师，入了太学肄业。

就在这一年，京师发生了惊天之变。一群大臣策动政变，拥戴被瓦剌胡人俘虏过的英宗皇帝朱祁镇夺位，第二次登基，改年号为天顺，下诏求直言。黄瑜以香山人的耿直性格，以为朝廷果有革故鼎新之心，慨然应诏，上书皇帝，直言六事：一曰正身则天下治；二曰正家则天下定；三曰正礼则天下化；四曰正乐则天下和；五曰正赋税则天下富；六曰正军则天下安。

不料，这篇文章大大触怒了朝中权贵：你说正身则天下治，正家则天下定，是不是暗讽现在的大臣身不正、家不正、天下不定？你说正礼则天下化，正乐则天下和，是不是讥诽现在礼崩乐坏、狂狡有作？你说正赋税则天下富，正军伍则天下安，是不是嘲谤现在毒赋剩敛、军伍不正、天下不安？区区一个举子，来自龙荒蛮甸，竟敢妄议朝政国纲？许多大臣都在朱祁镇帝面前说，要治黄瑜重罪。好在吏部尚书王翱、户部侍郎薛远出手相救，才幸免于难。黄瑜冒死直言的事迹，令他的名字，在京中街知

---

① 中举后到学台衙门填写个人年龄、籍贯、三代和外貌的资料，由教谕出具保结，称为"亲供"。这是参加会试的凭证。

巷闻。

不过，黄瑜却没有考试的运气，在太学期间，两次参加会试，都是报罢。有一次御史缺员，本来铨部已定了由他补缺，但被一个姓俞的人花钱把缺买了去。朋友们很替黄瑜抱不平，黄瑜却反而为那人辩解："他的姓很像我的名，说不定真是一时搞错了。"有人劝黄瑜也出些银两，疏通一下关系，做了官还愁银两回不来吗？但黄瑜那股香山人的牛脾气，愈发固执，一听"买官"二字，掩耳避走，因此在京几年，仍是闲人一个。

在京期间，他的最大收获，就是认识了陈献章。陈献章，字公甫，别号石斋，广东新会白沙里人，大家喜欢称他为白沙先生。新会与香山相邻，算是黄瑜的半个同乡。陈献章是明代心学的一代宗师，被后世称为"圣代真儒""圣道南宗""岭南一人"。成化二年（1466），陈献章也到了京师，游太学入国子监。两人都是满腹经纶，一见如故，经常促膝长谈，陈献章谈他的"虚明静一者为之主"，而黄瑜则谈他的"儒者之学，通古今，达事变，穷理尽性，以至于命而已矣"的理想。

明成化五年（1469），两广起兵事，朝廷下旨，不限其籍贯何处，唯贤能即予一方牧民之责，黄瑜这才授了一个惠州府长乐县知县的官职。《香山县乡土志》说他在任时"礼贤兴学，招徕流人，洗刷冤滞"，深得乡民爱戴。

当地有一土豪，长期拒不交税，出入乘坐轿子，身穿绫罗绸缎，以官家征旆开道，全副执事，前呼后拥，乡民远远见到他的影子，便纷纷"肃静回避"，就像见了官家一样。以前的县官不敢拿他怎么样，但黄瑜不管三七二十一，把这土豪召到衙门里，大加训斥，指他以下僭上，违反礼制，当场没收了他的征筛仪仗。这个平日不可一世的土豪，被他的威严所震慑，竟俯首弭耳，唯唯诺诺，不敢说半个不字。

黄瑜又捐出自己的俸禄，把县学重新建起来，许多贫穷人家的子弟，也得以入学读书。公务之余，黄瑜也经常亲到讲堂，为诸生讲课。在他的感召下，全县"富家多为义官①，寒门乃充庠士"，一时全县"弦诵之声遍洽"。他决狱断刑时，对孤独鳏寡，往往格外宽容，对狱中的囚犯，也颇以人道相待，每月初一、十五，都会为囚犯解开枷锁，让他们可以冲个凉，加个菜，因此许多囚犯和家属都感激流涕。黄瑜有时因公离开较长时间，回来时监狱里竟欢声雷动。

当时县里有一伙大盗出没，草头天子叫卢公林，四处打家劫舍，闹得乡间鸡犬不宁。后来，卢公林被义官抓获，送到县衙。黄瑜仔细审问，觉得此人的淳良本性，尚未泯灭，便好言劝导，只要他肯交出兵器，解散团伙，永不为盗，便放他回家。义官大惊，劝告黄瑜："此贼为害数十年矣，千万不要纵虎归山。"但黄瑜坚信自己的判断，在卢公林答应改邪归正后，将他当庭释放。事实证明，卢公林没有负黄瑜，从此在家老实耕田，放弃了绿林生活。后来，黄瑜卸任离境时，卢公林率领以前那班兄弟，亲自抬轿子，把黄瑜抬过黄土岭，一边走一边唱着号子："黄公

---

① 义官是一种编外官职，不领俸禄，专为地方事务出力。

生我，黄公生我。"

黄瑜在长乐县几年，当地人口大幅增长，增设了两个里，还新建了两个粮仓。民众感恩戴德，逢年过节，便把一担一担的礼物，挑到县衙，以表敬意。黄瑜一概不收，如果礼物中有鸡、鸭、鹅、斑鸠、鹧鸪等活禽，便在县衙外放生。他受民众爱戴的程度，可以从这个细节，反映出来：民众把家中的网罟罾笱，统统收了起来，不再捕鱼，因为不愿捕到与"黄瑜"姓名谐音的黄鱼。然而，黄瑜始终看不惯官场的风气，最后选择挂冠而去，长乐百姓在县城为他建了一座生祠。

即使在致仕前，黄瑜也不时回香山省亲。他和陈献章一直有密切来往，只要时间允许，便去拜访。他在《双槐岁钞》中，记载了两位文人间的雅会："甲寅三月，予自香山省稼回，至白沙访之，雨后蹑草履护鞋而往，相见大笑，讲话竟日，各赋一诗而别。"寥寥数语，勾勒出一个让人动容的历史场面。两位学者相见，何等的快乐，心里有多少话要倾谈，才让他们"讲话竟日"，不舍别离？

黄瑜赠陈献章的诗，有"吟弄不知春已暮，满天风月玉台巾"之句，这是借孔子与曾点的对话，表达对陈献章沂水舞雩人生哲学的赞美；陈献章赠黄瑜的诗，有"与话平生灯火事，羞看白发满乌巾"之句，赞美黄瑜虽年迈而依然耽古笃学。两位学者的诗句，都蕴含了异常深厚的真挚感情，三尺瑶琴，只为君弹，高山流水，更显出清风谊长。

陈献章也曾到香山游访，并写下了一首脍炙人口的诗《宿榄山书屋》：

> 一片荷衣也盖身，闭窗眠者乃何人。
> 江山雨里同歌啸，今古人间几屈伸。
> 长与白云为洞主，自栽香树作斋邻。
> 山中甲子无人记，一度花开一度春。

黄瑜晚年住在广州，埋头于点勘书籍、整理文献，在寓所前手植两株槐树，自称"双槐老人"，儒林称其为"双槐先生"。他又盖一凉亭，名之曰"双槐亭"，常在亭下吟诗作赋，兴之所起，放声歌啸，旁若无人。黄瑜的生命形态，真正进入了陈献章所说"长与白云为洞主，自栽香树作斋邻"的境界。他对人说："后裔能再植其一，则吾之愿永毕矣。"家学渊源，薪尽火传，这就是他晚年最大的愿望。

作为一位深谙历朝掌故的文献家，黄瑜对世事的变迁，有一份比别人更深刻、更悲凉的感受。他曾作词吟咏家乡井墺的南宋往事："白雁过，江南破，更无一尺土可坐。自闽入广随波流，尘沙暗天天亦愁。"当时明朝在孝宗朱佑樘的治理下，出现了灿烂一时的中兴之势，但黄瑜的笔端，却流露出无限苍凉的悲吟之声。

明弘治十年（1497）三月廿二日，窗外细雨霏霏，槐树一片新绿。黄瑜忽然感到大限已至，他把自己的文稿都收于匣中，把笔墨纸砚都摆放整齐，然后沐浴更衣。他最后一句话是问仆人：

"三更了吗？"仆人回答："三更了。"他点点头，从容躺下，溘然长辞，享寿七十有二。黄瑜留下了《应诏六疏事》《七诱》《书传旁通》《双槐集》《双槐岁钞》等著作，今仅存《双槐岁钞》，其余都已散佚。

黄瑜把植槐的愿望，寄予后人。而他的儿子黄畿，不负父亲厚望，发奋读书，亦成为香山一代名儒。黄畿，字宗大，生得清秀伶俐，极会读书，《香山县乡土志》说他"七岁善属对鼓琴，见者呼为奇童。十六岁补郡庠生，通诗、春秋二经，撷茹百家，涤去陈语"。其文章自成风骨，令督学佥事惊叹，以为不亚于"古作"，但不信一个孩子能写得出来，竟因赞赏而怀疑，因怀疑而嫌恶，把黄畿视作异类。

当时广州郡学的士风苟且，学子往往耽溺于酒色游乐，无心向学。有一回，几个同学外出偷了一只鸡回来煮食，邀黄畿同食，他对这种行为深为不耻，愤然而起，割席断袍，第二天便以侍奉父母为由，辞学归里，转到香山县学就读。

出于对士林浮嚣奔竞风气的鄙视，黄畿早年便绝意举业，潜心学问，时人尊称他为"粤洲先生"。他奉父母至孝，相传黄瑜去世后，黄畿在父亲坟前通宵哀哭，黎明时忽然有斑斓饿虎，前来觅食，但见到黄畿后，不但不攻击他，反而俯伏着身子，悄悄离去。有乡人远远看见，大为骇异，南海人廖翼作《孝子感虎歌赠黄粤洲》，在乡间传诵，诗写道："於菟①初来威烈烈，咆哮未发石欲裂。须臾俯伏孝子前，叩头致敬腰为折。吾侪旁观股交战，孝子泪眼何曾见。乃知至孝通苍旻，嗟尔於菟良有神。"

父母长生②后，黄畿更一心读书，所有田宅财帛的事务，都不放在心上，千金散尽，面不改色。就连家里的七十多亩田地，也被他捐出去做义田，赡养乡里的鳏寡孤独。他的弟弟长居香山，所以他也不时在广州与香山之间走动，与两地的文人雅士，焚香沦茗，校勘赓酬，自得其乐。他有一首《自香山泛舟归粤洲草堂漫兴》诗，便是这种心情的写照，诗中写道："日暮长风吹钓丝，扣舷歌向月明时。乾坤纳纳长如此，世事悠悠自不知。积雨尽从沧海去，高山不逐白云移。等闲领得东皇意，草色花香总是诗。"

黄畿留下的著述，十分丰富，有《三五玄书》二十五卷、《皇极经世书传》八卷、《粤洲集》六卷及《删正黄庭经》等。屈大均称赞："粤人书之精者，以畿为最。"正德八年（1513），黄畿陪儿子黄佐赴京应试，途中染疾不治，客死他乡，年仅49岁。后来，他的家人把他的著作，送给察院御史周煦看。周煦不由得感叹："这真是隐居求志之儒也。"于是在乡间建逸士坊以旌褒。

黄佐把父亲葬在寿星塘。③这里山水幽胜，人迹罕至，曾经

---

① 於菟即老虎。

② 中山人称去世为"仙游""长生"。

③ 另有说黄瑜、黄畿均葬在广州聚龙冈。

建有南宋端宗皇帝赵昰的五座疑冢。多少年来，乡间纷纷相传，这里有一种叫"赤虾子"的怪物，形状像一个婴儿，但十分细小，会发出酷似婴儿的呼笑之声，成群从树上牵挂而下，一到地面就消失。人们一直以为那是地仙，黄佐说是"土石之怪魍魉之类"。奇怪的是，自从黄佐把父亲安葬在这里后，赤虾子便再也没有出现了。这种传说，反映了乡民对黄畿、黄佐的尊崇。

黄家的学术薪火，传到了第三代的手上。黄佐，字才伯，号希斋，晚号泰泉。他出生在广州双门底的泰泉里祖屋。他的科考历程，充满了一波三折的戏剧性，正德五年（1510）领乡荐第一，正德八年（1513）上京准备参加第二年的甲戌科会试，不料父亲突然去世，他在家寝苫枕块，守孝三年，然后在乡间处理各种琐务，脱不开身，会试一事，便拖到了正德十四年（1519），才再次赴京，准备参加庚午科会试，不料再横生枝节，途中丢失了路引。这是参加会试的资格凭证，没了路引，连闱棘的大门都摸不着。黄佐深感懊恼，以为这回是浪费盘川，白跑一趟了。谁知天无绝人之路，他的才气，京师已有传闻，大宗伯毛澄、少宗伯王瓒都十分欣赏，特许他同考。

会试结果，几位考官之中，太史张衍庆把黄佐列为第一，但大学士石珤却不喜欢他的文章过于切直，放到第十八名。恰好当年武宗皇帝朱厚照南巡，没有举行殿试。黄佐在京师干等了一年，倒霉地又碰上了朱厚照驾崩，因为无嗣，以遗诏迎堂弟朱厚熜继帝位，年号嘉靖。朱厚熜登基，一会儿是国丧，一会儿是登极大典，纷纷扰扰了几个月，直到嘉靖元年（1522）五月才补办了庚午科的廷对。胪传大学士蒋冕在看了黄佐的试卷后，准备给他第一，却再遭到其他考官的阻挠，仍以过于切直为由，放到二甲，这才得了个进士的身份。

然则"切直"二字，正是香山人的性格特征，别说放到二甲，就是把他的名字剔出题名录，他也不会改的。黄佐以进士出身，选庶吉士，授翰林院编修。但他的性格，令他再次受累。依礼制要求，朱厚熜帝作为堂弟入继，应改叫朱厚照帝的父亲为父亲，叫自己的父亲为叔父，但朱厚熜帝却不肯，非要尊生父兴献王为"皇考"不可，这就引起了大礼议。

当日，众多大臣跪在丹墀之下，叩头流血，痛哭劝谏，但朱厚熜帝不为所动，依然追封其生父为"恭穆献皇帝"，加封生母为"章圣皇太后"，又用天子礼乐享祀其父。在这场大礼议之争中，黄佐是主张依礼法行事，追朱厚熜帝的生父为皇叔的，因而惹得皇帝讨厌，打算把他逐出京师，眼不见为净。黄佐也不愿留在京中，再三请求归家侍养母亲。获朝廷批准后，他匆匆离京，渡潞河（北运河），过长江，一路晓行夜宿，到南京拜访当时名动朝野的大儒王阳明。

两位学者在六朝古都的晤聚，让人不禁追想起当年黄瑜与陈献章见面的场景。王阳明主张"知行合一"，他曾说过："知行原是两个字，说一个工夫。"见面时，两人的话题，自然也离不开"致良知"这三个字。黄佐提出自己的见解："知"就像眼睛，"行"就像双脚，虽然是一起动作，其实是知先行后。王阳明认为这只是重复宋儒朱熹"论先后，知为先；论轻重，行为重"的主张。黄佐反驳说："知之非艰，行之为艰，这与是不是宋儒主张无关，孔圣人也说过'知之未尝复行'。"王阳明对这位来自岭南的学者，不禁另眼相看，感叹再三说："直谅多闻，吾益友也。"

黄佐回到家中陪母亲，不久接获任命为江西佥事，其后补为广西提学。没过多久，黄佐因母亲生病，乞归过急，还没等朝廷批准就径自回乡了，故而遭到弹劾，被开了缺，在家里赋闲九年，才获重新起用，开坊①升做左春坊司谏，再迁侍读，掌南京翰林院事，复迁南京国子监祭酒，进宫詹学士。

黄佐继承了祖父、父亲的学问，并且把他们的耿直性格，也继承下来了。他在朝中屡屡上书言事，得罪了不少朝臣，无端惹来一身是非，同僚劝他不妨收敛锋芒，委蛇从时，他慨然长叹说："爵悬于君，命悬于天。道长时也，道消亦时也，我唯有与道偕行。"于是上疏乞归，把乌纱一掼，回广东去了。

对于一位学贯古今的香山人来说，做官就像雀鸟被关进了樊笼，归隐就像鱼儿游进大海。踏上回乡的路途，黄佐心情舒畅，忍不住放声高吟："十载行囊一素琴，寥寥天地几知音。渊明已有归来赋，和靖初无禄养心。北郭晚田堪白酒，东篱秋菊尽黄金。扁舟一去随明月，回望苍梧空绿荫。"茫茫江湖之间，回荡着他肆意的笑声。

黄佐致仕后，住在泰泉里的家中，著书授徒。不少士子慕

---

① 指升任詹事府左右春坊的职务。

名而来，听他讲学。欧大任、梁有誉、黎民表、吴旦、李时行五位岭南诗人，结诗社于南园抗风轩，称"南园后五子"，他们都是黄佐的门下弟子。黄佐有三个儿子，长子一房，在明亡清兴之后，从广州迁回香山定居。

黄佐在学术上，与宋明理学同源，以程朱为宗，但亦别成分支。他不仅精通儒家典籍，且对古典雅乐，也深有研究，撰写了《乐典》一书，分《大司乐》《乐记》《诗乐》共三十六卷，对古乐义理的阐述，达到前人所未至的深度。他还自己动手，制作了琴、瑟、钟、磬、管、篴、笙、箫等乐器，向门人传授。屈大均在《广东新语》中记载了一件逸闻：有一回，黄佐和门人合奏一曲，忽然有两雉从云天之外，翩翩而降，起舞和鸣。大家亲睹这一奇异景象，纷纷跳跃欢呼："这是文明的瑞应！"嘉靖四十五年（1566），黄佐去世，享寿七十有六，葬在广州白云山上。泰泉里建黄氏家庙以祀。

黄佐在广州的宝书楼，藏书万卷，在岭南文人学士中，极负雅名。近代藏书家徐绍棨曾撰文介绍黄佐："生平著述二百六十余卷，言礼有《泰泉乡礼》，乐有《乐典》，义理有《庸言》，文章有《六艺流别》，诗有《唐音类选》《明音类选》，掌故有《革除遗事》《南雍志》《翰林记》《广州人物传》，所修之《广东通志》，史例瞻详，尤负盛名。至《泰泉全集》文章衔华配实，足以雄视一时。其《春夜大醉言志》诗有'长空赠我以明月'句。然其学部之浩瀚渊博，胥由于藏书泰泉有宝书楼，搜庋秘籍为一时冠。"黄佐还为家乡纂修了八卷《香山县志》，这是现存于世的第一部香山县志，被后人评价为"二百余年之旷典"。在此之前，香山还曾有过两部县志，但都已失传。

黄佐在铁城北外的韭菜园家中，也有一座宝书楼，是他的私人书院。宝书楼前筑一凉亭，名"涵一亭"。童年的他，在这里度过了许多快乐的读书时光。清乾隆时首任澳门海防同知印光任，仰慕黄佐才名，常来涵一亭游览、会友，追念先贤的襟怀与际遇。他记述了一件趣事：有一次，他为了与友人在涵一亭聚会，特意把这里布置得五彩缤纷，树上挂满花果，莲池里插满彩灯，准备与众友作秉烛一夜游。不料一连几天狂风暴雨，眼看聚会就要泡汤，印光任觉得十分扫兴。但到了约定那天，忽然雨消云散，明月当空，友人们翩然而至，欢聚一堂。印光任挥笔题诗："天知人意怜嘉会，雨散园林放好晴。南北客逢星聚处，冬春气转鸟关情。"

尽管大师早已远行，但后人时时漫步亭前，睹物思人，依然觉得大师近在身旁。印光任曾作《黄文裕公书院涵一亭》诗，其中有"微晴微雨湿烟汀，镜里双虹抱小亭。黄喷嫩香三尺桂，绿铺新绮一池萍"的句子，就像浓浓淡淡的水墨，落在潢纸之上，徐徐化开，大师雍容闲雅的身影，于水墨之间，隐约浮现。

办第一等庠学

魏校以兴教取代迷信的努力，似乎以失败告终。在他离开广东后，"淫祠""淫祀"卷土重来，证明这些民间信仰的根柢之深，生命力之强。官府无法完全扑杀，因为这些民间信仰的精神基础、文化资源，与朝廷认可的"正祀""正典"和"国教"，往往同出一源，互相纠缠渗透。官府很难向民众解释得清楚，为什么拜洪圣就是正祀，拜龙王就是淫祀，洪圣与龙王有什么区别。

圣人之学，虽然"子不语怪力乱神"，但"祭如在，祭神如神在"，所以香山人觉得，罗天大醮还是要办的，土地爷、财神爷还是要拜的，四书五经也是要读的。村中的子弟，但凡家里还有点余积的，到了启蒙年龄，总择个吉日，延师点书开笔。

按乡间的老黄历，农历闰年双春"水心开"为拜师启蒙的吉日，寅卯之时为吉时。蒙童到馆中，摆上一些葱和棋子饼，谒圣拜师。蒙师用朱笔在《三字经》中圈点"人之初，性本善""幼而学，壮而行"等几段，加以讲解，然后手把手写下来，一边写一边说些飞黄腾达、大富大贵的吉利话，最后由家长送上赞敬。这种拜师仪式，带有某种喜剧色彩，但读书人觉得，为了表达真诚之心，这是必不可少的。

自从元泰定元年（1324）县令左祥把香山县学从城内迁回莲峰山下后，不及五十年，元季群雄并起，祸乱交兴，学宫竟毁于兵火，沦为狐兔之穴。明洪武三年（1370），天下恢复太平，香山人踊跃奋起，齐心合力，在县丞冲敬的主持下，把学宫重建起来。明宣德二年（1427）知县冯诚主持对学宫，进行了大规模的修葺。正德五年（1510），知县梁荣把学宫棂星门的木柱，改为石柱，使其更加雄壮。

但到嘉靖年间，风来雨去，当年的新建筑，又摇摇欲坠了，连新建的石柱棂星门，也被台风吹倒了。虽然从成化年间至嘉靖年间，香山出了黄瑜、黄畿、黄佐等大儒，但他们一朝成名，便离开了香山，或赴外地做官，或在广州隐居，香山距离"海滨邹鲁"的愿景，似乎还很遥远，士人们深感失望。

嘉靖七年（1528），林士元出任香山知县。他是闽县（今福州）人，字世仁，乡荐出身。大凡新知县上任，照例是先见吏民，然后拜谒孔庙、关帝庙、文昌庙，称为"拜庙"。林士元不看孔庙则已，看到时，吃惊得一句话也说不出：殿堂破败不堪，桑枢瓮牖，四壁萧然，连孔子圣人像上，也挂了几重蛛网；台阶上围坐着七八个青袍生员，浑身脏兮兮，不是在读书，而是在玩"彩选百官驿"①。

林士元愈看愈纳闷，愈看愈生气。下学回来后，派人拿着侍生帖，②把乡中衿绅统统请来，奇怪地问："香山虽不是什么通邑大都，但庙学何至于如此凋敝？"衿绅们纷纷诉说，以前风水佬说莲峰山风水好，学宫建在那儿，必定文运大开，但直到元朝收科，香山一个进士也没出，只出了区区三个乡举、四个乡贡，说起来真是羞煞了人；入明至今，亦一百余年，仅出了六位进士，如果莲峰山真的奎宿耀光，何至于此？当年的风水佬把邑人骗惨了。林士元问："那你们说怎么办好呢？"大家异口同声回答：把学宫搬回城内。

林士元待人温润而泽，处事急脉缓受。县志上说他"廉静不扰，抚爱小民"，百姓到县衙打官司，他都是和颜悦色地询问，就像和家人聊天一样，从不摆官架子，"士民以是亲之"。他把乡绅们的建议，上报给提学副使萧鸣凤。萧鸣凤是山西山阴人，号静庵，自称精通占星术，夜观天象，掐指一算，万事了然于胸，也算是大明王朝的一位奇人了。他的性格与林士元相反，暴躁刚狠，人见人怕，任广东督学期间，曾鞭打肇庆知府，引起官场哗然，并因此受到弹劾。

---

① 彩选百官驿是明代文人中流行的一种赌博游戏。

② 知县到任次日举行谒拜孔庙，召集生员讲书的仪式，仪式结束即为"下学"。"侍生"是明清两代后辈人在前辈人面前的自称，地方官员拜访乡绅，名帖上一般也写侍生，以表尊重。

不过，对香山县重建学宫的请求，萧鸣凤不知是否得到星象的启示，欣然同意。林士元在城内四处勘察，寻找适合的地点。乡人大多迷信神婆、斋公、乩童、道士、风水佬，满腹经纶的读书人也一样信，当他们要决定大事时，也都会屈尊降贵，去请教道士、风水佬。而风水佬无非又搬出"左青龙，右白虎"的一番大道理，说长论短，最后认定在丰山之阳，兴建新的学宫，最为吉利。这是林士元任内最"扰民"的一件大事了，香山人却喜笑颜开，争相出钱出力。在林士元的亲自监督下，整齐的殿庑、堂斋、号舍建起，从此诸生有了一个新的藏修游息之所。

林士元博得儒林赞声不绝，但他在官场的结局，却颇为黯淡。这一年广州府派人到香山巡视，考核政绩。以往的县官，只要给巡按官员一点好处，在上司面前多说几句好话，就可过关，这与乡人用饴糖封住灶王爷嘴一样，日久成了官场惯例。但林士元却不肯同流合污，愤然表示："用民脂民膏去贿赂上司，我死不为也！"结果，他的考绩被写得乌七八糟，广州府衙责问下来，林士元以母亲年老，需要奉养为由，请求辞去知县一职，几经努力，才转去潮州府学教书。

新学宫建好后，在嘉靖朝余下的日子里，香山出了两位进士，乡举、乡贡也比前多了，县志称"诸生连捷乡书"，但与人们的期望，仍然差了一大截，进士还是太少了。朱厚熜宾天了，朱载垕皇帝登基了；朱载垕宾天了，朱翊钧皇帝登基了，年号从嘉靖改为隆庆，再改为万历。每逢大比之年，人们都满怀希望，却一年一年失望而归。士人们又开始埋怨："香山儒学旧在莲花峰山下，后徙建丰山之阳，人文寖衰。"看来又被风水佬骗了，县学迁入城里是失策，把风水搞坏了。万历二十三年（1595）王好善当知县时，衿绅们向他投诉，县学应再迁回莲峰山下原址。

王好善字性夫，广西藤县人，举人出身。因为有前车之鉴，他也不敢轻举妄动，先请教风水佬，所有人都说莲峰山风水就是顶呱呱，学宫建在那儿，士风一定大振。王好善踌躇再四，决定顺从众议，把学宫再迁回旧址。

搬一次学宫，所费不赀，为了购备建筑材料，王好善把自己的俸禄也捐了，其他官员也不敢怠慢，纷纷捐出俸禄。乾隆朝《香山县志》说，王好善"毅然以改迁为己任，复莲花峰（莲峰山）下旧址"。他之所以能"毅然"下决心，风水佬的意见，起了很大作用。清代进士尹源进在《修文庙复九曲水记》中写道："万历间用形家言，复莲峰旧址，九曲水绕其前，士稍稍振起，科第盛于畴昔。"所谓"形家"，就是帮人选择阳宅阴地的风水佬。

至此，香山学宫已来回搬几次了，但故事还没有完。清康熙四十九年（1710），福建漳州人邱镇出任香山知县时，去拜谒孔庙，看到竟又是一片栋折榱崩的景象，这边的墙壁倒塌了，那边的瓦面穿洞了，孔子和七十二贤人的牌位，无瓦遮头，任凭日晒雨淋。

邱镇问左右的人，原来香山每年都有台风肆虐，房屋一年不修透风，两年不修漏雨。自从朝廷实行迁界海禁之后，这里荒废多年，焉得不破败？邱镇在满地瓦砾的大殿上踱来踱去，越看越伤感。他见过年久失修的孔庙，但没见过烂成这样的孔庙。

学为教养之宫，破破烂烂，何以宣教正俗？邱镈把县里的教谕、训导和所有衿绅都请到衙门，商量修葺学宫的事情。以前官府每次提出修学宫，乡绅们都是欢天喜地，争着出钱襄助。但今非昔比，朝廷刚刚解除迁界与海禁，民间仍然百业凋敝，远未能回复到明朝"仁宣之治"时的水平，大家对修复学宫，心有余而力不足，一时间面面相觑，擘大口得个窿①。邱镈斩钉截铁表示，学宫一定要修，至于钱从哪里出，还请大家出个主意。

有人想到了鸭埠，香山县有很多养鸭户，由于放鸭到田里吃蟛蜞，经常引起纠纷。为了避免各养鸭户互争地盘，引起斗殴，有司曾定下了鸭埠制，划定养鸭户各自的地盘，不准随意越界，这个制度从明朝一直延续至今。据道光朝《香山县志》记载："凡农人之稼被鸭损食者，专责之埠主，埠主责之畜鸭之民；如畜鸭之民纵鸭伤稼，可按名责价。因埠有定主，田有定界，不出户庭，而顽民自不敢肆也。"

大家都说，鸭子吃的是田里收割后掉下的谷粒，这些谷粒本属官粮，鸭埠主人无本生利，仅此一项，一年就可收取租银千金，如今为修学宫出点钱，也不算苛待他们。邱镈听了深以为然，下令鸭埠主人，各出一部分资金，用于鸠工庀材。公举16位德高望重的乡绅，经理其事。

不料，鸭埠主人都是有钱有势的财主，一齐跳起来强烈反

---

① 粤语形容哑口无言。

对，拒绝交钱。学宫迟迟不能动工，邱鋐也无可奈何，拖到调任，还是没有寸进。此后，番禺知县姚炳坤兼署香山知县，他仍把这件事放在心上，邀了县里最有钱的几位鸭埠主人来，剀切陈词，晓以大义，说服他们先垫付了开工的银两，把大殿建起来，安放好孔子和七十二贤人牌位。

大殿建好后，银两也花光了，到修建学宫的仪门和明伦堂时，瓮尽杯干，不仅工程停顿，还拖欠了工钱，引起了舆论的抨击，那些负责工程的官吏与乡绅，个个灰头土脸，一肚怨气，都想把这烫手的山芋扔到大海里去。乾隆朝《香山县志》描述："累年会计，逋欠颇众，率属有名无实，上宪又议将鸭埠贮为别项公费，董事诸君引嫌避咎，咸欲谢去。"

自香山立县以来，学宫经历了多次搬迁与修建，乡人都很踊跃，没有一次搞得如此狼狈。康熙五十三年（1714），会稽人陈应吉出任香山知县，接手这个烂尾工程。他一面极力鼓励各位主事官吏和乡绅，再接再厉，万不可半途而废；一面写个禀帖，禀告上司，请俟学宫修葺完成后，再议鸭埠收入移作他用。

经过多方奔走努力，费尽唇舌，总算把钱筹足，仪门和明伦堂先后竣工，虽然尊经阁、石栏和照壁，因为经费短缺，无法完成，留下美中不足的遗憾，但主体建筑都有了，也算大功告成了。陈应吉亲撰《重修学宫记》一文，以纪其事，不无自得地写道："况崇宏壮丽，宇内所少；且于华美之中，不离朴素之意，四方瞻仰者叹观止焉。而春秋释奠，周旋有地，进反有所，笙鼓箫镛，仿佛西京之盛，将见士林兴起。"

　　陈应吉不仅修复了学宫，还在石岐青云街修筑了一条石桥，方便民众来往，名曰青云桥，寓平步青云、蟾宫折桂之意，清乾隆二十九年（1764）和清嘉庆九年（1804）进行过重修。这是一条单孔桥，长6.5米，宽3.4米，用七条花岗岩石铺成桥面。桥为南北走向，两边均有五块石栏板和望柱，桥墩用褐色花岗岩石砌成，两边刻有"青云桥"楷书阴刻石刻，上款"嘉庆甲子"，下款"阖坊重建"。可惜，这条石桥在1994年因城市建设拆掉了。

　　为了办好县学，振兴儒林，香山人也是拼尽全力了。从建成之日起，至清光绪十三年（1887），学宫经历了九次迁徙与重建，十三次扩建与大修。在香山人孜孜不倦的维护下，其规模日臻完备，灿然可观，儒师有堂以布讲席，生徒有室以资修藏。面阔七间、庄严宏伟的大成殿（俗称文庙）居于正中，后面是面阔五间的崇圣祠，气象肃如焕然；东面是博文斋和明伦堂，西面是约礼斋和燕居亭；再往西是尊经阁。

　　学宫的东面为礼门，可通到土地祠；西面为义路门，忠义孝悌祠、节孝祠并排而立。大成殿前面是一个宽敞的大露台，东西两侧的庑舍收藏着举行祭孔仪式的各种乐器和祭器，廊庑的南端是面阔五间的戟门；穿过戟门，左有名宦祠，右有乡贤祠，前有泮池。在清沏的池水之中，鱼游浅底，荷翻翠盖，一朵朵莲花，含苞待放，让人油然生起一腔"思乐泮水，多士济济，以成我仁里"的遐慨。再往前是三间开的棂星门。门外左面是三元启功坊，右面是五星聚奎坊，前面是暴书台，最前面是一道文明门，巍然耸立，昭告来者：入得此门，都是稽经探道，追求文明之士。

这是一幅展现在后人想象之中的优美画卷：青青子衿，楚楚衣冠，从棂星门下，列队拱手缓步而过，走向学术的殿堂。惠风和畅，斑驳的阳光透过松树扶疏的枝叶，洒落在泮水桥上，泮池波光粼粼，倒映着诸生的身影，鱼鱼雅雅地行进。他们的表情，是如此庄重、端谨，又兴奋莫名，每个人的心里，都怀着同一个念头：一生的成业，将由此展开，决不负父母之望，不负乡亲之寄。此时此刻，从悬挂着康熙皇帝御书"万世师表"匾额的大成殿前，传来悠扬的雅乐："大哉至圣，道德遵崇，维持王化，斯民是宗……"唱乐之声，洋洋盈耳，天地间，恍如霞蔚云蒸，炳炳麟麟，香山兹土，与有光焉。

20世纪80年代，香山学宫被全部拆除，用于兴建中山市人民医院，仅留下了泮池与拱桥，供后人缅怀追感。这座拱桥长13.11米，宽2.17米，是一座单拱石桥，两边都有雕花石栏板和望柱，每根望柱上都有一只活灵活现的小石狮，它们见证了当年从桥上走过的一代一代生员，见证了香山人的梦想与追求，也见证了数百年来中山翻天覆地的变化。《中山市文物志》称："该桥造型美观，其艺术装饰，堪称中山现存古桥之冠。"

明朝立国之初，即做出规定，各府、州、县都要建立社学，作为县学的"预备学校"，专收15岁以下幼童入读，讲授御制大诰、本朝律令及冠、婚、丧、祭等礼节，还有经史历算之类。但这些规定，在香山并没有得到立即的贯彻执行。原因一是香山地处偏远，得不到有司重视，二是很多人读了书就离开香山，到外地谋生，本地士人太少，在民间推广教育，便有捉襟见肘之感。

一套完整的教育体系，应有最初级的社学（类似今天的小学），高一级的义学，和再高一级的县学。香山虽然有县学、义学，社学却缺略。初级的教育，以前主要是依赖家塾，也即私塾。家塾在乡村的教育体系中，占有重要一席。《礼记》云："古之教者，家有塾，党有庠，术有序，国有学。"私塾的教材，大抵是《三字经》《千字文》《幼学琼林》《尺牍》和《千家诗》之类。在这里，不仅要学做人的道理，甚至连写信的规格，也丝毫不可马虎，这是名教礼义的基础。生童们一笔一画地学写："父亲大人膝下，敬禀者……"

然而，家塾的质量，参差不齐。富裕人家请得起有学问的先生坐馆，但家贫亲老的，只能随便找个会写字的，念几句"人之初"，聊胜于无。于是便有一些滥竽充数者，专骗人束金，误人子弟。很多人虽然号称读过私塾，但其实略识之无，不足以理解儒学经典的闳意妙旨。因此，官府认为必须要有官办的社学，有指定的教材，有正规的考试，才能与义学、县学的教育相衔接。

魏校到广东后，以狂风骤雨式的手段，横扫陋习，倡办教育，各地纷纷响应，把大大小小的神庙，改为义学。在香山主持兴学的教育官员叫颜阶，字德升，福建龙溪人，举人出身，从正德十六年（1521）起担任香山教谕，在儒林有"庄重醇雅，谨言慎行，士咸向风"的品评。他任香山教谕时，做了两件最为人所称道的好事，一是主持重修香山县学，二是创办了社学，嘉靖朝

《香山县志》写道："嘉靖二年（1523）教谕颜阶奉提学副使魏校檄，创大馆于城中。"

这是香山儒林的一件大事。第一所社学大馆，设在铁城西文昌祠，开馆当天，县令与一众官员，都到场致贺和拜过圣人。颜阶又将城内达德街的五岳庙，改建为东隅社学；把后亨村的太保庙，改建为莲峰社学；在东门再创办东门社学，形成了铁城四大馆的社学规模。各乡村也各自成立社学。

社学的招生对象，主要是年龄在8至14岁间、没有残疾的子弟，并带有一定的强制性，若父兄纵容游惰、不肯送子弟入学，则惩罚父兄；若社学有名无实、弄虚作假，则惩罚主事者。社学的课程，除了教人读书识字外，更讲授"六行、六事、六艺"的大义。六行是：孝、悌、谨、信、爱众、亲仁；六事是：洒、扫、应、对、进、退；六艺是：礼、乐、射、御、书、数。昔日的农家子弟，端坐在大成至圣先师像前，手捧着圣贤之书。轻风吹拂着窗前的青青松柏，花影渐上墙头，天井清凉如水。"毋不敬，严若思，安定辞，安民哉……"稚嫩的诵读之声，与墙外树梢的鸟啼，互相呼应，美妙动听。

在今天的中山市博物馆里，藏有一只深腹高圈足的铜豆，豆腹部饰有精美的凤鸟纹，上面铭刻着"嘉靖贰年秋香山教谕颜阶奉提学副使魏命造"的铭文。这只以魏校、颜阶名义铸造的铜豆，显然不是普通的饮食器具，当为祭孔的祭器。在官府的推动下，香山一时人文蔚起，风俗丕更。

在地方教育体系之中，书院的重要性，毋庸置疑。历朝历代修志，都会为书院专辟一节。书院的历史，可以追溯到盛唐时代，但那时的书院，还不算真正的学校，大多只是修书、校书、藏书，或为私人避嚣读书，或为纪念先贤谪宦而设。殆至宋室南渡以后，私学百花齐放，书院逐渐真正变成民间儒者讲学，训诲生徒的课堂，与"学在官府"的传统教育体系，形成互补的关系。

明嘉靖以后，朝廷准书院生参加乡试考举人，待遇与社学、儒学（包括卫、州、府、县学）基本一样，但儒学生徒成绩优异者，可升入国子监，不用乡试而直接参加会试，而书院生则没有入国子监的资格，只能通过乡试，再参加会试。虽然如此，但书院生也算有了出路，因此，许多官立书院也纷纷课以举业。

嘉靖二十三年（1545），福建闽县（今属福州市）人邓迁出任香山知县。邓迁字世乔，号文岩，举人出身。他每天公务结束后，便登上县衙后的仁山，四处察看，大家最初都唔明解①他的用心，以为只是游山玩水而已。忽然有一天，他把乡中的耆老大绅召来，宣布他准备在仁山上修建一座书院。大家惊喜交集，纷纷表示愿倾囊相助，玉成其事。

仅用一年时间，书院便建好了，命名为"仁山书院"，其址即在今中山纪念堂附近。据明代香山大儒黄佐的描述，仁山书院"东西为二夹道，其一长二十有二丈，循后堂之东折北而达；其一长一十有七丈，循公堂之南抵西洞门而达。为堂三间，高二

---

① 中山方言"唔明解"是不明白之意。

丈，深三丈二尺，而阔过之"。如果从大门北入，登入西阶门，"则云霞草木，霏布滋蔓者，入人怀袖，毕萃于前。堂背筑基，高二丈，构台三间，深三丈三尺，其阔如堂。扁曰仕学，则读书处也"。如果从东阶门登入，则"为丰乐园，阔其衡一十有二丈，其从十丈有奇。凡夹道台园，皆缭以其垣，其周一百五十有二丈。形势高圹，土宜植物，松桧花竹，丛栽其中，垂阴蔽荠，灏气自溜，轻风摇动，天籁互答，弦歌燕语，恍在霄汉"。其气象之宏阔，简直可与学宫媲美，令人心驰神往。邓迁欣然作了一首《赋仁山书院》诗：

> 仙羊真气未全收，瀛岛高元足胜游。
> 丛桂盈盈金玉阙，扶桑历历凤麟洲。
> 海外烟霞还赤县，花间台榭亦丹邱。
> 江湖登眺朋徒共，北望京华万里楼。

受人恩果千年记，邓迁离任时，香山人在石岐码头立了一座"岐海流芳坊"，纪念这位知县。不少人都留下了称颂邓迁创办仁山书院的诗作，明代举人郑之藩写道："中镇七星为泰岳，南宾五岭作蓬丘。公余便读三纲领，不愧人称仕学楼。"如今在福州市晋安区岳峰镇竹屿村邓氏故里，还立有纪念牌坊，牌坊楼匾记载了邓迁的事迹，称他"为香山县令，负才博硕，雅守方严"。

邱鋡重修学宫时，香山人拿不出钱来，说明他们的经济状况，已大不如前，但这并不意味着他们不再重视教育。康熙三十一年（1692），知县孔衍梅便在铁城南门内创办了铁城义学。乾隆十一年（1746），张汝霖出任香山知县。他是安徽宣城人，字芸墅，号柏园，选贡生出身，曾在广东徐闻、海南、澄海当过官，每到一地，都劝农耕，修义学，置义田。他到香山的第一天，就坐了轿子四处巡视，特意在铁城义学前停下，仔细察看，只见四周都是密密麻麻的民居，地面凹凸不平，污水横流，鸡鸣狗吠，吵吵闹闹，实在不适合作为讲道论德、春诵夏弦之所。张汝霖那股办学的热情，又被激发起来了，下决心为义学另觅一处更好的地方。

他看中了东门的文昌庙旁。那儿有几间破房子，以前办过书院，已经荒废了，可以改建和扩充，但当下衙门阮囊羞涩，就算托得只牛过涌又如何？①可谓一文钱难倒英雄汉。筹款之事把张汝霖折腾得日夜不宁，茶饭无定，县库都被他翻了个底朝天，尽多尽少，勉强筹到二百八十七两银子，请来工匠，花了整一年时间，才把破损的房子，大致修补好了，"居敬斋"的匾额，挂上了讲堂正中，另从斋后挑了间干净房子，供奉宋五子②的牌位。外观虽然不太华丽，但量柄制凿，看菜吃饭，也只能因陋就简了。张汝霖在《铁城义学碑记》中自我解嘲："不为丹碧，以昭

---

① 粤俗语，指力大无钱也没用。

② 指北宋周敦颐、邵雍、张载、程颢、程颐。

其俭；不为飞革，以取其坚。"

张汝霖当了两年知县便离任了。继任者是山西屯留人暴煜，字耀生，号晓村，顺天试举人出身。他的运气比张汝霖好很多，得缺赴任时，香山的元气，已恢复得七七八八。以前丢荒的田地，已陆续复耕，陈应吉当知县时，在县衙旁边新建一座新实仓，仪门外左右，各新建一座新克仓和丰盈仓，都是官府用来储存粮食，以备荒年歉岁时供应官需民食的常平仓（官办粮仓）；雍正年间（1723—1735）又增建三座常平仓和五座社仓（民办粮仓），证明香山的粮食，已渐有丰余。

盐田生产也蒸蒸日上。清顺治年间（1644—1661），香山场的盐税，仅收得四百零五两银，到乾隆年间（1736—1795），增长至一万二千八百余两银。直到乾隆朝以后，由于珠江挟带来的泥沙不断沉积，冲积平原不断扩大，加上人们不断筑围造田，香山盐场一带，逐渐远离大海，盐田变潮田，繁盛了数百年的香山场制盐业，才开始走向衰落。但与此同时，海上贸易却在大海的潮起潮落之间，日益繁兴，取代盐业成为香山最重要的财源。广州是通商口岸，每年东西洋番舶云集，交易畅旺，再造两宋时代的繁荣。香山近水楼台，不少人到广州做生意，赚得盆满钵满，带回来了财富的神话。民间又呈现出勃勃的生机。

据暴煜的了解，香山人口众多，读书人也多，只要"适当振作之际，闻风云集，实繁有徒"。但现在庠序的规模，远远追不上民间对读书的需求，不足以容纳所有要读书的人，唯一的办法，就是尽快扩大庠序式廓。

但前任修葺铁城义学，筹款之难，暴煜早就听说，这是令他举步迟疑的原因。他几次把衙门中的账房师爷、钱谷师爷都叫来，请教筹款良方。大家都摇头说，现在不是开征钱粮漕米的季节，青黄不接，一时哪里筹得这么多银两。

正犯愁之际，一群衿绅竟主动找上门来了，齐声向县太爷恳求：请把铁城义学扩建为书院，求大人首倡其事。暴煜喜出望外地说："这正是我的心愿，只是未知钱从何出，因此踌躇。"衿绅们争着说："这有何难，我们都愿意出钱出力，共勷盛举。"暴煜一听大喜，官民不谋而合，使一件原本以为比登天还难的事情，迎刃而解。他当场捐出自己的五十两俸银，衿绅们也争先恐后，输财助力，几天内便集得数百两银，这与邱钤当年为修学宫，要从鸭子嘴里夺食相比，简直是天壤之别。

资金充裕，工程开展得也顺利。暴煜撰《丰山书院碑记》记述："先购东侧隙地，建舍二十间，以居肄业者，起南北二亭，南曰'鉴亭'，北曰'寻乐斋'。鉴亭前凿池栽卉，两旁各建廊房以为游息之所。嗣购学前民居，拓其基宇，创修讲堂五间，颜曰'毓秀堂'。"从此有堂以布讲席，有室以资修藏。

铁城义学改成了丰山书院，暴煜把宋五子的牌位，毕恭毕敬，移奉于毓秀堂，又拨了两百亩沙田，加上义学原有的七百亩学田，作为书院递年膏火经费之需，并订规约十则：立志、立诚、立品、正学、明经术、攻史学、屏外务、戒虚声、正文体、习书法。期诸生乐群敬业，切磋严惮，俾成人有德，小子有造。

这是继仁山书院之后，香山的第二大书院，即今天中山市第一中学的前身。这所历史悠久的中学在官网中，这样自我介绍：

"其发源于三百多年前兴建的铁城义学，传承于160多年前增修的丰山书院，至1908年领风气之先，改丰山学堂为香山县立中学，开启中山现代教育之端。"

美哉山水，育灵挺秀，到清乾隆年间（1736—1795），香山已先后兴办了十家书院，它们是古镇的景行书院、小榄的榄山书院、大黄圃的鳌山书院、小黄圃的旗山书院、平岚的桂山书院、雍陌的东山书院、翠微的凤池书院、前山寨的凤山书院、下栅的金山书院和坑口的龙山书院，培育的精英之士，不可胜数。

不向俗恶低头

明朝初年，仁厚里出了一位大才子，名叫周尚文，字质善，曾在广州府学就读。洪武十七年（1384）乡试擢解元，翌年会试，登32名进士出身。这是香山在明朝开国以后的第一位进士，引起了全县的轰动，人们敲锣打鼓，舞龙舞狮，到祠堂向列祖列宗报喜。

周尚文初授福建龙岩县丞，也就是充当知县的副手，这是个不起眼的小官职，通常由举人、恩贡、拔贡、副贡出身的人担任，以进士去当县丞，未免有大材小用之嫌。但周尚文却欣然赴任，他本来就不喜欢做大官，更愿意留在地方，为老百姓办些琐琐碎碎的事，龙岩县城内的虎渡桥，就是由他主持修筑的，减轻了民众绕道运货之苦，博得交口称赞。后来，朝廷拟召他为御史大夫，同僚们纷纷恭贺升迁，总算守得云开见月明了，这才是与进士身份相配的官职。谁知周尚文不仅没有半点欢容，反而"不识抬举"地婉言拒绝。

官场相传，朱元璋对此非常恼怒，把周尚文贬去广西当驯象卫，在邈远荒绝之地，与大象为伍。周尚文哈哈一笑，二话不说，扛起行李卷，就去养大象了。时俗毁誉、人世浮名，都不过是云烟过眼，在他看来，仿佛驯像是一件比当御史更值得去做的事情。元末明初岭南五先生之一的黄哲，对他万分钦佩，曾写《折桂歌·赠周尚文》，称赞他"古诗研磨正风雅，志节矫矫非凡儒"。

在岭南，像周尚文这样的书生，比比皆是。南宋以后，中国的经济与文化重心，从长江流域，南移至珠江流域。然而，就思想文化而言，明朝是最压抑的朝代之一，几乎所有庠序都刻有卧碑，告诫学生："天下利病，诸人皆许直言，唯生员不许。"诸生从入学第一天起，就被警告不能妄议朝纲大政，不得信奉邪说异端。学术的沉闷、窒息，可谓与元朝一脉相承。许多士人都走上了钻营奔竞之途，把学术当做仕进之阶。但也有一批不甘堕落的士人，既厌恶这种败坏的风气，又无力扭转乾坤，只好终日反躬内省，涵养心性，唯求出污泥而不染。这便是心学在明代盛行的原因之一。这类士人，大致分为两脉，一脉以王阳明为宗，一脉以陈献章为宗。

陈献章的白沙学派，以岭南为发源地，有众多追随者。陈献章经常告诫弟子："为学须从静坐中养出个端倪来，方有商量处。"他曾在不同的诗文中声称："天下功名无我关，只缘我自爱江山",读书人不应把做官视为报国的唯一途径,"士不居官终爱国"。在这种人生观、价值观的熏陶下,香山的读书人,大多有一个共同特点,就是清高自傲,不屑做官。虽然这种气质并不是因心学而生,但对心学的研习,把具有相同志趣的人,聚合在一起,互相切磋,互相鞭励,鸣鹤之应,一唱百和。只要翻一下香山历史,便不难看到,有明一代,以傲骨著称的书生,层出不穷,甚至可以说,形成了一种有鲜明岭南气质的文化现象。

卢渊是香山有名的才子,明成化二十年(1484)同进士出身,初授江西新淦知县,他在政务之暇,经常召集县里的士子,一起讨论学术,大家畅所欲言,论辩风生。有时谈到兴起,甚至忘记了时间,直到鸡啼三遍,东方泛白。这是多少读书人都向往的"鹅湖之会",以致邻县的士子听了,都羡慕不已,恨不得马上搬到新淦居住。

卢渊对官场那套繁文缛节,很不以为然,即使参谒上司郡守,也一样大大咧咧,直言谠议。但并非每个官都喜欢这种作风的,何况一郡之守,堂堂五马之尊①,平日下属都是老爷前老爷后,点头哈腰惯的,哪里受得了卢渊的态度?终于有一次,郡守忍不住打断他的话说:"朝廷设官,尊卑相驭,大小相维,未闻等级不辨也。"这是提醒卢渊要懂官场规矩,分清尊卑,不可僭度。没想到,卢渊勃然变色说:"官不论尊卑,期于尽职,事关

---

① 汉代太守可以五马驾车,故俗称郡守为五马。

民社，①岂容缄默？如果以任事为侵官，尽言为犯上，恐非朝廷命官之事。"说完拂袖而去，第二天就把官印缴回，长啸一声"我去也"。

这就是典型的香山人性格，不是一个两个人如此，是一整个群体。

徐观，字子明，麻洲人。读村学时就被塾师称为"神童"，九岁考入县学，是年龄最小的弟子员。所有乡亲父老都说，这个细佬仔前途不可限量。明景泰元年（1450）徐观乡试中式，景泰五年（1454）中三甲同进士，当时他才20岁，正是青春焕发、展翅高飞的年纪，似乎亦印证了乡亲们的预期。但后来的事实，却大出众人意料：徐观对做官了无兴趣，朝廷授他南京刑部尚书郎的官职，他竟借故推辞不受，飘然返回香山，隐居在大石之阳，以啸歌于山水之间为乐。

何派行，字应允，号芳洲。他的祖上何栗，是宋徽宗时的状元，宋室南渡后，他的先祖亦迁居岭南，落籍香山小榄。何派行从小读书非常勤奋，经常至深更半夜，仍不释卷，父亲劝他休息，他把头一扬回答："先祖是大魁天下的状元，儿决不能丢祖宗的脸，当发愤读书，以遂青云之志。"何派行说到做到，嘉靖十三年（1534）乡试中第16名举人，人们纷纷恭喜："新贵人京报连登黄甲。"何派行一笑说："这也不难。"他说到做到，嘉靖二十年（1541）又中了进士，授户部主事，迁员外郎，再奉旨

---

① 民社指人民与社稷。

发往福建，做了一任知府。

其实，性格直过线香骨①的何派行，并不适合在官场混，他既不会溜须拍马，也不会承风希旨，遇事傲头傲脑。这是很多香山士人出来做官的"通病"。何派行在处理一应公事上，得心应手，清理冤狱，打击豪棍，整肃吏治，干得有声有色，但处理与上司的关系，却碰得鼻青脸肿。其时因当朝皇上喜欢龙涎香，这是一种极珍贵的香料，各地疯狂搜罗进贡，户部催巡抚，巡抚催知府，知府催知县，层层督办，十万火急，有的官员因为办理不力，甚至被逮下诏狱，谪戍边远。何派行也奉到宪札，但他却以"劳民费财"为由，拒绝办理，结果被人参了一本，贬到广西思恩县当县令。

他并没有因此而改变。嘉靖四十一年（1562），坐了十几年冷板凳的何派行，也不知什么原因，忽然被皇帝记了起来，行文召他入京觐见。何派行收拾行囊，随身只有一袋干粮和两套换洗的衣服，启程北上，时而坐船，时而乘车，早行夜宿，一路风尘，每晚住入客店，人们都以为是个赶考的穷秀才。入了京师，拜见各部大堂，连个铜板的别仪②也拿不出来，那些人个个华冠丽服，把何派行映衬得十分寒酸。入宫陛见后，被授太仆寺少卿，明万历十七年（1589），升做太仆寺正卿，奉旨到山西巡视马政。

---

① 粤俗语"直过线香骨"指耿直。线香是拜神用的直香。

② 贿赂官员的钱银，称为"别仪""别敬"。

他一做具体实务，认真的劲头又上来了。每到一处，他必详细核实马匹数目，堵塞虚报瞒报的缺额漏洞，惩治怠惰因循的官员，结果得罪了一大批人，以致整个官场都容他不下，一时间白简①如雪，谤书纷飞。最后朝廷罢免了何派行。

何派行丢官后，竟从此失去踪影，到底是回乡养老了，还是隐居山林，无人知晓。相传他死后葬在花树岭，但只是传说，没有人见过他。这位敦直的小榄书生，在浊水横流的人世间，只留下了"西风吹血溅戎衣，负骨山头忍泪时"的悲怆诗句。

郑士熙，字我纯，濠头人。他幼年失怙，靠兄长耕田养家糊口。在书院读时，他就显出与其他孩子不同之处，七八岁本是贪玩的年龄，他却屏绝一切游戏，每天除了读书，就是写字。同窗小伙伴拉他去玩耍，他一甩袖子，正色说："哥哥种田辛苦，供我读书，我岂能业荒于嬉？"弱冠进学，在同学之中，成绩出类拔萃。万历二十一年（1593）拔贡，谒选得潮阳学博士。后来调任山东长清县令，刚好遇上荒年，郑士熙亲自下乡踏勘灾情，只见四处挤满饥民，扶老携幼，都饿得奄奄一息，不禁触动恻隐之心，回到衙门后，下令打开官仓，倒廪倾囷，把粮食借给灾民，说好等明年收成再还。

但到第二年，灾情仍未减退，很多人无力偿还，郑士熙也不忍去追讨。为这件事，他竟吃了一道白简，上宪追问下来，指他亏空官仓，要查办他。衙门同寅都替他惋惜，他却淡然说："能

---

① "白简"指弹劾官员的奏章。

救活那么多人，一个官位算什么？"民众听到他被弹劾的消息，蜂拥而来，在衙门外争着排队清还欠粮，官廪积逋，"旬日而足"。这一幕，不啻是对郑士熙官声的最生动描述。当郑士熙离开长清县时，全县街哭巷泣，夹道相送。

梁国栋，字景升，黄梁都人。明天启二年（1622）恩选，两年后乡举，授江西彭泽县令。彭泽的民风，一向有"刁悍"的恶名。梁国栋到任后，致力于移风振俗，乾隆朝《香山县志》称他"廉以持己，敏以御物，民怀其惠，奸畏其威"，民众给他起了"铁面梁公"的外号。闯王李自成聚众造反，彭泽县也有不少人投奔闯王队伍，官军对有人"附逆"的地方，都采取烧杀抢掠的手段，残酷镇压，唯有经过彭泽县时，互相诫约："这是梁侯境土，不可相扰。"民众因此逃过一劫。梁国栋身处乱世，对官场日益厌倦，最后以侍奉老母为由，辞差还乡。县志说他"家居十二载，读书自乐"。

黄仲翁，字寿昌，龙眼都人。他给人的印象，"仪表凝峻，惇尚行检"，一派雅儒风范。他的诗写得很漂亮，尤其是咏香山八景的诗，为后人留下了珍贵的地方人文资料。这八景是：金鼓朝阳，石岐晚渡，南台秋月，浮虚春涛，阜峰文笔，天池芰荷，金紫岩溜，长洲烟雨。其中《石岐晚渡》咏道："野船春浪急，烟柳夕阳低。流水南还北，行人东又西。"《长洲烟雨》咏道："柳暗溪桥路，云封古洞门。牧童村外笛，驱犊下黄昏。"每一首读来，都是那么清丽而隽永，有如林籁泉韵。

黄仲翁曾到京师游太学。士人入国子监，无非为了用羊毫笔换顶乌纱帽，他却不屑一顾，当初负书担橐来京师，肄业后又负书担橐回香山。他除了书本之外，最爱花花草草，自家庭院四周，满是纷红骇绿，自号"翠轩"，又筑"稽古堂"，收藏各种古今书籍。有人好奇地问："你读书又不做官，收藏这么多书干什么？"黄仲翁笑呵呵说："留给我的子孙啊，他们一定有嗜书之人。"

小榄的何述忠、何述铉、何述瓒三兄弟，人称"香山三何"，从小都显出聪慧的天赋，敏而好学，负有才名，很多乡亲都说："这三兄弟都有金榜题名、官运亨通的命，且放长双眼来看。"果然，何述忠、何述瓒在嘉靖四十三年（1564）同时被举孝廉。何述忠选授温州府判，后升为同知，曾以查办一件二十余年的悬案，使之水落石出而轰动遐迩。但他与很多香山籍官员一样，最后因不耐官场的龌龊，以侍奉母亲为由，挂冠而去，终老乡间，死后葬在隆都大涌。弟弟述瓒葬在月地。

与乡人的想象不同，何述瓒参加科举，似乎不是为了做官，而仅仅为了证明自己有这样的能力，被举后闭门不出，每天端坐家中，不是捧读《周易》，就是抄写古圣先贤的语录，并加以诠释演绎，作为读书人文行出处的准则。许多人不理解他，他也不求别人理解，唯求心安理得而已。他读了一辈子书，把所有的心得，汇编成《周易问》《介堂文集》等著作，今天亦已散尽了，还有谁记得他？然而，对于以"倚南窗以寄傲"为人生追求的何述瓒而言，这又何尝不是另一种"求仁得仁"？

何述铉的老实耿直，也是出了名的，他曾到广州读书，某次在街上拾获醉酒汉丢下的一包金器银两，穷伙伴们拍手说："地上执到宝，问天问地摞唔到。①这是上天送来的礼物。""这叫有福人得无福物，你不要是会折福的。"何述铉却笑着说："贪念一动，那才折福。"他四处寻访失主，找了半年多，还真让他找到失主，物归原主了。

何述铉绝意仕进，也不参加科举，毕业后回乡，聚徒讲学，著有《四书说》《读易绪论》等书。时任知县的陈揖慕名拜访，打算举荐他，但何述铉一听知县登门，马上躲得远远的。直到任满，陈揖也没见上何述铉一面，只能带着遗憾离去。

何述铉死后，朝廷诰赠光禄大夫、左柱国太傅兼太子太师、吏礼兵三部尚书、中极殿大学士，可谓备极哀荣。他葬在板芙镇虎爪村的鹿鸣岭上，陵墓用褐色巨石砌筑檐墙，分成四层，每层都雕刻着琴棋书画的图案，似乎有意彰显墓主生前的精神归宿所在。1990年，何述铉墓被中山市列为文物保护单位。

香山士人的这种清高与孤傲，为这个群体，添了一抹淡淡的遗世色彩。明崇祯朝任礼部尚书的小榄人李孙宸，曾三上疏乞退归隐，都奉旨慰留。他作诗慨叹："俯仰笑廓寥，蹉跎感岁年。浪游今倦矣，缅想昔依然。"对官场得失，毫不介怀。然而，崇祯二年（1629）十一月，当后金铁骑逼近北京，京中许多官员都争先恐后买马，准备逃难时，本已一心归隐的李孙宸，却挺身而出，鄙夷地呵斥那些人："君辱臣死，买马何用！"他与一班闽

---

① 粤俗语，意思是地上捡到的东西，是上天送给你的。

粤官员，登上德胜门，决与京城共存亡。

透过这一组香山士人的群像速写，后人可以约略窥见他们真实的内心世界：既有激切报国之心，但又难以适应官场的习气，在进取之时，已怀有退隐之意，倔强之中，往往透着一丝无奈。

大海响起警号

- 海盗为患

- 最是澳门雄

- 十字门开向二洋

海盗为患

朱元璋一统天下后，自京师到郡县，都设立了卫所（驻防军队单位），一郡者设所，连郡者设卫，以5600人为一卫，1128人为一千户所，112人为一百户所，工所受五军都督府统领。卫所的兵士都是有世袭军籍的，类似隋、唐时代的府兵，平时屯田或戍守，遇有战争，朝廷命将则率领卫、所的士兵征战。广州后卫、广海卫和新宁卫，都设在小榄，下辖十八所，总指挥机关设在莲塘街。

广州后卫有十二所，分别住在冈底、文明社、王成街、大街社、大庙前、大冲边、腾蛟社、半边榄、圆榄、凤山东南麓、滘口水步、永安里泰宁；广海卫有四个所，分别住在大榄市、跑马地、洪山社、第九咀；新宁卫因人数较少，仅有两所，分别居住在大榄北街和下基三丫浪，后来合并为一卫，不再称所。每个所都有一个联络机关，设在当地的关帝庙中。官府划出部分新形成的沙田，给他们垦殖。三卫十八所的官兵加上家眷，为香山平添了两三万人口。

然而，在明朝的前期，香山一带安安稳稳，无风浪自平，也没有什么机会让卫所兵士上战场，这些兵士与当地乡民交往不多，形成了一个自己的圈子，甚至有自己专属的码头，当地人要使用，还要交钱。他们不太看得起当地人，当地人也不太喜欢他们。卫所的田地都不是私人的，全是官家的公地，不能买卖。但在实际中，他们过着与当地人无异的生活，朝耕暮耘，秋收冬藏。渐渐地，他们几乎已忘了自己的军人身份了，有些人不愿再挂着个军籍，索性向官府申请，转为民籍；有的人与当地人结婚，慢慢就融为一体了。

这种平淡的、沉闷的日子，年复一年，一直持续到明正统十四年（1449）夏天。

这一年的天气，格外闷热。没有风，天空中的每一朵云都凝固不动。远山像一条半死不活的长蛇，躺在地平线上。大海沉寂得让人害怕。经验告诉香山人，一场台风正在酝酿之中。

就在这一年，黄萧养之乱爆发了。

黄萧养是南海县冲鹤堡潘村（今属佛山顺德区）人，这地方距离香山不过十几千米。他曾因为争夺沙田杀了人，被关进死牢，后来遇上大赦出来，又因参与武装走私、袭击官兵，再次被广州官府投入死牢，只等钉封文书①一到，黄萧养的人头，就要挂上南门示众了。

这年春天，据说他在狱中所睡的竹床，竹皮忽然转青，还长出了几片绿叶，同狱一位赣商向他道贺，说这是"逢凶化吉"的征兆。黄萧养大喜，于是密谋越狱。他托人将一把利斧藏在送饭的桶中带进牢里，那天晚上，劈开囚械，领着一百七十余名亡命之徒，撞破牢门，一路杀往军械局。这些人都是从十八层地狱钻出来的，个个不要命，遇神杀神，遇佛杀佛，官兵猝不及防，一时惊作鸟兽散。囚犯们夺了武器，冲开广州东城门，登上来接应的船只，扬帆而去。

黄萧养以"拜佛削羊"（攻取佛山、广州之意）为号召，竖起了造反大旗，四乡的农民、盐丁、疍民、木工、石匠、樵子、贩夫、无家无业的游民，纷纷响应。仅疍民就为黄萧养带去了五百条船，香山场的数千盐丁揭竿而起，樵子手执刀斧相从，木匠拎着铁锯、墨斗赶来，日夜加班，制造攻城用的云梯和吕公车。龙眼都、大榄都、黄梁都，几乎所有青壮年都跟着黄萧养走了，有的村庄十室九空，田地无人耕种，任由庄稼自生自灭。短短数月，黄萧养旗下已聚合了数万大军，一百五十余艘战船，可见民间就像巨大的火油桶，只要一点火星，便可燃起冲天大火。

那些早已过惯了寻常耕桑生活的卫所兵士，忽然被告知，要去打仗了，才恍然记起自己的军籍，匆匆拿起生满铁绣的刀枪，

---

① 钉封文书指朝廷处决犯人的文书。

跟着统领，趄趄趔趔地出发了。黄萧养分水陆两路进攻广州城。明军统帅安乡伯张安率领的水军抵御，不料张安是个酒鬼，在阵前饮得酩酊大醉，被黄萧养轻易击溃，张安掉进珠江淹死。《明史》记述："黄萧养寇广州，安帅舟师，遇贼于戙船澳，安方醉卧，官军不能支，退至沙角尾，贼薄之，军溃，安溺死。"说的就是这一役。官军的援师也中了黄萧养埋伏，被打得溃不成军，东奔西窜，连主帅王清亦被俘遇害。

黄萧养由此声威大振，乘胜分兵进攻新会、佛山等地，在今顺德大良建立"大东国"，设官分职，又占了广州城五羊驿，自称"顺天王"，改元"东阳"。队伍驻扎在珠江南岸，虎视鹰瞵，广州全城震恐。屈大均的《广东新语》说："海寇之雄，莫过萧养。"

香山陷入了大乱之中。那天，铁城外忽然人声喧哗，只见漫山遍野都是人，扶老携弱，拖男带女，从四面八方涌来，抢着入城，窄窄的护城河桥头，万头攒动，号呼动地。城里人慌忙打听，原来是大榄人李某（自封千户，人称李千户）、黄梁都人林帝佑作反了，召集了千余人马，正向铁城杀来。官兵赶紧关闭四门，来不及进城的百姓，哭着喊着，赶紧向别处逃去。

不一会儿，隐约听得呐喊声由远而近，无数舞着刀枪棍棒的人，从远处荔枝林转了出来，黑压压一片，扑向铁城。城头的官兵与民众，紧张得透不过气来。仔细辨听，那些人都在喊："生个来！生个来！"

匆忙之间，城中所有的青壮年都被组织起来，连三班六房的吏役、官军将领的妻妾家眷、贩夫走卒、村姑田妇，都披甲执械，登城协助御敌。人们用泥土堵住城门，把街上的石板撬起，把房屋的梁楹拆下，运上城头构筑工事。他们干活时喊的也是"生个来、生个来"的号子。城里城外，仿佛遥相呼应。

城外昼夜猛攻，白天的喊杀声，忽在南门，忽在西门，此起彼伏，震天动地，晚上竹篾点火，连绵数里，照亮了半个夜空。守城的人与攻城的人，其实很多都是乡里，平时一起耕田，一起趁墟，一起赛龙船，一起饮烧酒，你叫我"叔"，我叫你"伯"，十分亲热，没想到竟会兵戎相见，以命相搏。

好在铁城的城墙，足够坚固，城里的人同仇敌忾，李千户、林帝佑始终攻不下来，便把城团团围住。城里几番想派人突围，请求援兵，都被城外的人打了回来，于是也再不敢外出了。就这样，城外的人攻不进来，城里的人也不敢出去，双方僵持了三月之久。城里的粮食渐渐耗尽，供应守城官兵，尚且不足，平民百姓，唯有肚束三篾，忍饥挨饿。

黄佐的祖父黄泗，当时也被困在城里，看着满街满巷的饥民，急得嘴上都起泡了，每天煮一大锅粥，在街上周回走转，只要有人饿倒，便赶紧施粥相救。有些难民子女失散，黄泗便派人四处探访、张贴街招，帮助寻找。有小孩被拐卖，他甚至出钱赎回，送还给父母。在这场骚乱中，黄泗救活了数百人。乡人事后把黄泗的事迹，报告有司，希望朝廷予以旌表，但黄泗却自己跑到县衙，极力反对，称求人一命，胜造七级浮屠，不求回报。所以《香山县乡土志》说他"赋性仁明慈恕，有古君子风"。

大榄都是骚乱的重灾区。人们都是聚族而居的，一族人里，只要有个大户起了头，其他人往往就会跟着跑。李千户一反，很多姓李的人也跟着反了，但也有不肯附从的硬汉。李千户的族弟李英妙，便坚决拒绝入伙。

按史志的记载，李英妙"家饶于财，读书通大义"，在乡中有一定的名望。李千户派人去拉他入伙，被他赶了出门；李千户再派人去，再被他赶出门。李千户亲自带了几十人到他家劝说："你看兄弟我日前还是两脚泥巴，如今官拜千户，你跟着我有享不尽的富贵荣华。"李英妙怒不可遏，拍案而起，从舌尖爆出一声惊雷："你这强盗，还说什么兄弟情，我恨不能杀了你！"

两人吵起架来，吵得火起，李千户竟一刀把李英妙砍倒，血流一地，当场死去。直到一个多月后，李千户率众离去，李英妙的儿子李智、女儿李观娘才把他的尸首收回，入殓时"面犹如生"。家人把他葬在榄镇飞驼岭上。这事在乡间传得沸沸扬扬，人们对李英妙无不表示钦敬。后来，李观娘嫁给了黄泗的儿子黄瑜。可见乡贤人家，自有一种互相感染、互相吸引的精神气质。

黄梁都人梁富，当林帝佑起事时，他不仅不参加，还整天拎着一坛酒，在村里走来走去，边喝酒边大骂林帝佑，从村头骂到村尾，从天光骂到天黑。消息传到林帝佑那儿，他带着人马闯到村里，把梁富绑起逼问："你要生还是死？要生就跟我走，要死你就骂，再骂一句我扔你到海里喂鱼！"梁富毫无惧色，一口啐了过去，继续痛骂不已。林帝佑大怒，命人把梁富扔进厓门海里。梁富直到沉海前最后一刻，还在大骂。其尸体后来葬在南坑尾。

大榄乡有一黄姓妇人，暴乱起时，一家人四散逃亡，夫妻失散。黄姓妇人被卷进了狂乱的暴潮之中，到处都是舞刀弄棒的人，也分不清哪些是兵，哪些是贼，黄妇人乱首垢面，逃到水边，只见前面大水茫茫，再无去路，后面的追逐者蜂拥而来，她正想投水自杀，忽然一条水牛从水中浮出，驮着她渡过大河，及至彼岸，水牛倏然不见。黄姓妇人恍如置身梦中，猛然省悟，这是一条"神牛"。她向天磕了无数的头，感谢神灵搭救。动乱平息后，黄姓妇人一家团聚，从此不再吃牛肉。这是一个在大榄乡流传很广的故事。

翌年，左金都御史杨信民奉旨巡抚广东。杨信民以往在广东有良好的声誉，人皆信服。清人傅恒的《通鉴辑览》记载："信民先为广东参议，有惠政，士民闻其来，皆喜。"不仅广州的士民喜，黄萧养手下的兵众也喜。杨信民以诱降为主要手段，劝说黄萧养投降，并许以各种优待条件，黄萧养也被说得心动了，甚至与杨信民隔着濠涌见面，还送了一条大鱼给杨信民。

眼看一场惊天风暴，即将消散于无形，不料杨信民却突然亡故，有人说是因病，有人说是中毒身亡，整个形势再次翻转。朝廷下诏授董兴为左副总兵，调江西、两广军队前往平乱。董兴率领大军经过上栅村的太保神庙时，下马入庙上香，默默祈祷神灵保佑他旗开得胜。祈祷完后，步出神庙，忽然有一只大鸟从天空坠下，死在他的马前。董兴趁机说："这是马到功成之兆，大家当奋勇向前。"将士们更加斗志昂扬。

董兴的大军在珠江洲头咀水面，与黄萧养展开激战。黄萧养被流矢射中，落水殒命，悍民群龙无首，围城之役失败。战乱平息后，人们在上栅村的太保神庙里，立了一块碑，记述此事："明景泰年间，黄萧养寇广州，都督董兴讨之，率马指挥，追贼至境，祷诸神，有黄鸟自空坠枪而死，马知神助，穷力追养，诛之，党悉平。"乡人制作了一块"至灵至应"的匾额，送到神庙悬挂，答谢神明恩赐。董兴把死于战乱的人，合葬在莲塘的山冈，当地人称之为"大军山"。

此战后，黄萧养的余部，大多沦为流寇，部将黄大牙、林帝佑等，流落到大良、马村、水滕、小榄等地，继续抵抗，直到成化三年（1467）才被彻底荡灭。清人毛奇龄在《后鉴录》中感叹："当是时去萧养之死已十七年矣。"

然而，民间传说中，黄萧养并没有死，而是逃到广州近郊东塱乡，当地的土地山神，召来六丁六甲，为他连夜开出一条水滘，通到江边，让他逃走。这条水滘，当地人叫它"大王滘"。黄萧养逃到江边，但江水浩渺，无船可渡，不由得大喊一声："天亡我也！"忽然有两只白鹅从水中飞出，背负着黄萧养逃去无踪。从此人们就把这地方叫做"白鹅潭"。坊间还有一句神秘的谶言在流传："九牛浮水面，萧养转回头。"屈大均在《广东新语》中记载了这一传说："珠江上流二里，有白鹅潭，水大而深，每大风雨，有白鹅浮出，则舟楫坏。……相传黄萧养作乱，船经此潭，白鹅为之先导。"他称这两只白鹅称为"妖物"。这个离奇故事，香山的老人晚上在村头榕树下乘凉时，经常讲给小孩听。那些小孩听得入了迷，心想等我长大了，也要去白鹅潭看一看。

谁也没想到，广州白鹅潭畔，有一天真的成了香山人呼风唤雨之地。不过，那是几百年以后的事情了。

黄萧养之乱平息后，人们都松了一口气，以为大难不死，必有后福。种田的可以继续种田，放鸭的可以继续放鸭，"哥啊妹啊"的歌声，又在樵村渔浦悠悠响起，仿佛一切都将恢复常态。几乎没有人意识到，这次动乱，在香山留下的伤痕，竟如此之深，几十年都无法痊愈。很多年以后，人们回想起来，才明白那些敲锣打鼓举办罗天大醮、齐齐喊着"生个来"满街舞醉龙的日子，是多么的美好。

香山一带的海盗，像黄梅天的霉菌一样，到处疯长。他们驾着大船、小艇，在海上出没横行，剽劫行旅，攻击官军，甚至登岸掳掠城乡。在海盗之中，最令人害怕的是"倭寇"。老一辈的香山人说，洪武十三年（1380），倭寇曾袭击东莞，烧杀抢掠，来去飘忽如风，前一刻海上还是风平浪静，但一眨眼，他们已经杀到跟前了，比妖魔鬼怪还恐怖。朝廷设立了备倭总兵署，备倭总督驻节南头，管辖广州、惠州、潮州一带海域，专门对付倭寇；不久又在南头设立广东六寨水师总部，由海防参将坐镇，督理广州、惠州、潮州的海防事务。但海盗并没因此而减少，反而愈来愈多。

洪武十四年（1381），朱元璋以"倭寇仍不稍敛足迹"，下令禁濒海民私通海外诸国；二十三年（1390）发布"禁外藩交通令"；二十七年（1394）又颁令禁止民间使用及买卖舶来的番香、番货等；三十年（1397）再颁令禁止中国人下海通番。朝廷订立了严刑峻法："若奸豪势要及军民人等，擅造三桅以上违式大船，将带违禁货物下海，前往番国买卖，潜通海贼，同谋结聚，及为向导劫掠良民者，正犯比照已行律处斩，仍枭首示众，全家发边卫充军。其打造前项海船，卖与夷人图利者，比照将应禁军器下海者，因而走泄军情律，为首者处斩，为从者发边充军"，"敢有私下诸番互市者，必置之重法，凡番香、番货皆不许贩鬻，其现有者限以三月销尽"。禁令之下，不仅海上贸易是死罪，连出海捕鱼也属犯法。

渔民不捕鱼，还能靠什么生活？朝廷不管这些人的死活，说不准出海，就不准出海。香山成千上万的疍民，祖祖辈辈以楫橹为业，一朝望洋兴叹，又没田可耕，等于要他们去喝西北风。反正"条条路崛头，条条路水浸"①，不如拿条命出来搏一搏。

这就是黄萧养造反时，疍民群起响应的原因。明末清初学者顾炎武在《天下郡国利病书》中，就中肯地指出："海滨民众，生理无路，兼以饥馑荐臻，穷民往往入海从盗，啸集亡命"，"海禁一严，无所得食，则转掠海滨"。朝廷实行海禁的动机，本来是为了防海盗的，但实际效果，却是制造了更多的海盗。

所谓倭寇，其实大部分是中国海盗。《明史》指出："大抵

---

① 粤语条条路都走不通的意思。

真倭十之三，从倭者十之七。"《嘉靖实录》也认为："盖江南海警，倭居十三，而中国叛逆居十七也。"那些普通的"中国叛逆"，一旦有了日本人做头领，其战斗力、破坏力，往往顿增数倍。人们最害怕听见半夜响起的锣声，那是警告海盗来了。锣声一响，四乡鸡飞狗跳，有人挑着粮食踉踉跄跄往山上跑，有人一头扎进河边芦苇丛躲藏，有人坐在猪圈里哭爹喊娘，有人趴在茅坑里大气也不敢出，比炸了马蜂窝还乱。这景象，一年总有那么几回，这日子还怎么过？

黄萧养搞出的那场泼天大祸，过去还不到十年，天顺二年（1458）的一个晚上，人们最不想听见的锣声，又在四乡八镇敲响了。一股海盗与倭寇联合行动，袭击香山千户所，总督备倭指挥杜信仓猝应战，竟被杀死，备边兵船也被烧个精光，火光把夜空照得通红透亮，整个香山都被震撼了。人们望着熊熊大火，心里都在哀叹："什么时候有个完啊？"

历朝历代的《香山县志》里，关于"土寇""倭寇""海寇""山寇""草寇""盗贼""海盗"的记载，数不胜数。天顺至嘉靖初年，广东沿海最著名的海盗团伙，就有严启盛（香山人）、魏崇辉（海阳人）、苏孟凯（饶平人）、黄秀山（东莞人）、许折桂（东莞人）等。尽管官军先后剿灭，但医得头来脚反筋，一波未平，一波又起。

嘉靖三十年（1551），一个骇人的消息不胫而走：香山附近又来了一股"剧盗"，为首者叫何亚八，东莞人。曾任兵部职方司员外郎的南海人霍与瑕在《勉斋集》中说："嘉靖三十年，乡多寇祸，窃横行香山、新会、番、南之郊。"《明世宗实录》说何亚八"纠集番徒，沿海劫掠"。黄佐所纂《广东通志》，甚至说何亚八曾攻到了石岐："辛亥（嘉靖三十年）六月，海盗何亚八同番贼由石岐抵瀛，纵火劫村。"备倭都指挥俞大猷在《论邓城可将书》中，更直截了当把他们称作"香山贼"。

这里有一个令人注目的细节，就是何亚八所勾结的，是"番贼"而不是"倭寇"。当时不有不少人盛传，所谓"番贼"，是一些来自更遥远的大海彼岸的人，"长身高鼻、猫睛鹰嘴、卷发赤须"，据说叫"狒狼机"。事实上，何亚八并不是普通的打家劫舍强盗，他经营着庞大的海上走私贸易网络，是这些"狒狼机"人的生意伙伴，足迹远及南洋。

所谓"狒狼机"，其实就是葡萄牙。如果黄佐的记述没错的话，那就意味着，葡萄牙人确实曾经深入到石岐了。但迄今还没有更多的史料，足以佐证这一说法。有人怀疑，黄佐所说的石岐，可能是海南岛的"石石𤫩"；也有人考证，俞大猷说的"香山贼"，应另有所指，并非何亚八。

但这些事后的考证，对当时的香山人来说，意义不大，因为他们的生活，已被何亚八和"番贼"搅得天翻地覆。人们害怕"狒狼机"的火枪，更甚于倭寇的弯刀，一打起来可不是玩的，声响如雷，火光四溅，谁挨一弹，必血肉横飞而死。于是，家家户户赶紧收拾砂煲罂罉，赶着猪牛鸡鸭，向别处仓皇逃去了。

朝廷费尽九牛二虎之力，动员了几省之力，直到嘉靖三十三年（1554），才算把何亚八之患扑灭了，俘斩一百四十六人，溺水烧死甚众。然而，海禁一日不解除，像何亚八这样的走私集团，便不会消失，剿灭一个，又会冒出十个。隆庆五年（1571）至万历三年（1575），广东的山海之寇，鼓噪四起，云卷风驰，达到了一个历史的高潮。

海盗猖獗，受打击的首先是盐业。明代在广东设广东、海北两个盐业提举司。广东提举司领十二场，包括靖康、归德、东莞、黄田、香山、锉峝、海晏、双恩、咸水、淡水、招收、小江，后来黄田并入东莞，咸水并入淡水，共十场。明代初年，香山场有灶户六图，灶排灶甲约六七百户，虽然算不上很兴盛，但也基本维持了宋、元以后的规模。

黄萧养聚众造反时，盐丁有的入伙追随，不愿入伙的四散逃避，原有的盐场生产体系，几乎全盘瓦解。《延陵吴氏族谱》记载："谱叙我祖葬大迳山地，离山场村不远，先世聚族于斯。明正统间，经苏有卿、黄萧养寇劫盐场，芟夷庐舍，残害灶丁，近场一带居民四散奔逃。我四房散居各乡多以此。"许多盐田，连人影也不见一个，完全荒废了。康熙朝《香山县志》记载了盐户流失的严重程度："时盐道吴廷举奏奉勘合，查（香山场）民户煎食盐者，拨补灶丁，仅凑盐排二十户，灶甲数十户。"也就是说，官府从民户中调拨了一部分人去补充灶丁后，也仅得"盐排二十户，灶甲数十户"，由此可以推想，在补充灶丁之前，还剩多少盐排，多少灶甲？

为了让盐业尽快复活，官府对盐场制度，作了重大改革，把原来"灶图—灶甲(灶排)—灶户"的三级制,改为栅甲制,所有盐户分为上下二栅,允许筑塈煮盐,自煎自卖,供纳丁课;每栅十甲,栅长负责协助攒典①,督促盐丁办纳盐课;甲设灶甲,由盐场栅甲轮流负责催征盐课,周而复始。新政最大的特点,就是允许"自煎自卖",希望通过放宽对私盐的管制,刺激盐户的生产积极性,吸引流失的人口回流。

但改革的成效,似乎并不明显,盐户的数量在继续减少。其中还有一个原因,是沿海的基围愈筑愈多,阻挡了海水,改变了水陆界线,以致盐田缺少海水的浇灌,卤气不足,制不出盐了,很多盐田都变成了稻田。但官府的盐课额,却是一本通书读到老,不减分厘,盐丁完成不了,只好逃亡。

这逐渐形成了一种恶性循环,官府也觉得再不改革,已经不行了。万历年间任香山知县的但启元,对盐政做了一些调整,康熙朝《香山县志》记述:"启元于万历四十年(1612)清审盐场丁口,怜其疲弊,一再申请,力为豁去玖拾柒丁,岁解课肆拾伍两有奇,而后灶民有更生之望矣。"官府就做了这点小调整,盐民已感戴二天,在恭常都翠微村为但启元建生祠、立功德碑了。但这些零星改革,并不能令盐业回黄转绿。香山盐业的衰落,似乎已无可挽回。很多老人和晚辈说起盐场昔日的兴旺,最后都是以一声长叹结束:"那都是老黄历啰,好汉不提当年勇……"

明朝实行里甲赋役制度,按照《明实录》的说法:"以

---

① 攒典是官吏名,主管仓库、税课、钱粮等。

一百一十户为里，一里之中，推丁粮多者十人为之长，余百户为十甲，甲凡十人。岁役里长一人，甲首十人，管摄一里之事。城中曰坊，近城曰厢，乡都曰里。凡十年一周，先后则各以丁粮多寡为次。每里编为一册，册之首总为一图。其里中鳏寡孤独不任役者，则带管于百一十户之外，而列于图后，名曰畸零。"这大致上也是香山的基层管理系统。

然而，在山寇海盗的不断骚扰下，民众东零西落，流离失所，人口大量流失，原来的里甲编制，都被打乱了，在许多地方名存实亡。明代中后期，香山北部和西南部的沙坦已开始淤积，香山县除了今三角镇、民众镇东南及接近洪奇沥和横栏镇、大涌镇、板芙镇以西至磨刀门水道间还没完全成陆外，石岐以北整个地区，都已淤积形成。但令人忧虑的是，虽然耕种面积日渐扩大，但务耕人口却日渐减少。

天顺、成化年间（1457—1487），香山人口的锐减，到了触目惊心的程度。按明天顺六年（1462）的统计，全县人口只有4846户、19477人，与洪武二十四年（1391）相比，几乎拦腰砍掉了一半。成化十八年（1482），人口数更跌到谷底，只剩下4684户、17164人。黄佐主持编纂的《香山县志》，禁不住悲叹："邑本孤屿，土旷民稀，自永乐后寇乱不时，迁徙归并，以故户口日就减损。弘治初，番南新顺寄庄①益繁，自恃豪强，赋

---

① 番禺、南海、新会、顺德各县豪强在香山置备土地，设庄收租，谓之"寄庄"。

役不供，吾邑里甲，贻累日甚，欲户口之增亦难矣。"

平心而论，人口流失、海盗增多，并不能完全归咎于黄萧养之乱，疍民群起造反，是他们生存环境恶化的果而不是因，最重要的因是：朝廷实行严厉的海禁。这是一个真正断送两宋所开创的文明进程，把中国拖入闭关锁国时代的恶政。

几百年后，当人们说起香山上栅村、下栅村（今均属珠海市）这两个地名的由来时，已没几个人讲得清了。有些白发老翁说，是因为明朝时盐场户役编册，把盐户分为上栅与下栅；另一些白发老翁则说，是明代倭寇猖獗，官府在官涌河海口、东岸涌入海口，兴建上下两道栅栏，作为海防工事。

"是盐栅，族谱里记得清清楚楚。"

"是海防，古书里也写得清清楚楚。"

"是盐栅。"

"是……"

到底是因为什么？人们各持己见，争论不休。直到那些白发老翁一个一个都走了，那些唱着"落雨大，水浸街，阿哥担柴上街卖"的细佬仔，一个一个成了白发老翁；直到从上栅村遥望大海的岸线，渐渐远去，再也看不到片片归帆，再也听不到夜潮拍岸的声音了。时光就在争论中，悄然流逝。

最是澳门雄

　　明朝的海禁，还有一个更大的祸害，就是几乎切断了中国的海上丝绸之路。15世纪最重大的历史事件，莫过于意大利人哥伦布跨大西洋航行，发现了美洲新大陆，一个改变世界格局的大航海时代，已悄然兴起。但这时的大明王朝，却仍对世界疑神疑鬼，以为九州之外，都是龙荒蛮甸，近之则不逊，远之则怨，所以只允许他们若干年朝贡一次。朝廷对朝贡者，都会赐予十倍的金帛珠玉，以示施恩布德，如果朝贡太多，朝廷也受不了，所以只准朝贡国按时按量朝贡，比如规定安南、占城、高丽、真腊、爪哇等国三年一贡，琉球两年一贡，暹罗六年一贡，日本十年一贡。每贡不能超过三艘船，每艘船上人不能超过两百（后来放宽到三百）。非朝贡国的商船，统统拒之门外。

　　永乐初年，朝廷在广州、泉州和宁波分设三个市舶提举司，管理"四夷朝贡"，这是代表朝廷施恩布德的机构。在市舶司之外，朝廷又另委派一名太监到广州，作为皇帝的私人代表，提督市舶司，设立"提督市舶衙门"（又称市舶公馆）。但到了嘉靖元年（1522），由于发生日本两批贡使团互相厮杀的"争贡之役"，朝廷关闭了福建、浙江两个市舶司，只留下广东市舶司。

这时，一个叫濠镜澳的地方，开始进入了历史的视野。

濠镜澳在香山的南部，归香山县管辖，有人把它写作"蠔澳""壕澳"，或"吞门""壝门"，也有人把它叫做"香山澳"，但今天它更广为人知的名字是——澳门（以下除引文外，一律称澳门）。乾隆朝《香山县志》描写澳门的天然形胜："澳门僻处海岛，北枕青洲山，南望十字门，波涛澎湃间，鲸鱼出没，云气往来，实为壮观。"

人们经常把澳门形容为一朵清丽的莲花，屈大均在《广东新语》中如是谓："香山城南以往（百）二十里，一岭如莲茎。踰岭而南，至澳门则为莲叶，岭甚危峻，稍不慎，颠坠崖下。"康熙十九年（1680），首次踏足澳门的江苏人陆希言，亦情不自禁地惊呼："遥望如一叶荷葵，横披水面，迨其茎，则有关焉。"同年到澳门游的大画家吴历，写下了这样的诗句：

> 关头阅尽下平沙，濠镜山形可类花。
> 居客不惊非误入，远从学道到三巴。

他在诗末附了一句："山色紫黑，形类花朵。"因此，澳门也常被人冠以"莲岛""莲埠""莲城""莲地"等雅称。文人的想象力，实在是很丰富。其实，澳门虽然多山，却都不高，最高的东望洋山，海拔亦不过93米，被屈大均形容为"岭甚危峻"的莲峰山、西望洋山、妈阁山、凤凰山、马交石山等，都超不过70米。反而在澳门南部的氹仔岛上，有一座海拔159米的大氹山，再往南的路环岛上，有海拔171米高的塔石塘山，两山对峙，颇为壮丽。

乾隆年间（1736—1795）在广东做官的张甄陶在《澳门图说》中描述："澳门在广州府香山县之东南，去县治陆路一百四十里，水路一百五十里。凡海中依山可避风、有淡水可汲曰澳。又东有大十字门，西有小十字门，海舶由以出入，因呼曰门。"屈大均这位足迹曾遍及岭南山水的学者，用简单的十个字，便概括了澳门的地位："广东诸泊口，最是澳门雄。"

2007年，考古学家在澳门路环岛黑沙湾发现了一个四千年前的磨制玉器作坊，有石芯、石英和打制砾石的工具，还有五千多块陶片，上面刻有各种花纹，引起了巨大的轰动。后来又在莲花茎发现了春秋战国时期的簋、罐、陶碗，还有青铜斧子，证明澳门不仅早就有人居住，而且不乏能工巧匠，制作器具的工艺，一点也不比内地差。这完全打破了人们对远古时代澳门只是一片怒海荒茫的想象。

宋代著名风水先生赖布衣，原名赖凤岗，又名赖太素，道号布衣子，曾任国师，据说受秦桧陷害，流落民间。他精通古传秘笈《撼龙经》，一心要寻找南方的龙脉。从江西一路翻山涉水，寻壑访丘，追踪到广东后，他发现龙脉分成了两支，其中一支伸向宝安、香港，其地名为"九龙"；另一支伸向香山，直达澳门莲峰山下，其地名为"龙环""龙田"。

赖布衣循着香山一脉踏勘，在石岐发现了一块叫"乌鸦地"的风水宝地，山环水绕，来龙深远，气贯隆盛，是好龙、好砂、好水的一处真穴，如果先人葬在这里，将来家里可出宰相。有一富户赶紧把地买下，准备安葬先人的魂坛，并答应用一斗金子、一斗银子和一斗珍珠，请赖布衣算个落葬的吉时。

赖布衣说："等到人骑马，马骑人，鲤鱼上树，戴铁帽的时候，就可以落葬了。"富人听了莫名其妙，全家人在墓穴前苦苦等候。中午时分，烈日当头，没有一丝风，所有人都热得汗流浃背，受不了了，有人把纸扎大马顶在头上，有人干脆把纸扎鲤鱼挂到树上，自己躲起来乘凉；这时有人从城里回来，经过墓地，头顶着一只铁镬遮挡太阳。赖布衣一拍手说："好！吉时已到！"原来把纸马顶在头上，就是"人骑马，马骑人"；纸扎鲤鱼挂在树上，就是"鲤鱼上树"；把铁镬顶在头上，就是"戴铁帽"。

当天晚上，这家人请赖布衣吃饭，闭口没提报酬的事。赖布衣以为他们要赖账，十分恼怒，便说："你们要在墓地四周建一道围墙，才有保住龙气。"这家人言听计从，赶紧去砌了一道围墙。等赖布衣告辞时，他们把承诺过的一斗金、一斗银和一斗珍珠，如数奉上，赖布衣这才明白自己错怪好人，但悔之已晚，墓地四周砌起了围墙，把乌鸦的翅膀压住了，乌鸦无法起飞，这户人家后来虽然出了几个举人、进士，但始终没有出过宰相。有一年，人们挖开墓地四周，发现下面全是红土，都说这是乌鸦被压断翅膀，流出来的血。

这些神乎其神的故事，在香山家喻户晓，每每说起，人们还煞有介事地宣称：这条龙脉，能屈能伸，或隐或现，矫健活泼，经过石岐、雍陌，一直深入澳门。然而，多少个世纪以来，澳门都只是沿海渔民避风的湾澳而已，没有出什么真龙天子，也没有令澳门繁荣起来，除了起伏的冈阜，地无三尺平，人烟稀少。最豪华的建筑，也许就是那座据称始建于弘治元年（1488）的妈阁庙了。

明代以前，官府也不觉得这荒凉的地方有多重要。东莞守御千户下辖的南头水寨，拥有六十多条兵船，分为汛地三哨，一巡佛堂门，一巡大星，一巡广海，而香山澳门，属广海范围；另外还招募了一千名兵夫和船夫，驾着二十艘兵船，逡巡于南头澳、澳门、佛堂门、伶仃洋等处，主要是为了防海盗。

直到16世纪，西方世界迎来了一个觉醒与扩张的时代。以葡萄牙、西班牙为代表的海洋强国，在欧洲迅速崛起，并向东方展开凶猛的殖民扩张；而英国、法国等后起之秀，亦已蓄势待发。在马六甲，葡萄牙人遇上了几艘中国商船，初次打探到中国的真实情形，他们知道了广州是南中国沿海最大的商业中心，全国水陆两路的大量货物都在广州装卸。还有一个叫"Oquem"的港湾，距离广州陆行三日程，海行一日一夜。后来史家推测，这个"Oquem"港湾，就是濠镜，即澳门。葡人欣喜若狂，仿佛找到了一个巨大的宝藏，只要念动"芝麻开门"的咒语，无穷的物华天宝，将取之不尽。

就在黄佐第一次上京会试那一年，也就是正德八年（1513），第一艘抵达中国的葡萄牙船，在广东屯门澳①抛锚泊岸。但他们受到官兵的监视，不被准许登岸。由美国历史学家所撰写的巨著《欧洲形成中的亚洲》，曾这样描述："每当一艘外国的船只停泊在中国的沿海时，它会迅速被中国的船只包围，这样一来，外国人就无法进行交易，购买供应品，或与任何人交谈。"但这些包围洋船的中国船只，有时却偷偷和洋船做起生意来。这艘葡萄牙船很快就以极高的价格，把他们带来的货物全部脱手了，还上了岸，竖立了一块刻有葡萄牙国徽的"发现碑"，作为纪念。

这次初航中国，只是贼佬试砂煲②，没有与官方正式接触，也没有进行大规模的贸易，因此在中国古代的官史上，并无记载。但葡萄牙人发现，在广东做生意简直太好赚了，于是成群结队地来了。正德十二年（1517），葡萄牙商船再次停泊在屯门澳，并上岸修筑营垒，派人把葡萄牙国王的书信送到广州，鸣炮升旗，要求见武宗皇帝朱厚照，开展海上贸易。这种强横无礼的举动，令朝廷又惊又怒。

正德十六年（1521），朱厚照帝归天，皇太后懿旨，禁止葡萄牙入贡。嘉靖元年（1522）夏秋之间，葡萄牙人根据国王的命

① 屯门澳究竟在哪里，史界有争议，其中一说，是指大奚山、大濠岛，即今香港大屿山。

② 粤俗语，指试探性的行动。

令，派出了六艘战舰，三百多人，浩浩荡荡，从马六甲开抵广东海岸的西草湾。

"西草湾"这个地名，在万历九年（1581）刊行的应槚《苍梧总督军门志》的"全广海图"中，标示在澳门半岛以南海域中。万历年间的郭棐的《粤大记》海图，也把"西草澳"标为澳门以南的一片海。虽然有的文献把西草澳归入新会县范围，但其实是因为香山巡司官兵隶属于广海卫，而广海卫的指挥机构设在新会县。也就是说，在海防军事体系中，西草澳归新会县的广海卫管，但地方行政归香山县管。

广东按察使汪鋐率领明军大举出兵，以武力驱逐葡萄牙人。这是中国第一次与欧洲国家开战。海战持续了数月之久，明军先败后胜，把葡萄牙人全部赶走。《明世宗实录》记录了明军与葡萄牙人的战斗过程："备倭指挥柯荣、百户王应思率思师截海御之……向化人潘丁苟先登，众兵齐进，生擒别都卢、疏世利等四十二人，斩首三十五级，俘被掠男妇十人，获其二舟。余贼米儿丁甫思多减（灭）儿等复率三舟接战，火焚先所获舟，百户王应思死之，余贼亦遁。"这场海战颇为激烈，葡方文献亦有记载，他们损失了两艘船，数十人被俘，其中一些人因伤势严重而死，一些人因饥寒身亡，有二十多人在嘉靖二年（1523）秋被"诛戮枭示"。

这次胜利，让官府吃了一颗定心丸：以前最怕葡萄牙人的火器，现在看来，也不是什么九龙神火罩，不必过于畏惧。嘉靖八年（1529），广东巡抚林富奏请允葡萄牙人互市，罗列了互市的四大好处：一是诸番来华贸易，抽分法所得"足供御用"；二是资财可"籍以充军饷"；三是"番舶流通，上下相济"；四是小民可从贩卖中满足衣食所需。以上四利"助国裕民""因民之利而利之"，显示了一种打开国门的自信心。

但朝廷的戒心并未消除，只同意开放部分海禁，所有洋舶，都不能直接到广州，必须停泊在香山附近各洋澳，等候守澳官登船验货，审查批准后才能前往广州。嘉靖十四年（1535）朝廷把原来设在电白的市舶司移驻澳门，就近管理朝贡贸易，香山在海上丝路的位置，益发显得重要了。

在香山南部鸡啼门入海口附近，有一处地方叫"浪白澳"，是洋船横过厓门水道，前往澳门、大屿山的一个中继站，不时会有洋舶在这里停泊，或为躲避风暴，或为补充淡水、粮食。万历朝《广东通志》列出了珠江三角洲最重要的几个湾澳："夷船停舶，皆择海滨地之湾环者为澳。先年率无定居，若新宁则广海、望峒，香山则浪白、镜澳、十字门，若东莞则虎头门、屯门、鸡栖。"浪白澳是其中之一。这个地名如今已湮没了，而珠海那条分隔南水、北水的浅浅的南水沥，就是当年大名鼎鼎的浪白澳。

嘉靖二十八年（1549），葡萄牙人的船来到浪白澳南水村（今珠海南水镇），请求守澳官允许他们搭篷栖息，等转吹西北风就离开。这又是一次贼佬试砂煲。紧接着，何亚八事件发生了，葡萄牙人也卷入其中。朝廷为了分化瓦解，采取了不同策略，区别对待，对葡萄牙人以"抚"为主，对何亚八则以"剿"

为主，这给了葡萄牙人乘虚而入的机会。

当官兵围剿何亚八时，葡萄牙人采取了中立立场。事后，他们觉得自己手上有筹码了，可以向中国索取更多的优惠待遇，于是不停以各种理由，在浪白澳登陆。没过多久，甚至在连湾山南面的文湾山（今名南水），也有葡萄牙人泊居了。

官府一再恐吓香山民众，这些"狒狼机"番鬼佬，与以前来做生意的南洋人、东洋人都不同，他们会伙同海盗，掳劫男人和妇女、烹食小孩。民众听了惶恐不安，互相告诫要看紧自家小孩，晚上锁好门窗，以防"狒狼"进村，把小孩抢走。

但也有一些人偏不信这一套，觉得这是个赚钱的机会。富贵从来都是要险中求，出海打鱼也会死，上山打柴也会死，怕得了那么多吗？他们结伙溜到浪白澳，先是装作看热闹的没事人一样，挨挨挤挤，凑近洋人身边的通事（翻译），问长问短，发现洋人急需粮食、淡水，便从山上挑几桶水下来，把家里的豆子、果蔬、村酒扛来，试着和洋人交易，换了些稀奇古怪的洋酒、洋布、折铁刀、玻璃瓶、金镶戒指和描金粉盒回来，一转手居然赚了几倍。

就像发现了银矿一样，消息一传开，往浪白澳跑的人，络绎不绝。他们专盯着那些洋人，每有风舶番船埋岸，便蜂拥而上，围着洋人打转，有的打探洋人有没有苏木、胡椒，有的问洋人要不要大米、淡水，有的向洋人炫耀自己修船的技能，有的吹嘘自己补帆的本事。大家虽然语言不通，但哇啦哇啦加上比划手势，也能明白对方的意思。葡萄牙人用胡椒换取丝绸和麝香，生意做得风生水起。

浪白澳这个荒僻之地，居然一天天变得灯光火着①，人畜兴旺了。

为了防范这些苍蝇般难缠的葡萄牙人，朝廷干脆把浪白澳指定为海上贸易的地点，所有海外商舶都到浪白澳交易。敕令一出，那些做着发财梦的人，从四面八方扑过来。有的专门从事运输，从内地把各种洋人要的商品运来，有的专门收购洋人商品，再转卖到内地；附近农民把一筐筐青菜挑来卖，酒家也运来了一坛坛的烈酒，木匠来了，铁匠来了，瓦匠也来了。人来到这里就要住房子，货物也要仓库贮存，于是愈来愈多的房屋盖起来了；与洋人做买卖，要懂他们的语言，于是专门做翻译的人出现了。

令人惊叹的是，一个小小的浪白澳，竟催生出一个几乎完整的"市井"来，包括各行各业，也包括各种犯罪活动。按照朝廷规定，所有与海外的私人贸易，都是违禁的，但利润丰厚诱人，商人们干脆招兵买马，武装押运。嘉靖年间（1522—1566），声震粤、闽、浙的"海盗"黄秀山，其实就是一个武装走私集团，有时官军与地方官员也入股参与这种武装走私活动，因此禁而不止，愈演愈烈。

嘉靖三十九年（1560），在浪白澳上居住的葡萄牙人，已多达五六百人，加上他们身边的日本人，足有一个城镇的规模了。他们的衣食住行、吃喝拉撒，都要仰仗当地人协助解决，可以推测，在这里居住的香山人，必定数倍甚至数十倍于洋人，这

---

① 粤语"灯光火着"，兴旺之意。

才足以支撑起一个商品集散中心的运作。有一个细节，可看出当地商贸繁盛的程度：这些洋商在完成交易，离开浪白澳时，把他们的"棚寮"租给新抵埗的洋商，每间房的租金，可高达"数百金"，简直可以与广州这些大城市比肩了。

然而，让官府头痛的是，葡萄牙人"上得床来拉被衾"①，被允许在浪白澳做生意后，又进一步觊觎澳门。嘉靖三十二年（1553），他们以货物被海水打湿为由，请求官府同意他们到澳门陆上晾晒货物。当时因葡萄牙人协助消灭了何亚八，两国正处于"蜜月期"，广东海道副使汪柏不想得罪葡萄牙人，也觉得这个要求合情合理，便同意了。

汪柏还有一个更实际的考虑：朝廷正倾举国之力，在四海之内搜罗龙涎香，户部曾行文广东，采购龙涎香百斤，悬赏每斤价银一千二百两，仅购得十一两，送入宫中鉴定，竟然都是假货。由此可知，龙涎香是一种多么稀缺的珍物，能找到三两五两，进贡大内，仕途将光明灿烂。因此，广东官员急烂肝肠，四处发疯寻找。世界最大的香料市场马六甲，已被葡萄牙人占领，为了得到龙涎香，官员们私下都把葡萄牙人当灶王爷一样哄着、供着。

葡萄牙人狂喜不已——终于踏上这块梦寐以求的土地了。他们上岸后，第一眼便看见一座大庙，他们问当地人，这是什么地方，当地人回答是"妈阁庙"，葡萄牙人以为是个地名，便把这

---

① 粤俗谚，形容得寸进尺。

个地方叫做"Macau"（英文写作"Macao"），后来香山人把它转译为中文"马交"，成了澳门的另一个名字。

葡萄牙人在澳门搭建了一些简易的棚寮，存放和晾晒货物。最初他们确实信守承诺，晒完货物就走，但后来这竟成了一个惯例，每次经过澳门，都要上岸晾晒货物。慢慢地，就有一些葡萄牙人长住在岸上了。

万历年间在中国生活的意大利传教士利玛窦（Matteo-Ricci），在那本他去世后才出版的《中国札记》中写道："他们（广东人）从未完全禁止贸易。事实上他们允许增加贸易，但不能太快，而且始终附有这样的条件：即贸易时期结束后，葡萄牙人就要带着他们全部的财物立即返回印度。这种交往持续了好几年，直到中国人的疑惧逐渐消失。于是他们把邻近岛屿的一块地方划给了来访的商人作为一个贸易点。那里有一尊叫做阿妈（妈祖）的偶像，今天还可以看到它，而这个地方就叫做澳门，在阿妈湾内。"

葡萄牙人以每年五百两银，行贿广东官员，换取在澳门的居留权和港口经营权。久而久之，这笔贿金公开化，成为葡萄牙人缴给广东布政司的地租，名为"水米椒银"。到嘉靖四十二年（1563），居住在澳门的葡萄牙人和他们的仆役，已多达千人。

虽然朝廷允许葡萄牙人在澳门做生意，但还是设有诸多限制的。要由官府认可的殷实商人充当官牙，代理市舶司管理朝贡贸易。哪家牙行接引哪个国家的贡船，都由官府规定好，不能随便过界。牙行从官府领取印信文簿，上面注明客商船户的住贯、姓名、路引字号、货物数量，官府每月都要查验一次。牙行的主要职责是：番舶抵岸后，上船验货，代为报官；市舶司对番货征税后，估值定价，介绍买卖；管理番货市场的各种事务。朝贡的物品，不用运上京城的，都在这里抽分，然后交由牙行招商发卖。

那时广州有所谓"三十六行"，即三十六家主要牙行。香山也有自己的牙行，其功能与运作形式，与广州的三十六行大致相同。清代阮元修纂的《广东通志》说："唯澳夷自明季听其居于濠镜，无来去期限，每年租银五百两，归香山县征收，不与十三行交接，自与香山县牙行互市。"

这些牙行利用垄断地位，千方百计，牟取最大的利益，往往船还没开始验货，他们就先和船主私下交易，把最值钱的货品买走，"或去一半或去六七。而后牙人以货报官。"明人严从简在《殊域周咨录》中说，"则其所存以为官市者，又几何哉！"于是，朝廷在嘉靖三十五年（1556），对官牙制度实行改革，开放给更多民间商人加入，同时建立客纲和客纪，前者是牙行的主事，后者是牙行的经纪。

牙行都已买通了官府，口含官宪，坐拥富赀，财雄势大。黄佐在《广东通志》中说：客纲、客纪，"以广人及徽、泉等商人为之"，其中不少就是香山人。1962年，一份题为《1500年至1630年在印尼群岛的亚洲贸易和欧洲影响》的西方文献，如此记述牙人的角色："当（外国）帆船到达后，通知于广东的地方官。广东的评价者（牙行）就来估价货物，然而他们是和中国批发商人一起评价货物价格的。"文献判断："评价者或本身就是商人，或为商人的联手。显然，他们是为自身利益以及政府的利益而活动。"

在明朝的官方文件中，时常可见"奸商棍揽""市舶豪棍""商棍"一类称呼，所指就是从事外贸的牙行商人。崇祯四年（1631）广东巡按御史的一份题报，经兵部尚书上奏朝廷，便有如此描写：

> 省会（指广州）密迩澳地（指澳门），夷之实逼，此处非粤之利也。其初，不过以互市来我镜濠，中国利其岁输涓滴，可以充饷，暂许栖息，彼亦无能祸福于我。乃奸商揽棍，饵其重利，代其交易，凭托有年，交结日固，甚且争相奔走，唯恐不得其当。渐至从中挑拨，藐视官司，而此幺麽丑类，隐然为粤腹心之疾矣。

文中"饵其重利，代其交易，凭托有年，交结日固"十六字，正是明代广州和香山牙行商人，亦即清代十三行前身的一个真实描述。澳门海市，每年春夏间为旺季，有二十多艘商船入港，广州三十六行的牙商，纷纷结队前往香山，香山本地牙商，亦加入一起竞争，承买番货，码头上热闹非常，几乎每个人都赚到钱了。

官牙的作用，日益重要，从代官家验货、定价、征关税，到发卖舶货，一条龙服务，而市舶司的权力，则逐步分解，功能日见萎缩，双方呈此消彼长的态势。牙行实际上成了行之数百年的市舶司制度的掘墓人。

澳门开埠，开启了香山人登上世界商业舞台的第一幕。

十字门开向二洋

就做生意的方便而言，浪白澳其实远不如澳门。澳门附近，早已形成一些村落，提供粮食、淡水比较容易；作为避风港湾，地理位置也比浪白澳优越得多。在澳门对开的氹仔入口处，可以停泊装有64门火炮的战船，出口处可以通行载重七八百吨的船只，还可以避开北风和南风。经过妈娘阁炮台后，船只就可以进入内港。这是一条通往广州的非常优越的航道。如果说以前葡萄牙人在澳门，还只是搭建一些临时建筑，对外宣称是"暂时栖身"，那么到嘉靖三十四年（1555），一批葡萄牙传教士登上澳门，构筑永久性房子做教堂，便堂而皇之地把澳门据为己有了。

自从有了澳门，葡萄牙人认为其他各澳都无足轻重了，被逐渐放弃。屈大均在《广东新语》中写道："蠔镜在虎跳门外，去香山东南百二十里，有南北二湾，海水环之，番人于二湾中聚众筑城，自是新宁之广海、望峒、奇潭，香山之浪白、十字门，东莞之虎头门、屯门、鸡栖诸澳悉废，而蠔镜独为舶薮。"浪白澳兴旺了没几年，因为澳门的开埠而冷落了，原来在浪白澳做生意的人，纷纷转战澳门。

万历十年（1582），有一位葡萄牙人预言："由于外商的纷至沓来，中国内地其他各省也就运来各种各样货物，结果是这个聚居点就在贸易上十分出名，东方各式各样的货物大批聚集于此。这样一方面由于这里进行大量贸易，另一方面也由于这片土地十分安宁，它的人口规模也就不断增长，可以预计不久之后，它将成为这一带最繁华的城市之一。"

眼看着葡萄牙人在澳门的势力，愈来愈大，是否允许葡萄牙人长居澳门做生意，朝廷分成两大派，发生了激烈争论。以总兵俞大猷为代表的武官属于"关门派"，强烈主张把葡萄牙人驱逐出澳门；福建巡抚庞尚鹏则代表了一部分沿海地区文官的意见，不反对与葡萄牙人通商，也不反对收回澳门，可以让洋人继续在浪白澳贸易，属于"半开门派"；而出生于南海县的兵部职方司员外郎霍与瑕和两广总督张鸣冈，则属于"开门派"，建议准许葡萄牙居澳门贸易，只需加强防范与管理即可。

很显然，真正在沿海地区主管地方事务的官员，大多是赞成澳门开埠的，福建巡抚那种模棱两可的说法，只是想和稀泥，两边不得罪，内心还是倾向于通商的，因为福建本身也是一个海贸发达的地区。只有那些终日横戈跃马，顾盼四海，一心建功立业的武官，才渴望和洋人在战场上一较高下。

这场争论，前后持续长达五十年之久，直到万历四十二年（1614），才算尘埃落定，朝廷采纳了霍与瑕和张鸣冈的意见，准许葡萄牙人租借香山澳门。这是中国第一个由中国官府管理，租借给外国人居住和贸易的"租界"。

怎么管理这些葡萄牙人，是一件头痛的事情。早在万历二年（1574），官府已在香山县莲花茎设立关闸，派守澳官把守，不准洋人逾越，香山百姓也不准随便过关。每个月开启六次关闸，百姓可以过关卖粮食和日用品给洋人，其他日子，不得越雷池半步。当地人称之为"鬼子关"。但香山与澳门，本来就是山水相连的，连绵不绝的山川阡陌，哪里不能相通？一个小小的鬼子关，哪里阻挡得住人们越界买卖呢？

最令官府担忧的，还不是香山人越界买卖，而是葡萄牙人招揽了很多日本人。从澳门到日本，是葡萄牙人重点经营的一条航线，每年都有船只往返，很多日本人被葡萄牙人招揽，随船来澳门。倭寇一直是朝廷的大患，官府再三警告葡萄牙人，不要收容倭寇，但他们却置若罔闻。迨至万历四十二年（1614），澳门的日本人已多达百余，两广总督张鸣冈觉得，迟早是腋肘之患，乃向朝廷奏称：日本人从万历三十三年（1605）起就在澳门私筑墙垣，俨然独立王国，遇有官兵盘问，动不动就拔刀相向，杀了人便逃进茫茫大海，官府无从追究，久而久之，竟没有人敢惹他们。张鸣冈忧心忡忡地指出：这些日本人在澳门"业有妻子庐舍，一旦搜逐，倘有反戈相向，岂无他虞"？

海道副使俞安性奉命到香山，处理澳门的日本人问题。俞安性是浙江人，进士出身。他在香山雍陌设立参将军营，派千人驻守，负责监视澳门动静。他又到澳门巡视，在最繁华的中心大街上，筑起大栅栏，左右两道大门，按《旅獒》中"明王慎德，四夷咸宾，无有远迩，毕献方物，服食器用"二十个字，编为二十号，所有日本人要按编籍，入住指定号舍，互相监督，类似保甲性质。同时，又在澳门议事会，竖立石碑，宣示五项禁约：

一禁畜养倭奴。凡新旧澳商，敢有仍前畜养倭奴，顺搭洋船贸易者，许当年历事之人前报严拿，处以军法；若不举，一并重治。

一禁买人口。凡新旧夷商，不许收买唐人子女，倘有故违，举觉而占吝不法者，按名究追，仍治以罪。

一禁兵船编饷。凡番船至澳，许即进港，听候丈抽。如有漂泊大调环、马骝洲等处外洋，即系奸刁，定将本船人货焚戮。

一禁接买私货。凡夷趁买货物，俱赴省城，公卖输饷。如有奸徒潜运到澳与夷，执送提调司报道；将所获之货，尽行给赏首报者，船器没官。敢有违禁接买，一并究治。

一禁擅自兴作。凡澳中夷寮，除前已落成，遇有坏烂，准照旧式修葺。此后敢有新建房屋，添造亭舍，擅兴一土一木，定行拆毁焚烧，仍加重罪。

　　然而，守澳官的级别太低，葡萄牙人不把他们放在眼里。传教士向守澳官提出，要到内地传教。守澳官回答："你最好先去做学生，学习我们中国的话，以后你再做我们的老师，给我们讲解你们的教理。"但传教士一转身，就往广州去了。官府说不准他们再盖新房子，但过一阵子再去看，又有新房子盖起来了。

　　葡萄牙人在澳门站稳脚跟后，便与走私客互相勾结，从里斯本运来毛织物、玻璃精制品、钟表、葡萄酒等货物，到各地港口进行交易；在爱琴海换取香料和宝石，在马六甲换取香料与白檀，然后用这些物品在澳门换取丝织品、黄金，转往日本再换取小麦、漆器、船材等。据17世纪的欧洲出版物披露，16世纪末，葡萄牙人每年从澳门运走5300箱绢，每箱有繻缎百卷，薄织物150卷。晚年生活在澳门的瑞典商人兼历史学者龙思泰（Anders Ljungstedt），在《早期澳门史》中，引用《葡属亚洲》一书的数据称：葡萄牙人每年从澳门出口5300箱精制丝绸，每箱包括100匹丝绸、锦锻和150匹较轻的织物。这个数量，还在逐年上升。万历二十八年（1600），有一艘葡萄牙船从澳门驶出，船上的货物清单包括：

　　　　白丝：1000担，利润率150%；

　　　　各种丝线：不计其数；

　　　　各种绸缎：1万匹—2万匹；

　　　　黄金：3担—4担，利润率80%—90%；

　　　　金炼：不计其数；

黄铜：500担—600担，利润率100%；

水银：100担，利润率70%—80%；

朱砂：500担，利润率70%—80%；

黄铜手镯：2000担，利润率100%；

……

此外还有砂糖、麝香、茯苓、樟脑，以及不计其数的瓷器、家具、被单、帷帐等。这只是其中一艘船的货物。《明经世文编》收录了许孚远在万历二十二年（1594）写的一份奏疏，里面提到："日本长岐（崎）地方，广东香山澳佛郎机（葡萄牙）番，每年至长岐买卖。装载铅、白丝、扣钱、红木、金物等货。"丝织物在日本出手很容易，商人都抢着要，赚得葡萄牙人自己都不敢相信。

澳门是葡萄牙采购中国商品的一个中转基地，真正的货源，集中在广州。朝廷规定，澳门海市由香山县管理，负责验货抽盘，"澳夷"禁止进入广州。从嘉靖三十二年（1553）到崇祯十四年（1641）这几十年间，澳门从一个荒凉的避风澳，摇身一变，成为世界瞩目的繁盛商港。一船一船的绣品、丝绸、金银、麝香、珍珠、象牙精制品、细工小器、漆器、瓷器，从澳门起航，经好望角和巽地海峡航线，源源运回欧洲。直到英国人到来之前，葡萄牙人简直成了中国工艺品在欧洲的总代理商，而香山则是一个总的出海口。

在中国曲折而漫长的海岸线上，环集着大批葡萄牙、西班牙、英国、荷兰、法国、丹麦、神圣罗马帝国的船只，都在寻找登堂入室的门径。万历三年（1575），西班牙人首航广东，要求通商，官府以禁海为由，严词拒绝。万历十年（1582）西班牙国王派了四名使者到澳门，希望仿效葡萄牙人，在沿海开辟商埠，再遭拒绝。其后，在万历二十七年（1599）、万历三十八年（1610）、万历四十六年（1618）、万历四十八年（1620）、天启元年（1621）、天启三年（1623）、崇祯十年（1637），西班牙人连续七次到澳门，要求通商，不达目的誓不罢休。

不仅大清官府不准西班牙人在澳门做生意，葡萄牙人也极力反对，以免被别人分肥。西班牙只好在马尼拉建立与中国间接贸易的据点，由葡萄牙人把中国货从澳门运到马尼拉，再由西班牙人转运到美洲。西班牙兼并葡萄牙后，计划派遣一个使团访问中国，打开中国之门，修道士门多萨（Juan Gonsales de Mendoza）被委任为团长，但最终未能成行。门多萨根据各种资料，撰写了《中华大帝国史》一书，1585年付梓以后，迅速被翻译成拉丁文、意大利文、英文、法文、德文、葡萄牙文和荷兰文七种文字，在欧洲广为传播。

这是一部百科全书式介绍中国的巨著，内容涉及中国的疆域、地理、气候、土壤分类、行政区域建制、宗教信仰、贡赋、差役、军队、战争、法律、科技、行政管理等方面的情况。在记述中国的工艺美术时，门多萨以优美的笔触写道："中国的手工艺品极为精致，西班牙国王菲利普二世曾喜获中国床单，织法之巧妙，令人叹绝，很多西班牙能工巧匠都来观赏、借鉴；瓷器很便宜，最精致的瓷器是贡品，薄如玻璃；中国人普遍都穿丝绸服装，市场上的天鹅绒、丝绸和布匹价格如此之低，足以令使那些熟知西班牙和意大利纺织品价格的人大吃一惊。"这些出现在门多萨笔下的精美之物，大部分都是从香山澳门出口的。

万历二十年（1592），英国人掳获了一艘葡萄牙商船，除了获得大批精美的中国手工艺品外，还得到了一本澳门两年前出版的有关东方国家的书。英国人把其中记述中国的内容翻译出来。在书里，中国是一个东方最富饶的国家，拥有丰富的金银和其他金属；男人耕田种稻，女人养蚕缫丝；皇帝和皇后每年春天都举行推犁采桑的"耕田礼"，以鼓励农桑；中国瓷器分为三等，甚得葡萄牙人所贵重，并销往世界各地；中国城市里的店铺鳞次栉比，工匠多如牛毛，刺绣与花炮技术一流；中国人重视文学；实行科举考试，有秀才、举人、进士各种名目。书中田园诗般的描述，使得英国人对中国产生了无穷的遐想。

《欧洲形成中的亚洲》一书写道："随着早期葡萄牙人孤立零星秘密的报告被汇总到一起，加以整合并得到了由地理大发现史家、旅游文学编者、世俗史和宗教史作家们及制图师们，根据从欧洲古典和中世纪传说中取得的资料扩大详述，该世纪上半期通过葡萄牙开始慢慢流入欧洲的涓涓信息在1600年前快速成为巨流。"而这些关于中国的"孤立零星秘密的报告"，几乎都是从香山澳门流向全世界的。

这就是17世纪来临时的世界：人们都在谈论中国。

万历二十八年（1600），在西方的历史观中，是世界现代史的第一年。这一年，世界发生了许多对历史影响深远的事情，其中一件与香山有密切关系，那就是伦敦商人东印度贸易公司成立，把向东方拓展，作为首要目标。

英国商船终于在崇祯八年（1635）实现首航澳门，但他们不满足于在澳门和葡萄牙人做间接交易，总想突破中国的禁令，直接到广州。崇祯十年（1637），英王查理一世派遣五艘战舰，经果阿（印度属地）抵达澳门，要求登陆，葡萄牙人坚决不肯，并在澳门筑起东西两炮台，东面大炮台架起了26门巨炮，最重的一门竟达万斤，最轻的也有四千五百斤；西边小炮台也有十门大炮，摆出一副严阵以待的架势。

英国人不敢硬碰硬，这五艘战舰便转到香山东侧的虎门，派遣一百多名水兵登陆，纵火焚烧官衙，强占炮台，升起英国米字旗，还掳走了几条民船。他们声称此举"非寻衅，惟欲通商"。而广州官府则扣押了对方的货物和几个偷偷与英国人做生意的商人，其理由亦非寻衅，惟不欲通商而已。英国屡屡无功而返，引起英王不满，查理一世乃授予伦敦的"柯登集团"对东方贸易的五年特权，要求加快与中国实现通商的进度。一部中英通商史，就从这散发着浓烈火药味的一页，开始落笔了。

荷兰继英国之后，也成立了东印度公司，加入了对东方贸易的竞争之列。香山人把荷兰叫做"红毛国"，因为他们大都长着红头发。崇祯十七年（1644），即大清顺治元年，英国东印度公司的欣德号商船，再次抵达澳门，谋求通商。中国正处在改朝换代的动荡之中，烽烟四起，人心惶惶。英国人一无所获，再次空手而去。清顺治十五年（1658），又有国王费迪南号、理查德-马撒号两艘英国商船，驶抵澳门探路，仍然不得其门而入。

来自欧洲的商船，频频叩响中国的大门，清楚地传递着一个信息：世界的政治、经济格局，正发生着某种异乎寻常的巨变。波涛万里的海洋，呈现了前所未有的机遇，中国能够把握得住吗？

即使在朝廷把"通番"悬为厉禁时，广东民间与海外的私相交易，也一直没有停止，并愈做愈红火。香山人纷纷驾着船只，奔驰于波涛之间，把各种货物运给洋船。曾任广州府推官的颜俊彦在给友人信中便写道："香山之驾船往返海面者，无一而非接济。"对这种情况，他既愤怒又无奈。香山人把他们的大船，伪装成运木材的，遇到官兵拦截检查，便大呼小叫："我没有运违禁物啊！我没有下海澳啊！不要冤枉好人啊！"

官兵也很难把整船木料全卸下来，检查有没有夹带。其实在木料下面，往往收藏着粮食、黄金、刀坯、硝硫、铁锅、铜、锡、私盐、铁板、绸缎、酒、苏木、丝线、戏服等货物。这些东西，都是洋人梦寐以求的。

有一次，巡海的兵哨抓了两个在香山、顺德海上运木材的商人，一个叫吴明立，一个叫陆炳日，指控他们以运木材为名，从事接济洋人的非法勾当。颜俊彦负责审理此案，虽然证据确凿，却无法以接济洋人、走私贸易的罪名治他们，因为参与这种走私活动的，不仅有一般的船民、商人，也有香山本地的富豪家族，有众多的大小官员，甚至牵涉到香山县衙、香山参府和广州市舶司，个个都是狠角色，就怕拔起萝卜带出泥，愈查愈难处置。最后只能以吴、陆二人既无给照，亦无税单，判为漏税之罪，没收木材充官而已。

颜俊彦憋了一肚子气，在《澳夷接济议》中，大曝黑幕，直斥"香山（县衙），接济之驿递也；香山参府，接济之领袖也；市舶司，接济之窝家也"。他进一步指出：县衙设有抽盘科，负责对洋船进行抽丈盘验，但如今县衙不执行盘验，利用职权，中饱私囊，甚至派兵船协助搬运，这不是驿递是什么？说参府是领袖，也没有冤枉它，参府是负责弹压地方，防守水路的，但无赖奸徒，只要向参府买一小票，便可当做护身符，沿途畅通无阻，官兵都不敢拦截盘查，这不是领袖是什么？说市舶司是走私之窝，更没有说错，市舶司借查缉走私之名，到处勒索商人，把清白商人诬为走私接济，甚至一日之内，令数百人破产，冤惨彻天，而那些真正走私接济的，却受到庇护，大摇大摆出入于市舶司，纵横狼藉，人人侧目，这不是窝家是什么？

他一腔激愤，义正词严，所说的种种弊政，也大抵符合事实，但他没有说出、也不可能说出事情最关键之处：人们为什么不能光明正大地和洋人做生意呢？

这个问题一天不解决，走私问题也就一天不能解决，只会有更多的私商，不避刑辟，加入到走私行列，冲击朝廷的海禁政策。据清代旅行家、航海家谢清高在《海录》一书中所记，明代末年，"广州几垄断南海之航线，西洋海舶常泊广州"。许多非朝贡商船，也打着朝贡旗号，蜂拥而来，舳舻相接，十里连樯，在澳门排着队要进广州，好不热闹。

那些一心准备守着几亩沙田过世的老实农夫，最初见到年轻人去浪白澳和洋人做生意时，都觉得是不务正业，加以呵斥，但看到愈来愈多的人，做了几年生意，便买田买地盖大屋了，连修祠堂的捐款名册，他们的名字都排在前面，不由得也心动了。开始只让家里一个人去试试水，从洋人那里买几幅西洋布，买几块伽喃香，到省城倒卖，居然赚了不少银子。这下人们真的开窍了，原来不用辛苦下田，不用拽耙扶犁，不用担心虫害风灾，不用丰收又怕谷贱，失收又怕谷贵，钱是可以这样赚的，于是全家洗脚上田转饭镬，都去倒买倒卖了。嘉靖年间（1522—1566）的刑部尚书郑晓到广东巡视，发现"人逐山海矿冶番舶之利，不务农田"，令他印象深刻，后来在文章中再三言及。

万历十九年（1591），香山来了一位游客，名叫汤显祖。当地人没听过他的名字，也不知道他有什么事迹，只知道他是雷州半岛徐闻县的一名典史，这是个不入品流的小官，充当县令助手，掌管缉捕、监狱一类事务，因此，他的到来，没有引起太多人的注意。

汤显祖是江西临川人，字义仍，号海若、若士、清远道人，万历十一年（1583）中进士，在南京先后任太常寺博士、詹事府主簿和礼部祠祭司主事，因为一篇批评朝廷首辅的文章，触怒了皇帝，被贬到岭南。他那篇犯忌的文章，今天已没几个人读过了，他真正的传世之作是戏曲，《牡丹亭》《紫钗记》《邯郸记》《南柯记》，是中国戏曲史上的经典之作，那些荡气回肠的故事，字字珠玑的词句，让人一唱三叹。但当时他只是一名郁郁不得志的典史而已，香山人对他并不熟悉。

但汤显祖却听说过香山的繁华，在去徐闻途中，前来游览一番，所见所闻，果然让他大开眼界。海面上有无数大型洋舶，万帆蔽日，有的出港，有的入港，有的正在升帆，有的正在收帆；又有无数的小艇和驳船，蚂蚁一般在大舶之间，穿梭往来，运送货物与补给；岸上比屋连甍，千庑万室，无数商贩出出入入，有的戴瓦楞帽，有的戴边鼓帽，有的穿直缀，有的穿罩甲，用一些他听不懂的语言大声交谈，看上去个个都很亢奋，有时争论得面红耳赤，这个说："姑仔咁多嘢，使几钱啊？"那个说："来佬货啵，你以为买禾虫啊？"[①]汤显祖听了觉得很有趣，别人告诉他，这是商人们在讨价还价。

此情此景，令富有浪漫气质的汤显祖，心潮起伏不已，他一口气写了几首咏香山的诗。《香岙逢贾胡》咏道：

> 不住田园不树桑，蛮珂衣锦下云樯。
> 明珠海上传星气，白玉河边看月光。

以前耕稼陶渔，鸡犬桑麻，男耕女织，乐也陶陶，这是一种

---

① 石岐方言："这么点东西，不值几个钱。""是洋货啊，你以为像禾虫那么贱吗？"

多么令人向往的生活，但如今很多香山人都不种田了，跑去和洋人做生意。诗的后两句，似乎是对洋商满身珠光宝气的感叹。世界在悄悄改变，人的意识也在悄悄改变，但有谁觉察得到呢？在《听香山译者》（二首）里，汤显祖咏道：

> 占城十日过交栏，十二帆飞看淄还。
> 掘粟定留三佛国，采香长傍九洲山。
>
> 花面蛮姬十五强，蔷薇露水拂朝妆。
> 尽头西海新生月，日出东林倒挂香。

诗中的占城、交栏，都在今越南，三佛国指苏门答腊。这两首诗描写了南洋商舶带来了各种香料，带来各种财富的情景。然而，最令人惊叹的，并不是对南洋商舶的描写，也不是那些外地人觉得新奇，但本地人早就耳熟能详的外国地名，而是诗中提到居住在香山的外国少女，她们细心装扮着仪容，再洒上蔷薇露水，让自己容光焕发，暗香浮动，就像新月一样娇丽。人们不禁想问：她们是谁？居住在哪里？是澳门还是浪白澳？是葡萄牙人还是南洋人？

汤显祖被贬到徐闻，很可能是从澳门搭"顺风船"过海的，因此，他接触到当地的洋人家庭，并不奇怪。这首诗，仿佛挑起了神秘纱幕的一角，把一个对着镜子梳妆打扮的外国少女形象，真实地展示在人们面前。

汤显祖的《香山验香所采香口号》咏道：

> 不绝如丝戏海龙，大鱼春涨吐芙蓉。
>
> 千金一片浑闲事，愿得为云护九重。

从诗中可知，当年在香山专门设有"验香所"，大概是负责鉴定香料质量、评定等级的，不过它是验进口香料，还是验出口香料，已不得而知。嘉靖、万历两朝，都对龙涎香情有独钟，此香市场上十分稀少，只从古里和苏门答腊有少量进口，一出现就被各个衙门的官员抢购一空，用来进贡朝廷。除了矜贵的龙涎香外，进口香料还有沉香、檀香、丁香、乳香、树香、乌香、木香、降真香、沉迷香等，都非常抢手。

香山不仅是进口香料的大埠，也是出口香料的大埠，称它为"香山"，可谓名副其实。东莞是一个盛产香料的地方，每年有大量的莞香，经由香山澳门和香港出口。屈大均在《广东新语》记述："当莞香盛时，岁售逾数万金……莞人多以香起家，其为香箱者数十家，藉以为业。"莞香之中，以上等白木香最为珍贵，早在元大德朝《南海志》中就说："其价与银等，今东莞县茶园人盛种之，客旅多贩焉。"市场上有"一两香等于一两银"的说法，所以汤显祖说"千金一片浑闲事"，无论是说龙涎香，还是说莞香，都不是夸张。

海外贸易为香山带来了前所未有的繁华。屈大均有一首《广州竹枝词》，被后人无数次引用：

洋船争出是官商，十字门开向二洋。

五丝八丝广缎好，银钱堆满十三行。

虽然题为"广州"，但诗中的"十字门"指澳门，"二洋"指东洋与西洋，所描写的，实际上是明代末年从香山到广州这条"黄金水道"。曾几何时，在这条不算很长的水道上，往返贩运的人，日日夜夜，多如过江之鲫。那些欸乃的桨声，荡起了多少对未来的憧憬，又留下了多少梦想的涟漪，在水面久久不能消散。

这是一个号称繁盛的年代，也是一个危机四伏的年代。就在汤显祖到香山的这一年，北方女真族首领努尔哈赤遣兵略长白山之鸭绿江部，尽收其众，朝野震动。但这股震波还远远没有传到岭南。只有少数对兴衰治乱有敏锐感受力的读书人，才会从纷繁靡丽的现实中，觉察到这个国家正一步步走进最艰难的时期。南有海盗侵扰，北有鞑靼相逼，加上混乱的货币体系和不合理的赋税制度，导致嘉靖朝以后，大明的国势，开始裂罅四现。

末世的气息，愈来愈浓了。在这些读书人的诗文中，"豪华堪羡更堪悲，零落山丘能几时"（嘉靖朝黄佐《石岐夜泊》），"纷纷豺豕乱，拥逼难支持"（嘉靖朝齐启和《前题》），"风鹤皆成敌，旄倪谁为怜"（万历朝李孙宸《金际思归漫成百韵》），"临别豪华君记取，重来恐已不胜情"（万历朝何吾驹《送雷伯鳞年兄得请扶侍还澄江》），"相见为欢日，差忘离乱情"（崇祯朝伍瑞俊《移居铁城贻友人》）一类句子，开始频频出现。字里行间，有一种挥之不去的不祥意味。然而，他们怎么也没想到，用不了多久，他们和他们的后辈，将与当年的马南宝、高添、赵梅南一样，不得不再经历一次亡国之痛；更不会想到，大明王朝在香山的落幕，竟是以尸山血海收场。

泪眼阅沧桑

- 末世悲风

- 寸板片帆不许下海

- 迁界八十里

末世悲风

明万历三十四年（1606），小榄人何吾驺高中举人。他是何述铉的儿子，字龙友，号象冈，初字瑞虎，晚号闲足道人。他的母亲是何述铉的妾侍，平日在家里，也一样要亲操井臼。相传她怀着何吾驺时，到柴房取柴，当步出柴房时，一轮红日忽然穿出云层，光芒万丈，普照四方，这时腹中胎儿，呱呱坠地。

何吾驺从小就是一个读书种子，把三坟五典、八索九邱、诸子百家，读得烂熟。何氏家族素有贤名，何述铉不肯做官，连知县上门拜访都不见，在士人中传为美谈，认为颇有古人泄柳、段干木的遗风。①但何吾驺却不走父亲的老路，他胸怀青云之志，要扬眉吐气，干一番事业。

---

① 泄柳、段干木是春秋战国时人，均以清高著称。

万历三十四年（1606），何吾驺去广州参加乡试，行前母亲到庙里，为他求了一支中签，解签先生说："刘备求贤，石中藏玉无人知，若求功名，福气平平，最多不过是秀才，除非太阳拱照，石中藏玉，方有人知。"母亲想起何吾驺出生时，正好阳光普照，也许就应在今天了，不禁喜上眉梢。

父母送何吾驺到埠头，牵着他的手，叮咛又叮咛。何吾驺含泪拜辞，写了一首感人至深的《别父母北上诗》："父母生儿迟，教儿苦不早。儿既下帷久，晨昏亦草草。数载名不成，父母年已老。一朝歌鹿鸣，少申罔极报。宁知倏忽离，门外长安道。回首望高堂，牵衣泪盈袍。"平白的句子里，流动着深厚的感情。

何吾驺在广州一举中式，出榜之后，头戴方巾，身披大红绸，敲锣打鼓回乡，好不热闹。万历四十七年（1619），何吾驺赴京会试，据说廷试时本定为鼎甲，但被神宗皇帝朱翊钧御笔一点，改为二甲四名，赐进士出身，授庶吉士，当年他才38岁，正是春秋鼎盛的好年华，人人都说他仕途坦荡，直上青云。

然而，和很多牛脾气的香山人一样，何吾驺也被自己性格所累。他当官时，正是司礼秉笔太监魏忠贤最嚣张的时期，凡与他作对的大臣，死的死，贬的贬，受廷杖的受廷杖，下诏狱的下诏狱。何吾驺在朝中人微言轻，又不肯同流合污，多次叹息："祸将作矣，吾其终身奉吾母乎！"没过多久，母亲仙游，何吾驺赶紧以丁忧为由，驰驿回乡，六年不出。

崇祯元年（1628），何吾驺被朝廷召回，升左春坊，充经筵讲官；纂修《神宗实录》完成，历任少詹事兼侍读学士、正詹事；崇祯五年（1632），擢礼部右侍郎；崇祯六年（1633）擢升礼部尚书、文渊阁大学士，入值内阁，也称得上是一名"朝廷重臣"了。

这时，自称"九千九百岁"的魏忠贤，已被朝廷定为逆案，自缢身亡，但残孽犹在，余波未了。何吾驺千躲万避，最后还是卷入了朝廷的政争漩涡，与内阁首辅温体仁发生冲突。温体仁是三朝元老，深得思宗皇帝朱由检宠信，屡屡被人弹劾，但愈弹劾愈升官。他在朝中不断活动，为魏忠贤阉党翻案，今一奏折，明一劾章，甚至替皇上拟旨，罢斥不附己的大臣。何吾驺按捺不住，怒而反对，结果得罪了温体仁，遭强令致仕。这时他才明白，自己的地位远不如温体仁。

这是何吾驺人生的一大挫折，但他不沮丧，也不申辩，挥毫写下"神龙不可豢，澄江不可挠。忽谓道委蛇，权阉屈矫矫。苦心漕政书，大笑出门了"的诗句，脱下乌纱帽，换上青布衫，出京扬长而去。

回到香山后，何吾驺在凤山下辟了数十亩地，筑起一座庞大的宅院，取名"翁陔园"，范围大致包括今天的莲塘大街、三角市、西闸等地方，其北至凤山南麓，南至莲塘大街，东至溶口孖塘，西至西闸，葵溪横注其中。园内有小山一座，楼台临水，曲径通幽，夏天蝉鸣如潮，蝶舞其间。松竹荔林，一片苍翠，掩映着松风阁、吸和轩、愚公楼、元气堂、宝纶阁等亭台楼阁。

翁陔园曾经是香山八景之一，何吾驺非常喜欢这个园子，元气堂落成之日，他题诗一首曰："冰雪大官供匠石，龙蛇御墨照璇题。堂前依旧潇湘水，随意青尊就竹西。"又为吸和轩题诗："君心似春云，变幻在倏忽。我心似秋云，澄澄对皎日。离骚容易熟，痛饮未应难。苦解杯中趣，当筵振羽翰。"表达了忠君爱国之情，虽然被罢黜，然痴心不改。他住在宝纶阁，又称为"南泽祠敕书楼"，这是他的出生之地。

何吾驺又在翁陔园旁边筑西园，也是个清幽绝尘的去处。曾有一位和尚到访游览，作诗咏西园景致："柳色齐簷临水阁，花光摇槛隔桥灯。"淡淡的笔墨，描绘出这样一幅图画：柳枝伸出屋檐，浅溪潺潺而过，桥头露红烟绿，此岸的花影与彼岸的佛灯，投在水面上，闪闪烁烁，摇曳生姿，显得朦胧而飘缈。何吾驺经常在西园流连，或聚徒讲学，或以文会友。黎遂球、陈子升、谢长文、邝露、陈邦彦等岭南名流，都在门下执弟子礼。何吾驺最喜欢与朋友煮酒品茗，论天下之势，讲春秋大义。园中每天高朋满座，曾任礼部右侍郎的陈子壮是最常光临的客人。

陈子壮，字集生，号秋涛，南海沙贝人，陈子升的哥哥，与何吾驺有姻亲关系，万历四十七年（1619）高中进士，授翰林院编修，因为得罪魏忠贤，被削籍为民；崇祯朝复出，累迁礼部右侍郎，又因忤旨被下诏狱，在皇太后说情和一些大臣营救下，幸免于难，被逐出京城。他与何吾驺志向相近，经历相似，结下深厚友谊，陈子壮曾写诗《访何相君遥望榄山有作》，表达了对何吾驺的赞许，两人的情谊，尽显其中："若士相望海越宽，莫疑西涨有狂澜。蛟龙起处多成岛，日月分流并作滩。识面乍逢渔父问，轻身欲学水仙餐。前溪一曲闲情兴，暂采芙蓉报不难。"

然而，就在他们一觞一咏，更唱迭和之间，天下大势，已发生了风雷之变。崇祯十七年（1644）四月，李自成的农民大军，杀入北京，大明皇帝朱由检在煤山自杀。两个月后，清军又杀入北京，把李自成赶走。

历史展现了它最残酷的一面。三百六十年前南宋倾覆的悲剧，如今几乎全本重演。崇祯十七年（1644），福王朱由崧在南京建立弘光小王朝，但龙床还没坐热，南京就被清军攻陷，朱由崧仓皇出逃，在芜湖被清军俘获，押到北京处死。随后，郑芝龙、黄道周等人扶唐王朱聿键在福州登基称帝，改元隆武。

朱聿键帝虽然无力挽社稷于将倾，但还是努力想做个宵旰图治的皇帝，用人之际，想起了何吾驺，急召他到福州。何吾驺本来早就死了心，不再做官了，但在天下衰乱、国破家亡之秋，不容读书人清襟高躅，隐居求志，于是他跟跟跄跄赶到福州，与陈子壮、苏观生、黄道周等二十余人，同获授为这个南明小朝廷的内阁大学士。

何吾驺的悲剧，于此拉开帷幕。

何吾驺曾向皇上痛述政务得失，开出了起用贤才、刷新吏治、组建新军、改革军事等一系列药方，但都不被采纳。这时八旗大军已席卷江南，局势到了火烧眉毛之际，南明小朝廷内，仍然充满着钩心斗角，文官武将，互相拆台。朱聿键帝急于组织北伐，以阻挡洪水般涌来的敌人，何吾驺的药方，被指过于浮阔，远水救不了近火。

顺治三年（1646）春天，清军占领吉安，挺进赣南。朱聿键帝任命何吾驺的好友黎遂球为兵部职方司主事，提督两广水陆义师，驰援赣州。黎遂球在赣州城外，与围城的清军鏖战三昼夜，水师全军覆没，粮草器械尽失，终于被他杀透重围，与城中守军会合。九月间，清军攻入赣州，黎遂球率老弱残兵，在每一条街，每一条巷，血战到底，最后身中三箭，殁于乱军之中。消息传到福州，何吾驺大哭一场。

朱聿键帝不得不"御驾亲征"，带着数千明军从福州进抵延平，准备开入湖南。这时，清军在降将李成栋统领下，从浙江一路杀下来，连克绍兴、东阳、金华、平州，大破仙霞关，直入福建，攻陷建宁，进窥延平。朱聿键帝的"北伐"，寸功未有，便被自己的将领郑芝龙与清军勾结，里应外合瓦解了。

朱聿键帝向汀州逃跑，身边只有何吾驺等寥寥十数人追随，十分凄凉，不料到了汀州，又掉入清军包围中，最后朱聿键帝与后躲进汀州府堂，被清军乱箭射死。[①]何吾驺身患重病，加上颠沛流离，早已筋疲力尽，从汀州逃出时，从马上坠下，几乎丧命，最后夹在难民之中，千辛万苦，逃回广州。

朱聿键帝死后，何吾驺、苏观生与广东布政使顾元镜，侍郎王应华、曾道唯等人，把朱聿键的弟弟朱聿𨮁捧出来，十一月在广州继位，改元绍武。据《明史》记载："适唐王弟聿𨮁与大学

---

① 另有史料说朱聿键是被俘后，绝食而死。

士何吾驺自闽至，南海关捷先、番禺梁朝钟，首倡兄终弟及议。观生遂与吾驺及布政使顾元镜、侍郎王应华、曾道唯等以十一月二日拥立王，就都司署为行宫。即日封观生建明伯掌兵事，进吾驺等秩，擢关捷先吏部尚书，旋与元镜、应华、道唯并拜东阁大学士，分掌诸部。"这个在逃难中建立的草台班子，连大臣们上朝时穿的朝服，不少都是从戏班里借来的，肥肥瘦瘦，长长短短，新旧不一，看上去十分滑稽，却透着一种难以言述的悲凉。

其中有一人，是何吾驺的同乡，名叫伍瑞隆，字国开，又字铁山，明天启元年（1621）解元，崇祯十年（1637）丁丑科副榜，授化州教谕，曾主持修高州郡志，以信史称。他被朱聿键帝授为太仆寺正卿，这时也挤在高高矮矮的人群中，一起跪叩朝参。

十一月十八日，在肇庆的桂王朱由榔听说朱聿鐭称帝，急不可耐，也登极称帝，改元永历，并派人到广州劝朱聿鐭帝取消帝号。清军还没杀到，桂王与唐王的南明军队，已在三水一带，互相打起来了。在这场两帝相争的内讧中，何吾驺与陈子壮，都选择站在桂王一边，何吾驺受封为太傅，陈子壮为东阁大学士兼兵部尚书，督福建、江西、两湖及广东军务。

围绕着何吾驺最后几年的经历，史学界出现了截然不同的说法。

一派史家说，当时陈子壮滞留在南海九江，没有参与两帝之战，何吾驺因为足疾复发，无法行走，去不了肇庆，也不想留在广州，便返回香山，以养病为由，闭门谢客。

另一派史家说，何吾驺并没有回香山，而是躲在广州东郊鱼珠。十二月十五日，清军在李成栋的带引下，以十四骑伪称援兵，骗开广州东城门，攻陷了这个南明绍武朝的"国都"。苏观生自缢身亡，朱聿鐭帝在企图逃跑时，亦成了清军的俘虏。李成栋派人送来饮食，朱聿鐭帝说："我若饮汝一勺水，何以见先人地下！"趁看守不备，亦自缢殉国。广州城内的二十多个藩王，悉数被诛杀。何吾驺与儿子何源道同时被清军俘获。

陈子壮和长子陈上庸、弟弟陈子升，捐出全副身家，募集乡人，在九江揭竿起兵，会同顺德陈邦彦、东莞张家玉的义兵，并联络城里的原南明广州卫指挥使杨可观、杨景晔为内应，准备在七月七日里应外合，夺回广州。不料事泄，清两广总督佟养甲把杨可观、杨景晔等人拿下斩杀。陈子壮只好率军转战四乡。可惜这支临时凑合的民军，终究不是久经战阵的清军的对手。陈上庸战死，陈子壮在高明兵败被俘。

陈子壮被押解到广州，受锯刑而死。临刑前，陈子壮为陈氏子弟留下遗嘱："田可耕，不可置；书可读，不可仕。"意誓不向大清称臣。施刑时，因筋肉牵连，锯子锯不断他的身体，连刽子手也紧张得手脚乱抖，不知如何是好，陈子壮忍痛大声呵斥："蠢奴！锯人需用板也！"刽子手这才回过神来，赶紧用板把他身体夹住再锯。陈子壮至死神色不变，其母亲亦自缢身亡。桂王朱由榔追赠陈子壮为"南海忠烈侯"。陈子壮、陈邦彦、张家玉都为南明捐躯，被称为"岭南三忠"。

佟养甲在珠江三角洲大肆搜捕三忠的余党，各地凡有其党潜伏而不报者，一经查出，即屠尽当地民众。香山、顺德一带，参与反清的人众多，也是清军搜捕的重点。有一种盛行的说法是：何吾驺担心清军会血洗香山，只身到了广州，向佟养甲投降，以换取清军放过香山。于是史学界有了一段争论了几十年的公案：何吾驺到底有没有降清？

不仅何吾驺，伍瑞隆也是争论的焦点之一。有人指出，广州城陷时，何吾驺、伍瑞隆都向清军投降了。也有人说，城陷时伍瑞隆并不在广州，投降之说，完全没有根据；何吾驺也不是被俘的，他是为了运动李成栋倒戈，向朱由榔的永历小王朝投诚，才到广州的。

顺治五年（1648），在何吾驺的策划下，李成栋宣布倒戈反清，归顺南明，杀尽广州城中辽东籍汉八旗千余人，佟养甲因事起仓猝，被迫顺从。朱由榔帝封李成栋为广昌侯，封佟养甲为襄平伯，并召何吾驺为太傅。最后李成栋把佟养甲也杀死了。

顺治六年（1649），平南王尚可喜、靖南王耿继茂，受命南征。八旗大军横扫江南，直薄五岭，史称“两王入粤”。李成栋在信丰抵御清军，兵败落水身亡。顺治七年（1650）初，朱由榔帝命何吾驺督师三水。何吾驺的墓志铭写道：“（何氏）奉召晋太傅，赐公剑印，会师三江，夹击累捷，方尚进握关韶，而军糈告匮，奸帅欲自要功，不发一粟，并公所题请事机，设措诸饷，皆一手扼之。公不得已，旋师里中，而省会溃围矣。”由此可知，至少在顺治七年（1650）初，何吾驺还是自由的，而且曾受命领兵，在三水与清军作战，因后方奸臣捣乱，粮草不继而失败。有人说他逃入海中死去，有人说他在乱军之中失踪了，也有人说他被清军俘虏了。

据考据，《明史》《御批历代通鉴辑览》《明纪》《三藩纪事本末》《广东通志》《广州府志》《行在阳秋》《所知录》《绍武争立记》《永历实录》等史籍，都记载了何吾驺确实有剃发降清之事，操履之玷，铁证如山，无可辩驳。他在三水抗清，只是为了湔洗之前降清之耻。但另一方面，陈子升所撰写的《何吾驺行状》、民国学人李履庵撰写的《关于何吾驺伍瑞隆史绩之研究》等文，以及1959年小榄凤山出土的"何吾驺墓志铭"，却都没有提及降清。

何吾驺究竟是大明的忠臣烈士，还是贪生怕死之辈？梳理各种史籍，从纷繁错乱的记述中，追寻到何吾驺最后几年的时间线，大致上是这样的：顺治三年（1646）广州城第一次失陷，朱聿键帝被杀时，何吾驺落入清军之手；顺治五年（1648）李成栋倒戈时，获得自由，重归南明；顺治七年（1650）三水兵败后被俘，翌年死于广州。

也就是说，何吾驺成为清军的囚徒，前后共有两次，长达三年，不剃发是不可能的，清军有"留头不留发，留发不留头"的规定，大江南北，无数人因抗拒剃发而人头落地。有的人因为不愿剃发留辫，削发出家，这是很多南明遗民的出路，屈大均就走上了这条路。但如果何吾驺到广州的动机，是为了救香山一难，或是想劝服李成栋投诚，出家并不能达到这一目的，接受剃发投降，是难以回避的。

在士人的气节上，他与"岭南三忠"相比，当然望尘莫及，但他至死没有做清朝的官，也是事实。既然没做官，就不能称"臣"，所以他没有被列入清史的"贰臣传"中。如果剃了头发，就是民族气节有亏，那么所有活到清朝而没有出家的人，都是气节有亏了。剃发易服，从心理上，对整个士人阶层传统的气节操守和廉耻感，造成极大的摧残，到最后有几人能宁死也不剃发易服的？

何吾驺死后，棺椁在广州停放了六年，才被运回香山小榄凤山安葬。墓志铭说："遗骸在殡，已阅六载，首丘之地，亦久自定。"他早就为自己选好墓地了。何吾驺留下《元气堂文集》三十卷、《元气堂诗集》三卷、《经筵日讲拜稽录》四卷、《周易补注》四卷、《云笈轩稿》二卷和《中麓阁集》一卷。

伍瑞隆也没有做清朝的官，而是回到香山，一心一意，经营他的玉溪园，安度晚年。玉溪园与何吾驺的罗浮别业相邻，都在小榄飞驼山麓，园中有竹间亭、醉石、梅园、紫芝别墅、药洲、临云馆、修竹园、清吹台，号称"玉溪八景"。李孙宸曾作《咏玉溪园八景诗》，其中《修竹园》一诗："野竹非种生，天与幽人地。无人共入林，吾但把君臂。"伍瑞隆就在园中吟诗作画、研究周易，暇时与友人品一壶茶，下一局棋，以消磨永昼，就这样，一直活到了康熙五年（1666），无疾而终，享寿八十有二。

南明覆亡后，大批士人归隐香山，仅在小榄一地，便营建了数不清的庭园，有李孙宸的憩所、李尚志的烟波草庐、李世纶的二白堂、何仞枑的西浦、何杺的南塘、刘信烈的东园等，参差错落，连成一片。有人统计过，明、清时期在小榄就有45座园林别墅，各类坊表33座，寺庵道院25座，大小庙宇114座，各姓宗祠393间。这是一片藏龙卧虎之地。

这些以遗民自居的士人，流连于山水林泉之间，以"吞初生之日，啸未落之潮"自乐，白天"薙草栽花，编篱种竹"，摆出一副清襟高蹈、与古为徒的姿态，晚上秉烛读易，抚琴悲歌。遥想前朝往事，借诗酒自雄的日子，已一去不返，余生唯有借诗酒自晦。

几百年的时光，倏忽而逝。当年把臂共游的主人与客人，都已归尘归土。李孙宸的憩所，早就灰飞烟灭了，连准确的地址，亦漫不可考。伍瑞隆的玉溪园，亦片瓦不存，那些苦心营建的楼阁台榭、画栋飞甍，只剩下一泓池水，化作农家鱼塘。何吾骝心爱的翁陔园，有无数酒朋诗侣、名流雅士足迹，松风阁、吸和轩、览辉楼在清康熙年间（1662—1722）被拆毁；宝纶阁在20世纪40年代抗日战争时期被毁；愚公楼、元气堂在1949年后被拆除；后花园辟为小榄镇凤山公园，公园前的文化路，就是填平穿过翁陔园的葵溪，修筑而成的。

岁月竟把历史的痕迹，抹去得如此干净，唯一能听到的历史回响，就是关于何吾骝到底有没有降清、有没有失节的争论，久久未能平息。

寸板片帆不许下海

　　明崇祯十七年、清顺治元年（1644），明亡清兴，天下易姓换代。明朝皇帝朱由检在北京自杀半年之后，英国东印度公司的欣德号商船，再次抵达澳门。但这次英国人来得又不是时候，因政局风雨飘摇，澳门市场十分凋零，人气涣散，英国人想购买生丝或熟丝，却一无所获，只买了些瓷器，便失望地扯帆回航了。此时此刻，整个中国南方都深陷在水深火热的战乱之中。

　　香山人顾不上做生意了，他们所熟悉的那个时代，已分崩离析。明代末年，顺德冲鹤堡爆发所谓"社贼"之乱（又称"奴变"），并迅速蔓延到各县各乡。"社贼"是指原来的佃农、奴仆，趁着天下大乱之际，结社反抗，杀逐田主，夺其田地财产，甚至"掳妻子，掘坟墓"，造成广泛的骚乱。顺治三年（1646），陈邦彦、陈子壮、张家玉组织抗清队伍时，有一部分

"社贼"响应号召，附从义军。香山最早起兵的是号称白旗军的黄信、林能，他们在海洲一带，扯起大旗，反出香山，参加会攻广州，一时声势浩大。

可惜大明气数已尽，绍武、永历两个小朝廷，都是扶不上墙的烂泥。"岭南三忠"旋即兵败被杀，溃散的南明军民，纷纷流落香山，有的钻进山里，有的躲进水里，有的避到各个岛屿上，誓死不降。黄信、林能也退回香山，占据了海洲。五月间，龙舟水发，往年正是龙舟竞渡的季节，但今年的石岐海面上，几百艘白旗军的大船，击鼓奋进，杀向石岐。当时清军正在香山疯狂清乡，搜捕"岭南三忠"的余党，大清朝廷向香山派出的第一位知县刘起凤，已经到任，他关闭城门死守。六月，白旗军一度逼近铁城西门，但屡攻不下，率队转往海上的岛屿，准备作长期抵抗。

古镇的冯春隆、冯大伦，海洲的刘綦廉，也各拉起一支队伍，与清军周旋对抗。顺治四年（1647），各路义军再次围攻铁城，在圆山仔、长洲等处与清军发生激战。清军是新胜之师，士饱马腾，气势正盛。经过几番厮杀，义军不敌，再次退回海上，在海上又坚持了几年时间，才被最后剿灭。

然而，尽管读书人厌恶"社贼"之乱，但更令他们痛心疾首的是，清兵一来，衣冠礼乐全变。满城人都要改戴红缨帽，人人剃发留辫，家门口必须贴上"本户大清顺民"的纸条，清兵才不破门而入。三街六巷，张贴着清军"留发不留头，留袖不留手，留裙不留足"的告示。香山人的性格，倔强如牛，男人大丈夫，昂藏七尺，脑后梳一条尾巴，颜面何存？体统何在？怎么面对列祖列宗？与其忍受奇耻大辱，还不如痛痛快快干一场。这是许多香山人加入反清队伍，宁愿砍头也要造反的原因之一。

由于连年战乱，很多田地都丢荒了。与此同时，自然界的一场大灾难，也像台风前的乌云一样，在天际四面聚拢，步步压来，在改朝换代的人为灾难上，再罩上一层更浓更重的阴影。人们这才体会得到，什么叫做"屋漏偏逢连夜雨，船迟又遇打头风"。

气候出现连续多年的反常，尤其是从顺治初年，到康熙中期，频繁出现冬天严寒、夏天干旱的恶劣天气。这种天气，在17世纪70年代初略见好转，到80年代又再度恶化，达到顶点。据统计，1650年至1664年，有十三个潮湿年份，两个干旱年份；但1665年至1699年，只有十一个潮湿年份，而干旱年份则达到二十四个。后来的科学家把这称为"小冰期"，也有人归咎于"厄尔尼诺现象"。

不管给它安一个什么名称，都不会改变当年人们的痛苦。史书所载的17世纪40年代，是在这样的一幅悲惨图画中结束的：顺治五年（1648），大饥荒降临广东。前一年秋季的农作物，已大面积失收，到今年春天又发生水涝，眼看将颗粒无收。三、四月间，饥荒的前奏已经开始了。粮价飞涨，带动百货腾贵。万历年间（1573—1620），一斤塘鱼不过一二钱，现在竟卖到二分五厘银；当年一只鸭不过六七文钱，现在要八分银一斤；猪肉从几文钱一斤，飙升到现在的一钱银，连猪油也卖到一钱二分一斤。这阵势，把所有人都吓呆了，有钱人家赶紧囤粮备荒，穷苦人家只能望天打卦。

几个月里，整个香山陷入一片死寂，了无生气。三月三北帝诞，没有人演戏酬神了；四月八浴佛节，没有人做栾樨饼了；五月五端午节，赛龙船的场面也消失了；甚至连婚嫁的人也没有了；在墟场上，卖鸡鸭鹅的少了，鬻儿卖女的多了。当随风起伏的芦苇丛那一边，传来幽幽的歌声："阿妈呀，你嘅仔女长大成人，全靠阿妈养育深恩呀……阿妈呀，今日子母生离死别苦断肠呀……"人们也听不出这是哭嫁，还是哭丧。

入夏以后，饥饿的人们到处挖蕉根、剥树皮充饥。先是邻村有人饿死了，后来自己村也有人饿死了，再到后来，邻居也饿死了。在村口，在河涌边，在铁城的街道上，到处可以看到飘扬着的白幡，听见悲悲戚戚的歌声，东边在唱：

> 买水回家同阿爹洗面，
> 洗干口面落舟船……

西边也在唱：

> 有你在生让你做主，
> 无你在生差过无爪蟛蜞……

等蕉根、树皮也吃光了，人们就吃野草、吃观音土，等野草、观音土也吃光了，就易子而食，析骸而炊。有些地方整村的人都饿死了，村头村尾、路边田埂，到处躺着奄奄待毙和已经饿死的人。据清代小榄人何大佐在《榄屑》书中描写："自洪山社至驼峰（均为小榄地名），弃尸路上，堆积如山，行人绝迹，至七月间，白骨如银，伤心惨目。"这时，大地茫茫，已听不到有人唱哭丧的歌了，死人太多了，活着的人都麻木了，也没力气去唱了，只是等着自己几时死去。

顺治六年（1649），"两王入粤"时，南明军民在广州据城死守，长达十月之久，顺治七年（1650）城陷，恼羞成怒的清军，在城中任意诛戮，直杀得鸡犬不留，粤人的颈血，染得广州城内六脉渠水尽赤，越秀山草木皆红。官史《清史稿》载，广州军民被"斩六千余级，逐余众迫海滨，溺死者甚众"。然据野史所云，被屠杀者多达数十万人。

这是一个悲惨的时代，历史书上的每个字，都是蘸着血写的。

顺治八年（1651），朝廷再次下令清剿珠江三角洲各地的反清势力："毋谓兵强，轻视逆寇！宜严侦探，勿致疏虞。抗拒不顺者戮之，势穷而后降者诛之，有先被贼胁从，闻大兵一至，实时迎降者，俱免诛戮。"就在一片杀伐声中，张令宪出任香山知县。他是无锡人，字仲嘉，顺治四年（1647）进士出身。当他来到香山时，面对的是一个萑苻遍野、饿殍遍野的烂摊子。

顺治九年（1652）二月，清兵大举出动，围剿冯春隆、冯大伦等，在海洲再次发生激战，杀得难分难解。清兵虽然占了上风，但也无法完全取胜，却闹得农人该春种的种不了，渔民该出海的也出不了。八月初一，铁城居民听见从山中传出沉闷的隆隆声响，在长天回荡，哀怨而悠扬。人们惊恐地说：这是龙吟之声，恐怕有大灾难发生。当晚四更时分，突然山摇地动，官兵的马匹，都十分焦躁，在马厩里跳来跳去，挣脱缰绳，冲出了营房；街上的鸡鸭也乱飞乱叫，甚至飞到屋顶和树上。人们从梦中惊醒，纷纷跑出屋外，互相询问发生什么事情。这时地面又一阵剧烈颤动，人们才知道发生了地震。

几天后，铁城寺前街的居民纷纷传言，说有一头母猪产子，竟是人身猪脚，全身无毛，只有一只眼睛，头上还长了一只角。大家听了愈发惊慌失措，都觉得大劫将至。千百年来，大凡民间发生动乱前，总会有各种离奇古怪、捉影捕风的谣言。九月，香山连续遭遇三次强烈台风吹袭，暴雨成灾，洪水泛滥，快要收成的稻子，又被淹在水中，农民们欲哭无泪，但朝廷征收的赋税，却不减反增。张令宪召见乡中绅耆，一面假惺惺地说"征输急矣，顾兹残黎，吾不忍迫也"，一面又警告乡民，千万不要以身试法。

各种天灾人祸纷至沓来，民间凋敝至极，哪有那么多粮食可供缴纳？愤怒正在发酵，临近爆点。冬天来了，还有十天就到冬至了。乡间一向是"冬大过年"，过冬比过年还隆重，往年这时已开始有过冬气氛了，家家户户都在准备食物，还缺什么，也该去城里采购了。但如今，人们似乎忘了这个节日，每天三五成群，聚集在村口、祠堂，商量着怎么应付明年的春荒，谁也想不出办法，愈商量愈发愁。

十一月初九那天，终于有人一跺脚，大吼一声："没有活路了，反了吧！"这人是胥吏出身的梁子直。这一声叫喊，就像决了堰塞湖，四乡的饥民轰然响应，顷刻之间，聚合了几千人，扑向铁城。张令宪急忙关闭城门，但饥民仗着人多，七足八手，压肩叠背而上，就像蚂蚁群出动一样，很快就爬上了城头。那些守城的官兵，多有同情饥民的，也不尽力抵抗，一哄散了。城门大开，饥民洪水般涌入。

张令宪还在县衙的后院，懵然不知。饥民已冲了进来，扯着他的小辫子，从后院拖了出来。梁子直喝令他马上打开粮仓放赈，张令宪大骂不止："我与城共存亡，死则死矣，何必多言！"他的儿子张丹翰也被抓来，跪在地上为父亲求饶，张令宪把头一抬，大声喝止："死亲，孝也！"愤怒的饥民，管你什么忠孝节义，手起刀落，张令宪父子的两颗头颅，便滚到堂下尘埃中了。

当时香山有一支隶属平南王尚可喜的清军，由总兵吴进功、副将曹得仁统领，正在清乡剿贼，闻讯火速驰援铁城，从外向内包围进攻。十一月十二日，大军抵达石岐，有将领主张急攻，吴进功说："梁子直是亡命无赖之徒，其他人并非甘心从逆，只是被胁迫而已，可以招降。"他派人到城下喊话，请开城门，弃械投降者，既往不咎。梁子直拒绝打开城门。曹得仁大怒，要督军攻城。吴进功还是不准："梁子直不敢开城，说明他害怕。"再派人从水关潜入城里，劝城里的衿绅"遵道秉义，弃暗投明"，又散布谣言，说清军一旦破城，将血洗全城，届时良莠一镬熟，勿谓言之不预。

城内人心惶惶。饥民毕竟是乌合之众，既无作战经验，又饥馁难熬，听说大军压境，多半已丢了器械，四散潜逃了，剩下梁子直和一百七十多最硬颈①的人，宁死不走。耆绅战战兢兢劝他们：再不走，怕要累及无辜了。梁子直仰天大笑说：张令宪那狗官尚不怕死，难道我还怕死不成？他让人把自己五花大绑，开城献给了吴进功，最后被斩于市。

前方红旗报捷。十一月二十日，广东巡抚李栖凤奏报朝廷："山贼攻陷香山县，知县张令宪父子被执不屈，俱遇害。总兵官吴进功等督兵恢剿，旋复县城。"朝廷随即对张令宪褒扬追赠、荫一子入国子监读书；不久又再如例祭葬。到康熙元年（1662），再追赠为广东按察司金事。如今南京博物院收藏着一道康熙元年（1662）关于香山知县张令宪的谕旨，全文如下：

> 奉天承运，皇帝制曰：鞠躬尽瘁，人臣奉职之猷；表绩褒庸，朝廷劝忠之典。尔原任广东香山县知县张令宪，奉职无愆，临难不苟，身膺民社之寄，克彰夙夜之勤。当小丑之陆梁，遽捐躯而殉节，稽诸常典，宜沛匦荣，兹赠尔为广东按察司金事。於戏，弘敷紫诰之华，永作黄垆之贲。幽灵不昧，巨典式承。
>
> 康熙元年十月初一日

---

① 粤语"硬颈"指倔强。

然而，这事件的余波，却迟迟不平。张令宪死后的待遇问题，竟在五十年后，仍然引起争议。因为张令宪的唯一儿子已同时被杀，他的孙子张进年纪尚幼，实际承荫入监读书的人，是张令宪兄长的儿子张达。张进长大后，又以承荫理由，入监读书，出监后录其为江西浮梁县知县。

这样一来，荫一子变成了荫二子，引起吏部的质疑。康熙四十二年（1703），吏部认为"历年太久，恐有假冒"，提出取消对张进的封荫。吏部侍郎王掞反对说："令宪父子以两命博一荫，如今以年久废除，教以后的人如何尽忠尽孝？"有人主张废除，有人主张继续，发生了争执。这时距张令宪被杀，已过了半个世纪。

张进也是一个不长进的人，康熙四十五年（1706），被人弹劾在浮梁县知县任上，亏空钱粮，拟监斩审。张进是张令宪的唯一血脉，而他本人又无子女，一旦正法，就覆宗绝嗣了。江西总督动了恻隐之心，请缓处决，让张进的妻妾入狱相叙，等怀有子息，再行正法。但部议不准，非要斩立决不可。这事又闹到皇上那儿，圣祖玄烨一念之仁，同意了地方总督的请求。皇帝也不想做绝人香火的事。

从关内席卷而来的八旗大军，已抵达中国最南的海疆了。对长年在原野上"乘骐骥以驰骋兮"的八旗子弟来说，万里沸海，罡风猝起，巨浪横飞，马不能前，直如一不可思议的世界，令人感觉神秘与恐惧。何况国姓爷郑成功仍踞台湾，随时有反攻可能，而清廷又暂时无渡海攻台的能力，为防止沿海民众以物资接济台湾，乃沿袭明朝的禁海政策。

顺治十二年（1655）、顺治十三年（1656）、康熙元年（1662）、康熙四年（1665）、康熙十七年（1678），朝廷先后五次颁布禁海令，废除主管外贸的市舶司，寸板片帆不准下海，所有海船都须毁坏焚烧，斩草除根。凡未经批准，擅造二桅以上违式大船，携带违禁货物下海，前往外国买卖，即等同谋叛，除当事者要枭首示众外，全家还要发边卫充军；私自与外国通商，亦等同私卖军火、泄露军情，同样要处斩、充军，货物入官。朝廷还规定查获者可获没收货物的一半，作为奖励。平南王尚可喜的儿子尚之信，曾经以剿海贼需要船只为名，向皇上建议，"请暂开海禁，许商民造船，由广州至琼州贸易自便"，亦被玄烨驳回。

清军第一次攻占广州后，即派参将领兵千人，进驻前山寨，分设左右两营。澳门的葡萄牙人十分聪明，一看大清得势，马上向清廷表示归顺。顺治七年（1650）十月，"两王"攻陷广州，不到一个月时间，澳门葡萄牙人便向清军的前山参将递交了"投诚状"。当时清军正忙于对付南明残余抵抗势力，戎马倥偬，无暇理会他们，便同意他们继续留在澳门经商，并免除了他们的岁租。

其实兵荒马乱之际，水路断绝，也没什么商可经。大批民众为躲避战乱，翻过板樟山、泅过前山水，逃入澳门，把这块弹丸之地，挤得满满当当。崇祯八年（1635）的时候，澳门才八千多人，现在难民疯狂涌入，人口骤然增至四万四千多。逃到澳门的难民，不少原来是广州、香山的牙商、富户、天主教徒，与葡萄牙人有一定的关系，但由于贸易断绝，没了来源，日久坐食山空，亦陷入了困境。渐渐的，有人病死了，有人饿死了，当地的卫生条件又很差，引发了瘟疫大流行，导致五千至七千人死于疫症。

到了顺治十年（1653），大局基本底定，平南王尚可喜派人到澳门，否定了三年前的免租承诺，向葡萄牙人追讨三年的欠租。葡萄牙人便把租金转嫁给居住在澳门的华人。那些华人还没从战乱、瘟疫中缓过气来，又要背起巨额的地租，真的是雪上加霜了。

康熙元年（1662），平南王派兵一千五百人至前山寨，两年后再增至两千人，并派一名副将统领，加强了对澳门的监视。顺治十五年（1658），有两艘英国商船国王费迪南号、理查德·马撒号，驶抵澳门探路。这时的广州，仍未从大屠杀中恢复过来，举目山河，朝市已改，横流方剧。两艘英国商船在澳门停了几天，什么货也没有办到，因为没做成生意，干脆连该交的税也不交，偷偷扯帆溜走。官府发现后，指责这是澳门的葡萄牙人疏忽所致，勒令葡萄牙人要为英国人的逃税埋单。

由于实行海禁，香山县的财政收入，逐年锐减，而拖欠朝廷课额之数，却逐年攀升。历任知县，没少因为这个受到朝廷饬责，甚至关进大牢。康熙三年（1664），新的香山知县姚启圣走马上任。他是会稽人，解元出身。清代文人袁枚在《福建总督太子少保姚公传》中，讲述了一件逸事：姚启圣上任时，听说在他前面，已有七个知县，因为负课而被关在县狱，他叹口气说："明年，加上我就是八个了。"

姚启圣把这七个前任知县都放出来，摆了一桌美酒佳肴，请他们尽情吃喝，然后让他们各自回家，欠款一笔勾销。那七个前任，昨天还吃着冰冷的牢饭，今天却一步登上了春台，到底是哪路菩萨显了灵，他们也糊里糊涂，反正遇上金鸡放赦，磕了无数响头，千恩万谢，一边念着"阿弥陀佛"，一边连滚带爬，回家烧香还神去了。姚启圣则牒呈平南王，称七名县令欠下的十七万金，已全部收足入库了。其实是由他代为偿还了。

旧欠虽然还清，但海禁一日不除，负课难题一日无解，眼看新一年的赋税又将到来，无盐如何解淡？这时，澳门的葡萄牙人，派人到广州与平南王尚可喜商量，提出如能允许他们继续留在澳门，不用内迁，他们愿意付出十二万两银作为报酬。尚可喜认为可行，派人转告了广东总督兼巡抚卢兴祖。卢兴祖又转告了姚启圣，让他去澳门具体办这件事。

这时，正是康熙四年（1665）初夏，皇上新颁一道谕旨："如借端在海贸易，通贼妄行，地方保甲隐匿不首者，照例处绞。守口官兵知情者，以同谋论，处斩。"再次强调不准与海外通商，违则死罪。姚启圣明知这时与澳门葡萄牙人接洽，是犯了天条，但如果不去，县库空虚，完成不了课额，也是要吃牢饭的，况且这事是平南王府交办的，天塌下来，也有高个子的顶住。

姚启圣作为督抚的代表，到了澳门后，葡萄牙人首先提出，当初清军刚到香山时，把他们的五船货扣了，他们已经给了总督卢兴祖一万三千两银子，请放回这五船货，不知几时才能放回？姚启圣吓了一大跳，这些番鬼佬，鬼拍后尾枕，^①把卢兴祖私收贿金的事，也爆出来了。葡萄牙人又提出，如果广东能略略放松澳门海禁，让他们做点生意，维持生活，他们愿付二十万两酬谢，那五船货也可以四六分，广东占四，他们占六。

在这里，姚启圣充分施展他人伶牙俐齿，连葡萄牙人也觉得，"姚不太像召集人民听从他命令的高高在上的县令，更似一个颇具说服力，游刃有余的调停者"。经过一番讨价还价，最后葡萄牙人以二十五万两银，换取继续留在澳门和做生意的权利。至于那五船货，就按葡萄牙人说的四六分，四分交广东官府，六分由葡萄牙人自己在澳门发卖。姚启圣回省禀告督宪时，却不敢提那一万三千两的事情。

祸根由此而埋下。

---

① 粤语不打自招的意思。

朝廷觉得，光是海禁还不够，为了防止郑成功从沿海民众那里获得粮米、铁、木及各种物料，顺治十七年（1660）、康熙元年（1662）和康熙十七年（1678），多次迫令沿海人民内迁，在沿海地区制造"无人区"。

顺治时沿海很多地方，仍未完全平定，所以迁界也没真正全面实施，到康熙元年（1662），由副都统科尔坤、兵部侍郎介山，到广东强推迁界令，沿海的钦州、合浦、石城、遂溪、海康、徐闻、吴川、茂名、电白、阳江、恩平、开平、新宁、新会、香山、东莞、新安、归善、海丰、惠来、潮阳、揭阳、澄海、饶平等二十四州县居民，均内迁五塘汛（五十里）。香山黄旗都、恭常都、黄梁都的大片土地，被划入迁界范围，勒令民众在三天之内，全部搬离，逾期逗留，格杀勿论。

这是一场空前的浩劫。民众统统被赶出家园，许多人在匆忙间，只捡了几套被褥、衣裳出来，所有较大件的家具、农具，都来不及搬运，便扶老携弱，扫地出门，和猪、牛、鸡、鸭夹杂着，在一片哭天喊地声中，跟跟跄跄，向内地迁徙。

他们有的挑着箩筐，有的背着小孩，有的赶着牲口，每张布满尘垢的脸，都是那么茫然、无奈；每双眼睛，都是那么空洞、悲伤。远远看去，人潮就像一股翻腾不息的泥石流，缓缓地、阴郁地流动着，太阳在漫天尘土中，也显得黯然无光。疍民也不能泊居海上了，横门水道、磨刀门水道上，都是向北逃难的船只，密密麻麻，铺满江面，在他们的身后，是一片茫茫无人的波涛。

然而，灾难还没到头。

康熙三年（1664）新年一过，官府宣布扩大迁界范围，在原来内迁五塘汛基础上，再内迁三塘汛，也就是在临海八塘汛内，不得有人居住。龙眼都、大榄都、黄旗都、黄梁都，亦全部划入，强令限期迁徙。二月，小榄三图里的乡绅何世联、李实、梁鸿业等人，代表全体乡民，向总督和巡抚衙门喊冤，说香山近年天灾人祸不断，民生艰难竭蹶，田地丢荒，归耕无期，但赋税还要如常缴纳，已上天无路，入地无门了，情愿把田地全部交官，按籍召佃，免误国课，乞有司饬法弭乱，免除乡民内迁，保全民命。

但官府并不理睬，还出了一道更严厉的告示，声称迁界是奉了皇上圣旨，违抗者立斩，必定要在三月完成海洲、小榄的迁界。于是，一场更大的混乱爆发了。人们祖祖辈辈生活在这里，田地搬不走，果树搬不走，房屋搬不走，祠堂也搬不走，前方的路在哪里，没有人看得清楚，到了异乡他邦何以谋生，也没有人向他们解说。总之一纸宪谕，经营百代的家园，便被弃如敝屣了。

乡民在迁徙途中，还不断受到清兵的抢掠，稍有不从，便乱刀砍死；有的人财物被全部抢光，只能沿途乞讨；有的士人不堪忍受乞讨之辱，索性用胡蔓草煮汤，全家服毒自尽，尸体堆在路边，也无人收殓。

知县姚启圣每天到县城外去巡视迁徙的情况，屡屡看到清兵抢劫迁民的事情，忍无可忍了，拿着一把剑，站到大路中央，对那些士兵怒喝："这些都是我的子民，颠沛流离，已苦不堪命，你们还忍心去抢夺，你们还是人吗？！"那些士兵虽然凶狠，但见到知县动了肝火，也不敢回话，把抢来的东西往地上一丢，悻悻散去。不过，等姚启圣一走开，那些士兵又蜂拥而上。

不是所有难民都能遇上姚启圣的。黄梁都有一批乡民，不愿离开故土，拖男带女，躲进了深山老林。平南王的左翼总兵班际盛贴出告示，假称"凡出山报名接受检查者，即列名上报知府，准许返回原居住处复业，不予追究"。山上的乡民欢天喜地，前往军营登记。不料，清兵早在营中布下天罗地网，来一个捉一个，来两个捉一双，把乡民全部抓获，押到荒地里，不由分说，用排刀一路砍过去，不留一个活口。土地被鲜血浸透，溪水尽成红色。

直到展界以后，香山人返回故地，才把遍地的累累白骨，收拾起来合葬一冢，在大坟上立一碑，勒其名为"木龙岁冢"。木龙暗指甲辰年，也就是康熙三年（1664）。后来，隆都元亨里文人汤龙骧亲临其地，只见巨坟如阜，伤心惨目，写下一首悲歌《题木龙岁冢》，以纪其事，诗中写道："我至黄梁都，未识木龙冢。今读劫灰录，令我毛发悚……叱咤班头伯，杀人逾蟘蠓。招来假仁慈，加刃不旋踵。血泻六脉渠，孩提靡遗种。冤魂付浩劫，茅搜自茏茸。冢立骨久枯，碣成心暗捧。"

两次大规模迁徙，划定香山的具体界线，是从古镇起，经观音山、鸡头山、赤企山、叠石山、竹仔林、曲涌、后冈、大湖洲、鹿鸣山、深湾村、王母山、小猴子山、空隍山、马骝山、枫门坳、石塘村、茶头冈、谷园山、涌角、长沙埔界、田心墟、翠微村、三窜背村、北山、前山寨、白石山、吉大村、关闸口、南坑山、濠潭村、黄坑山、金口山、麻园山、神前岭、大沙冈、后龙山、东岸山、盐田村、企石山、下田村、龙穴头村、狮子村、麻于村、东洲门、独子山、潭州山、黄角山，至小虎山止。界外荒废的田地，多达四千多顷；六千七百多人被迫离开家园，香山的人口（不包括澳门的葡萄牙人），从原来的一万一千多人，减至四千七百多人。

八月，都统伊里布、兵部侍郎石图到广东巡视，为新的无人区立界。官府勒令各都各村出民夫，沿着无人区边界，挖一条长长的深沟分隔内外，并五里筑一墩，十里筑一台，作为监视的哨所。每个墩台的造价，动辄一二百两银。界外的村落民屋，全部夷为平地。时人感叹："虽深山高远之人，亦无计得避征徭，此亘古未有之事，挞民作台苦况，可媲美长城矣。"别说出洋往来，通商互市，哪怕驾条小舢板出海捕鱼，也是死罪，官兵发现有人越界，便升烟示警，如果敢继续往前走，即捕即杀。

界外无人居住，逐渐成了野兽出没横行的地方，有些人半夜潜过界沟，想到海边捕几条鱼，结果不是被官兵杀死，就是被虎狼吞噬。也有些运气好的人，侥幸捕了几篓鱼虾，居然没被官兵杀死，也没成了猛兽的食物，活着回来了，但也不敢公开拿到墟场叫卖，只能用烂布包裹起来，掖在腰间，假装探亲访友，入屋卖给熟人。

唐家湾淇澳村有一位村民叫钟宝，字悦豪，年方25岁，长得牛高马大，为人义气豪爽，做事极有斩剁①，膂力又狠，是村里的屠宰户，惯使一把杀猪的尖刀。当时淇澳村亦划在界外，全部人要限期迁走，时间一到，官兵就要放火烧村。钟宝被赶出家门，心中怒气横飞，与亲弟钟豪及几个酒肉朋友一商量，决定抗命不走。钟宝、钟豪兄弟，带着江起良、姚逢生、苏义和等十八人，在神庙斩鸡头，烧黄纸，结拜为生死兄弟，驾船出了海，专做贩运私盐的生意，江湖上号称"十八党"。

不过，在官兵的围追堵截之下，十八党很快全部落网，由姚启圣亲自审理。他对迁民本来就抱有十二分同情，认为钟宝等人，虽然干犯刑律，但都是因迁界丧失家园，生活贫困，才被迫铤而走险，情有可原。因此，姚启圣好言规劝，钟宝等人也表示

---

① 粤语"有斩剁"是有主见之意。"剁"读"琢"。

愿意洗心革面，重新做人，不再作奸犯科。姚启圣便把他们都释放了。

这些人出狱后，最初也想找一份安常守分的营生，但东挨西撞，条条都是崛头路，没有田可耕，没有鱼可捕，家也被拆了，让人怎么活？最后钟宝一咬牙，一跺脚，掣出那把明晃晃的杀猪刀，与十八党的弟兄们，一起下海做了海盗，以劫掠为生。

康熙四年（1665），王来任以副都御史巡抚广东。王来任，字宏宇，奉天（今沈阳）人，汉军正黄旗。他与卢兴祖、姚启圣这些地方官员，对迁界其实都不以为然，尤其以防范台湾郑成功为由，更觉得空泛阔疏——台湾与广东，弱水之隔，天各一方，但迁界对民间的摧残破坏，却近在眼前。

康熙王朝给后人的印象，经过鼓词演义的渲染，成了前无古人的"太平盛世"。其实，在玄烨登基后二十几年间，不仅毫无盛世气象，而且整个国家陷入严重的经济萧条，朝野都感觉焦头烂额。

王来任到任时，迁界已基本完成，后遗症正逐步显现。他目睹沿海一带，农田、渔场、盐场，全部荒废，处处成了废邑空村，骨肉流离于道路，其惨况旷古未闻。康熙六年（1667）他在给朝廷的奏折中，历数迁界的种种恶果："臣自受命抚粤以来，目击时艰，忧心如捣。盖粤东之困苦，无如海边，迁民尤甚。前岁逆兵入寇，沿海边民，惨被荼毒，或被戮而尸骸遍野，或被掳而骨肉星分，或被横征而典妻儿，颠连万状，罄竹难书。纵有一二遗黎，亦是鹄面鸠形，枵腹待尽。抚泣兹土，目击情形，渐无补救之术，徒有如伤之怀耳。"

王来任更指出，海禁迁界原是为了防范海盗，但据他在广东两年的观察，并无什么大宗的海盗，有海盗也是因迁界逃入海中为盗的迁民，比如淇澳村钟宝的十八党，就是这样沦为海盗的。防海盗之举，恰恰是制造海盗的温床，得不偿失。

"方今寇船成宗，游移海外，未敢辄犯海内者，赖有此边海之民，遇警则驰报汛哨，抵敌则执戈待御，民藉兵以自卫，兵藉民以相助，是边民如藩篱之一助也。今若弃彼民居，鞠为墟莽，贼得乖虚窥伺，潜聚窃发，掠境犯城，无所不至，是欲防盗，反开盗路矣。"王来任为沿海百姓喊冤："念彼小民无知，恒心因乎恒产，若一旦毁其室庐，失其常业，聊生无术，望救孔殷，将老弱相转沟壑，壮者流毒他方，酿祸非浅。"

玄烨对此大为不满，认为王来任不为朝廷分忧，反而喋喋不休，妄生异议。十一月谕旨下，王来任以"自陈不职"被开缺。这时，姚启圣与葡萄牙人谈判，允许他们在澳门居留经商的事情，也传到了御前。这更是火上添油，玄烨龙颜震怒，认定这些广东官员，太过胆大妄为，非严惩不可。

刑部火速派人南下勘问，卢兴祖收贿的事曝光了。卢兴祖想全部推到姚启圣身上，姚启圣不得已向尚可喜求救。尚可喜也觉得姚启圣官职太低，不过是块杉木灵牌[①]，担不起这件事，万一

---

① 神主牌例不用杉木，粤俗语指做不得主的人。

扯到自己身上，更加麻烦，于是便一股脑推到卢兴祖身上。

案件由刑部审理，卢兴祖被剥了花衣补服，套上枷锁，投入大狱。康熙六年（1667）十一月六日，此案审结，所有出界贸易的官员包括卢兴祖、姚启圣及官商、客商、家人等，皆以犯出界律问斩。但仅时隔二十天，即十一月二十六日，剧情忽然出现了大翻转，朝廷赦免了大部分涉案官员，姚启圣只受革职处分。这期间究竟发生了什么事情？

姚启圣这时才真正体会到被他放走的那七个前知县的心情。这次大赦，很可能是平南王府活动的结果，唯独卢兴祖一人，没有得到赦免，因为平南王需要有一只替罪羊。卢兴祖在狱中思前想后，自然很清楚，不可能活着走出狱门了，于是在狱中投缳自尽，一了百了。

在朝廷赦免涉案官员的同一天，还有另一件大事，就是朝廷宣布澳门免于迁海。当天，关闸一开，香山人用箩筐挑着一担担的蔬菜、米粮、杂物，一家老少，争先恐后，以鸡公龙船的速度，涌入澳门。澳门的大米价格，一日之间，几乎坠崖式下跌。

姚启圣被摘了印，逐出衙门后，曾想留在香山做个商人，似乎也不成功，甚至想离开香山时，也因为囊橐已尽，动不了身。家住铁城北门内的毛天翀，知道了他的窘迫处境后，便慷慨解囊，送了千两银子给他做盘缠，让他去福建。毛天翀是明代世袭香山百户毛琮的后人，性情豪爽，重义轻财，在邑学读书时，堂兄被人诬陷入狱，他把自家的家产都拿去变卖，营救堂兄出狱。

姚启圣有恩于香山，香山人也有恩于姚启圣，两相难忘。三藩之乱时，姚启圣动员家乡的族人，带着五万两白银，投奔康亲王帐下。康亲王任命他为行军参谋。姚启圣马上派人到香山，广邀昔日在当地结识的侠烈汉子、英雄豪杰，到福建去助他。

毛天翀接到姚启圣的书简，二话不说，拎起衣裳包袱就去了，赶入福建大营，姚启圣委他专责采伐树木，打造战船，为渡海攻台做准备。毛天翀二话不说，带着一队健壮役徒，便入山伐木去了。《香山县乡土志》说"军兴旁午，凡百所需，天翀无不立办"，是姚启圣的左膀右臂。

姚启圣又派人寻到钟宝、钟豪等人，劝他们不要做海盗了，青云有路终须上，不如到福建，投效朝廷，建功立业。钟宝一向把姚启圣当做再生父母，他吩咐的事情，赴汤蹈火，无有不从。于是一班海盗漏夜收拾器械，一把火烧了自己的巢穴，扯起大船风帆，带着粮草财物，一径往福建去，投入姚启圣的军营。

康熙十四年（1675）三月，钟宝率领所部，进攻石口、杨梅冈、宣平、太平岭等处，舞起那把杀猪刀，勇不可当，很快便全部攻克。论功行赏，钟宝被授予把总。次年，宁海将军贝子傅喇塔，升钟宝为千总，令他进剿石塘。钟宝再发神威，一路过关斩将，连克云和、龙泉、松溪诸县。各地的乱贼，一听钟宝的名字，无不魂飞魄散，不战自溃。

姚启圣因功擢升为福建总督，钟宝率部追随入闽。当时台湾郑成功已死去多年，他的长子郑经率十万之众，在粤东纵横驰骋，攻取长泰、同安七邑，进逼泉州。泉州守将还没接仗，已自觉气短，打算弃城逃走。姚启圣阻止说：敌军长途奔袭，兵力分散，兵疲将骄，我军正好以逸待劳，出其不意，施以突袭。他毅然肩起守城之责，命儿子姚义和钟宝，挑选精兵五千，分左右两路，埋伏在城内。

几天后，郑氏大军逼近城下，但因为连日大雾，城郊四野一片白茫茫，分不清东南西北，郑军不知前方虚实，不敢贸然攻城。这天清晨，大雾仍不消散，且比前几天更甚，五步之外人不相见。姚启圣认为时机已到，只听城中一声炮响，姚义、钟宝两路精兵尽出，夹攻掩杀，姚启圣率亲兵在后接应，军民一起上城，擂鼓助威。郑氏大军被打了个措手不及，丢盔弃甲，人马相践，仓皇溃退入海。《香山县乡土志》记载这场惊天动地的大战："自辰至酉，杀（郑）经将郑英、刘正玺等十余人，斩首万余级，生擒二千余人，溺死炮毙者无算。"清军乘势收复长泰、同安诸城。

战后，姚启圣以平定台湾有功，授兵部尚书衔、少保兼太子太保、右都御史。钟宝升做游击将军，后来一直做到陕西固原镇西路副将，官拜二品。钟豪亦以军功授福建剿前营守备，封赠武德将军，康熙三十一年（1692）因病告假回乡，不料竟是膏肓之疾，药石无效，一命呜呼，年仅38岁。香山历代出了不少词臣文官，如今也出了几员骁勇善战的武将。

毛天翀在征讨台湾之役中，被叙功22次。此后，他选择了急流勇退，在香山隐居了一段时间，遇上乡间纠纷，走避湖湘。

姚启圣好不容易才找到他,以选贡授惠州府永安县教谕。新鞍老马,犹能驰骋,毛天翀最后在湖广安仁县令任上致仕,在当地留下了不少口碑载道的宦绩,回到石岐安享晚年。这些都是后话了。

开海贸易

- 大海的生机

- 竟是谁家莲花

- 把澳门管起来

大海的生机

当年，卢兴祖锒铛入狱，死于非命，罪名是"诈贿"和擅开海贸，内幕究竟如何，外人搞不清楚。但王来任被罢免，却十分冤枉。为民请命，竟换来这样一个结果，对他的打击，几乎是致命的。卸任回京后，他便得了一场大病，一日重一日，自知痊愈无望，乃强支病体，写下了著名的遗疏《展界复乡疏》。

他在疏中写道："边界急宜展也。粤负山面海，疆土原不甚广。今概以海滨之地，一迁再迁，流离数十万之民，每年抛弃地丁钱粮三十余万两。地迁民移，而又以设重兵以守其界内之地。立界之所，筑墩台、树桩栅，每年每月又用人夫土木修整，动用之资不赀。公家丝粟，皆出之民力。未迁之民，日苦派办；流离之民，各无栖止，死丧频闻。"

香山邻近的新安县，大半个县划为界外，耕地与人丁所剩无几，县衙甚至提出撤销新安县，归并入东莞县，朝廷竟然照准。因为防海盗而把整个县撤销了，这是前无古人的事情，广东人把这叫做"斩脚趾避沙虫"[1]，古人说"杀敌一千，自损八百"，而禁海迁界，是"杀敌八百，自损八千"，有这么愚蠢的吗？

王来任泣血劝告，朝廷应尽快让内迁民众重返故地，"招徕迁民复业耕种与煎晒盐斤，将港内河局撤去其桩，听民采捕；将腹内之兵尽撤，驻防原海州县，以防外患，于国不无小补，而祖宗之地又不轻弃，于民生大有裨益。"最后，他写下了一段感人至深的哀告文字："微臣受恩深重，捐躯莫报，谨临危披沥，一得之愚，仰祈睿鉴，臣死瞑目。"

卢兴祖被罢革后，新任两广总督是周有德，字彝初，汉军镶红旗人。他在王来任的疏稿上，附加了自己的意见："广东沿海迁民，久失生业，今海口设兵防守，应速行安插，复其故业"，表明支持王来任的立场。疏上没多久，还没等到朝廷批复，王来任便去世了。

到康熙八年（1669）那年，朝廷总算同意部分复界，但只限新安、东莞等地，香山的大榄都、龙眼都，亦在其列，其他地方仍不能复界。消息传来，两都的乡民，奔走相告，纷纷收拾零杂家资，翻山涉水，踏上返乡之途。后来，各地民众纷纷建祠纪念王来任，如今在深圳西乡，还有一座"王大中丞祠"，门口左

---

[1] 粤俗语，为了避虫咬而砍了自己的脚趾，指过度防卫而损害自己的蠢办法。

右，嵌着一副石刻楹联："巡粤表孤忠，耿耿丹心，奏牍两章昭史册；抚民留善政，元元赤子，讴思万载仰旌常。"

乡民好不容易重返故土，但眼前所见，却让他们痛哭失声了。丢荒了几年，家园早已成为废墟，房子当初被清兵烧了大半，剩下的也都塌了，船只化为朽木，水井堆满垃圾，田里的野草比人还高，狐鼠互相追逐，乌鸦立满枝头。要恢复生机，谈何容易。周有德上了一道疏章，恳求加快展界复业的速度："界外民苦失业，闻许仍归旧地，踊跃欢呼。第海滨辽阔，使待勘界既明，始议安插，尚需时日，穷民迫不及待。请令州县官按迁户版籍给还故业。"得旨允行。

香山人不得不收拾心情，清理废墟，从一砖一木开始，重建家园。这是一个漫长而艰苦的过程。历时四年，他们才把17.7万亩农田，重新种上庄稼，占全县农田总面积的两成半。由于海禁没有取消，贸易无法开展，整个民生经济，仍然处于奄奄一息的状态。

无论是省会广州，还是香山的官员，心里都有本账，不许做海外贸易，无异于端着金饭碗讨饭，这不仅会影响国库，更会影响他们的私库。因此，他们并不完全拒绝洋舶到澳门。洋舶也不说自己是专程来通商的，只说是遇风"漂"来，但求补充淡水粮食，把货卖掉换些路费而已。

地方官纵容商人私下出海贸易，从中收贿，暗中向商人征税。既然朝廷实行海禁，这笔钱就不必上缴国库，缴了反而成为违旨的罪证。据官方统计，禁海之后，官方每年损失税银数万两，并不是真的见财化水，而是有相当部分肥了私囊。

不过，澳门居住着数万葡萄牙人，已令朝廷有痈患之忧，若迁到内地，等于引狼入室，但放任他们在澳门，不让贸易也不行，他们的衣食无从解决，难免铤而走险，激起暴乱。朝廷之所以留下澳门作为唯一的"化外教门"，居民不必内迁，后世有史家称赞这是玄烨高瞻远瞩，具有世界眼光，其实反映了这种左右为难的困窘。朝廷开放广州经香山到澳门的陆路运输，允许广州的商品用肩挑步行方式，运往澳门，转卖到东南亚和欧洲，允许澳门的葡萄牙人和香山人保留25艘商船，从事远洋贸易。

不封澳门，说明玄烨内心，还缺乏完全闭关锁国的自信。如果澳门不是居住着这么多葡萄牙人，早就一封了之了。禁海之后，从省城到澳门这条羊肠小道，似断似续，成了一条名副其实的"黄金路"，商人们千军万马争过独木桥。人们嫌步行太慢，效率太低，都不顾肩挑步行的规定了，纷纷雇用小船，把货运往十字门一带交易，那里港湾复杂，成了走私者的天堂。

所谓"走私"，大部分是官商勾结的，商人组织货物，运送出海，官府则设立关卡，私抽税银，甚至武装护航。走私的进口货物，则由虎门偷运入广州，或由上横头、秋风口、朗头，偷运回栅下、佛山等地。实际上，出口的货多，进口的货少。

平南王府对这种情形，当然洞若观火，这是雁过拔毛的机会，不会轻易放弃。据后来广东巡抚李士桢奏报，全省的经济命脉，被一批藩王培植起来的官商牢牢掌控，以致"番商遍地，虐

焰弥天"。仅广州府就有三百八十多处官渡，平南王府以助饷为
名，勒令船家凭官府发给的硃牌经营，商人摆渡货物，每担货物
收银数钱，藩府一年可以私抽银二三万两。在藩府庇护下，有的
商人甚至公开造船，出海贸易，一次获利四五万两白银。

李士桢指出，以澳门为中心的走私活动，一直非常活跃：
"今访有不法奸徒，乘坐大船前往十字门海洋与彝人私相交易，
有由虎门、东莞而偷运入省者；有由上罔头、秋风口、朗头以抵
新会等处而偷运回栅下、佛山者"，一年之中，千舡往回，坐收
利银四五十万两，而一般无权无势的小商人，则唯有争求荫附，
以谋一点残羹。李士桢在《抚粤政略》中慨叹：广东人"久被逆
藩（指平南王）荼毒，继以连岁军兴，灾祲洊臻，逃亡死徙，业
已皮骨殆尽矣"。

康熙十五年（1676），被朝廷视为尾大不掉的平南亲王尚可
喜病殁。他是三藩（平西王吴三桂、平南王尚可喜、靖南王耿精
忠）之中，对朝廷最忠诚的一个。他在，玄烨对他还礼让三分；
他一死，形势便急转直下了。

玄烨对尚可喜的世子尚之信既不信任，也无好感。康熙十九
年（1680），朝廷派刑部侍郎赴粤勘问，抄了平南王府，尚之信
以谋反罪处死，母、母弟凡同谋者，俱弃市，家产籍没。玄烨后
来在查抄藩府的上谕中说："闻藩下所属私市私税，每岁所获银
两不下数百万。"虽不排除朝廷为了多抄没银两而夸大数额，但
藩府从"私市私税"的得益，无疑相当惊人，可见藩府是广东沿
海走私的最大利益者。

在推动开海贸易过程中，两广总督吴兴祚和广东巡抚李士
桢，起到了至关重要的作用。吴兴祚字伯成，汉军正红旗人，原
籍浙江山阴，当过福建巡抚，平定台湾有功，获朝廷授予喇布勒
哈番世职兼拖沙喇哈番，史书说他"为政持大体，除烦苛"；李
士桢字毅可，本姓姜，山东都昌人。崇祯十五年（1642），八旗
大军攻略河南、山东等地，都昌失陷，李士桢父兄均殉难，他
夹在兵戈抢攘之中，被清军掳至辽东。正白旗佐领李西泉悯其遭
遇，收为义子，遂改姓李。顺治四年（1647），李士桢以贡生资
格参加廷对，中取第十六名，授长芦（沧州）盐运判官，从此平
步青云。

康熙二十年（1681），吴兴祚由福建巡抚升任两广总督；翌
年李士桢调任广东巡抚。这时吴兴祚刚满半百，正年富力强，而
李士桢已年逾六旬。两人要处理的，是一个异常复杂的局面。削
藩之后，广东留下一个烂摊子，一切重新洗牌。吴兴祚先是奏请
罢除盐埠、渡税、渔科等苛捐杂税，继而建议，广州七府沿海地
亩，开界招民耕种，既可增国赋，又可利民生。玄烨很快作了御
批："前因海寇未靖，故令迁界。今若展界，令民耕种采捕，甚
有益于沿海之民。"

康熙二十二年（1683）的大海，很不平静。春天，一艘英
国东印度公司的轮船，装载着六百余贯银额的货物，再度驶向中
国。这批货的价值不高，但显示出英国人要公然挑战大清的海禁
政策。八月，清军水师攻陷澎湖，据守台湾的"延平郡王"郑克

爽投降，终于解决了朝廷的心头大患。

至此，南明有组织的抵抗，已不复存在，残余势力都匿迹潜形，后来在江湖中，发展成"一派溪山千古秀"的天地会；朝廷削平三藩，平南王在广州的独立王国，被彻底瓦解。这时还要禁海迁界，难以自圆其说。但朝廷对民间的海外贸易，依然十分恼火，下令商人不得到南洋经商，已在南洋的华人商人，必须在三年内归国，否则不得复归故土。

这道命令，暴露了朝廷的真实用心。一向说禁海迁界是为了防郑成功，这个理由，在福建也许还说得过去，但现在郑氏势力已经消灭，那些在南洋的华人商人，与郑氏势力有何相干？为什么还会成为打击目标？可见朝廷海禁，在防台湾郑氏之外，还有一个更大的目的，就是防中外通商。所以广东的迁界范围，比邻近台湾的福建还要大，因为广东民众出海经商的传统，比福建还要深固。

"康熙盛世"为后人所津津乐道，其实当时社会已处于极度紧张状态，若不稍加纾缓，随时有崩裂之虞。玄烨也意识到危险所在。"解除海禁"的呼声，渐渐地由远而近，由弱而强。有大臣建议，先停止迁界，迁界对民生经济的影响太大，时间一长，哪个地方政府也承受不起，不仅被迁界的县赋税收入大减，连那些被安置迁民的县，也陡然增加了负担。两相叠加，所有州县都将面临破产。

很多地方，对这个越界禁令，早就阳奉阴违，有民众越界，也佯佯不理，即使抓到了，也只象征性地打几板就放掉。迁界真能防海盗吗？清军占领台湾后，答案终于有了：在大批投降的郑氏军队中，发现了很多是不愿内迁，又无以维生，被迫渡海投奔郑氏的人。现在拿他们怎么办呢？养着没那么多饷银，撒手不管又会落草为寇。唯一的出路，就是让他们回到故乡，复垦界外荒地。

朝廷随即派工部尚书杜臻、内阁学士石柱为钦差大臣，前往广东、福建两省沿海地区实地勘察，何处起止，何地设兵防守，制定详细方案，为明年的春耕做好准备。这是一个重大的转变，意味着朝廷同意展界了。

尽管历史的创伤，还远远未有平复，但新的一页，已然翻开。

杜臻在他撰写的《粤闽巡视纪略》中记述，他们此行，肩负着四项任务："察濒海之地以还民，一也；缘边寨营烽堠向移内地者，宜仍徙于外，二也；海墟之民，以捕鲜煮盐为业，宜并弛其禁，三也；故事直隶天津卫、山东登州府、江南云台山、浙江宁波府、福建漳州府、广东屺门（澳门）各通市舶，行贾外洋，以禁海暂阻，应酌其可行与否，四也。"香山的通商问题，是考察的重点之一。

两位钦差领了皇命，金秋十月起程，出京城，过河间，经德州而到兖州，时而舟处，时而陆行，水陆兼程，昼行夜宿。他们出京时，天气已十分清凉，进入江南地境时，已渐入冬季。南方的冬天，虽然没有北地严寒，但北风也是一样劲哀。一行人且行且添衣，驰跋于荒凉的驿道上。杜臻喜欢写诗，路上情往以赠，兴来如答，写了不少诗作，记录自己的心情，其中有"努力前驱频计日，只因海畔蚤春耕"的句子，十分自得，还反复吟诵。

康熙二十三年（1684）正月，一行人终于行抵广东三水。两广总督衙门自明嘉靖年间（1522—1566）即驻肇庆办公，不在省城，清初沿明旧例，仍驻肇庆。钦差大臣在三水与总督吴兴祚、巡抚李士桢等广东官员会面，传达皇上旨意："迁移百姓，事关紧要，当察明原产，给还原主，务使兵民得所。"

广东的海岸线，西起广西北仑河口，东迄闽、粤交界的大埕湾，弯曲绵延，长达一万二千多里，贯穿肇庆、高州、廉州、雷州、琼州、广州、惠州、潮州等府，还有海南岛等岛屿，以当时的交通工具，走上一趟，也是千辛万苦的事情。

正月二十七日，杜臻抵达香山。这时新年已过，离二月初二"龙抬头"，还有几天，城乡一片死气沉沉。杜臻先从前山寨到了澳门视察。在澳门，满街都是洋人，比华人还多，见到钦差，都恭恭敬敬地鞠躬行礼。这种奇景，在京中哪得一见？杜臻诗兴大发，望海而吟，抒发天朝的豪情：

> 香山之南路险巇，层峦叠嶂号熊罴。
>
> 濠镜直临大海岸，蟠根一茎如仙芝。
>
> 西洋道士识风水，梯航万里居于斯。
>
> ……
>
> 如今宇内歌清晏，男耕女织相熙熙。

薄海内外无远迩，同仁一视恩膏施。

还归寄语西洋国，百千万祀作藩篱。

正月三十日，杜臻、石柱一行人，离开澳门，翻过险峻的山岭，前往铁城。当他们经过黄梁都时，当地人警告他们：迁界后这里人烟稀少，有猛虎出没，晚上没事别外出。杜臻开始还不相信，但人人都这么说，他也不得不信了。据杜臻记述，在黄梁都，他们"穿虎穴夜行二十里，宿翠微村"，发现村里的房子，都在门外加了铁栅，相传附近的老虎特别凶悍，"能登人屋极，裂椽以入，破椽以出，居人皆以铁槛为门关，严设警备，犹惴惴不保"。当天晚上，猛虎虽然没有出现，但村民给钦差大臣讲了很多香山老虎的传说。

乡人绘形绘色地说，在隆都大石兜村后山，有一个大岩洞，传说明代时这里有猛虎出没，伤害人畜。后来，一位法号元默的高僧云游至此，听说岩上有老虎，便孤身上山，进了岩洞，向老虎说了两天两夜佛偈，老虎终于翻然悔悟，向法师叩了三个头，悄然离去，再也不复出现，所以这里叫"虎逊岩"。岩石下有一个晒经台和一个洗砚池，都是元默高僧留下的遗迹。李孙宸当年写过一首《咏虎逊岩》的诗，其中有"石床千尺倚云根，小有清虚敞洞门。风雨不惊卧龙稳，烟霞长护佛坛尊"的句子，清逸绝俗的诗意，让杜臻、石柱油然生出神往之情。

乡人又告诉他们，香山的虎患并未消除，近几年因为迁界，界外无人居住，虎患更加严重。康熙十年（1671），知县申良翰，还模仿韩愈《祭鳄鱼文》，写了一篇《驱虎牒城隍文》，正告老虎赶快离开香山，"不用命者，纳诸陷阱，殪于锋镝"。乡人琅琅背诵起文章来，杜臻、石柱听得入迷，一夜没有合眼。

离开香山后，杜臻等人再到顺德，然后从广州分头往粤东巡视，五月回京复命。此行最大的功德，就是开界复业。石柱事后向皇上奏报："臣奉命往开海界，闽、粤两省沿海居民纷纷群集，焚香跪迎，皆云'我等离去旧土二十余年，毫无归故乡之望矣，幸皇上神灵威德，削平寇盗，海不扬波，我等众民得还故土，保有室家，各安耕获，乐其生业。不特此生仰戴皇仁，我等子孙亦世世沐皇上洪恩无尽矣。'皆拥聚马前稽首欢呼，沿途陆续不绝。"

钦差刚走，人们便在一片欢呼声中，投袂荷锄，一拥而上，把以前挖的界沟统统填平，墩台统统捣碎，内迁的老百姓，陆续回家。全省共察还民田二万八千一百九十二顷，复业丁口三万一千三百。

香山人终于重回家园了。但他们的愿望，只实现了一半，还有一半，就是开海贸易，朝廷还悬而未决。他们并不清楚，在几千里以外的京城，一场关乎他们命运的争论，正在皇帝的御座前展开。

五月底，有一位给事中上了条陈，请令开海洋贸易，设专官收税，经九卿詹事科道会议准行。六月五日，玄烨谕旨："令海洋贸易，实有益于民生。但创收税课，若不定例，恐为商贾累，当照官差例，差部院贤能司官前往酌定则例。"七月十一日晚上，皇上在古北口外拜察行宫召开御前会议。在会上，玄烨问石柱："你们到广东，想必去了香山澳。"

石柱奏复："臣曾到香山澳。香山澳居民知道臣等为奉旨开展海界之官，都放炮远迎，甚为恭敬。其本地头目（指葡萄牙人）在臣面前跪称：'我辈皆海岛细民，皇上天威，平定薄海内外，克取香山澳，我等以为必将我辈迁移，蒙皇上隆恩，令我辈不离故土，老幼得仍守旧业谋生。今又遣大臣安插沿海居民，我辈庶获互相贸易，此地可以富饶。我等诚懂欣无尽矣。皇上浩荡洪仁，我辈何能酬答，唯有竭力奉公以纳贡赋，效犬马之力已耳。'"

玄烨又问："听说香山澳周围皆水，只有北面一条小路通旱路？"

石柱说："皇上洞悉万里之外，较臣等亲至其地更为真切。当地武官称，前荷皇上威灵，大军直入，澳内人等莫不震慑，故不战而降。"

话题转到了开海贸易。玄烨问石柱："百姓乐于沿海居住者，原因可以海上贸易、捕鱼之故，你们明知其故，海上贸易何以不议准行？"

石柱说："海上贸易自明季以来原未曾开，故议不准行。"

玄烨质问："先因海盗，故海禁未开为是。今海寇既已投诚，更何所恃？"

石柱辩解："据彼处总督、巡抚、提督说，台湾、金门、厦门等处虽设官兵防守，但系新得之地，应俟一二年后相其机宜，然后再开。"

玄烨厉声驳斥：地方官员反对开海，并非为了防盗，而是为了谋私利，"边疆大臣当以国计民生为念，今虽禁海，但私自贸易者却禁而不绝，今议海上贸易不行者，都是因为总督、巡抚自图便利故也！"

纶音一布，开海贸易，乃成定局，但还有很多繁琐细节，还有待解决，比如要不要设立市舶司，如何征税，就是一个大问题。八月，户部题请差郎中宜尔格图等人，前往广东、福建，筹划关税征收事宜。行前，玄烨亲自指示设关征税的原则："今于广东、福建收税者，非欲多得钱粮之意，因彼处兵饷于邻近地方运送，恐致劳民，故有此举。然其零星之船以至小港之处，尽行收税，则反至劳民。"

当时，大家的意见，都是不再恢复自唐、宋以来主管海贸的市舶司，而改为设立海关。但宜尔格图提出的方案，与皇上的"圣意"显然不同，他建议海关的管辖范围，囊括内外，不仅向海外贸易征税，而且所有津渡、桥梁、道路都设立征税关卡，内地的车船贩运，甚至渔民出海捕鱼，均被视作交易，要向海关交税。如果这样实施，香山商人向洋商购货时，要交一次税，运到广州转卖时，又要交一次税；从内地采购货物，转卖给洋人也一样，更不用说渔民的生计，被沉重的税负一压，立告断绝了。

玄烨对宜尔格图的方案，十分不满，认为他没有领会圣意，在奏折上批示："今若照奉差郎中伊（宜）尔格图所奏，给予各关定例款项，于桥道渡口等处概行征税，何以异于原无税课之地反增设一关苛敛乎？此事恐致扰害民生。"

但皇上的金口纶音，似乎并没有得到贯彻。直到康熙二十五年（1686），玄烨还在作出谕示："桥道渡口处所盖行收税，于朕恤商之意不符。"九卿詹事科道遵旨议定，"止收出海入海船税，进口内桥津地方贸易船车等物仍停其征税"。但康熙二十八年（1689），玄烨又谕户部："近闻江、浙、闽、广四省海关于大洋兴贩商船，遵照则例征取税课，原未累民，但将沿海地方采捕鱼虾及贸易小船概行征税，小民不便。今应作何征收，俾商民均益"，著九卿等会议。由此可见，至少在设立海关五年之后，玄烨的旨意，还没有落实。上有政策，下有对策，自古皆然。

尽管有许多不尽如人意的地方，但历史毕竟向前跨进了一大步。康熙二十三年（1684）九月一日，玄烨颁下圣谕："向令开海贸易，谓与闽粤边海民生有益，若此二省民用充阜，财货流通，各省俱有裨益。且出海贸易，非贫民所能，富商大贾，懋迁有无，薄征其税，不致累民，可充闽粤兵铜，以免腹里省份转输协济之劳；腹里省份钱粮有余，小民又获安养，故令开海贸易。"

在黑暗深渊中苟延残喘的香山商人们，总算看到一线光明，这意味着延续了三百年的海禁，从此结束。人们相信，以后可以大大方方与洋人做生意，不必再担惊受怕了。

竟是谁家莲花

朝廷最具开创性的改革，就是废除了从唐代就开始实行的市舶司制度。康熙二十四年（1685）在广东、福建、浙江、江苏设立四个海关，管理对外贸易。市舶司与海关的最大区别，就是海关只负责行政管理和征收关税，不直接参与贸易。

以前的市舶司，掌管"朝贡贸易"，各国商人到广州互市，名义上都是向中国皇帝朝贡，没有常设的交易市场，抽解后的剩余货物，如果要在广州出售，一律由市舶司招商发卖。这种政策，培养了一批垄断市场的牙商，实际上是市舶司的代理人。

明代末期，随着市舶制度逐渐解体，朝贡贸易名存实亡，"八年一贡""舟为二只"之类的规定，亦统统打破了，外贸管理机构与交易机构的脱钩，乃有瓜熟蒂落之势。到康熙朝设立海关时，两者正式剥离，直属户部的海关负责行政管理，买卖则由牙行负责。牙行在承商时，要向户部缴纳一笔费用（三四万两至二十万两不等），领取户部发出的部帖，证明自己有"外贸权"。有了外贸权的牙行，称为"洋行"。

海关设监督一人，一年一换。闽海关监督由将军兼辖，浙、苏两海关由巡抚兼辖，只有粤海关是专人担任，可见其地位实在太过紧要。不知多少人的白眼黑珠，都紧盯着那"钦命督理广东沿海等处贸易税务户部分司"的关防，准备靠它吃香喝辣。

海关筹建期间，关务由吴兴祚兼掌；正式成立后，由宜尔格图出任首任监督。这是特简之缺，通常由内务库包衣简放，但设关之初，也非定例。包衣即包衣阿哈，满语"家奴"之意，内务库包衣就是皇帝的奴才，不是一般的奴才，而是"家里、院子里奴才"，一旦做了海关监督，地位与督抚平起平坐，不受督抚节制，直接对皇帝与户部负责。曾在中国海关任职的日本学者高柳松一郎，在《中国关税制度论》中说："凡有愿得此缺之人，须对宫中善于运动，并须有巨万贿赂然后可。既得此缺之后，若更欲连任，又不得不分肥于各方面，通例任期三年，任期中极易积蓄赀财，一生受用有余。"

粤海关下辖省城大关、澳门总口、乌坝总口、庵埠总口、梅菉总口、海安总口、海口总口七个总关口，每个总关口下面又有若干小关口。每个关口都设有税官、夷务所、买办馆、永靖营等机构。税官负责征收商船的船钞、规礼等税项；夷务所办理商船进出手续；买办馆为洋商提供后勤服务；永靖营则负责港口的安全。其中以省城大关和澳门总口，千钧鼎重。省城大关设在广州五仙门内原盐院旧署。虎门口是挂号口，设在东莞虎门，一切进出广州船只，都必须先在这里报到，隶属省城大关。

澳门总口下设有大码头、南环、娘妈阁、关闸四个税馆，负责办理报关和征收船钞货税。行廨设在澳门怀德、畏威两街道间，也即今天的关前正街前后，是一幢两层高的楼房，碧瓦朱檐，豪华庄严，四周仓库围绕，前面立有木栅相隔，左右辕门之间是一块用来验货的空地。粤海关监督巡视澳门时，也在这里下榻。

由于澳门的地位举足轻重，朝廷先后给了葡萄牙人一些优惠待遇，比如准许在澳门登记的船只比其他国家的船只减少三分一的港口税；贮存在澳门的货物，可以沽出后再报验纳税；由葡萄牙人和本地华人经营的商船（所谓"澳舡"），可准保留25艘的定额，并准自由运载客货至欧洲、南洋贸易。因此，澳门实际上成了广州的外港。

以前由于平南王府的操控，市场混乱不堪，李士桢决心趁这个机会，好好整顿，拨乱反正。他的第一个举措，就是把内贸与外贸分开。康熙二十五年（1686），海关监督、总督、巡抚会同发布《分别住行货税》文告，设立金丝行和洋货行，前者负责广东与内地的生意，一切落地货物，课以"住税"；后者负责海上进出口贸易，课以"行税"。这是为了避免内外贸易混淆，重复征税，损害商人利益。自此，外贸成为一个独立的行业。

设立海关之初，无论广州，还是香山，洋货行都不多。道光朝《广东通志》写道："国朝设关之初，船只无多，税饷亦少，有行口数家，不分外洋、本港、福潮。"开海贸易的消息，在海外要众所周知，需要一定的时间，因此每年到来的洋船，还是寥寥无几，贸易额不大。按照官府规定，洋船抵埗后，可以自行找一家洋行代理报税，但只允许船上的第一大班、第二大班等数人上岸，与牙行交易，其余水手人等，必须留在船上等候，不得登岸行走。

交易完成后，海关发给红单，洋商把这种红单称为"Chop"。洋船凭红单领回船牌，限期结关离境。洋船通常是春季以后，乘东南季风来，入冬后乘东北季风返。在广州，这些与洋人交易的洋行，后来生意愈做愈大，名头也愈来愈响，被称为"广州十三行"。其实十三并非确数，有时比这多，有时比这少。

葡萄牙人不必与广州十三行打交道，按照规定，他们可以申请进入关闸，与香山牙行完成交易。香山商人到广州为他们采购一切商品。开海之后，广州与香山之间的货物运输，不再限定只走陆路了，也可以水运，这大大加快了物流速度，降低了成本。李士桢在《抚粤政略》中写道："奉皇恩大开海禁，贸易船只皆由海运便利，商民欣跃。今开海之后，现在到粤洋船及内地商民货物，俱由海路直抵澳门，不复仍由旱路贸易。"

不仅葡萄牙人可以在澳门完成交易，各国商船也可以在澳门交易，还可以通过澳门到广州交易，内地商船也可以直接到澳门交易。但外国商船不能直驶广州，必须先在澳门停泊，与相关的广州行商对接，办理手续；广州的行商要去澳门，与洋商洽谈生意，签订贸易合同，然后凭合同才能去办入港手续。

这是澳门贸易最自由的时期，广州与香山的关系，愈加密不可分了。广州十三行的行商，各洋船的大班、二班，每天走马灯似地在广州、澳门之间跑。各个洋行无不各显神通，与官府拉关系，以便把持市场。不同的牙行，都有自己通往衙门的渠道，也有自己的海外"熟客"，为了防止其他洋行争揽生意，出尽法宝，笼络客商，随意定价，贵买贱卖，垄断货源，排挤对手，以致弄虚作假，在海外贸易中蔚然成风。

对海上贸易，朝廷有各种繁错的规定，哪些国家可以交易，哪些商品可以交易，在哪里交易，与什么人交易，都有限制。葡萄牙只能与香山的牙行交易，不得到省城与广州牙行交易；葡萄牙商船抵埗后，必须向澳门总口具报船只的名号，开列商梢、炮械、货物的数目，然后等海关人员丈量船只，稽查货物，征收关税。五谷、铜斤禁止交易；船上人员每天只能带食米一升并余米一升；华人不准卖船给洋人，胆敢违者，造船的与卖船的都要立斩；洋船一船犯法，所有洋船要连坐，等等。

中国的关税，初时只有两种，一为船钞，二为货税。船钞又称船料，按商船的大小尺寸征税。东洋船船长75尺、宽24尺者为一等船，课1400两；长70尺、宽22尺者为二等船，课1100两；长60尺、宽20尺者为三等船，课600两。对西洋船下手更狠，一等船课银3500两，二等船3000两，三等船2500百两。而对澳门葡萄牙船的丈量，分为新旧两种标准，船的体积（长×宽）16丈为头等船，每尺征1.5两；14丈为二等船，每尺征1.3两；11丈为三等船，每尺征1.1两；8丈为四等，每尺征0.9两。这是旧的船钞标准。新标准是：16丈4尺为头等船，每尺征6.2两；15丈4尺为二等船，每尺征5.7两；12丈2尺1寸为三等船，每尺征4两。[①]

按船的尺寸来征税，任何人都可以看出其荒诞之处，因为一船黄金与一船禾草，税率竟然相同，满船货与半船货也无区别。但按货物价值征税，也有难处，因为负责估价的是牙行，他们往往勾结洋商，故意压低货物价值，海关官员没有这方面的知识，也很难逐一确认。

丈量船只也有讲究，从船头最前的一点，量到船尾最后一点，是一种量法；从前桅量到后桅，也是一种量法，两者尺寸大不相同，交的钱也大不相同。按哪种方法量，要看洋商是否"识趣"，如果肯纳些钱物，想怎么量就怎么量。丈量完成以后，周围的洋船鸣放礼炮致贺，船员们纷纷爬到桅杆高处，向海关人员挥手欢呼，表达敬意。这时，海关的船只上，也会敲响大锣，作为回礼。震耳欲聋的炮声和锣声，在天空久久回荡，仿佛告诉人们，交易正式开始。

在船钞之外，还有货税。这是按货物量收税的，分为衣物、食物、用物、杂物四大类，按件征收，不管体积大小，税额都是一样的，这同样反映了天朝官员的粗疏和傲慢。开海四年后的海关征收则例，规定进口税率为4%，出口税率为1.6%，除此之

---

① 对洋船等级的评定以及征收船钞数额，不同时期有变化，不逐一列出。

外，每船征银二千两。后来又陆续出现船规、分头、担头等五花八门的杂税，各级官员与胥吏的逼索，更是如狼似虎，比正税高出许多，税负更加沉重。

然而在实际上，葡萄牙船是不需要缴纳进口税的，那部分税，由承买这批货物的香山牙行，或广州十三行商承担。葡萄牙船须在出口时，向澳门总口交纳货税。粤海关规定，凡葡萄牙等外国商船载货出澳门，必须向澳门海关交纳出口货税，细瓷器每百斤征收银三钱，中瓷器征收银二钱，粗瓷器征收银一钱，土瓷器每百斤征收银三分。如果瓷器不按重量，则每十件算一百斤，每一桶亦作百斤征收。

办妥进口手续后，葡萄牙船便在澳门的抽分馆码头停泊，起卸货物，然后等候抽分馆抽分，由香山牙商或广州十三行行商前来承买。据李士桢奏疏显示，澳门向前山寨的税官所交关税，康熙二十年（1681）是二万零二百两白银；康熙二十一年（1682）是一万八千零七十六两；康熙二十三年（1684），也就是正式开海贸易那年，是二万零二百五十两。康熙二十七年（1688），粤海关征税总定额为八万三千三百六十二两，而澳门每年约征二万九千六百两，占了粤海关税收总数约三分之一，其分量不可谓不重。

但澳门关口的位置愈吃重，葡萄牙愈恼火、愈害怕，这意味着有更多外国商船来这里交易，争夺他们的市场；意味着朝廷把这里当成了最主要的摇钱树，要征更重的税。果然，康熙二十七年（1688）新上任的香山知县劳可式，亲自到澳门追讨过去四年葡萄牙人的欠租。劳可式是山东阳信人，字敬仪，举人出身。他在澳门议事会与葡方代表见面。

双方的谈判，就像两个商人在为一船瓷器、茶叶或者丝绸讨价还价。葡方声称，他们先前已付给香山县九百两，作为康熙二十四年（1685）至康熙二十七年（1688）的年租，即每年二百二十五两。劳可式满脸笑容地说：还差了一大截啊，你们应该每年补交五百两，四年一共两千两。葡萄牙人跳起来叫嚷：以前顺治皇帝免了他们的地租，为什么现在不免反加？劳可式双手一摊说：那时是因为打仗，皇上体恤你们生意难做，所以免租。现在开海贸易，商舶如云，货如轮转，你们发大财了，还好意思拖欠？

葡萄牙争辩不过，只好按劳可式提出的数目，补足了地租。劳可式高高兴兴，坐着肩舆，回铁城去了。葡萄牙人以为事情已了结，没想到第二年开春，劳可式又来了，他对葡萄牙人说，上次那笔补交有地租银，要解往京城，葡萄牙人理应支付解银的路费。葡萄牙人愤怒地问：那要多少钱？劳可式说：按押银的一成来收，上次补交四年的银两为两千两，就应该再交二百两。葡萄牙人怒不可遏，喊起撞天屈来，劳可式也不着急，也不动火，等他们吵累了，然后慢条斯理地问：那这二百两几时交呢？

谈到后来，劳可式说：好吧，一人让一步，我每年少收十两，你们交一百六十两就算两清了。葡萄牙无可奈何，只好照交。劳可式走后，葡萄牙人把气撒在澳门的华人头上，下令大幅提高澳门的房租，所有租住葡萄牙人房子的华人，不肯加租的，一律搬出。一时间,许多负担不起贵租的华人家庭,在四五月的雨季期间,被赶出家门,无处栖身,纷纷到香山县衙喊冤。

这事闹得满城风雨。劳可式再次风尘仆仆到澳门,与葡萄牙人交涉,要他们立即停止无理取闹。最后,这事以葡方停止驱逐华人,缴付了一千五百两白银罚款了结。不久广东巡抚衙门也派官员到澳门查办此事,加罚了二千四百两白银。

康熙三十年(1691),朝廷把澳门的地租从原来的每年五百两,提高到六百两。这本来无可厚非,澳门比以前更繁荣了,居住人口也增加了,地租上涨是合情合理的,但葡萄牙人却认为这是勒索,抱怨大清设立专事税收的海关,是澳门最大的灾难,它强迫葡萄牙人支付即便是过去繁荣时期也难以支付的款项,而且这个款项还在不断上涨,按康熙五十九年(1720)的行情,一个小小的通事,每条船也要收规礼二百五十两,买办要收一百五十两。所谓买办,并非行商,而是那些在船只停泊期间提供各种生活服务的人。另外,船只的丈量费是三千二百五十两,税费也从原来的3%,调升到6%。

"这简直是敲骨吸髓。但最致命的毁灭是,随着新的贸易自由,其他外国更有理由在对华贸易中注入巨大资本。"他们在给自己国王的报告中写道,"我们在忍辱受苦,澳门将毁于贫困及新的苛捐杂税!"

葡萄牙人所咒骂的"其他外国",首先是英国,其次是荷兰、法国、丹麦、神圣罗马帝国,以及一切想与大清做生意的国家。只要船上飘扬的旗帜，不是绣着葡萄牙盾和王冠，他们就感觉如芒在背。这些人已俨然把澳门视为禁脔，不容其他国家染指了。

当一艘荷兰船在康熙二十五年（1686）驶入澳门内港时，葡萄牙人竟在巴拉炮台放炮轰击。这件事激怒了香山官府——这些葡萄牙人还真蹬鼻子上脸了，让他们住在澳门，他们就当成是里斯本了。前山寨的海关官员紧急召见澳门元老院议员，劈头盖脸一顿斥骂，质问葡方怎么敢违抗朝廷的谕令，擅自发炮，驱逐荷兰船只。葡萄牙人自知理亏，不敢辩驳，最后以罚款了事。

但这并没有打消葡萄牙人独霸澳门之心。葡萄牙澳门王室法官曾投书粤海关监督，声称"澳门原为设与西洋人居住，从无别类外国船入内混泊"，要求维持澳葡对澳门贸易的专有地位，禁止其他外国商船入泊澳门。清廷本来就不喜欢有太多番舶来，于是对葡萄牙的人要求，含含糊糊地接受了。康熙二十八年（1689）抵达广东的英国护卫号商船，以及随后而至的忠实商人号和法国安菲得里底号商船，都没在澳门停泊，而是经虎门驶入广州黄埔港。

康熙三十七年（1698），葡萄牙人听说，英国成立了一家"英国对东印度贸易公司"，与原来的"伦敦商人东印度贸易公司"并驾齐驱。四年后，两家公司合并，改称"英商东印度贸易联合公司"。这个企业，得到议会正式核准，不仅代表大英帝国与大清进行贸易，甚至还有进行战争和缔结条约的权力。葡萄牙人又开始忧心忡忡了，英国人最终还是要来抢他们的肥肉的。

这时，葡萄牙人已逐渐摸索出与清廷打交道的门道，不能硬碰硬，只要舍得花钱，给足面子，没什么事情是办不成的。从康熙四十七年（1708）开始，他们频频通过两广总督，向朝廷进贡各种天文历法人才、手艺工匠、西医师、葡萄酒、洋锦缎、珊瑚树、西洋香糖、鼻烟、槟榔膏、珐琅器和洋药等。仅康熙四十八年（1709）一年，澳门的葡萄牙人便四次派人向北京送礼。康熙五十三年（1714）玄烨派了五位大臣，到澳门访问，澳葡举行了隆重的迎送仪式，尽量摆出恭敬的姿态，玄烨一高兴，就把当年澳门的地租免了，直到四年以后，才把澳门的地租回复到以前的五百两。

康熙五十四年（1715），厦门发生了英船安妮号事件。事件起因是厦门的行商拖欠英商两千多两银的货款，赖账不还，官府包庇行商，把安妮号逐出港口。英国人一气之下，把一条开往巴达维亚的大清货船扣下为质，逼福建人还钱。厦门水师也不示弱，出动几十艘兵船，还带着一些载满燃料的小船，包围安妮号。英国人大惊，匆匆逃出大海。这一事件，促使英国东印度公司下令他们的商船，改往广州进行交易。

英国商船马尔巴勒号、苏姗娜号、长桁号，都在安妮号事件的翌年夏天，云集澳门。因为发生了厦门事件，他们在没摸清广州官府的态度前，全都寄碇氹仔，观望风色。葡萄牙人爬上炮台一看，海面停满了英国船，到处都飘扬着米字旗。真是怕什么就来什么，这些英国人该不会是行"假途灭虢"之计吧？葡萄牙人警告英国人：不欢迎信奉新教的英国人到来，如果英国人一意孤行，誓必报复。

葡萄牙人反客为主的姿态，让人不禁感叹：谁才是澳门的主人？这朵美丽的莲花，今日竟属谁家？形势到了一触即发的关头，两广总督迅速表态，广州与安妮号事件无关，欢迎英国商船开到虎门，官府保证他们的安全。海关监督哈尔金也表示欢迎，并授予英商前所未有的特权：一、英商大班可以随时与海关监督相见，无需等候；二、英馆前张贴许可自由交易的布告，不得骚扰；三、英船可以随意任免通事、买办及其他类似的仆役；四、英商大班和船长以悬挂旗帜为号，进入海关时不得阻拦；五、英船可储存海军军需品，不得加以任何课税；六、海关不得延误英船需要的出口关单。在得到种种保证后，英国商船相继离开澳门，经虎门进入广州省河。为了安抚葡萄牙人，海关同意从今以后，除葡萄牙以外的各国商船，不再驶经澳门，改走虎门水道。

康熙六十一年（1722）十一月中旬，从雪花飘飘的北京城里，忽然传来爆炸性的消息：玄烨龙驭宾天，爱新觉罗·胤禛入承大统，改年号雍正。全国进入居丧期，香山城乡的寺院，钟鼓齐鸣，满城百姓的袍褂，一夜之间改成青灰、元青二色，人人帽上都挂上黑结，装出一副沉郁肃穆的表情，不敢嬉戏。谁也不清楚，朝政会有怎样的变化。

把澳门管起来

葡萄牙人不愿向香山县缴纳地租，并不是舍不得那区区几百两白银，而是希望摆脱大清官府的管辖，把澳门变成真正的独立王国。而香山县坚持要收地租，也正是为了宣示大清对澳门的主权。

然而，随着在澳门的葡萄牙人和华人愈来愈多，各种纠纷层出不穷。这和任何地方都一样，家庭纠纷，也许可以关起门解决；村里的纠纷，在祠堂解决也可以；但一个城镇，情况会复杂得多，必须有一套基于法律的管治机制。

雍正二年（1724），专责民夷事务的通政司右通政梁文科，向皇上奏称："查香山县澳门地方，明季嘉靖间租与红毛（葡萄牙人）居住，屡年来户口日增，居心未必善良，不可不严加防范，以杜隐忧。今宜设一弁员在澳门弹压，凡外洋人往来贸易，不许久留，并不许内地奸民勾通为匪，则地方安静，庶不致有意外之虞。"

这是首次有人提出要在澳门派驻官员管理。胤禛帝旨令广东总督孔毓珣详询妥计再奏闻。他是山东曲阜人，自称是孔子的六十七世孙。孔到广州上任时，遇着朝廷的对外政策，摇摆不定，在放宽与收紧之间，迟疑不决。

雍正元年（1723），朝廷重申了"商渔舡只如出外洋者，十船编为一甲，取具连环保结，一船为匪，余船并坐"的律例，广东总督奉旨下令，所有出海渔船，都要编上号码，刊刻籍贯，船头涂上红漆，桅杆也要涂红一半，写上黑色大字，以资识别。这种措施，无论实际效果如何，仍彰显了朝廷严厉打击走私的决心。

这一年，到达广州的外国商船，从澳门进入广州时发现，前山寨、虎门寨和濠营三处，都在进行修筑城垣、炮台的施工；左翼镇标水师驻扎黄埔，监视洋船进出。军队对洋商的敌意明显增强，美国学者马士（Hosea Ballou Morse）的《东印度公司对华贸易编年史》写道："军队已经开始找麻烦，不断派人来检查各船的军备，不承认悬挂旗号小艇的免检特权，用各种借口检查海关官吏已经验过的货物，要打开已放在甲板下货舱的包装货品——显然这些意图是勒索礼品。"

另一件令人忧虑的事情，是康熙朝末年发生的所谓"礼仪之争"，即天主教在中国传播时，如何处理其教义与中国祭祖敬孔的传统礼仪矛盾的难题。尽管耶稣会对中国赞美有加，但多明我会士和方济各会士却质疑：儒家经典中的"天""天主"和"上帝"，与拉丁文Deus意义是否一致？敬天、祀祖、祭孔是否属于偶像崇拜和迷信活动？大家争论不休，以致罗马教皇要出面裁决，宣布七条禁约，包括把春秋二季的祭孔子和祭祖宗大礼，视为异端，凡入天主教的官员、进士、举人、生员等，每月初一日、十五日，不许入孔子庙行礼；不许入祠堂行一切之礼；无论在家里，还是在坟上，或逢吊丧之事，俱不许行礼；家里不准有先人的神主牌位，等等。

拜天地、拜祖先，是华人生活的头等大事，禁约一出，华人教徒乃至一般士大夫，无不哗然，抵制的呼声，响彻朝野，不少人鄙夷地讥斥：西洋传教士有几个真正看懂了四书五经？有几个真正领会了儒学的深文奥义？丑夷异类有何资格妄议中国文化？尊崇天地君亲师，乃天下通义，不容弃废。事态的发展，迫使玄烨不得不改变对西方比较友好的态度，先是下令凡在华传教士均须领取朝廷的信票，声明永不返回欧洲，顺从中国礼仪，方可留居中国，继而把教皇特使驱逐出京，羁押在澳门至死。

广东碣石总兵官陈昂曾上疏称："天主一教，设自西洋，今各省设堂，招集匪类，此辈居心叵测。目下广州城，设立教堂，内外布满，加以同类洋船丛集，安知不交通生事？乞敕早为禁绝，毋使滋漫。查康熙八年（1669）会议天主教一事，奉旨：天主教，除南怀仁等照常自行外，其直隶各省立堂入教，著严行晓谕禁止。但年久法弛，应令八旗直隶各省，并奉天等处，再行严禁。"当时玄烨仍在世，御批"从之"，标志着全国范围内的禁教，吹响号角。

然而，出于对耶稣会的好感，玄烨的禁教，雷声大雨点小。胤禛即位后，延续着前朝的政策，雍正元年（1723）初上谕，要住在各省各地的"西洋人乃外国之人"，限期搬走，把散居各地的传教士，驱往澳门或集中在广州，各地教堂或拆毁，或改作他用；禁止中国人信教，尤其不准满人信教。

广东总督孔毓珣对这种不问情由的禁教做法，不以为然，他称"西洋人在中国未闻犯法生事，于吏治民生原无甚大害"，似不必把广州的西洋人都赶去澳门。胤禛再次表现出对海外贸易的犹豫不决，他在给孔毓珣的上谕中说："朕实不达海洋情形，所以总无主见，有人条奏，朕观之皆似有理，所以摇惑而不定。全在你代朕博访广询，详慎斟酌。"这时大清入关已80年了，开海贸易也40年了，但皇帝对海洋的认识，仍然"摇惑而不定"。

孔毓珣奏称：现在与明朝倭盗横行海洋的情形，已大不相同。本朝沿海都设立了水师，镇、副、参、游，分地管辖，战船罗列，要口安设了炮台，内御固若金汤，无须担心海盗。"自皇上御极，将海关征税责之各省巡抚，各抚臣皆知凛遵皇上圣训，守法奉公，外国彝船来中国贸易者，俱得获利而去，欣欣愿出其途，外衅又绝。"这才是两全其美的办法，何乐而不为？

至于派专职官员驻澳门，孔毓珣觉得是架屋叠床，并无必要。他说："其地原有香山把总一员，带兵五十名防守"，前山又有都司、守备巡查，再多派一名官员，也不会赋予什么新功能，这又何必呢？胤禛帝听了，觉得言之有理，便把梁文科的奏本放到一边了。

雍正五年（1727），朝廷宣布废除南洋禁航令，似乎表示对外政策的钟摆，摆向宽松的一边，香山的商人喜滋滋满面春风，各人忙着打扫馆舍，准备迎接更多客商到来。但雍正七年（1729），孔毓珣奉调江南河道总督，云南提督郝玉麟接任广东总督，鄂弥达任广东巡抚，情况又出现了变化。

鄂弥达再次提出禁教之议，奏请将广州的外国传教士驱逐到澳门，等有该国船到再驱逐回国；对入教的中国人予以严惩；对外省入教者解回原籍处理；教堂改作公所，或由官府变卖；禁止洋商潜入广州城内交易；禁止传教士和闲杂人到十三行，杜绝蛊惑人心，败坏风俗，潜生事端。郝玉麟也向朝廷重提旧议，在香山县添置县丞一人，驻扎前山寨城，负责稽查分管澳门，加强对澳门的管理。这次，胤禛照准了。

雍正九年（1731），香山县首任驻澳门县丞朱念高走马上任。历任县丞，不断把官廨前移，先是移到澳门城外、关闸以南的望厦村，进一步又移入澳门城内。在县丞设置15年后，朝廷再增设澳门海防同知，首任同知是印光任。张汝霖、印光任所著《澳门纪略》，把澳门同知的职责归纳为："凡驻澳民夷，编查有法，洋船出入，盘验以时，遇有奸匪窜匿，唆诱民夷斗争、盗窃、贩卖人口、私运禁物等事，悉归，查察办理，通报查核。"朝廷把篱笆愈筑愈严，似乎在警告葡萄牙人：你们为所欲为的日子结束了！

雍正十三年（1735）十月，胤禛帝晏驾，所有洋行商人服丧三天，澳门的洋商也在三巴堂诵经礼拜，举哀27天。爱新觉罗·弘历继位，年号乾隆。新皇登基，在远处岭南的香山，似乎没有掀起多少波澜，人们只觉得，雍正帝才坐了十三年龙床就升天了，比起他的父亲康熙帝坐足六十一年，福祚也太短了。弘历帝临极，对世界将采取怎样的立场？是更加开放，还是更加封闭？行商们都在拭目以待。

自从朝廷解除南洋禁航令后，出现了一波的南洋移民潮，许多广东人移居南洋。1731年，印尼华人爆发了一场反抗荷兰人统治的起义，但以失败告终。1738年，荷兰殖民当局给华人发居留准证，每证收两元，交不起钱的华人，被抓去当苦工。1740年，忍无可忍的巴达维亚华人再次组织反抗，又遭到荷兰殖民当局残酷镇压，一万余人被屠杀，造成印尼历史上著名的"红溪惨案"。

事件令朝廷觉得大失颜面，极其愤怒。于是乾隆六年（1741）夏季，所有抵达澳门的荷兰商船，都接到海关通知，他们只能停泊在澳门，不得进入广州。荷兰商人表示，他们希望能够到广州，向海关、总督面呈给朝廷的信函，解释巴达维亚屠杀华人事件。但海关答复：他们停泊在澳门是安全的，但如果到广州，官府将不能保证他们不受到民众的围攻和侮辱。海关可以派员到澳门为他们丈量船只，在澳门进行交易。

海关本来想以此向荷兰人稍示蒲鞭之辱，不料却踩着了葡萄牙人的痛处，葡人立即作出强硬反应，绝不允许荷兰人在澳门停泊和交易。双方架起火炮，准备开打。两广总督衙门不得不出面平息事态，行商到澳门向荷兰人传话：同意荷兰船进入省河，但要停在二道滩以下。荷兰人却声称，除非得到安全保证，否则宁愿把货运回巴达维亚，也不进入省河。巡抚愤怒地下令禁止任何人与荷兰交易。

行商奔走于两地，苦苦斡旋。荷兰人在澳门坚守了十几天，直到海关答应让他们的船驶到黄埔港交易，事情才算了结。《东印度公司对华贸易编年史》写道："中国首次认真试行用禁止贸易来强制外国人，就这样胜利结束了。这次事故，暴风雨算是过去了。"

然而，这一事件，震动了朝野。署理福州将军策楞提出，由于吕宋、噶喇吧（即雅加达）出现排华潮，应重新禁止到南洋商贩贸易。这一提议，引起了一场大讨论。最后由于闽、浙、江、广四省督抚都表态反对，朝廷同意继续与南洋贸易，但弘历随即把策楞派往广东，任广州将军，兼掌海关事务，乾隆八年（1743）又署理两广总督。这种人事安排，明显反映出，弘历帝的内心，其实是倾向闭关的。

就在策楞接掌两广总督印务这一年，澳门发生了陈辉千事件。

这是一个秋高天气爽的中午，在很多人看来，这天与平日并无异，澳门街上还是那么熙熙攘攘，卖蔬果的、卖薯茏的小贩，依然挑着担子，在街上走来走去，空气里还是弥漫着一股臭咸鱼味。商人陈辉千和朋友在澳门的一家小酒馆相聚，喝了几杯酒，略有醉意，出来在街上行走，嘴里哼着小曲，不经意与擦肩而过的葡萄牙人晏些卢碰了一下，两人都不相让，当街骂了起来。晏些卢突然拔出刀子，捅进了陈辉千的肚子。陈辉千当场跌倒，血涌不止，不一会便气绝了。街上围观的人都惊呼起来："出人命啦！出人命啦！"晏些卢见势不妙，分开众人，逃进了葡萄牙人的教堂里。

愤怒的澳门华人向香山县知县王之正呈递状子，要求杀人偿命，严惩凶手。王之正是顺天府通州（今北京市通州区）人，雍正元年（1723）举人出身。接到状子后，派员到澳门调查，验伤取供，证明状子所说，基本属实，于是要求澳葡把晏些卢交出来。

但澳葡声称：葡萄牙人在澳门居住百年，凡有干犯法纪，都是在澳门处治，从未交给香山县监禁审判，这次也不应例外，晏些卢当由他们"自行收管"，与香山县无涉。香山县几次派人交涉，葡萄牙人东拉西扯，就是不肯交人。王之正只好向制台衙门禀报。

总督策楞对番鬼佬没有好感，严令王之正不得宽纵，"照例审拟招解"。王之正并不了解旧例是怎样的、该如何"照例"，于是请教衙门里的刑名师爷。师爷告诉他，以往西洋人犯罪受审，一向都是不出澳门的，所以并无"招解"之例。这次澳葡也是循了这个旧例，坚持自行收管，抗不交出。

王之正问："他们一般会怎么判？"

师爷说："夷人会按他们的法律治罪，轻者捉到三巴教堂内，罚跪在神前忏悔完结；重者可以吊在竹竿上，用大炮打入海中。"

王之正听了，咋舌不下。师爷又说：这种华夷纠纷的案件，如果错在夷方，澳葡往往会以罪犯是教徒，拒绝交人，即使最后通报上司，亦一定会改换情节，变重为轻，从来没听过有杀人偿命的先例。

于是，王之正递了一个禀帖给督宪，说明旧例是怎么样。策楞虽然讨厌洋人，但也担心，如果强行进入教堂捕人，恐怕会令洋人疑惧，引起反抗，反而节外生枝；但如果任由洋人自行处理，院司不能亲审，也很难定案承招；一旦拖的时间太久，案犯又必定会潜匿逃亡，洋人从此滋生玩忽法纪之心。左思右想，难以决断。这件事一面是天朝政体攸紧，另一面是夷情紧迫，要在两者之间，取得平衡，就像顶大缸杂耍一样，马虎不得。

策楞再与按察使陈高翔、广州知府金允彝商量，大家都不想惹事，异口同声说，"此等事件，似应俯顺夷情，速结为便。"只要能达到"杀人偿命"的结果，不妨让澳葡自行审理，只不过炮火轰死，未免过于惨烈，可以照天朝律法，处以绞刑。这是折中的办法。策楞让他们亲赴香山，与王之正一起去处理此事。

陈、金二人到了香山，会同王之正，前往澳门。据策楞事后奏称："遵即宣布圣主德威，严切晓谕，并将凶犯应行绞抵之处明白示知。"其实澳葡也不想惹事，经过一番交涉后，同意了广东官方的要求，判晏些卢绞刑。乾隆九年（1744）正月初三日在澳门行刑。陈高翔、金允彝、王之正以及死者陈辉千的家人，一起在现场观看。策楞宣称："衅起于撞跌角殴，杀非有心，晏些卢律应拟绞，既据该夷目①已将凶犯处治一命一抵，情罪相符。"

策楞认为，此案可以成为处理这类案件的一个成例。今后澳夷杀人，罪应斩绞者，只要夷人情愿即为抵偿，香山县于相验之时，讯明确切，由按察司核明，详报督抚再加复核，在批饬地方官同夷目将犯人依法办理的同时，据实奏明，并抄供报刑部查核。有司把这些规定，勒石为碑，立在澳门，以便澳葡照此执行。

然而，才过了几年时间，在乾隆十三年（1748），澳门又发生了一件更轰动的案件，闹得大清与葡萄牙人几乎开战。

四月初九晚上，澳门华人剃头匠李廷富、泥水佬简亚二两人，潜入葡萄牙人若瑟巴奴家中，意图行窃。不料，简亚二刚从货房出来，就被若瑟巴奴家的仆人亚吗卢、晏多呢发现，当场抓获；二人再点灯仔细搜查，在货柜后来把李廷富也搜了出来，绑在大厅的柱上，准备天亮后送官究办。李、简二人拼命挣扎，不断咆哮叫骂，激怒了亚吗卢、晏多呢，他们一顿乱棍，打得二人头颅爆裂，当场死亡，然后又把两条尸体，偷偷扔进大海灭迹。

天下没有不透风的墙。第二天，尸体被海潮推上岸边，身上的累累伤痕，引起怀疑。人们议论纷纷，东猜西揣，最后怀疑的

---

① 夷目指澳葡总督。

焦点，聚集在若瑟巴奴家。策楞下令严查，务获正凶缚送究拟。

时任香山知县张汝霖，字芸墅，号柏园，安徽宣城人，雍正十三年（1735）选贡生，当时亦兼任澳门海防同知。经过一番密查，他确认凶手就是亚吗卢、晏多呢二人，遂要求澳葡把人交出来。澳葡总督一口拒绝。张汝霖说：如果拒绝交人，海关将暂停葡萄牙人的一切交易，有司将下令葡萄牙人迁出澳门。澳葡总督也不示弱，扬言如果香山敢这么做，他们不惜兵戎相见，并且下令增兵缮械，摆出开战姿态。

刹那间，十字门内外，风起云涌。香山人心惶惶，澳门人更加焦急。一些葡萄牙人在街上敲起铜锣，要求大家在议事会前广场集合，公开讨论如何解决这次危机。广场上很快聚拢了几百人，有三十多人发言，都是敦促总督交出凶犯，不要硬碰硬，更不能随便开战。

此案的内情，据澳葡自己的调查，大约是这样的：当晚，一个卫兵在城堡附近逮捕了李廷富、简亚二。总督命令将他们交给检察官，在押送的途中，这两人企图逃跑。由于他们受到两个押送士兵的虐待，当他们被带到检察官处所时，其中一个已经死去，另一个也不行了。检察官又把他们都送回城堡。上午，检察官拜访了兵头，得知李廷富、简亚二都死了。据说，尸体被埋入城堡的地牢中。而根据一个议员的说法，尸体是被装进瓮中而弃之于海，甚至有可能是议事会官员怂恿士兵，把这两个中国人杀死的。

无论是按张汝霖的调查结果，还是按澳葡自己的说法，凶手都是葡萄牙人，这是铁证如山的事实。总督迫于舆论压力，不得不把亚吗卢、晏多呢二人，以及事主、邻居、凶器，还有死者遗下的鞋子等人证物证，都交了出来。

张汝霖升堂审讯，两名犯人都招认了行凶弃尸的过程。按照大清律法，夜里无故入人家，已就拘执而擅杀者，杖一百，徒三年；又弃尸水中，杖一百，流三千里。李廷富、简亚二于二更时分，潜入人家，意图行窃，已被拘执，再被殴死，又被弃尸，凶犯极其残忍，理应严加惩处。但怎么流放这些葡萄牙人呢？既不能把他们流放入内地，也不能让他们平安回国。这是一个大难题。

澳门方面主张，把这两人流放到帝汶岛，那里本来就是葡萄牙流放犯人的地方，这既符合葡萄牙的法律，也符合大清"流三千里"的法律。但难处在于，那里天高皇帝远，并非大清管辖的地方，谁也无法核实。这时策楞已调任两江总督，张汝霖请示广东巡抚岳濬，岳濬觉得，除此之外，似乎也没有其他办法，便同意了，令其永远发往帝汶，不许回到澳门。

这一结果，引起许多官员不满，纷纷上奏陈辞。弘历帝在当年十月初三颁上谕，指岳濬处置不当，"鬼子在我地方居住，即便民人夜入其宅，彼亦理当拏送官府，等候办理"，如今鬼子不仅杀了我民，而且凶犯流放到大清管不着的地方，"其流放与否之处，岳濬何以得知？此端断不能开。彼杀我一民，彼即当偿还一命"。上谕直斥岳濬"太过软弱，其优柔寡断之习，尚未改正，倘若策楞在彼，绝不如此软弱办理"。

岳濬吓得汗流浃背，火速令张汝霖向澳葡提出，亚吗卢、晏多呢不得离开澳门，还要等朝廷重新审理。但澳葡总督回复：由于洋船须趁北风起航，这两个人已于十二月十六日，乘搭洋船，去了帝汶，难以追回了。这就是"鳌鱼脱却金钩钓，摆尾摇头再不回"，岳濬无奈，只好上折，自请与张汝霖一并交部议处，以为办理不善之戒。这时，新任两广总督硕色，升辕视事，倒是上折替岳濬、张汝霖缓颊："可否仰邀皇上天恩，俟部臣议复之日，特沛恩纶，著照夷例完结，免其追拏。"

偌大一场外交风波，雷声大，雨点小，草草了结。尽管从皇帝到知县，开口闭口，还是那些"溥天之下，莫非王土"的老话，但事实上，随着葡萄牙人在澳门的势力日益稳固，朝廷对澳门的治权，日削月朘。澳门，这块莲花般的土地，与香山渐行渐远了。

让日子火起来

- 清明九月九

- 菊花盛会

- 香山人的家园

清明九月九

阳光透过薄薄的云层，洒落在石岐河上。这天，码头上素车白马，魂幡飘扬，密密麻麻聚集了几百人，全都是素衣草鞋，腰缠白带，左边一队道士，右边一队和尚，敲打着法器，鼓乐声、诵经声，一浪高于一浪，直达云霄。这是仁厚乡黄绍统的灵柩，从琼州返乡。香山人很少看见这么隆重的奉梓仪式，都从四乡八镇赶来看热闹。

黄绍统字燕勋，香山名儒黄佐的第七代孙，出生时，家道已经中落，八岁死了父亲，生活陷入困境，只能靠变卖与典当家里的东西，维持生计。有时无米落镬，只能吃几只田螺当一餐饭。尽管如此，黄绍统却一天也没有放弃读书，而且愈加勤奋。这种苦挣苦熬的日子，终于有了回报，乾隆二十四年（1759）己卯科乡试，黄绍统中了举人，选授高州府石城县（今廉江）训导。

黄绍统深知农家子弟，读书不易，他非常善于根据诸生的天资、性格和学识水平，加以分别训导，形成了一套使各类生员都能接受，行之有效的教学方法。对贫寒士子，尤着意扶掖，促其学业不断精进。授课之余，他还编撰了八卷《石城县志》，因此石城人对他非常诚服。后来，黄绍统升琼州府学教授，当他离开石城时，当地士民相送二十多里，沿途设帐篷三百多座，供黄绍统休憩之用，成为该县空前盛事。

琼州府有一纨袴子弟，平日穿惯绫锦，吃惯珍馐，却无心向学，只会玩耍游荡，被府学开除学籍。黄绍统到任不久，这个浪荡子，由父兄陪同来拜，送上千两银锭，以贿求准予复学，又请州府高官代为说情。黄绍统正言厉色拒绝："我从来不收不义之财，不做非礼非义之事，否则败坏学风，遗臭贻及后世。"

黄绍统一直在琼州任教，直到去世。噩耗传开，吊唁者络绎不绝，甚至石城士人也纷纷渡海致哀。运灵柩的船泊入码头，棺椁由八名仵工抬上岸，喃呒声像海潮一般，愈发高涨起来。黄绍统的儿子黄培芳身穿斩缞丧服，手执引魂幡，与一众披麻戴孝的亲属，跟在棺椁后面，冥钱漫天飞舞，磬铃钟鼓齐鸣；无数士民夹道相迎，哭泣声此起彼伏。一连几天，四乡都有人在唱叹乃歌[①]："你生前为人杰，死后无愧当鬼雄啊……求你扶持保佑在世子侄孙儿好……唉吒吒呜呼呜呼……"

灵柩在香山故土稍停，设坛诵经，仁厚乡黄氏家族的父老

---

① 叹乃歌是中山流行的哭丧歌。

乡亲，都来拜祭，然后再由黄培芳护送到广州，在泰泉里设灵。所有在广州的石城人士都去拜祭，场面十分轰动。自此每逢试考期，石城县赴考者，都会先到泰泉里黄氏宗祠门下，举行拜祭仪式。

黄绍统儿子黄培芳，字子实，又字香石，自号粤岳山人，是黄佐的第八代孙。他把先祖双槐公黄瑜、粤洲公黄畿、文裕公黄佐的学术成就与名声，发扬光大，成为清代岭南学术的泰斗之一，号称"三百年里第，十八世书香"。他在《黄氏家乘》中，自豪地宣称："诗书世业历十数世而家风不坠。"

黄培芳早年师从钦州大儒冯敏昌，嘉庆九年（1804）中式副榜，入太学肄业。他善诗词，文采风流，蜚声坛坫，与张维屏、谭敬昭并称"粤东三子"。嘉庆十三年（1808），应广州知府之聘，主讲于广州羊石书院。羊石书院即原来的岭南义学。在教学上，黄培芳颇有父亲的风范，"立学规极严"，"信从者众，人才蔚然"。他在羊石书院执教多年，弟子中出了不才人才，南海人罗文俊是其中佼佼者。罗文俊字泰瞻，号萝村，后来历任陕甘、山东、山西、浙江学政，穆宗爱新觉罗·载淳的启蒙老师李鸿藻，也是他的门生。因此，就师承关系而言，说黄培芳是皇帝的师祖，亦不为过。

清道光二年（1822），黄培芳充补武英殿校录官；道光十八年（1838），返回广州，补为广东最知名学府学海堂的学长。他虽然喜欢名山大川，踏遍大江南北，但还是最喜欢自己的家乡。他有一首《海天吟》诗，笔墨意兴淋漓，颇有浩然飘逸的古风气势：

> 南溟万古滔滔流，中有三山日照之神洲，
> 仙人骑鲸欻隐见，破浪忽到东南头。
> 铁城锦水一都会，群山万壑开遐陬。
> 七星峰上琼花发，五桂岩边琪草幽。
> 疑从十洲三岛分此境，离离员峤波间浮。
> 金屑垣，桂花村，何须秦时桃花源。
> 我住花村最深稳，夜夜海月照我门。
> 珊瑚宝树出海底，明珠簸弄蛟龙吞。
> 天风吹月海山白，仙人与我倾芳樽。
> 遥指海水千尺深，琅琅高歌海天吟。
> 海波连山高接天，天上灵妃顾嫣然，
> 会当乘槎牛斗边。

黄培芳一生，大部分时间，都在外地游历与任教，但每年总会回乡走一走，拜拜太公，扫扫祖坟。他的先祖黄畿之墓就在寿星塘。香山人把清明时节拜祭先人，叫做"拜太公"，也叫做"拜山""拜清"，或叫做"铲草""压纸""送灯"。叫法很多，但目的只有一个，就是缅怀先人开族之劳，创业之苦，以表饮水思源，慎终追远之意，期待祖宗保佑，宗族血脉绵绵传承，兴旺昌盛。

因此，拜山是一件很隆重的事情。按广府旧俗，入葬头一

年的"新山"，要在立春后第五个戊日（春社）去拜，谓之"偷清"，社日之后才扫，是对先人的大不敬；次年则应清而祭，谓之"骑清"；以后就可以在清明当日，或清明后去拜扫了。但各处乡村各处例，有些地方不分新山旧山，一律在清明前扫，有些地方则在清明后扫。一般是在清明当天，全族人先拜扫族中最老的祖坟，然后各房各户，择日再拜本家先人的山坟。老人们说："至紧要是看你的心诚不诚，心诚，什么时候不行？"香山有句俗话："清明之日墓门开，时至立夏关鬼门。"从清明一直到立夏前，都可以拜太公。这段时间里，所有上山的道路，都是挑着各种祭品去拜山的人龙，首尾相继，络绎不绝。

清明前，人们便开始忙忙碌碌做准备了，家家户户的厨房，都飘出了蒸三丫苦叶粉团的特殊香气，女人们从墟场回来，这只篮子装着荞菜，那只篮子装着豆腐干，都是拿来祭祖用的。有的人用荞菜做菜，有的人把它挂在门口，一说是取"荞"与"轿"同音，意思是用轿接先人魂魄回家，豆腐干则做轿板；还有一说是"荞"与"桥"同音，让先人可以渡过奈河，回家团聚。门前和祖宗牌位前，都插上柳条，都说是为了辟邪。

拜祭先人的供品，除了必不可少的猪、鱼、鸡三牲之外，还有饼食包点、生果、甘蔗等，而且各有寓意。烧猪表示"红皮赤壮"；生果表示"生生猛猛"；甘蔗表示儿孙读书"节节高升"。五桂山、卓旗山一带的人，用香煎凤尾鱼、水蒸猪肠粉等做供品，凤尾鱼尾巴长，取子孙兴旺、福泽绵长之意；而猪肠粉则寓意家肥屋润、稳阵①长久；有的人会在烧肉下铺一层萝卜丝，表达"思念"之情。

大姓的宗族，每年有充裕的公尝田收入，用以购置祭品，把祭祖仪式，搞得风风光光。按旧俗，只有族中男丁可以上山拜太公墓，女人是绝不能参与的。扫墓时，先把墓地四周的野草铲干净，把墓基、墓碑修葺好，然后锄几个大草饼（连泥带根的草块），分别放在墓首、墓尾和墓后土上，每个草饼插上用竹篾做骨粘成的红金两色纸花（俗称金花），草饼下压一张熨金红纸（俗称利是钱）和几条白纸，这也是"拜山"叫做"压纸"的缘由，其实那些白纸条，就是小小的引魂幡。家族大的，坟上白纸堆积如雪。墓前摆上各种供品、筷子，大家燃起香烛，焚烧纸钱冥宝，由族中长老宣读祭文，族人跪拜如仪。最后分食甘蔗，吃完后一定要把蔗渣留在墓前，作为留给先人的柴薪。

拜完祖先后，同姓同宗的族人，便在祠堂分猪肉，称之为"太公分猪肉"。男丁人人有份，年过花甲的长者分多一份，称为"寿肉"，女人是没资格领猪肉的。有的人家男丁多，扛几十斤猪肉回家，神气活现；有的人家全是女儿，只有父亲一人领一份猪肉，见人都矮三分。最凄凉的是寡母婆守着女儿的，一份也没有，眼光光②看着别人兴高采烈。

到了立夏前一天，与先人团聚的日子结束了。人们在家中设

---

① 粤语"隐阵"是稳妥之意。

② 粤语"眼光光"是眼睁睁之意。

鸡、鸭、鹅、鱼等供品，在先人牌位前上香拜祭，焚烧冥宝，以表示虔诚恭送先人魂魄，返回地府，重阳再见吧。

重阳是一年之中，另一个拜祭先人的大日子。九月九，拜重阳。香山有一句俗话："清明九月九，先生唔走学生走。"清明与重阳，家家拜祖先，连学堂都要放假的。

九月九，是秋高气爽的日子，也是收成的季节。古人在九月农作物丰收之时，举行祭天、祭祖的仪式，以感谢上天、祖先的恩泽。民间相传，这天必须把房前屋后收拾干净，一切鞋履、尿布、粪桶之类的杂物，都要收到太阳照不到的地方，待祭天、祭祖仪式过后，方可拿出。但在香山，这些习俗似乎不太流行，香山人进行扫墓、祭祖、赏菊、登高活动，并不在乎太阳有没有照到鞋子。

香山的秋天，美不胜收。稻子快收成了，田里一片黄澄澄，随风起伏，如同一块巨大的丝绸，在轻轻抖动，一层层的波澜，传到田野的尽头。田边和村落之间，一片片蔗林，一簇簇果树，一方方鱼塘，一条条河涌，纵横错落，欣欣向荣。远处崎岖的山路上，割芒砍柴的人下山了，挑着一担担的芒草木柴，健步如飞；近处一条横水渡埋岸了，赶墟回来的人，挑着空箩筐，说说笑笑，走上埠头的石阶；牧童横坐水牛背上，在河边慢悠悠地行走；路边小酒馆里，传出酒客猜拳的声音："三星高照啊！双喜临门啊……"远山近水，互相映衬，白鹭飞翔，菱歌四起。这就是香山的秋天。

重阳前一两天，各家各户便忙着采摘各种草药叶子，捣粉做成丸子，名为"百件药"，据说吃了可以强身健体，医治百病。小孩子缠着大人给他们做纸鹞（风筝），要和邻村的孩子比拼一下。重阳放纸鹞是一项非常狂热的活动，几乎家家户户都会放。铁城里的人都跑到城外莲峰山，或者登上城里的烟墩山、仁山，疍民甚至会站在船篷顶上，把一只只纸鹞放上天空。无论走到哪里，只要有一片空地，就有放纸鹞的人，扯着线辘在奔跑，吼着，嚷着，笑着，欢叫声远近可闻。从大榄都到恭常都，从龙眼都到大字都，四乡八镇，处处飘荡着大大小小的纸鹞。光绪朝《香山县志》记载："九月重阳，登高，放纸鸢。"这是必不可少的。

普通的纸鹞大多是方形的，有的有尾巴，有的没尾巴。小榄人称大型纸鹞为"大马拉"，中型的叫"二马拉"，方型风筝叫"屎坑板"。有一些纸鹞体型巨大，造型豪华，比如做成百足（蜈蚣）、彩凤、大裆、双飞蝴蝶、螳螂、响尾蛇、蝙蝠、麻鹰、飞鱼、蜻蜓等形状。一般人都认为，重阳是转运之日，以前的"衰气"要在这天统统扔掉，而放纸鹞，就是消除衰气的仪式之一，正所谓"重阳登高放纸鸢，千灾万祸一齐消"。

因此，放纸鹞并不是要放得愈高愈好，而是一定要把纸鹞放掉，让它"流"①得愈远愈好，不能收回来。有人将纸鹞放飞至两三丈高后，连线带鹞一起抛掉；有人用几尺长的"霉线"，接

---

① 中山人把风筝断线飘走称为"流走"。

在"鹞瓣"位置，待纸鹞升空后，用力拉断，让纸鹞随风流去；也有人在接近"鹞瓣"的线上，系上一截点燃的神香，等香烧断棉线，纸鹞便飘然远鬻，把所有衰气都带走了。孩子们一边追逐着纸鹞，一边拍手唱着：

> 九月九，去登高，戚高纸鹞望天流，
> 滞运流晒好运到，长命富贵步步高。[①]

由于纸鹞有带走灾祸的含义，所以最好飘到冇雷公咁远[②]。在重阳这天，再贪玩的小孩，也不会去捡飘落的纸鹞，以免为人挡灾，给自己带来霉运。

后来，放纸鹞发展出"斗鹞"，也就是两只以上的纸鹞，在天空互相缠斗，能将对方的线切断算赢。这要求放纸鹞的人技巧娴熟，通过不断变化位置，一拉一放纸鹞线，力求压制住对方。这时，就看谁控制纸鹞的本事更强，谁的线更坚韧。战况激烈时，两三只纸鹞在空中忽左忽右，忽高忽低，翻滚、碰撞、缠绞成一团，围观的人紧张得像看龙舟赛一样，时而喝彩，时而惊呼，时而哄笑，时而叹气。

香山的纸鹞是大名鼎鼎的，南朗镇泮沙村、张家边窈窕村、环城沙涌、石岐一带，高手如云。泮沙村每年的八九月，村民就

---

① 粤语"戚"是扯起来之意；"流晒"是全部流光之意。

② 粤语"冇雷公咁远"是形容非常遥远。

会在村口地塘和天后庙前旷地，举行纸鹞盛会。村里的男人，不分老幼，各人带着自制的纸鹞来赴会，一展身手，好像参加武林大会一样，人人踊跃，个个争雄；遇上月朗风清的夜晚，甚至会通宵达旦比试。

1947年、1948年，中山（香山）县在石岐烟墩山举办了两次全县风筝大赛。沙洴村许航宝制作的蜈蚣纸鹞，所有材料都是经过精挑细选的，每根竹枝、篾条，都要经过称量、比例、烘烤、定型以及绘画、装裱等工序。蜈蚣的钳爪用五桂山的山葫做，脊梁用茶杆竹做，百足肢体用本村的烂眼竹做，响弦用洋藤做，全身有36节、74只钳爪，放上高空，鸣鸣作响，肢体左扭右摆，张牙舞爪，极其逼真，据说晚上放，两眼还能灼灼发光。在观赏类纸鹞中，许航宝的蜈蚣两获优胜。而石岐朱明的纸鹞，则在錦斗类纸鹞中，所向无敌。后来香山纸鹞应邀赴澳门表演，又捧回了"金猪"①奖品。他们骄傲地把中山（香山）称为"纸鹞之乡"。

重阳的另一项热门活动，是放风灯。风灯类似孔明灯，形状像一只大木桶，用竹篾编成。放灯时把"大桶"倒置，敞口向下，中间用纸或布卷成引火物，注上火油，让它慢慢渗下。点燃后，风灯靠热气徐徐升上夜空。风灯下悬挂着一串炮仗，俟火点着炮仗后，在空中"乒乒乓乓"炸开，五光十色的纸屑和火星，漫天纷飞，煞是壮观。

---

① 粤语"金猪"即烧猪。

稻谷成熟了，菊花盛开了，金色无处不在。人们用"金色"形容秋天，恰如其分。人称九月为"菊月"。重阳赏菊，不仅是香山的习俗，全国都是如此，而且由来已久。唐代欧阳询等人编类书《艺文类聚》里的《菊》，便记载了："崔寔《月令》：九月九日可采菊花。"崔寔是东汉的农学家，可见九月九与菊花的关系，源远流长。

香山重阳的金色，比别处更浓，因为香山的菊花，开得比别处更加灿烂，站在小榄的凤山和龙山之上，放眼望去，遍地金黄，一直铺向天边。

黄培芳在深秋季节，回到了金色的香山。在广州那种拥挤的大城市里居住久了，回到家乡，总有一种豁然开朗的感觉，天高了，地阔了，心情也舒畅了。到处都是菊花，祠堂地塘，店铺门口，耕廛村院，摆着一盆盆盛放的菊花。最有趣的是，连那些从酒铺出来的酒客，醉眼蒙眬，步履不稳，帽子竟也簪着一朵金色的菊花。黄培芳不禁哑然失笑了，他问人要了一朵菊花，也学那醉汉，插在自己的帽子上。他在《秋日郊行》诗中描绘："平芜落落野烟环，稻获云空指顾间。隔岸人呼秋水渡，倚楼僧看夕阳山。霜高鹰隼凌霄健，风淡牛羊出牧间。行处漫倾村店酒，帽檐插得菊花还。"

菊花盛会

乾隆元年（1736）的秋天，香山的菊花，又到一年一度盛放的季节了。

这一年，大海浪恬波静，有12艘英国、法国、荷兰、瑞典、丹麦的商船，从香山外海驶过，进入了广州。从广州回来的商人说：这些洋船是来为新皇登极致贺的。大家听了，十分开心，觉得自己有幸生在这个万邦来朝的盛世。这一年，朝廷举行第二次博学鸿词考试，上一次是康熙年间举行的，旨在让学行兼优、文词卓越之士，不论已仕未仕，可经在京三品以上，及科道官员，在外督抚布按举荐，由皇帝亲试录用。天下士人无不弹冠相庆。这一年，香山鸡鸦水道北面的浪网沙开始修筑堤围，这是自康熙朝以来，香山所修筑的榄涌长堤和古镇、港口、坦洲、三角沙、板芙沙、大坳沙、龙鳞沙、田基沙等一系列小围工程中的一项。

这一年，还有一件轰动四乡的盛事，就是小榄第一次举办"菊试"。

小榄向有"菊乡"之称。在一些谱族中，记载着这样的故事：他们的祖先，原来居住在粤北珠玑巷，南宋时受苏妃逃出皇宫事件的连累，举族南逃。当他们逃到香山后，发现了一片开满菊花的地方，风凉水冷，暗香弥天，恍如世外桃源。他们一看就不想再走了，于是，就在万菊丛中，搭屋而居，埋镬做饭。这个地方就是小榄。

小榄有两样本事，足以傲视其他乡，一是诗人多，一是菊花盛。

小榄文人喜欢结诗社，吟诗赋词，更唱迭和，小榄泰宁的《李氏族谱》里，收录的李孙宸《李诒性墓志》提到："偕乡里同志，修诗社于宅旁洲畔，日开尊吟咏其间。"李诒性是明嘉靖年间（1522—1566）人，这是见诸文字的最早诗社，其地址就在今小榄云路礼拜堂侧旁。直到20世纪60年代之前，这里还立有一块刻有"诗社"的红石碑。

明代末年，诗人们身处衰亡败落的时代，欲问天而无路，唯有寄情于诗卷光阴、田家风味。何吾驺、李孙宸、伍瑞隆组成了一个"文虹诗社"，南海邝露、番禺黎遂球等名士，亦不时来翁陔园聚会吟咏。

说起小榄人的种菊技艺，更是人人点头竖拇指。有这样好的东西，当然要与众同乐，所谓"菊试"，就是大家把自己栽培的菊花拿出来，让人品头论足，推魁首，评鼎甲。这种雅人清致的活动，却在一个充满泥土味的地方举办，而且规模之盛，参与者热情之高，都让人对小榄刮目相看。菊试的地点，在李氏尚书四世祖祠前，那里会搭起一个大戏棚，披红挂绿，张灯结彩，两边搭起长长的花架。参试者把自己的盆栽菊花摆在花架上，供人品评。乾隆十五年（1750），菊试地点转移到何氏大学士祠前。

这是菊花的盛会，参加比试的菊花品种，五花八门，夸艳斗丽。你出一盆三丫六顶式，我出一盆双飞蝴蝶式，他出一盆扒龙舟式。有的如岐海观星，花开万朵；有的如五桂观瀑，一泻而下；有的如幢幢伞盖，芬蕴荫映。最好看的是一种叫"一捧雪"的品种，花大而瓣细，远看像一掬洁白晶莹的雪花，近看每一根花瓣都精致玲珑，美如碧玉，令人叹为观止。从四乡八镇来参观的人，每天摩肩接踵，满坑满谷，甚至邻县东莞、新会、顺德的人，也跑来凑热闹。

菊试一般在九月下旬举办，和乡试一样考三场。民国小榄人士何仰镐对历代菊会习仪，十分熟悉，他在《小榄菊花史记》中追述："分三场考校，头场要花名；二三场要种花主某名。花有正有从，红白黄紫，其类不一。每场要正一盆，从一盆，仍分别字号，若试卷然。三场毕集，堆红卧紫，一望迷目。"优胜者以纱缎巾扇等为奖品，分别奖予。规绳矩墨，有模有样，大家开玩笑说：简直就是开科取士嘛！

菊试的高潮，是最后几天上演戏棚大戏。当时粤剧已在广东兴起，广府人把它称做"锣鼓大戏"。舞台上说的还是北方官话，即所谓"戏棚官话"。它融合了珠江三角洲的民间说唱，如龙舟、木鱼、南音、粤讴、板眼、渔歌、咸水歌和山歌、民歌等唱腔，因此深受香山人喜爱。

锣鼓一响，板钹齐鸣，身穿华丽戏服的一众优伶，"锵锵锵锵"，陆续登场，上演《一捧雪》《二度梅》《三官堂》之类的剧目。在一片锽铪的丝竹管弦、婉转的演唱道白中，优伶的一甩袖一亮相，都令观众如痴如醉。四乡八镇的人，撑船来看戏。散场以后，隆都人意犹未尽，兴高采烈地模仿着大戏的敲锣声"喊撑，查撑，查笃撑"，三乡人却在旁边掩嘴而笑，模仿他们的发音："切葱，炒葱，炒烣葱！"大家笑作一团。

挤在人丛中品评菊花，观赏大戏的，有一位来自顺德大良的才子，名叫罗天尺，字履先，号石湖，顺德北门罗家进士罗孙耀的孙子，从小就以淹雅出名，年十七应试，日竟十三艺。广东学政惠士奇赞叹不已，手录其《荔支赋》及《珠江竹枝词》，由此声名鹊起。菊试举办的这一年，他刚好获举博学鸿词，以父母年老而不就。他写了不少关于榄溪斗菊的《竹枝词》，其中有这么三首：

> 香山自好称花国，回味还须号榄溪。
> 莫恃双眸高月旦，分明五色把人迷。
>
> 九颂新成半臂寒，沙堤从筑护香坛。
> 金钱银线抛将尽，留与中州斗牡丹。

月里栽成夜吐华，茎来六顶接三丫。

杨妃国色天家少，也向人间作从花。

培育菊花是一件十分繁琐的活儿。谷雨前就要下种，浇水、施肥、修剪、防虫，小心翼翼地调护，比伺候个小皇帝还要仔细，历时半年才能长成。想要夺得名次，须要确保菊花长短相从，高低有序，行列整齐，望去横斜曲直，玲珑可通，没有挨枝跪泥等弊，达到所谓"三不"标准：不脱脚叶、不交枝、不跪脚，方为合格。而要成为上品，还须叶子青葱，花冠鲜艳，没有一片叶子、一枚花瓣掉落，才堪称显。所以何仰镐感叹："凡菊皆然，其艰辛尤倍于力田。"

"一捧雪"是菊试的镇会之宝，后来不知什么原因，愈来愈少见，竟至渐渐淡出了，而菊试之会，也随之衰落，不再举办了。但一群爱菊之士，却痴心不改，另组"菊社"，虽然不再进行评比，也没有奖品，只是同好之间，不定时地相聚，举办"黄华会"，把各自的菊花拿出来，互相交流、欣赏而已，但也吸引了不少人参加。这种聚会，或十年一次，或二十年一次，并无定约。

据何仰镐描写，举办黄花会时，"高搭彩棚，陈菊其间，秋容绚烂，争妍斗丽，炉香屏昼，晨夕相对，或倾樽篱下，或索句花前，醉吟醒玩，放浪形骸"。有时邻县的人，也会摇着小船，把他们的菊花载来，参加雅集。

乾隆四十七年（1782），乡人又将"菊社"扩大，命名为菊花大会。在会期中，除列花评选，觞咏取乐外，也有演剧助兴，火树银花，通宵达旦，以庆丰年。这次"菊花大会"，乡内摆放了六处花台，演戏共十余台。乾隆五十六年（1791），菊花大会再度举办，香山知县彭竹林也莅临游览，大赞"榄市花期韵欲仙"。

菊花不仅可以观赏，也可以用来酿酒和做食材。客家人把糯米放入蒸笼蒸成饭，加入酒饼和红菊发泡，可以酿出美酒。小榄人也用菊花做饼，明朝的《岭南杂录》中记载："小榄之菊花饼，中含菊花，较之杏仁饼尤为美味。菊花肉风味亦殊不俗，非他处所可比拟者也。"还有一种菊花肉，制作十分考究，采用黄菊瓣，以三比一的重量比例，加糖熬煮，冷却后用竹笪晾晒干，筛去糖屑，再用糖腌熟肥猪肉片，稍沾糖胶，再沾满花瓣，把猪肉、菊花和糖的香甜，混合一起，吃起来齿颊溢香。

香山渔产丰富，春鯿秋鲤夏三黎。秋冬时节，人们用菊花作烹鱼的佐料，别具风味。清人陈坤在《岭南杂事诗钞》中有注："粤东濒海多鱼，居人每届天寒喜食鱼，生佐之物，以莱菔为君，芫荽次之，而菊花为使，更和之以姜、椒、盐、醋而甘味备焉。其为物也，五色相宣，五味相和，洵为适口，故嗜之者恒多。"此外，菊花还可做菊花水榄、菊花八宝糯米饭、菊花三蛇羹、菊花鱼头羹等。

对文人骚客来说，菊花之会，又有另一番雅趣。菊花可品、可尝、可入诗、可入画。他们相聚于水滨，帽子上簪着菊花，几案上供着菊花，与三五知己，时而流觞曲水，时而击鼓传花，一边开怀畅饮着菊花酒、茱萸酒，吃着菊花鱼、菊花肉，一边吟诗作对，品箫弄笛，在宣纸上泼墨描金，绘画着菊花的千姿百态，留下了无数关于菊花的诗词与对联。散社后，大家把菊花互相赠与对方，各自满载而归，尽欢而去。

这种闲适的生活，充满了文人情趣，俨然一幅"不知有汉，无论魏晋"的隐逸图画，难怪小榄也被人称为"小柴桑"①。

其实，小柴桑的日子，并不十分平静。小榄最奇特之处，是没有定期的墟，只有常设的市，天天都那么热闹，各种河鲜、海鲜，一天两市，还有一个"桑市"（在今小榄新市路），远近闻名，蚕丝交易量之大，在珠江三角洲，数一数二，岁入曾高达万余两。因此，小榄也一直成为盗贼垂涎的地方。乾隆、嘉庆年间（1736—1820），朝廷与东西两洋各国的关系，尚属平稳，来自大海的最大威胁，是无处不在的海盗，其中最强悍的一股，是横行于香山、东莞、南海、新会一带海上的张保仔。

张保仔是新会县江门镇的疍家人，幼时被著名海盗红旗帮头领郑一收为义子。郑一死后，红旗帮由他的老婆石氏接掌，拥有三百多条船，三四万部众。后来张保仔娶了石氏，成了红旗帮的首领，发展到拥有一千多条船，六七万人马，在沿海地区纵横驰骋，到处掳掠。传说他们每次做事前，就会痛饮掺了火药的酒，这种酒一下肚，便会面庞发亮，双眼血红，变成一只猛兽；还有

---

① 柴桑是陶潜故里，以柴桑借指世外桃源。

人说，海盗进攻时，会在身上洒上蒜头水，这样就能够刀枪不入；他们还会吃掉俘虏的心脏，使自己变得更加强大。总之，各种离奇恐怖的传说，让人闻之色变。

海盗们抢劫官船，也抢劫洋船。有时他们会派出一两条船，假装受到海盗抢劫，可怜巴巴地向路过的洋船求救，当洋船允许他们靠近时，埋伏在船里的海盗便蜂拥而出，爬上洋船，迅速制服船员，占领整艘船。这种方法颇为奏效，他们经常能从洋船上抢到燕窝、大米、白银之类值钱的东西。嘉庆十年（1805），海盗就在香山对开的海上，劫掠了三万担大米和价值超过二万两银子的货物。

嘉庆十四年（1809），张百龄出任两广总督。他是浙江平湖人，上任后改变以往一味以武力镇压的方法，采取封锁海路，禁船出海，断绝粮食，杜绝接济的办法，把张保仔困在海上，让他慢慢"阴干"①，等张保仔陷入困境后，再行招安。

奉制台宪谕，香山知县彭昭麟也忙着张罗布置。他在铁城附近设立公所，专门负责抵御海盗事宜。各乡的大绅在县衙开会商定，采取一系列封锁措施：在河道打下密密桩脚，阻止船只通过；所有路口都筑起栅栏和望楼，组织乡勇巡逻，配备铜锣，一旦发现海盗行踪，马上敲锣报警，各乡互相支援。

但事实证明，"阴干"政策，收效甚微。这年，黑旗帮海盗对香山发起了一次大规模进犯。河里的桩脚没能起到阻挡的作

---

① 粤语"阴干"是让他自己慢慢枯竭而死的意思。

用，当锣声敲响时，一百多艘海盗船，已闯入香山内河。海盗们勒令彭昭麟交出县城，并要香山人交出所有金银财宝。他们在横档登岸，一批乡民试图阻拦，66人被他们乱刀砍死，哭声震动山河。多少乡绅士大夫的"采菊东篱"梦，一朝破碎；无数的庭园被烧成瓦砾，无数的菊花被碾成尘泥。张保仔的红旗帮也大举出动，捣毁了官兵建在香山的炮台，到处烧杀抢掠。一连几天，焚烧村庄的熊熊火光，从香山蔓延到东莞、番禺、顺德等地，逼近广州。

张保仔在澳门附近扣押了几艘暹罗的贡船，驱赶美国商船，甚至劫持了帝汶总督的帆船，这促使洋人也加入了对抗海盗的战争中。在张百龄的邀请下，葡萄牙人和英国人，都也派出军舰，配合清廷水师，向海盗展开攻势，美国的志愿者参加了战斗。彭昭麟组织了几十条渔船协助。英舰上配备了强大的火力，海盗抵挡不住，纷纷溃退。但他们稍作喘息，又卷土重来。

无论是清廷的水师，还是洋人的战舰，似乎都无法完全消灭海盗。最后，海盗内部红旗帮与黑旗帮发生分裂，为朝廷提供了绝好的机会。在一次海战中，张保仔向黑旗帮求援，遭到拒绝，张保仔大怒，发誓要向黑旗帮报复，双方在香山外海发生火拼。黑旗帮干脆向朝廷投降，张保仔的红旗帮，顿时陷于孤立无援的境地。最后，张保仔也通过澳门一位医生，向两广总督表示愿意投降。

这是天降大礼。朝廷上下，无限欢喜。嘉庆十五年（1810）四月的一天，两广总督张百龄在回避牌、肃静牌、飞虎旗、杏黄伞、青扇、金黄棍的簇拥下，坐着绿呢大轿，前呼后拥，鸣锣开道，前往香山芙蓉沙，举行了"受降仪式"，接受张保仔投诚。

张保仔被授予守备之职，戴红顶花翎。许多香山乡民都赶去一睹这位传奇人物的真容。张保仔给官府带来了270多艘船，1200门火炮，7000多件刀枪兵器和1.6万多部众。不久，张保仔随官兵出海缉捕海盗，歼灭蓝旗帮海盗，首立战功，得到朝廷赏识，多次升迁；嘉庆二十四年（1819），擢升为福建闽安副将，委任到澎湖驻守。

红旗、黑旗两大匪帮都归顺了，大海暂时恢复了安宁。村头村尾，那些曾经凋萎的菊花，又悄悄地发芽了。对香山人来说，这让他们想起了昔日的太平日子。榄都的黄华会，并不是每年举办的，平定张保仔以后，人们蓦然发觉，有好多年没举办了。

尽管每年霜降后，菊花依旧盛放，但总不见有人出来组织黄华会，难免让人失望。因此，一到这个季节，人们就会打听：今年会不会举办菊花会？不仅附近县的人会打听，连远在省会的人，遇到香山人时，也会这么问。很多人甚至相信，榄都菊花会办得那么壮观，是因为有花神降临，疑惑花神现在是不是不再降临了。

榄都的乡绅们快被这些质疑、抱怨淹没了。于是，榄都何、李、麦三大宗族的乡绅凑在一起商议，来年——嘉庆十九年（1814）——无论如何要举办一次大型的菊花会，重振昔日风雅，让辉煌再现，因为来年是甲戌年，正是540年前先人在小榄开村立基的日子，至今已过了九个甲子，值得大肆庆祝一番。

议定而动，宗祠提前向各乡发出"阖乡公启"和募捐通告，动员各宗族和坊社，有钱出钱，有力出力，各自联社，招聘花匠，修筑篱圃，到各地搜罗菊花名种。所有坊社、宗祠，十分踊跃，都希望自己能多出钱，在募捐册上排头位，是莫大的荣耀。

大会不设统一的组织机构，由何氏内阁大宗祠菊社、何氏太卿祠菊社、李氏尚书大宗祠菊社、李氏慕桥祠菊社、麦氏大宗祠菊社、梁氏岱峰祠菊社、萧氏大宗祠菊社、泰宁道果堂菊社、四图菊社、卫籍菊社这十大菊社，各推举社内德高望重者，充任各会社执事，然后组成联席会共议。

大家同心协力，使出浑身解数，到这年的秋天，首届菊花大会终于如期举办。各个菊社纷纷"辟花坞、堆花丛、砌花路、缀花屋、拱花街、搭花桥、架花涌、盖花楼"，光戏棚就搭了12座。整个榄都，变成了菊花的海洋。

有一位绿芸山房居士，陪着客人四处游览。他们先来到位于小榄涌边的麦氏宗祠，这是菊会最大的社坛之一，宗祠内陈列着无数菊花，层层叠叠，从室内一直摆到室外，澄白相映，红紫缤纷，有如垒起了一座花山。任何人走近宗祠，都会情不自禁地"哇"一声，被这美景惊到了。居士在《绿芸山房之菊径荟记》一文中这样描写："门外花屋宏开，八面窗棂，章施五彩，下砌白石栏杆，俯瞰清溪，溪桥左右长约数十丈，绰约花容，似近人开口笑者。"附近乡镇甚至邻县的人，都摇着橹，撑着篙，把一船一船的菊花运来，船只挤满河道，看上去就像一条花河。"客试推篷露顶一观，觉十二琼楼，宛然天外；而乘航至者，真似海岛浮仙，来赴餐英[1]会也"。宗祠还开了几坛茱萸酒，招待过往客人。空气中，混合着花香、卉香、酒香、水香，让人不禁感叹："白帝[2]遥临，亦应驻此不去。"

居士和客人别了麦氏宗祠，向北信步而行，来到何大宗十郎祠。这又是一个大社坛，位于葵溪之侧，左边是廷元祠，右边是内阁本房祠，背靠凤山，前瞰葵溪，有桥横跨河涌。祠堂旁边就是何吾驺的翁陔园，园中一方池塘，金波激滟，四边种满菊花，像一道堤坝，围绕一圈。居士写道："又见秋花盛开，一河两岸，景物俱幽，中驾长虹百丈，攒红叠翠，令人目不暇给。至此殆不复侈谈苏堤矣。"在居士眼中，小榄的美景，竟与享"上有天堂、下有苏杭"之誉的杭州的八景之一"苏堤春晓"相比，亦不遑多让，口气是够大的了。

菊花大会以"范大夫移家船"为题，征集诗作，请乡间儒林丈人品评。这篇诗作从众多诗中，脱颖而出，夺得魁首：

> 一笑飘然换灼蘉，五湖深处泛烟波。
>
> 亦知鸟啄难终始，尤喜蛾眉伴啸歌。
>
> 去国不嫌家是累，买山犹觉事还多。
>
> 儿童炊火芦边醉，争似当年卧枕戈。

---

[1] "餐英"乃以花为食，用以指雅人的高洁。

[2] 白帝传说为后天五帝之一，司秋之神。

大会还前提在乡中征集菊联，饱读诗书的儒士、粗通文墨的汉子，都敢于一试，也不求藏之名山，但求与众同乐。大家事先打好腹稿，秘而不宣，以免被人抄袭，在大会开幕前呈交，由擅书法者抄录好，悬挂在花坛四周展示。这边厢是"一径金黄杀百色，半篱清气傲三秋"，那边厢是"菊色霜风相对冷，月光秋水一时清"。每挂出一联，观众便喝一回彩，整个会期，共征集到菊联225副。

客人就像入了宝山，五色目迷，不辨南北，这也想看，那也想看，往东走怕错过了西边，往西走又怕错过了南面。他问居士："几时可以看个遍？"居士大笑说："还差得远呢。"他领着客人，沿菊径往前行，七转八转，登上满是菊花的凤桥，放眼四顾。远处忽然传来清雅的音乐，侧耳细听，丝竹金石，五声仙韵，奏着"满庭芳""秋芯香"等曲，如浅溪之水，泪泪而来，十分悦耳动听。

两人步下桥，循着音乐西行，只见又一大坛，各色菊花，争奇斗艳，有如"金凫银燕，晶光闪烁"。几位耆绅围坐一席，个个朱颜鹤发，精神矍铄，饮着茱萸酒，谈笑风生。客人惊讶地问："这是谁家？"居士答："这是何九郎子姓。"客人慨然而叹："来这里就好像看了一卷《高士传》。"

居士说："不忙，高士还在前面呢。"他们继续向西行，到了新落成的梁岱峰祠，景致更令人眼前一亮。居士描绘："美轮美奂，气象乔皇，其中所悬彩球，张绣幕，陈设备极华丽，五色纷缤，围绕处罔非霜中杰也。祠外花亭高耸，四望花桥，英姿绰约，遥通芦荻秋声，旧是榄溪胜景，左右叠成花市。笑掷金钱，买来九秋佳色；酌酒欢呼，催税吏故应不到黄花地也。"客人暗暗点头说："我以为隐士的生活，都是'寂寞掩柴扉，苍茫对落晖'的，没想到如此繁华。"居士再次大笑说："这要看你如何选择。隐士的生活，既可以繁华，也可以淡泊。"

居士与客人从梁岱峰祠出来，居士遥指西边说："从这往西再走两三里，就是大榄山边，那里有萧姓宗祠，依山结社，山名驼山，为四山巨灵。山侧有开元古寺，寺旁有梅花泉。栖岩汲谷，那才是真正的云中仙人。"客人问："山水景色可观，花容也可观吗？"居士回答："挹露秋英，得山光映带，红霞渲染，分外精神。就算王摩诘、顾虎头翻生，①那支画笔也画不出来。"

客人听了，拽着居士就往大榄走。小榄与大榄同属一都，中间隔着一条河，河上飞架一桥，名为"双美桥"，俗称拱桥，是明朝洪武年间（1368—1398）建的，两岸民众往来十分方便。居士与客人到了慕桥祠，正好遇上他们在举行诗词歌赋大会，一位书生在台上朗诵《辇下岁时记》："九月宫掖间，争插菊花，民俗尤甚。杜牧诗曰'黄花插满头'……"台下人都听得摇头晃脑。书生下台后，又有人陆续登台，赋诗的赋诗，题画的题画，十分热闹，最后祠堂外急管繁弦，奏响《霓裳羽衣曲》，把气氛

---

① 王摩诘即王维，擅水墨山水画；顾虎头即画家顾恺之。

推到鼎沸。

他们又转到四图菊社、李氏大宗祠和卫籍菊社参观。所到之处，都是歌台舞榭，花桥花塔、花楼花亭，看不尽的堆红卧紫、叠金积雪，走不完的花花世界。居士形容道："黄花丛绕，炫目迷离，游至此胜，似入三千花国耳。一折再折，满道艳曲新声，累累如贯，纱笼珠箔，罨画秋容，霜痕遍地。"他忍不住抚掌而叹："大地文章，不让洛阳锦绣！"

这次小榄菊花大会，历时七天七夜，各地赴会者万千人，轰动远近，盛况空前。各宗祠的乡绅们商定，以后六十年一轮回，每逢甲戌年，便举行一次菊花盛会，把它变成一种定例，世代传承下去。

同治十三年（1874），也是一个甲戌年，与第一届菊花大会，相隔六十年，正是前约盛会之期，榄乡长者及各姓主事经商议，决定依期重开，并广招花师，搜罗名种，大事艺植。有史书称，第二届菊花大会，遇上同治皇帝爱新觉罗·载淳去世，国丧期间，不能大肆庆祝，因此没有梨园助庆。但载淳帝去世之日，为十二月初五，而菊花大会的会期是由十月初十日起至十五日止，头尾六天。那时载淳帝还没去世，因此公启还在赞颂"今幸逢圣主中兴，贤吏休养"。

这次菊花大会，没有请粤剧戏班演戏，并非因为国丧，而是因为咸丰元年（1851）两广闹起太平军，怒海翻腾，八方冒烟，天下人心思乱。粤剧名伶李文茂在广州演出时，与官府冲突，艺人们竟揭竿而起，投奔太平天国去了。官府烧毁琼花会馆，禁演粤剧，艺人流离失所，粤剧遂沉寂一时。

这一届菊花大会的盛况，并不输与第一届，还是那么热闹、繁华。当时菊社这种形式，已经式微，菊会取而代之，分别在下基观音庙、大榄妙灵宫、葵树庙、李氏尚书大宗祠、何氏太卿祠、榄山书院、关帝庙、何氏内阁大宗祠、六世祖祠等地设花场花街，盖搭菊棚、花楼、花桥、戏棚等，并张贴无数的菊联。

当时大石街是小榄豪族何姓聚居地。相传，在菊花大会期间，有人在街口牌楼上悬挂一幅长联的上联，征求下联。上联是："大石街前，两岸青松，上下金桥锁，船来艇往，将军府，侍卫府，资政大夫第，世代名家传古古。"霸气十足，挂出来几天，无人敢对。某日，有一位剃头匠，趁夜深人静之际，贴出了下联："飞驼岭下，一带黄萌，东西木臂开，棺出枢入，白骨坟，乱葬坟，花子养生亭，历朝荒冢至今今。"天亮以后，这幅措词恶毒的下联，引来无数人围观，指指点点，有人掩嘴窃笑，有人摇头叹气。何氏家族到处查找作者，但那位剃头匠贴出下联后，早就鸿飞冥冥了。

这个小插曲，并没有影响人们欣赏菊花的兴致。在"小银台""鸳鸯锦""御衣黄""状元红"等众多菊花名种中，有一种"大立菊"，最为抢眼，因为它体型够大，开花够多。大立菊要从一株菊花开始培育，通过人工安排，使其他菊花围绕着它，排列成一个个整齐的圆圈，最上层为六朵，围绕着主花，往下每

一层加六朵，通常有十几层，形成一个半球形的大花堆。同治朝
《香山县志》记载："每植一株，分数十枝或百枝，三丫六顶如
太极两仪之相，生一枝止留一蓓蕾，扶以小竹杖，长短相从，至
花时齐开，层层如规之圆。"这种造型，后来传遍广东各地，成
为今天的"广式"大立菊。

在这次菊花大会中，同样设了征诗大赛，聘请南海榜眼谭
宗浚评阅，一共收到了四千多卷，可见人们是多么热心地参与这
一活动。最后评出长洲黄绍昌独占鳌头。从他的诗中，可以体会
到，香山人对菊花的痴迷，到了何等执着的程度，菊花已经浸透
到人们日常生活的方方面面了：

菊酒

园林风雨夜来狂，黄鞠樽前尚有香。

为报柴桑家酿熟，便须酩酊过重阳。

菊糕

东篱同坐赏花筵，一片琼霜入口鲜。

试问田园翻饭瓮，关心吉语望丰年。

菊枕

三生风味短篱前，偶傍鸳衾倘亦研。

未合海棠同睡美，冷香吹透鬓云边。

菊灯

深红浅白绚秋开，光焰熊熊锦绣堆。

谁道柴桑高士宅，也烧银烛照妆来。

　　第二届菊花大会曲终人散，时间一晃又过去了六十年。在这六十年间，中国发生了翻天覆地的变化。大清王朝已成历史陈迹，当年骑着父亲膊头看菊花的小孩，如今已七老八十了。1934年又是一个甲戌年，那时正值日本入侵东北，两年前上海淞沪抗战、一年前长城抗战相继爆发，北方烽火连天。但广东仍处在一个相对太平的时期，因此第三届菊花大会，如期举办。在菊花大会会刊的序言中这样写道：

　　　　尤望数十年数百年后，纵世变沧桑，吾镇菊会努力而续行之，是即保全乡梓，与爱乡之热诚所团结而成，况艺菊比赛，藉以提倡园林艺术，则与耗财劳民作无益而害有益者，有霄壤之别。倘推此爱乡之心则爱国，斯亦民族精神表现之一斑，其事固可传也。

从这段文字中，已可以清晰地感受到，大时代的风雷之声，正从天际隐隐传来。菊花，成了香山人在面对国家、民族、家乡的艰难岁月时，那种傲然挺立、不惧风霜的精神所寄。第三届菊花大会开过不久，广东也燃起了抗日的烽火。

　　历史的脚步，一刻也没有停下，转眼到了1994年，又是一个甲戌年。那时正是中国改革开放时期，也是中山市经济起飞时期，物阜民安，第四届菊花大会的盛况，超越了前三届。小榄人颇以家乡为"菊城"而骄傲，一位中山学者自夸："小榄人不但善于种菊，而且欣赏菊花的艺术水平也相当高。"这得到了小榄人的认同。2006年6月，小榄菊花会被国务院公布列入首批国家级非物质文化遗产代表作名录。

香山人的家园

在嘉庆十九年（1814）举办第一届菊花大会时，香山的人口，已有95095户，429215人。冲积平原在不断扩大，人口也在不断增加。嘉庆二十三年（1818），人们修筑起三千余丈长的海永安围，再新辟了八千多亩农田，香山的耕地田积，达到了125.37万亩。香山与珠江三角洲陆地，终于连成一体，结束了"海岛"的历史。

至此，香山大致上分为三大块，一是五桂山、凤凰山、南屏山一带的山区；二是沙溪、环城、张家边、小榄一带的民田区；三是三角、民众、坦洲、港口一带的沙田区。虽然江南海北、五方杂处，三个地区的习俗、方言，甚至衣着，各有差异，但在长期的共同生活中，互相浸透，互相影响，渐渐形成了一种共同的文化。

香山的商业日益繁盛。早在明朝，石岐就有五十多家商号，遍布城厢内外。清朝展界开海以后，铁城迅速膨胀起来，治安、武镇、正薰、达德、武山、拱辰、旧寨、英武、永宁、仁厚等街巷，纵横交错，商铺栉比，各种招牌幌子，随风飘扬。站在城头四望，远处村连闾接，隐约万家烟火，一派盎然生机。

全县在康熙朝有33个墟场。县城周边就有几个大墟，最出名就是沙冈墟了。沙冈墟曾多次迁徙，最初在柏桠村口（学宫前）、莲塘街口，后来迁到了十八乡（渡头村），再后来又迁到了麻洲街、南洲街等地。在今太平路与维新街交汇处，直至莲塘路、柏苑路一带，曾分布着迷宫般的街巷：猪糠厂、染布巷、猪仔街、买鸭街、蓑衣街、猫儿狗仔巷、打铜街、锯木厂街、板坊街，这些充满浓浓商业气息的街巷名，记录着当年人潮涌动、买卖畅旺的景象。有些地名，甚至今天还可以寻觅其踪，比如猪仔街等。

人们从大沙田区，用驳船把各种农产品运来，再用小艇运到后冈涌、板坊街的埠头埋街①。有熟悉这一带交易情况的人描述："从太平路东的正局巷起，西至后冈涌口的千多米的墟期集市，称之沙冈墟。每当交卯②蒙蒙，布店启门掌灯收购夏布麻布之时，摆在街道两旁的猪仔、家畜家禽和鸡鸭鹅苗就叫个不停。天光大白，乡下人或商贩担着柴芒、草药、种子、瓜菜苗、瓜菜

---

① 中山人称上岸为"埋街"。

② 交卯指清晨5时至7时。

薯豆、竹器和日用品进墟摆档，叫卖之声不绝于耳。一些江湖献艺卖药者和占卜星相者，也夹杂其中。"这段描述，宛如一幅充满浓郁的珠江三角洲风情的集市图画。

因为聚集了大量的人气，即使不是墟期，也人气繁稠，所以许多商人都在墟市附近开店铺，"墟"便逐渐变成了"市"。茶楼、酒馆、客店、药店、饼饵店、布店、柴店、钱庄等，一家接一家，连里竞街。墟市每迁一个地方，就带旺一个地方。铁城以前最繁华的地方，是城西的"十八间"。石岐人一与外地人说起"十八间"，语调往往升高八度，显出几分得意之色。"十八间都没去过？哇，你真是没见过世面啊。"他们这样嘲笑别人。

"十八间"的得名，坊间有许多不同的说法。有人说，起源于明代，顺德县陈村来的黄氏家族，在这里开设"金玉楼"纸料店，店面很大，专卖文具纸料。在磁吸效应之下，附近的纸料店愈开愈多，形成了一个远近闻名的"十八间"纸料市场。但有人反驳说：十八间不仅有纸料店，还有很多大商号，一路数过来，有疋头铺、陶瓷铺、海味杂货铺和中药铺等，怎么数也不止十八间，只不过金玉楼经营时间长，人们记住了它的店名，以为十八间都是纸料店。

石岐的果菜栏，大都在城西的岐江边，即今凤鸣路一带。一年四季，从四乡运来不同的蔬果，一船船的荔枝、龙眼、香蕉、西瓜、乌榄、蔬果，挤挤插插泊在岸边，船上的人与岸上的买手，隔水讲价，讲妥了就卸货。果菜栏的前门对着大街，后门对着码头，方便进货与出货。鲜鱼栏则大都在今安栏路、南基路一带，每天麻沙光①，人影幢幢，聚集了无数鱼贩和买手，这边的窿艇②在喊："有冇马友？"那边的木驳在叫："有冇三黎？"各种喊冷声，吵成一片。"乜嘢价？""三七突个一。""点解开咁大价？""肯冚盆就有得倾。""杀你！"③一旦成交，就要尽快卸货埋街，以最快速度运入城中，卖给市肆，以保证新鲜。

天亮以后，码头仍然非常热闹。需要赶时间的鲜活商品交易完了，现在，轮到洋米、洋货、砖瓦、木料、药材、咸鱼、竹器、柴炭、黄糖一类商品上场交易了。这些东西，大部分是从省城、香港、澳门、佛山、江门等地运来的。石岐卖到外地的商品种类并不太多，主要是蚝蟛虾酱、茧丝、乌榄、大蕉等农副产品，最大宗是谷物。

有趣的是，他们一面从外地大量买入咸鱼，一面又把他们的咸鱼大量卖到外地。1923年修的《香山县志续编》记载，香山每年从港澳等地进口七八十万两货值的咸鱼，又向广州、陈村、江门等地卖出三四十万两货值的咸鱼，入超之大，可以看出咸鱼是香山人的至爱，连女儿出嫁时，都要唱一声："多谢我亲爹妈娘曹白咸鱼上白米，我亲爹娘有情有义我唔舍得丢离。"

太平路以前是一个很大的布匹市场。宣统朝的《香山县志》

---

① 中山方言"麻沙光"指天蒙蒙亮。

② "窿艇"是一种专养活鱼的穿孔艇。

③ 粤语"喊冷"即喊价；"乜嘢"是"什么"；"点解"是"为什么"；"冚盆"是一次全买下；"倾"即谈；"杀你"表示成交。

记载："工业之素有名者，如东乡牛起湾、濠头、陵冈、窈窕之夏布，南朗乡之棉布"，在城乡都很畅销。"邑城之习艺所、小榄之工艺学堂、谷都大布村之机器织布厂"，也是有名的织布厂，所生产的土布和进口的洋布，大多在石岐的布匹市场销售。

铁城内外人来人往，趴在窗口看人，成了一些人可以消磨几个时辰的乐事。有人在井台打水，有人在门口劈柴，有女人坐在巷口弹脸，有人在寻找走失的鸡，还有挑着担子叫卖绿豆沙、芝麻糊的，蹲在街口给人补铁镬、织补竹器、箍木桶、量身做衣、卖蛇药的，就像正在上演一幕让人眼花缭乱的大戏。有时，一场夏季的白撞雨①袭来，人们惊慌地四处躲避，有人被撞倒，东西撒了一地；挑着柴薪的小贩，手忙脚乱地用蓑衣盖着他们那点可怜的货物。在楼上窗口张望的人，看得乐不可支。雨骤然停了，淡淡的阳光从云罅透射出来，雨水汇成的小溪流，还在路面上"哗哗"流淌，人们又纷纷若无其事地出门了，互相问候，寒暄一番，好像刚才什么事也没有发生过。

有人把石岐的街巷名，从一到十排列出来："一天门，二门槛，三级石，四方井，五兜榕，陆家巷，七仙街，八卦巷，九（韭）菜园，十王庵。"这成了一首儿歌，在细佬仔中传唱。那些在街巷里进进出出的人，戴红缨帽的，戴毡帽的，戴斗笠的，用布包头的，辫子垂在背后的，辫子缠在头上的，梳旗髻的，穿

---

① 粤语"白撞雨"即骤雨。

长袍马褂的，穿蓝衣紫裙的，穿僧衣道服的，坐着"二跑轿"①匆匆赶路的小脚女人，无所事事逛街看热闹的"量地官"②……各式各样的男人、女人和小孩，川流不息。

终于有一天，城里人多得再也住不下了，便在城外围绕着城墙兴建房子。城市像摊大饼一样，面积愈摊愈大，铁城东门外形成了新街、月冈、月子冈、文集坊、永安、万安、莲塘、常丰、北丫等街坊；西门外形成了武峰里、怀德里、西厂、花王巷、三元坊、岐阳里、迎恩街、石岐墟、步恩里、鸣凤里等街坊；南门外形成了仁和、来青、星聚、种德、民安、主帅、田头、山头、仓厢、丸山、桥仔头等街坊；北门外则形成了拱北、维新、沙冈墟、教场、沙冈尾等街坊。城市的边界在哪里，哪些是"城里人"，哪些是"乡下人"，甚至哪些是陆上人，哪些是水上人，都很难分得清楚了。

早在雍正七年（1729），朝廷颁旨，准许疍民上岸定居："如有力能建造房屋及搭棚栖身者，许其在于近水村庄居住……开垦荒地，播种力田，共为务本之人，以副朕一视同仁之至意。"于是疍家纷纷弃船埋街，与陆上人混居一起。在铁城西门外迎恩里的西头，就有一个"军疍杂居"的关隘，俗称"石岐闸"，许多疍民在这里定居，与当年卫所留下来的军籍居民，渐渐难分彼此了。

---

① 一种双人抬的轻便轿子。

② 粤语"量地官"讥无事踱步的人。

尽管愈来愈多的人转行做生意，但在石岐的空气里，依然弥漫着浓浓的泥土味和鱼腥味，还有猪屎味。出了县城，各家各户的猪，都是随街放养的，在街上大摇大摆地游荡，对行人视若无睹，自顾自拱着垃圾堆，和鸡争吃烂菜叶和西瓜皮。那些每天沿街叫卖的小贩或手工艺匠人，不得不与猪抢路走。他们挑着各种担子，走街串巷，用抑扬顿挫、含糊不清的腔调喊着。他们本来就没打算让人听清楚，只是创造一种属于自己的声调，让人们可以分辨出代表不同的买卖，因此，只要声音够独特，有时并不需要叫喊。七仙街头的木匠，背着沉重的工具，边走边喊："扼桶补镬盖！斗门窗安大床！"喊了半天也没有理他。八卦巷尾的百货小贩，挑着两只柜子，却不用叫喊，把手里小鼓一摇，发出"呖嘞、呖嘞"的声音，街道两边的女人便纷纷出门叫唤："呖鼓佬过来一下！"

小贩笑嘻嘻过来，把担子搁下，打开柜子，里面针线、针顶、针钗、梳篦、镜子、花露水、胭脂水粉，应有尽有。女人们兴奋得一脸红霞，但还是要讨价还价一番："我好有心买你的货，不过你好贵啵！""呢个系老实价，包冇花架。""你莫要骗我啵。""好喇，你睇中边样？我哋拗开佢。"[①]女人顿时眉开眼笑。

小孩子最喜欢小贩敲竹板卖云吞"笃嘟、笃嘟"的声音，还

---

① 粤语"呢个"是"这个"之意；"冇花架"是"没有弄虚作假"；"我哋"是"我们"；"睇中边样"是"看中哪样"；"拗开佢"是"各让一步"。

有敲铁板卖麦芽糖的"嘚嘚，当，嘚嘚当"的声音。当街头响起"香滑芝麻糊，清甜绿豆沙，松化番薯糖，正气莲子茶"的叫卖声时，大人还没反应过来，街尾的小孩已如一支箭似的冲出去，兜里虽然一个仙也没有，但也要跟在小贩后面闻一闻。

那些卖鱼虾猪肉的，随身还带着砧板、刀具、小秤和清水，谁要帮衬，他当街给你劏鱼去鳞，起肉除骨，手法娴熟得像变戏法。香山人说："三月三，狮头马鲚通街担。"三月是残春季节，也是盛产狮头鱼、马鲚（凤尾鱼）和马友鱼的季节，许多半陆居半水居的疍民，便担着狮头鱼、马鲚等河鲜杂鱼，沿街叫卖。住在街巷里的妇女，听见叫卖声，赶紧拿只筲箕出来，唤住小贩，买条鱼回家做菜。

马鲚腥味很浓，但女人们处理起来，都是行家里手。先把劏好的鱼洗净，撒上少许食盐，放在筲箕中沥干水，这样就辟掉腥味，然后用油镬慢火煎香。男人下酒，细佬送饭，好吃得连骨头也不剩下。狮头鱼可以清蒸，也可以香煎。马友鱼的肉质够细嫩，一仓仓、一钱钱[①]叠起来，像千层糕，香气四溢，再贪玩的细佬，一闻到都会往家跑。当街上的店铺开始关门，响起了"乒乒乓乓"的上门板声，家家户户的厨房，都飘出炊烟，飘出煎鱼的香味时，人们会暂时忘掉泥土的气味，觉得这才是城里黄昏该有的气味。

离石岐闸不远就是岐江，大名鼎鼎的"石岐津渡"就在这

---

① 中山方言"一仓仓，一钱钱"是指鱼肉一圈圈。

里，宋、元、明、清历代的"香山八景""石岐八景"，都少不了它。伍瑞隆的《石岐晚渡》诗咏道："城边河水碧如葱，城外扁舟晚渡风。日落月来天在水，行人浑入镜光中。"但到清代中叶以后，这里已经不是文人偷闲躲静的地方，成了繁忙的商业交通枢纽了。从这里出发，有广州渡（两条）、佛山渡、江门渡、顺德渡、大榄渡、高沙渡七条乡渡航线。清代后期，又增加了南海山根、东莞石龙等航线，另外邑内又有斗门小赤坎、澳门大码头、唐家海门、翠微三灶、茅湾、平岚、雍陌、古鹤、界涌、平湖等二十多条墟艇航线。①

走出铁城，走进田野。在香山四乡八镇，分布着许多古村落，动辄有几百年、上千年的历史，如三社村、翠亨村、南塘村、左步村、鳌山村、龙瑞村、安堂村……在这些村落里，每一棵老榕，每一处牌坊，每一座祠堂，每一间蚝壳屋，每一块旗杆石，每一口古井，每一条青石板路，都有说不完的故事，当人们走在那些长长的清凉的石板巷里时，往往不自觉地放轻脚步，因为每一步，好像都听到从几百年的历史深处，传来的回音。

在五桂山南面的三乡镇，雍陌村与古鹤村相邻。前者有上千年历史，而后者至少也有八百多年。有人这样形容："雍陌村现在还保留有许多老旧房屋，每一块砖石都封存着一段历史。"然

---

① 中山人称开往外县的船为"乡渡"，行走邑内各都之间的船为"墟艇"。

而，历史不会永远被封存，它总会以某种形式，顽强地向后人昭示，但可惜不是每个人都会留意到。

这两条村都有不少姓郑的人，他们在香山的始祖，可以追溯到北宋时代。广南东路惠州通判郑菊叟，宋庆历四年（1044）全家从福建莆田迁到香山丰乐村榕树埔定居，寝迹衡门之下，农圃自给，采菊东篱。十几年后，他发现榕树埔西面有一条小河，桥那边尚有一片平皋之地，风水很好，宜室宜家，便举家迁居桥西。

郑家果然在这块宝地上，生枝繁衍，第八世孙郑雪庵在桥头开村，其子孙分居界涌、南屏（这两地今属珠海市）和三乡乌石、古鹤、雍陌等地。郑菊叟的曾孙郑子纲，字秉常，号雍陌，他在雍陌开村后，村子就以他的号来命名。后来雍陌一支在清代再分迁至平岚。桥头村的岚桥郑公祠、桥西郑公祠、双池郑公祠、雪庵郑公祠，还有乌石乡安静祠、平岚五房乐平祠，都是郑氏祠堂，人称"三乡老郑"。每有亲朋好友造访，三乡老郑便会捧出福建茶果招待，竟成了一种乡俗。

清咸丰十年（1860）修筑的广州、香山与澳门的官道和商道——岐澳古道的南干大道，就从雍陌村中穿过，迄今仍是村里的主要街道。当年南来北往的客商，挑着他们的货物，日夜不休，风尘仆仆地从这里经过的繁忙情景，在今人看来，已很难想象，但这条路，却的确曾经是一条"黄金路"。

当历史已经翻过了这一页，一切归于平静。如今沿着雍陌村静谧的村道，漫步在康睦里巷、通德里巷、务仁巷、学堂坊巷、务仁巷和圣堂巷里，古朴的巷名，迎面而来，宛如一缕清风，轻轻拂人面颊。偶见墙头有一两株植物，向外伸展着绿叶，与灰黑斑驳的墙壁相映衬，绿得简直能闪出光芒，耀人眼目。而另一边墙头，则有一两盆已经凋萎的无名花，似乎已被主人遗弃。一条狗在横巷中窜过，猫趴在高高的瓦背上睡觉，哪家母鸡下了蛋，"喔喔"啼个不止，四处蝉鸣如潮，几缕白云凝然不动。一种四季更迭，万物循时序而行的宁静、安详，在小巷中缓缓流动，让人有不知今夕何年的感觉。

仅在雍陌村，就有鉴泉郑公祠、雍陌郑公祠、东轩郑公祠、纯一郑公祠、云庄郑公祠、西栅郑公祠、鼓冈郑公祠等八间郑氏宗祠，其中雍陌上街北的雍陌郑公祠，俗称"老祠堂"，始建于明代弘治年间（1488—1505），相传林则徐到广东禁烟，巡视澳门，路经香山时，在这座公祠里歇息了一晚。

大部分祠堂，都是三间三进，硬山顶，碌灰筒瓦，灰塑博古脊，青砖墙，麻石脚，头门前设三步廊，花岗岩石檐柱，次间施虾弓梁，明间设神龛，左右次间为房，后堂前天井带两廊，墙壁上绘画着各种鱼虫花鸟、野老山童、渔樵耕读、如意花篮的图画，笔法古拙，色彩淡雅。这些祠堂建筑，有的还算保存完好，有的则在岁月的消磨中，日渐颓圮。

晚清著名学者郑观应，便出自三乡郑氏家族。郑观应，本名官应，字正翔，号陶斋，别号杞忧生，他的有一首诗有"吾侪抱杞忧，闻鸡以待旦"之句，就是他自号"杞忧生"的原意：忧患余生，不忘救国。他从小体弱多病，终生受着肺病哮喘的折磨，但这并没有妨碍他在学术、实业领域的意致纵横。他曾担任太古洋行轮船公司总理，目睹国家积弱，无比忧愤，一直在孜孜探求中国自强之路。

光绪二年（1876）江南旱灾时，郑观应在上海筹捐赈济。光绪三年（1877），郑观应在上海创办筹赈公所，赈济山西灾荒。光绪四年（1878）又与徐润、盛宣怀等人举办义赈公所。他的名字，经常和慈善赈灾连在一起。

光绪二年（1876），鉴于每年进口洋布，大量白银外流，主持洋务的北洋大臣兼直隶总督李鸿章意识到，必须发展自己的纺织工业，才能扭转这种状况。李鸿章对郑观应的印象非常好，认为他"实心好善，公正笃诚"。筹办上海机器织布局时，李鸿章委任郑观应为襄办。当时郑观应还在为河南、直隶、陕西的灾荒，筹捐赈济，虽然勉为其难，但在实际经营中，与主事者理念相左，没多久就辞职了。

郑观应走后，织布局濒于破产。李鸿章力邀他返回织布局，当时郑观应正在撰写《易言》一书，无意再作冯妇。这本书主张向西方学习，翻译西方关于富国强兵的书籍，传播于天下，使人人得而学之；并主张采用机器生产，鼓励商民投资实业，开矿、造船、修铁路；在政治方面，已开始涉及制度的思考，赞美西方的议会制度，甚至提出君主立宪的主张。李鸿章也是这本书的读者之一，对书中许多观点，颇有共鸣。最后郑观应经不住李鸿章的一再盛情相邀，只好又再出山。

织布局经过改组，重新订立章程，宣称："事虽由官发端，一切实由商办，官场浮华习气，一概芟除。"织布局的种种事务，实际由郑观应主持。李鸿章对他的殷殷厚望，简直就像诸葛亮对姜维一样，不仅札委其为上海机器织布局总办，而且先后请他担任电报局总办、轮船招商局帮办，在各种新兴实业中，担起大旗。

光绪十年（1884）中法战争时，郑观应曾深入到西贡、金边、南洋等地探察敌情，并组织运送军队、军械赴台湾抗敌。光绪二十年（1894），郑观应写下了中国第一部全面系统地学习西方社会的纲领性著作《盛世危言》。这本书付梓之际，他写了一首忧心忡忡的诗："清夜焚香叩上苍，危言十万播遐荒。平戎未遂班生志，上策还同贾傅狂。内患外忧萦缱绻，天时人事感茫茫。"

《盛世危言》一经出版，引起朝野强烈震动，人们争相传阅，重印二十余次，洛阳为之纸贵。郑观应在书中指出，国弱民穷的根源在于专制政治，要避免大厦倾覆，中国只有走君主立宪的道路。他首次提出"兵战"不如"商战"的主张，并从政治、经济、教育、议论、司法等各方面，为中国社会开出改造的药方。光绪二十一年（1895）德宗皇帝爱新觉罗·载湉被这本书所打动，下令印了两千册，分发给大臣阅读，使之成为后来推动戊戌变法的重要精神资源之一。康有为、孙中山都深受该书影响。

郑观应做过"孖专"①，也经营过实业，但都不太成功。担

---

① 香山人把买办叫做"孖专"。

任上海机器织布局总办时，郑观应为了筹集资金，拿织布局的招股银去做金融投机，结果，在一次金融倒账风潮中，亏银二万两，几乎陷于破产，很长时间都缓不过气来。他担任粤铁路公司总办时，又被股东以"独断专行"为由，逼他下台。真正为他在历史上赢得一席之地的，却是他的一系列著述，是他对中国未来发展的真知灼见。

郑观应的故居，在雍陌村西上巷。他生于斯，长于斯，那条长长的石板路上，留有他童年无数的足迹。光绪二十九年（1903），为了纪念父亲去世十周年，郑观应和兄弟把故居修葺一新，建成一座砖木结构的大宅，坐北朝南，前后两进。门额镶嵌一块长235厘米、宽65厘米的石匾，楷书阴刻"秀峰家塾"四字，落款为"光绪二十九年孟春立"，字是出自郑观应的手笔，"秀峰"是他父亲郑文瑞的号。

故居如今还保留着当年的木雕镂空神楼、神台，上面的人物、花鸟、狮子雕刻，繁复精细，形具神生，折射出浓郁的岭南艺术审美意趣。故居一直收藏着郑观应承朝廷封授的两块牌匾，一块是"奉旨出使暹罗核办事宜"，另一块是"钦命广西分巡左江兵备道"。

雍陌村雍陌上街有一座圣堂祖庙，排在众多郑公祠之首。这座祖庙建于清代初年，乾隆四十五年（1780）、同治二年（1863）进行过重修。该庙坐北向南，面阔三间，深两进，总面积约238平方米。大门两侧嵌着一副楹联："桑乾普化，出震调元"，字体雄浑苍劲。祖庙建筑为砖木结构，硬山顶，灰塑博古脊，人字封火山墙，素胎瓦筒，绿琉璃瓦当，青砖砌墙，正墙麻石脚，门前有三级台阶，两侧镶抱鼓石。屋脊饰着瑞兽灰塑，山墙墀头有各种人物、花卉砖雕。前、后进均为穿斗与抬梁混合式木梁架，中间夹一天井，天井两侧设雨廊。墙壁上画了很多人物、山水彩画。

宗祠、祖庙是集历史、文物、艺术、文化于一堂的宗族文化殿堂，体现了中国文化中"慎终追远"的精神，而在建筑艺术上，则体现了师法自然的追求，整体结构保持阴阳平衡，反映出天人合一的哲学思想。

古鹤村与雍陌村近在咫尺，相传以前这里有很多鹤栖息，所以叫古鹤。如今已经没有鹤了，但村里的土沉香树、古榕树，历百年却依然郁郁葱葱，枝繁叶茂，荫蔽着那些古老的建筑与街道。在21世纪，古鹤村被誉为"中山市保存最为完好的古村落之一"。

古鹤与雍陌，鸡犬之声相闻，其居民在血缘上也有千丝万缕的联系，都是从莆田郑菊叟那儿开枝散叶出来的，所以三乡话与福州话十分相似。古鹤郑的始祖是郑宋祐，元朝末年迁到界涌，后分为两房，长房迁居古鹤。在古鹤村澜海郑公祠门口，高悬着一副楹联："支分莞水，源溯莆田。"昭示其血脉渊源。这座祠堂建于清道光二十七年（1847），坐东南向西北，三间两进，占地288平方米。据统计，古鹤村曾经有23座祠堂，其中郑姓就有12座，此外陈姓5座，许姓2座，冯姓、张姓、刘姓、曾姓各

1座。

刘姓在古鹤村虽然不是大姓，但清末也出了一位天下闻名的富绅，叫刘学询，光绪十二年（1886）进士，在官场上虽然没有什么进取，但靠承包闱姓赌博，发了大财，堪称广州"赌王"。光绪二十四年（1898），他以巨款购下杭州西湖丁家山南面傍湖的36公顷土地，兴建了一座规模宏大、极尽华丽的园林别墅——水竹居。工程耗时五年才完成，建筑面积1369平方米，成为西湖第一名园，也就是今日的西湖国宾馆。

光绪二十五年（1899），有日本人在上海访问刘学询，打探他的身家，竟有七百万银元之巨，差不多相当于朝廷年财政收入的十分之一，让人咋舌。李鸿章任两广总督时，对广东地方事务，并不熟悉，延揽刘学询入幕，倚为心腹幕僚。刘学询的势力，大到可以呼风唤雨、点石成金。国民党元老冯自由在《革命逸史》中如此形容刘学询："其金钱势力以左右士子之成败。及官吏之进退，典试者莫不仰其鼻息。"不过，光绪二十七年（1901）李鸿章去世后，刘学询也随之从权势的顶峰，迅速滑落下去，风光不再。水竹居一落成，就因债务问题被官府查封。无奈之下，刘学询黯然告别杭州天堂，移居上海。

日东祠是旅日华侨郑氏在光绪七年（1881）捐建的，坐落在古鹤下街五巷，坐东南向西北，两进三间带后斗，面积约357平方米。在第一进的正梁上，悬挂着一块刻清代皇帝颁予的"乐善好施"牌匾。而最令人惊艳的是祠内那几个雕花木棚架，中间的"叼鼠抓菩提"棚架和次间的"密斯葡萄""瓜瓞绵绵"棚架，布局之工，结构之巧，装饰之美，雕工之精，让人有鬼斧神工之叹。

在村北面的"祥迎紫气，步接青云"闸口外，耸立着一座建于光绪八年（1882）的牌坊，四柱三间三楼，用花岗石雕凿构筑，高约8米，柱下镶嵌抱鼓石。坊额的正面和背面，分别竖刻着"圣旨""恩荣"四字，正间横匾刻着"乐善好施"四字，上款"五品夫人吴氏之坊"，下款"光绪八年仲冬谷旦建"，还刻有钦差大臣、太子太傅李鸿章的题辞和印章，四周施以人物花卉的精美雕刻。

三乡人的"乐善好施"，是有传统的。最为古鹤老人津津乐道的，是村里那四条总长约1800米的石板路。它们与村子一样长寿，已有八百多年历史，但以前一直是用角石铺成的，人们赤脚走路，硌得难受，雨天到处积水，更加难行。村民商议把它们改成石板路。1920年，村人郑华桂、曾兆魁召集乡中耆老，决定筹钱修路，但凑来凑去，只筹到七千余元，还差一大截。事情传到旅日的古鹤华侨曾卓轩那儿，他马上爽快地对乡亲们说："只管修，钱不够我包尾。"于是，乡人便立即动工，把四条村道全部改成石板路，曾卓轩为此包了12796块大洋的尾。大家给他起了个有趣的雅号叫"曾包尾"。1922年工程完成，乡人在路旁立了一块"古鹤乡建筑石街之缘起"的石碑，表彰曾卓轩的善举。

华侨，在香山的历史上，开辟了一个更广阔的舞台。尽管"父母在，不远游"是中国人古老的观念，但香山人似乎不太在意。他们对远游有一种天生的渴望。也许，这与他们祖先的迁徙经历，与他们长年漂泊羁旅、远途经商有关。"男望出门，女望坐月"，外出闯荡被视为改善生活的机会。

嘉庆五年（1800），十几个香山人驾着两艘帆船，从澳门出发，与风浪搏斗了一个多月，才到达槟榔屿。他们在当地垦荒种植，建立家园。嘉庆七年（1802），槟榔屿成立香山会馆，这是香山华侨在东南亚成立最早的会馆之一。嘉庆二十四年（1819），香山黄梁都人在纽约登陆，"乐其土而家焉"。同年，香山人的足迹首次出现在新加坡，两年后便成立了新加坡香山会馆（初名香公司），可见当地香山人数量增加之快。在檀香山万那山华侨联义冢上，有一块立于道光十五年（1835）的墓碑，上面刻着"香邑恭常都南溪林清公之墓"，附刻"始祖刘泽公之墓"。刘泽公被奉为香山人移居檀香山的始祖。

1848年，美国加利福尼亚州的萨克拉门托河河谷发现金矿，这个消息像沸腾的漩涡，瞬间把全世界无数怀着淘金梦的人都吸了进去，美洲、欧洲、澳洲各地的淘金者洪水般涌向加州内华达山脉的河谷。富于冒险精神的广东人，当然不甘人后，纷纷收拾行囊，唱着"当初穷过鬼，霎时富且贵，唔难屋润又家肥，回忆囊空因命水。运气催，黄白从心遂。否极泰来财积聚，腰缠十万锦衣归"的歌谣壮胆，就这样两眼一抹黑地爬上了有"海上浮动地狱"之称的远洋客船，追寻他们的黄金梦去了。

在香山的许多族谱中，这类出洋闯荡的记录，数不胜数，他们既有商人，也有农民和手工业者。他们有着坚忍不拔的意志，以"生个来"的精神，吃粗粝之食、穿破敝之衣、沐甚雨而栉疾风，忍受常人难以忍受的苦难，在异国他邦，努力打拼，把攒下的血汗钱寄回乡下，回馈乡亲。他们的故土情怀，让人肃然起敬。

三千年大变局

- 鸦片之祸

- 登上大舞台

- 同光中兴功臣

鸦片之祸

　　道光十九年（1839）正月初六，香山北岭村的徐氏宗祠，炮仗声声，非常热闹。去年十月，乡中大绅徐宝亭家诞下一子，今天举行开灯仪式。这是乡间的传统，添丁的家庭，在正月初二后一个月内，择黄道吉日，在祠堂、祖宗牌位前、住宅门官神前和社稷坛，各悬一盏花灯，以酒脯祀祖先。

　　徐家因为在太平天国时期，毁家助饷，深获朝廷嘉许，诰赠徐宝亭荣禄大夫，他的几个兄弟，也获得通议大夫、荣禄大夫的诰封，这在乡间是一件无上荣光的事情。徐宝亭给儿子起了个单字的名：润，希望将来家肥屋润。开灯这天，徐家大宴乡亲，烧了几条"金"猪，分给大家。

　　北岭徐氏家族的先祖，在宋、元之际，为躲避战乱，从河南迁到广东南雄，再迁到番禺，再迁入香山，在雍陌、长埔定居，

408

宗生族攒，再迁居前山寨。而徐宝亭就是前山寨一支，分居北岭。他的几兄弟都在外地谋生，兄长徐钰亭在上海宝顺洋行当买办，这是徐家第一位买办，后来带挈弟弟徐荣村，也进了宝顺洋行当买办。

徐宝亭则一直留在母亲身边，尽管说是为了尽孝，博母亲欢心，但其实是染了严重的鸦片烟瘾和赌博瘾。他在《宝亭公遗训》中坦承："往往日夕赌不辍，又堕阿芙蓉[①]障中，至盛时尝十日而尽一觞，可不谓多乎？"因此，他深知鸦片之害，遗训中语长心重，告诫儿孙："凡此种种岂可为子孙法者？"

以"十日而尽一觞"的吸食量可推想，鸦片在香山的泛滥程度。从道光元年（1821）至道光十四年（1834），朝廷多次颁令禁止鸦片贸易，却遏止不了。道光十五年（1835）田溥任香山县令时，曾大举扫荡，截获多艘贩运鸦片的船只，起出了一万四千余斤烟泥，格杀、生擒了数十人，籍产入官。但继而又冒出无数内河匪徒，冒充官差，以搜查鸦片为名，乘机抢劫；还有的人因为普通的买卖纠纷，便到官府报案，诬指某人贩运鸦片，栽赃讹诈。各种鬼蜮伎俩，让官府穷于应付。

鸦片，把香山这个一向民风淳朴的地方，搞得鸡犬不宁。

追溯鸦片荼毒中国的历史，要从17世纪末说起。中国从海外输入鸦片，历年都有，最初只是作为一种药物，明人谢肇淛在《滇略》中指出，鸦片产自外国，可疗泄痢、风虫诸症，有壮

---

① 阿芙蓉即鸦片。

阳之效，"房中之术多用之"，云南一带十分流行，服食者众，"往往吞之即毙"。康熙二十二年（1683）清军攻占台湾，署理提督蓝廷珍的族弟蓝鼎元，随军驻台，目睹不少人因服食鸦片成瘾，沦落苦海，无法自拔。他在《鹿洲初集》中，描述服食鸦片的恶果："久则不能自已，倾家赴之矣。能通宵不寐，助淫欲，始以为乐，后遂不可复救，一日辍饮，则面皮顿缩，唇齿龇露，脱神欲毙。然三年之后，莫不死矣。"他更指出，鸦片是荷兰人带入台湾和福建的："闻此为狡黠岛夷诳倾唐人财命者。愚夫不悟，传入中国已十余年，厦门多有，而台湾殊甚。"

那时英国人已逐步取代葡萄牙人，成为中国最大的贸易国。它在世界各地的扩张，几乎未逢敌手，导致它日益狂妄自傲，动辄以武力威胁，其气焰之高，令世界各国侧目。但只有大清朝廷觉得不足介怀，深信英国离开了中国这个市场，就难以生存。这是英国的罩门，只要抓住这点，就算英国有再多战舰，一样要跪下。

朝廷之所以有这种幻觉，最重要的一个原因，是几个世纪以来，欧洲对中国商品所表现出的狂热追求。中国海禁三百年，最严厉的，只是明朝朱元璋时期与清朝的顺治朝、康熙朝前半段。其他时期，官方（朝贡贸易）与民间（走私）的各种渠道，并未完全封死。

乾隆二十二年（1757）十一月，朝廷关闭了福建、浙江、江苏三个海关，只留下广州一口贸易，理由是广州地窄人稠，沿海居民都靠洋船为生，并非只有行商得益；虎门、黄埔都有官兵驻扎，海防较闽、浙严密；而闽、浙沿海，一向不是洋船聚集的地方，现在更不能开这个头。乾隆朝的"一口通商"时代由此开启。几乎全国的出口商品，都流向广州，香山商人左右逢源，日进斗金。当行商们与洋商讨价还价的时候，也许只想到如何赚取更多的钱，并没有意识到，他们所做的一切，正推动着世界的变化。

荷兰人在万历三十八年（1610）第一次把中国茶叶带到欧洲，这种神奇植物，迅速风靡上流社会。四十多年后，茶叶进入伦敦市场，五年后进入英国王室。饮茶成为时尚、优雅、高贵的象征，正如一首英国诗歌所赞美："玉手纤指端起茶杯，不胜整个世界的倾慕追随。"一磅茶叶在伦敦可以卖到10英镑，相当于一个普通工匠半年的生活费用。

开海贸易后，中国商品的输出，与日俱增，其中茶叶一直独占鳌头。从下面两组数字的变化，可以看出茶叶贸易的增长速度：康熙六十一年（1722）出口到英国的茶叶有0.45万担，货值为11.975万两，占总货值的56%；到雍正八年（1730），已大幅增至1.358万担，货值为37.4311万两，占总货值的80%。饮茶这种嗜好，在英国已非王室独享，而日益普及到平民百姓之间。纵观世界，几乎只有中国是茶叶输出国，自然形成磁吸效应，不仅英国人来买茶叶，法国、瑞典、丹麦、荷兰等国的商人，也纷至沓来，从中国进口茶叶，再走私到英国贩卖。

在商人们看来，这简直不可思议。想来想去，恍然大悟：英国人对茶叶上瘾了，一天也离不开。茶叶之于英国人，就像后来鸦片之于中国人一样，都是一种成瘾之物。很多人相信，只要断供茶叶，就可以置番鬼佬于绝境。嘉庆十四年（1809），时任两广总督的张百龄，便口出大言："茶叶、大黄二种，尤为该国（英国）日用所必需，非此则必生病。一经断绝，不但该国每年缺少余息，日渐穷乏，并可制其死命。"

这种错误迷思，令朝廷像吸了鸦片一样，产生一种对洋人予取予夺、稳操胜券的信心，在对外关系上，一再误判。朝廷最恨两样东西，一是天主教，一是鸦片，把大清子民搞得晕晕乎乎，委靡不振，忘了天地君亲，不受圣人之教，伤风败俗，坏伦乱法。这两种东西，近年愈发来势汹汹，让不少人大感忧虑。

英国人最初是偷偷摸摸，夹带一些鸦片到广州出售，以牟取暴利。英国东印度公司在1733年的一份文件中承认，"前时经圣乔治要塞开来的船只，经常带鸦片到中国出售"。这种黑市买卖，逐渐浮出水面，引起关注，不少官员主张严厉查禁。雍正七年（1729），皇上颁布了中国历史上第一道禁售鸦片令：

兴贩鸦片烟照收买违禁货物例，枷号一个月，发近边卫充军。如私开鸦片烟馆，引诱良家子弟，照邪教惑众律拟绞监候。为从，杖一百流三千里。船户、地保、邻右人等，俱杖一百，徒三年。如兵役人等藉端需索，计赃照枉法律治罪。失察之泛口地方文武各官，并不行监察之海关监督，均交部严加议处。

海关开始执行查禁鸦片的命令。英国东印度公司为了不影响对华贸易，也很愿意配合朝廷禁令，禁止公司船只私带鸦片到中国。雍正十一年（1733），英国商船康普顿号、温德姆号、奥古斯塔斯王子号前往广州贸易，公司便给船上的大班下了严格命令："你必须尽可能用最好的办法，严密查询及检查你的船，查看船上有没有这样东西（鸦片），如果有，你应立即在离开马六甲之前，将它从你的船上拿走，无论在什么情况下，不得携带也不准你的船运载这样东西到中国，否则你要负违反公司命令的危险责任。"

此时的英国东印度公司，并不赞成向中国贩卖鸦片，也没有直接参与这样的贸易。他们禁止职员走私鸦片，的确不是为了敷衍大清朝廷，而是因为英国最关心的，是茶叶贸易，一切都要让路，决不允许因私人的几箱鸦片而横生枝节。

18世纪初，向中国走私鸦片的，主要是澳门的葡萄牙人。乾隆三十一年（1766）以前，每年大约有不超过两百箱的鸦片，从澳门向内地输送，这个数量保持多年不变。但乾隆三十二年（1767）以后，突然增至每年约一千箱。这当中显然有英国人加入。

英国东印度公司与大清的贸易，自康熙三十八年（1699）至乾隆五十九年（1794）的95年间，一直存在巨大的贸易逆差。墨西哥1810年发生独立战争后，白银价格大涨，国际贸易的利润下降，英国不得不想尽办法，扩大出口来弥补损失。同时，英国国内取消殖民地特许贸易权的呼声，亦日益高涨，英属印度殖民地的众多散商，纷纷加入对华贸易。这些人把挣快钱摆在第一位，毫无顾忌地向中国输出鸦片，英国东印度公司为了与他们竞争，也不断扩大鸦片贸易，结果导致19世纪上半叶，鸦片像洪水般涌入中国，灾难形成了。

香山人忽然发现，他们处在时代的风口浪尖。

徐宝亭在祠堂为儿子徐润开灯的时候，朝廷禁烟钦差大臣林则徐的官船，正在广州泊岸。整个中国，都处在大变局前的风雨飘摇之中。

香山东面的金星门，经常停泊着几艘英国趸船，人们都知道，那是运鸦片的船。乡中耆绅听说林则徐南下主持查处禁烟时，都希望这位钦差能拿出霹雳手段，把这些鸦片贩子一扫而光。林则徐经过安徽舒城时，还专门拜访了已经退休的田溥，询问烟土在香山的流通情况和请教禁烟办法，看样子这回林钦差是石地塘铁扫把，要硬打硬了。

道光十九年（1839）四月，襁褓中的徐润开始牙牙学语了。这天，北岭村忽然喧闹起来，香山知县三福、香山县丞彭邦晦、澳门同知蒋立昂、佛山同知刘开域等一众官员，奉林则徐之命，到澳门清查户口，督同葡澳官员，搜查洋人住所有无私藏鸦片。他们从铁城出发，鸣锣七响，前往澳门。队伍从前山寨、北岭村经过，驿道上一片红缨帽、马蹄袖、蓝呢小轿，迤逦而行，十分热闹。

四月二十二日，林则徐下令把各地收缴的鸦片19187箱和2119袋，总重量2376254斤，一律集中在东莞虎门销毁。销毁的办法，是在海边挖深池，池底铺石，四周钉板，以防鸦片渗漏；然后将烟土破为四块，丢在池中，引入海水浸泡，再投入石灰，石灰遇水沸腾，将烟土溶解；最后在退潮时把池水放入海中。香山与虎门隔水相望，不少人都渡海去见证这一历史时刻。销烟进行了23天，才算完成。

七月初八，林则徐与两广总督邓廷桢亲临香山，驻节铁城。香山沸腾了，人们争先恐后，赶来瞻仰钦差大人和制台大人的真容，把县衙围了个水泄不通。林则徐稍事休息后，在丰山书院设立行辕，派兵据守各关隘。

据调查，当时澳门有人口2500多户，共1.2万多人；其中华民1772户，男女7033人；葡萄牙人720户，男女5612人；英国人有57户。林则徐勒令澳葡当局，把在澳门的57家英商，全部驱逐出境，并且求澳葡当局把人口造册呈报。七月二十六日，是林则徐的55岁生日，他与邓廷桢到前山寨，率军巡视澳门。

北岭村的乡人，借此得以亲睹大清国军威，那些将官兵勇，有的挎大刀，有的执矛叉，有的扛洋枪，旌旗鲜明，迎风招展，比耍菩萨巡游还好看。澳门的葡萄牙人也被这场面镇住了，三巴、妈阁、南湾等澳葡炮台鸣炮十九响，以最高礼遇欢迎。澳葡理事官率领四名军官和百名士兵，恭恭敬敬，在左关闸迎候。

林则徐一行，在莲峰庙正殿歇息，接见澳葡理事官。林则徐当面申明禁令，告诫葡萄牙人要安分守法，不许囤贮鸦片，不许徇庇奸夷。澳葡理事官唯唯诺诺。林则徐随后赏给澳葡官色绫、折扇、茶叶、冰糖等土特产，赏给士兵牛、羊、酒、面及银元四百元。

林则徐在莲峰庙向天后、关帝神殿进香后，从三巴门进入澳门城区，经大三巴牌坊、关前正街、医院街、南湾，至妈阁庙向天后进香，巡视澳门主要街道，每到一处，便叫随员抽查路边的洋楼、民房，看还有没有英国人居住，结果都已人去楼空；又抽检各洋楼有没有烟土贮藏，结果也是一两也没查到。林则徐颇感满意。

巡视途中，居澳华民搭盖彩楼，扶老携幼，夹道焚香迎接。林则徐在日记中描述："夷人好治宅，重楼叠层，多至三层，绣闼绿窗，望如金碧。是日无论男妇，皆倚窗填衢而观。"他觉得这些洋人的衣服太过难看，男人浑身包裹紧密，短褐长腿，很是古怪，像是大戏里狐狸、野兔的装扮；帽子也很古怪，与衙门里的皂役一般。他们的头发、胡须，更是古怪，浓密鬈曲，林则徐说："骤见能令人骇，粤人呼为鬼子，良非丑诋。"不过，葡萄牙人欢迎他的热情，还是让他十分高兴。

当天中午，在澳葡官员护送下，林则徐一行离开澳门，返回前山。在澳门的整个过程，历时三个时辰。他们在前山寨吃过午饭，继续遁原路回铁城，不料突然下起瓢泼大雨，山路一片泥泞，举步维艰。林则徐、邓廷桢等人，只好转到雍陌村，在郑氏宗祠过了一晚，第二天雨过天晴，才重新上路。此行稳住了澳门的葡萄牙人，确保他们不会资助英国人，林则徐开始从容布置与英国的决战。

林则徐的禁烟，雷厉风行，有声有色，得到道光帝的赞赏，认为"所办可嘉之至"。他降旨将林则徐、邓廷桢交部从优议叙，各赏加二级。在林则徐生日时，道光还亲笔题写"福""寿"二字大楷横匾，差人送往广州，以示嘉奖。

这年腊月，又是一年一度送灶君的日子，人们像往年一样，蒸糕点，祭灶君。一岁多的徐润已经会走路了。老人们聚在祠堂议论纷纷，听说邓廷桢调任两江总督，林则徐出任两广总督。上任当天，林则徐便宣布正式封港，永远断绝和英国的贸易。英方随即宣布封锁广州海口。两国面临战争边缘。

林则徐下令招募疍家水勇，只要英军入侵内河，则"许以人人持刀痛杀"，香山的疍民纷纷报名，自愿自备刀枪，出船参战。三月初三，成群结队的青年们，爬到各个山头，向着山谷大喊："阿弟阿妹哦，借力啰！"[①]这是香山的一个习俗，相传以前有个青年，辛苦劳作，却经常挨饥抵饿，体力不支。他向老天抱怨，惊动了太白金星，下凡对他说："明天早晨你上山，对着山下喊三声'阿弟阿妹哦，借力啰'，你就有用不完的力气。"青年照着去做，果然变得力大无穷。现在，要与番鬼佬打仗了，个个都希望有使不完的力气。

林则徐又督造战船，购置外国船只，组织兵勇操练，增建炮台，积极准备与英国开战。道光二十年（1840）五月初五，本应是赛龙舟、舞醉龙的节日，但今年气氛特别紧张，木龙静静地待在祠堂里，没人去动它；龙舟也继续埋在泥里，没有起出来。香

---

① "弟"读"娣"音；"借"读"扯"音。

山人每天跑到山上，眺望大海，看看有什么动静。

五月二十九日，海面上突然升起几股浓烟，顺风向岸边飘来，夹着隆隆炮声。开战了！广东水师兵勇火攻英船于磨刀外洋。六月上旬，英国远征军开抵澳门海口，封锁珠江口，鸦片战争正式爆发。林则徐离广州赴狮子洋检阅水师兵勇联合演习，颁发《剿夷兵勇约法七章》，组织水师出洋迎战英军。

这个夏季，气氛非常紧张。七夕过了，中元节也过了，人们仿佛有一种鬼门开了关不上的感觉。七月二十二日清晨，薄雾散去，驻守关闸的士兵，忽然高叫："番鬼佬来啦！番鬼佬来啦！"一队英军分乘一艘战船和十几只舢板，突入关闸。报警的锣声响起，所有人都拿起武器往外冲。驻澳门高廉道易中孚一马当先，澳门同知蒋立昂、香山县丞汤聘三、香山协副将多隆武等人，率领兵勇杀出关闸，迎击英军。但英军似乎旨在探路，稍一交绥，便匆匆撤去。

英军调头沿海北上，转攻闽、浙，所到之处，战火纷飞。道光帝惊惶失措，降旨痛责林则徐："外而断绝通商，并未断绝；内而查拏犯法，亦不能净。无非空言搪塞，不但终无实济，反而生出许多波澜，思之曷胜愤懑！看汝以何词对朕也？"九月，英军抵天津大沽口外，直隶总督琦善奉旨与英方将领义律谈判于大沽口南岸，答应惩治林则徐、邓廷桢等人，换取英军撤兵南返。道光帝旋即派琦善为钦差大臣，赴广东查办。林则徐革职，交部严加议处，来京听候部议。但随后林则徐又接到吏部文书，着他暂留广州，以备查问原委。林则徐多次向总督和巡抚献策，建议铸炮造船，维持广东抗敌局面，均被拒绝。

道光二十年（1840）十二月十五日，英军突然攻占虎门口的沙角、大角，清军溃败。琦善与义律私下约定停战条件，割让香港给英方，赔款六百万元。琦善旋接任两广总督，撤除海防工事，解散壮勇。但英方单方面公开了双方未经正式签署的草约，道光帝得知琦善擅自割让香港，赫然震怒，令锁拿解京问罪，查抄家产，发军台效力。另派奕山、隆文、杨芳三人赴广州抗敌。

道光二十一年（1841）战火重燃。二月十一日，英国海军一艘战船深入石岐河，向湖洲、沙涌两个炮台发炮轰击，爆炸激起的砂尘，弥漫天空，隆隆声震撼大地。英军随后登陆，攻入了渡头村。渡头村大部分村民姓雷，据族谱所载，始迁祖为芝堂公，于宋末为避元乱，迁居南雄珠玑巷沙水村；在宋咸淳年间（1265—1274）再迁番禺韦涌村；其孙裔后来繁衍至塘面斗冈里（今台山市大江镇），至明成化年间（1465—1487），七世祖雷积善穿州过县，寻找开村吉地，最后看中了香山良都梅岭，率领族人在这片桃花盛开、背岭面河的地方，开基创业，这就是渡头村。

这里的人们，一直过着春种夏长、秋收冬藏的农耕生活，没想到无事家中坐，祸从天上来，番鬼佬竟然打上门来了。村民仓猝拿起锄头、棍棒抵抗，但哪里挡得住火枪火炮？"雷兆成武馆"的教头和徒弟雷兆成、雷伯成、雷天枝、雷成珍、雷月、雷象等14人，冲在最前面，也倒在最前面。三月，英军攻陷虎门、横档各炮台，大清军民死伤无数。英军继而猛进，连陷广州城外各炮台，奕山等再与英军议和，赔款六百万两。

作为这场滔天巨祸的余澜，被扣上肇乱黑锅的林则徐，奉旨降为四品卿衔，赴浙江镇海听候谕旨。七月，朝廷再革去林则徐四品卿衔，从重发往新疆伊犁，效力赎罪。但道光二十五年（1845）后，朝廷又重新起用林则徐，调任陕甘总督、陕西巡抚，复调任云贵总督；道光二十九年（1849）任钦差大臣，赴广西镇压拜上帝会。时林则徐已染病在身，扶病赴任，十月十九日逝于潮州普宁行馆。

在西方列强之中，葡萄牙人是滑头的，以前害怕大清朝廷驱赶他们，便表现得毕恭毕敬，鸦片战争之后，发现清廷其实是纸老虎，态度便发生前恭后倨的一百八十度转变，加入了分羹的行列。道光二十三年（1843），澳葡向清廷提出：废除每年五百两的澳门地租；把三巴门以外至关闸的地区划归澳门，由葡萄牙派兵驻守；澳门成为自由港；澳门商税应低于中英通商章程的税率；准许澳门船只参加五口通商；废除澳门修理房屋、船只要大清官府批准的规定；内地输往澳门的货物，由澳门征税，不得限制输入商品数量。这是"趁人病，捞人命"。道光二十九年（1849），澳葡更悍然派兵强占了望厦村，关闭了粤海关的关闸，驱逐香山县丞，宣布"钉闭关门，驱逐丁役"，原属香山县管辖的整个澳门半岛，逐步沦为葡萄牙的殖民地。

19世纪的上半场，就这样以大清的割地赔款、辱国丧权，急遽地降下帷幕。

当林则徐在潮州去世的时候，徐润已是一个11岁的孩子了。历史将要轮到他们这一代人上场了。徐润读完了乡间的私塾课程，咸丰二年（1852），在叔父徐荣村的带领下，到了人生地不熟的上海。叔父让他选择，要么到苏州继续读书考科举，要么跟他去经商。徐润听不懂吴侬软语，很难于当地书院就读，于是选择了后者，进了伯父和叔父经营的宝顺洋行当学徒。

鸦片战争前，在广州十三行已聚集了不少以长袖善舞、多财善贾著称的香山籍买办。朝廷因战败而被迫开放上海、广州、福州、厦门、宁波为通商口岸后，广州因为屡屡受到战火波及，成为海防前线，历史悠久的广州十三行，从此一蹶不振。外贸重心，从广州转移到了上海。香山的商人们，也纷纷夹着算盘、账簿，奔向黄浦滩头。当时在上海从事外贸的买办、通事，乃至跟班、仆役等人，几乎全是广东人的班底，其中大部分是香山人。

这时，有两位香山人进入了徐润的生活中。

一位是比徐润小四岁的雍陌人郑观应。他在咸丰九年（1859）经同乡介绍，到宝顺洋行打工，兼营轮船揽载事宜。业余时间，他又到英华书馆夜校学习英语。这是上海最有名的一间业余英语学校。不久，徐润在洋行里擢升为"充任主账上堂督理各职"，两人的交往日益密切。

同治五年（1866）伦敦爆发金融风潮，波及上海，洋行纷纷破产倒闭，宝顺洋行也未能幸免，苦苦挣扎了两年，终告停业。郑观应离开洋行，自己创业。他先到和生祥茶栈任通事（翻译），后来干脆接办了这个茶栈，又再创办荣泰驳船行。同治十一年（1872），郑观应当上了扬州宝记盐务总理。他在生意场上的经历，横跨了轮船、茶叶、盐务等不同领域，把自己在《盛世危言》中的"商战"主张，付诸实践。他的弟弟郑翼之，也是天津太古洋行的大买办。

另一位叫唐廷枢，号景星，亦作镜心，香山唐家村人，比徐润大六岁。在晚清的上海滩，唐廷枢、徐润、郑观应、席正甫，号称"四大买办"，无人不知。席正甫是苏州人，做了一辈子买办，而其他三位是香山人，后来都脱离了洋行，投入到国内的工商业，唐廷枢在办实业方面，更成为柱石之士。

唐廷枢于少年时期，在香港的马礼逊教会学堂接受过六年教育，当其他买办都在说那种把爸爸（Father）叫做"泼茶"，把妈妈（Mother）叫做"卖茶"的洋泾浜英语时，[①]他却能流利地说一口标准的伦敦英语。咸丰元年（1851）唐廷枢在香港巡理厅任翻译，其后又担任香港大审院正翻译。在这期间，他在哥哥唐廷植、弟弟唐廷庚协助下，编译出一部六卷本的《英译集全》，被公认是中国第一部汉英词典。

唐廷枢从他熟悉的香山人生活和贸易场上，挑选了一些日常对话，以中英文对照的形式，教人如何讲英语。因此，从词典选用的对话中，可以想象到香山商人的某些有趣的生活场景。其中有一段关于饮茶的对话：

呢的系乜野茶？What kind of tea is this?

呢的系小种。This is Siu Chong tea.

呢的茶十分唔好。That tea is very bad.

我买呢的算至好嘅（咯）！That is the best I can get.

你咁话系真嘅？Do you mean to say so?

我点敢讲大话？How dare I to tell a lie?

试下买的好茶。Try and get some good tea.

我明日去问过。I will enquire tomorrow.

我中意饮浓茶，亚娘仔中意饮淡茶。I like strong tea. Mrs likes weak tea.

---

① 这是清末《洋泾浜英语实用手册》用中文为英语作的注音。

在上海、广州、福州、汉口，有许多香山商人，都是以经营茶叶起家的。当年的茶商，很多都有丰富的品茶经验。他们每天的生活，是这样开始的：早上起床，先不吃任何东西，几个仆人，一个捧脸盆，一个递白水，一个递茶。他呷一口茶，舌头哒哒响几下，然后报出是多少级、什么红茶。仆人递白水给他漱口，吐在脸盆里，再品第二口茶，再报级数。他的铁齿铜牙，报什么就是什么，洋人想和他做生意，就要以他的评定为准，否则，一声"唔该过主，好行夹唔送"①。架子就是这么大。

徐润在宝顺洋行当买办时，就以经营茶叶、生丝为主。据说他"颇知茶味"，洋行停业后，自己创办了宝源祥茶栈，充分展现了超凡的经商才能，几年间，开设的茶栈、茶馆、茶号、遍及上海、温州、河口、宁州、漫江、洋楼洞、崇阳、湘潭等地。

咸丰八年（1858），唐廷枢从香港前往上海发展，在上海海关担任了三年高级翻译，然后创办"修华号"棉花行，从各地收购棉花，转卖给各大洋行。在生意中，唐廷枢与怡和洋行混熟了，他的才干得到赏识，被招揽进怡和洋行，几年后擢升为怡和洋行的总买办，以经营船运为主。

这时，历史的大舞台，已经搭好，锣鼓声响，大幕开启，香山人要登场了。

---

① 粤语"唔该过主"是请你走开的意思。"好行夹唔送"也是不客气的逐客之词。

率先登场的香山人是容闳。

容闳，字达萌，号纯甫，香山南屏村（今属珠海）人，原就读于澳门马礼逊纪念学校。这所学校是澳门开办的第一所西式学堂，鸦片战争后，学校迁到香港。校长是美国人，道光二十六年（1846）因健康缘故，决定要回美国去了。校长问全班同学，谁愿意跟他一起去美国完成学业。全班同学面面相觑。容闳凭着一股香山人敢想敢闯的勇气，蓦地站了起来说："我愿意！"另一位同学黄宽紧随其后，也站了起来。

道光二十七年（1847），容闳和黄宽等人，搭上了驶向美国的亨特利思号帆船，颠簸航行了整整98天，终于抵达纽约港。他们入读马萨诸塞州的孟松学校，成为中国第一代自主选择出国的留美学生。黄宽毕业后转往英国学医，是中国最早毕业于苏格兰爱丁堡大学并获医学博士学位的留学生，后来成为广州博济医院的名医。

咸丰四年（1854），容闳在美国毕业后返国。这时，中国正处在一个剧烈变革的历史关头。两年后开始的第二次鸦片战争，大清再次战败，再次面临割地赔款。全国沉浸在悲愤与惶惑之中。事实证明，中古时代的农业文明，打不过现代的工业文明，中国必须"师夷长技"，走变革之路，才有复兴希望。

同治年间（1862—1874），朝野上下，形成了一种发愤图强的氛围，以曾国藩、李鸿章为首的一批官员和儒生，积极主张学习西方技术，强兵富国。他们推动修铁路、办工厂、开矿山、架电线，创办一系列的实业。其中最有名的实业之一，是在协办大学士、两江总督曾国藩主持下，创办的江南机器制造局，容闳与它有着密切的关系。

同治元年（1862），曾国藩买了一艘洋人的轮船，亲自乘坐体验后，促使他下决心要派人到美国去采购机器，建立自己的机器厂。这件事成败与否，关键在于选人。这个人必须熟悉外国情况，也熟悉机械，还要能够一心为朝廷办事。曾国藩一生以"识人"著称，发掘了不少人才，包括李鸿章。同治二年（1863），曾国藩召见从美国耶鲁学院毕业回来的容闳，看看他对机械的熟悉程度。

曾国藩问他，哪类机器最适合中国。容闳侃侃回答："中国今日欲建机器厂，必以先立普通基础为主，不宜专以供特别之应用。所谓立普通基础者无他，即由此厂可造出种种分厂，更由分厂以专造各种特别之机器……以中国幅员之是之大，必须有多数各种之机器，乃克敷用。而欲立各种之机器，必先有一良好之总厂以为母厂，然后乃可发生多数之子厂。"

曾国藩虽然不懂机械，但从容闳的面相与谈吐中，可以大致判断出他的本事与德操，采购一事非他莫属。于是，曾国藩让容闳去海外走一趟，"按专业工程师的眼光去购买适合中国的最好的机器"。容闳接下了这个任务，先去上海，乘搭英国轮船，取道香港，经法国转赴伦敦，再改乘汽船，穿越大西洋，于同治三年（1864）春抵达美国纽约，购办机器。

同治四年（1865），容闳从美国归来，行装甫卸，便赶往徐州，向曾国藩报告此行情况。据容闳在回忆录中描述："舟自扬子江仙女庙地方入运河而抵扬州，弃舟陆行，乘骡车，经三日达徐州。曾督对于予之报告，极为嘉许。乃以予购办机器之事，专折请奖。"曾国藩上奏朝廷："容某为留学西洋之中国学生，精通英文。此行历途万里，为时经年，备历艰辛，不负委托，庶几宏毅之选，不仅通译之材。"朝廷特授容闳五品实官，在江苏省的官署担任译员。

容闳从美国购回价值六万余两银的机器，运到上海，安装在铁厂内。铁厂与原有的两个炸炮局合并，被正式命名为"江南制造总局"，由广东潮州府丰顺县人丁日昌任总办。总局的经费，由李鸿章从淮军的军需费内拨付。机器安装完毕，试运行成功，曾国藩亲到现场参观，容闳向他示范机器的性能，机器声隆隆震耳，工人忙忙碌碌，看得曾国藩很是开心。容闳乘机提议在制造局旁边再建一兵工学校，招收中国学生，学习机器工程的理论与实践，将来中国就不必再用外国的机械和外国工程师了。曾国藩欢喜地点头称赞："这个想法与我不谋而合。"容闳后来记述："文正极赞许，不久遂得实行。今日制造局之兵工学校，已造就无数机械工程师矣。"

同治六年（1867），丁日昌升任江苏布政使，总局从虹口迁到上海城南高昌庙镇，占地面积扩大至七十余亩，开设了一系列的新厂，计有轮船厂、汽炉厂、机器厂、熟铁厂、洋枪楼、木工厂、铸铜铁厂、库房、煤栈、船坞、工务厅等，规模宏大，其发展蓝图，完全是按照容闳所说先建母厂，然后发展子厂的思路去规划。

容闳，被誉为中国第一个"打开窗口看世界"的知识分子。他有一个愿景，就是让中国孩子接受现代教育，成为与世界同步的新式人才。他说："予自得请于曾文正，于江南制造局内附设兵工学校，向所怀教育计划，可谓小试其锋。既略著成效，前者视为奢愿难偿者，遂跃跃欲试。"他要让中国孩子走出国门，到西方国家留学，让他们能够直接进入西方社会，认识西方社会。

同治七年（1868），美国驻华公使卸任回国，代中国出使西洋，与美国订定两国互相优待留学事宜。其中规定，嗣后中国人欲入美国大小官学，学习各等文艺，必须享有与最优国人民同等的优待；美国可以在中国指准外国人居的地方设立学堂，中国人亦可在美国一体照办。这意味着双方的大门都敞开了。但这时朝廷并不打算派遣留学生，和约虽定了，然只是一纸具文。

容闳急了，这是千载难逢的机遇，苏州过后冇艇搭。①丁日昌升任江苏巡抚后，容闳匆匆拜访他，解释派人留学的种种好处。丁日昌兴趣盎然，请他起草详细说帖，由他上呈朝廷。容闳连夜起草条陈四则，其中第二则是关于留学生的："政府宜选派颖秀青年，送之出洋留学，以为国家储蓄人才。派遣之法，初次可先定一百二十名学额以试行之。此百二十中，又分为四批，按年递派，每年派送三十人。留学期限定为十五年。学生年龄，须以十二岁至十四岁为度。视第一、第二批学生出洋留学卓有成效，则以后即永定为例，每年派出此数。"

---

① 粤俗语，指机会消失就不再来。

容闳后来说，条陈中第一则办合资汽船公司、第三则政府开采矿产、第四则禁止教会干涉人民词讼，都是陪衬的，只有第二则，志在必得。他恳请丁日昌代为向曾国藩游说支持，务必促成此事。

然而，条陈送入北京后，石沉大海，令容闳十分失望。但他毫不气馁，利用一个机会，跑到天津直接向已转任直隶总督的曾国藩进言。经过采购机器一事，曾国藩对容闳是十二分信任的，容闳说好就是好，曾国藩表示一定支持。

同治九年（1870）九月十六日，曾国藩向朝廷上书提出派人出洋留学一事："宜博选聪颖子弟，赴泰西各国书院及军政、船政等院，分门学习，优给资斧，宽假岁时，为三年蓄艾之计。行之既久，或有异材出乎其间，精通其法，仿效其意，使西人擅长之事，中国皆能究知，然后可以徐图自强。且谓携带子弟前赴外国者，如该员陈兰彬及江苏同知容闳辈，皆可胜任等语。"

曾国藩把容闳的计划，转告了李鸿章，请他参详意见。李鸿章建议曾国藩向朝廷专折奏请此事，并拟定一份具体的章程。同治十年（1871）七月初三，曾国藩与李鸿章专折会奏，提出："当此风气既开，似宜亟选聪颖子弟，携往外国肄业，实力讲求，以仰副我皇上徐图日强之至意"，并附上《挑选幼童前赴泰西肄业章程》十二条。他们宣称："爰饬陈兰彬、容闳等悉心酌议，加以复核，拟派员在沪设局，访选沿海各省聪颖幼童，每年以三十名为率，四年计一百二十名，分年搭船赴洋，在外国肄业，十五年后，按年份起，挨次回华。计回华之日，各幼童不过三十岁上下，年力方强，正可及时报效。"至于留学费用，"首尾二十年需银百二十万两，诚属巨款。然此款不必一时凑拨，分析计之，每年接济六万，尚不觉其过难。"

朝廷同意不分满汉子弟，择其质地端谨、文理优长者，一律送往，每年所需膏火，准于江海并洋税项下指拨。十一月，李鸿章奏请以陈兰彬为正委员，容闳为副委员，驻美办理一切管理幼童留学事务。

从同治十年（1871）开始，容闳便在江浙一带，开始广泛招生。但江浙人对漂洋过海，仍然有极大的恐惧，尤其是幼童父母要签具"甘结书"，承诺"兹有子××情愿赴宪局带往花旗国肄业，学习技艺。回来之日，听从差遣。不得在国外逗留生理，倘有疾病生死，各安天命"，看起来就像一张"卖身契"。加上当时坊间盛传，美国有生番会剥了人皮，再蒙上狗皮，把人变成半人半狗的怪物，富贵人家的子弟，谁肯轻试？结果报名者寥寥无几。容闳在上海忙了半天，竟招不足名额，他干脆南下，回香山和香港招生。

香山人毕竟是见过世面的，对海外世界并无恐惧感，况且有容闳、黄宽等人的样板在前，唐廷枢、徐润也积极推荐人选，很快就招足了第一批留学幼童。这时又回任两江总督的曾国藩却突然去世了，他没有机会再等十五年，看到留美学生归国报效的那天。从此在朝廷里少了一位有力的支持者，容闳感到不胜惋惜。

在曾国藩去世五个月后，同治十一年（1872）七月初八，第一批留美幼童，从上海起程，负笈放洋，踏上了漫漫的求学之路。容闳已先一月赴美，安排打点一切。在30名幼童中，有25位广东人，其中有13名是香山人，他们是：陆永泉、邓士聪、蔡绍基、蔡锦章、张康仁、史锦绣、钟俊成、程大器、欧阳庚、钟文耀、容尚谦、刘家照、谭耀勋。后来在这些幼童中，成长起"中国铁路之父"詹天佑（南海人）、北洋大学校长蔡绍基（香山人）、外务部尚书梁敦彦（顺德人）、驻纽约领事陆永泉（香山人）、驻旧金山总领事欧阳庚（香山人）等一批精英人物。

徐润对派留学生一事，热情资助，并奉曾国藩札委，负责挑选出洋留学的幼童。他的多位儿子、孙子和堂兄弟，在他的鼓励下，都先后出洋留学。徐润曾作《未园饮栈图记》一文，为几位堂弟出洋饯行，写道："惟美国之行越重洋、适异国，执手依依得无有唏嘘而不忍言别者，然此事为曾文正、李傅相之创举，余又奉曾文正命襄理选中华天资粹美之幼童遣往美国，听陈荔秋（陈兰彬）、太常容纯甫观察二公使督令肄业西学，以备吾华折冲樽俎之才，意至盛也，法至良也"，对后辈寄予厚望。

唐廷枢也推荐了他家乡的唐国安、唐绍仪、梁如浩、蔡廷干等多名幼童。这些人后来在中国的政治、文化、经济舞台上，都成了叱咤风云的角色。同治十一年（1872）到光绪元年（1875），由容闳、徐润选定的四批幼童，先后到上海考试、预习，然后由徐润等人担保，前往美国留学。在120名赴美留学幼童中，香山人占了三分之一。

曾国藩的去世，如泰山其颓，李鸿章从此成了洋务运动的

"南天一柱"。尽管遇到很多阻力与风波，但在李鸿章的一力扶持下，洋务运动仍开展得有声有色，创造了历史上有名的"同光中兴"局面。

这时，唐廷枢也已离开洋行，结束了买办生涯，被李鸿章罗至帐下，进入了一个更为广阔的舞台。他在中国的近代化过程中，创下了多个第一。同治九年（1870），唐廷枢与徐润合作，共同创办了上海第一家现代医院——仁济医院。同治十二年（1873），中国近代史上第一家轮船运输企业，也是中国第一家近代民用企业的轮船招商局，在上海开张，李鸿章委派唐廷枢为总办，徐润是会办之一，郑观应出任帮办，从旁辅弼，俨然组成了香山人的"铁三角"。

轮船招商局的创办，与容闳也有一些关系。早在同治七年（1868），容闳就上了四则条陈给曾国藩，其中第一则就是在中国组织一合资汽船公司。他这样写道："公司须为纯粹之华股，不许外人为股东。即公司中经理、职员，亦概用中国人。欲巩固公司之地位，并谋其营业之发达，拟请政府每年拨款若干以津贴之。"这个建议，虽然没有被马上采纳，但却在曾国藩、李鸿章的心中，扎下了根。

唐廷枢曾是华海轮船公司最大的股东，拥有公司四分之一的股份，担任公司襄理，同时也附股于公正轮船公司和北清轮船公司，又是美国琼记洋行苏晏拿打号轮船、马立司洋行、美记洋行船队的股东，熟悉中外商情，也熟悉航运业务，他执掌轮船招商局，对吸引商人入股，极富号召力。唐廷枢受命后，很快便拟定了《轮船招商章程》，主张公司完全立于商人地位，不必派官员主事，总办作为商总，专以责成，再从大股东中公举商董入局，协同办理。

自从唐廷枢入主后，招商局广招股份，扩大经营，气象为之一新。唐廷枢带头入股不少于八万两，并以自己的南浔号轮船入局经营，而徐润是第一大股东，入股四十八万两。各地商人踊跃跟随，加上官款，共募集资本四百二十余万两。除原有的上海总局和天津分局外，又在牛庄、烟台、汉口、福州、厦门、广州、汕头、宁波、镇江、九江、香港以及国外的长崎、横滨、神户、吕宋、安南、新加坡等处，设立分局。

光绪二年（1876）至光绪三年（1877），北方大旱，南方水灾，哀鸿遍野，百业萧条，货运不畅，航运业陷于低谷，而英、美轮船公司的价格战，又愈打愈烈，怡和、太古两大洋行，跌价竞争，招商局的经营环境，前所未有的恶劣。李鸿章仍在毫不动摇地支持招商局，他向招商局筹拨官银五十万两，帮助其渡过难关。

唐廷枢、郑观应等人，与太古洋行展开了艰苦的谈判。他们的对手莫仕扬，也是个乡里，香山唐家湾会同村（今属珠海市）人。会同村位于凤凰山麓深处，是一个充满书香气息的地方，村里的会同祠、调梅祠、莫氏大宗祠、仰云山馆、栖霞仙馆和巍然耸立的南北碉楼，彰显其深厚的人文底蕴；布局井然的三街八巷，构成会同村人的"精神家园"。当地一首歌谣唱道："前面一条塘，二闸围一乡；一间祠堂三塔上，左边文阁似牌坊，右边瓦瑶真排场。"仰云山馆更是粤地文人墨客流连之所，曾在此留下无数的诗词墨宝。莫仕扬早年在广州十三行，已崭露头角，建立了广泛的人脉，太古洋行轮船公司成立后，他是首任买办，后来又当上了太古的总买办，在广州、香港、上海商界，是个耀目晶光的人物。

经过近一个月的谈判，郑观应最终与太古洋行签订了史无前例的"齐价合同"，分享长江流域合作经营的利益，"无论商局船之多寡，其水脚总以商局得五五之数，太古得四五之数。"后来又与怡和洋行签订类似合同，分享上海至天津的航线，收益亦按比例分成，结束了太古、怡和的贱价恶性竞争。

唐廷枢的目光看得更远，他认为长久之计，"须华商自立公司，自建行栈，自筹保险"。于是，在光绪二年（1876），唐廷枢、徐润招股二十五万两，成立"仁和水险公司"，这是历史上第一家中国人自办的保险公司，打破了外国保险公司在华一统天下的境况。

这一年，招商局总体赢利达到三十四万两。光绪四年（1878），二人再集资五十万两银，成立"仁济和水火险公司"，其后两公司合并为"仁济和保险公司"。商人们为了支持中国人自己的公司，有货运业务，都乐于光顾招商局轮船和仁济和保险。

香山人在上海树大招风，引起人们的艳美与妒忌。同治十二年（1873），上海发生杨月楼案。案件的缘起，是香山籍买办韦氏之女与当红京剧演员杨月楼通婚，被她的亲戚告发，导致杨月楼被控"骗财诱婚，绑架勒索"，入狱受到酷刑拷打。但舆论却一边倒地同情杨月楼，认为是香山女子勾引他，错在韦氏之女，在上海掀起了一股对香山买办口诛笔伐的滔天浪潮。

有人投书著名报纸《申报》大骂："僻壤穷乡蓬门圭窦所生之地，且强且悍，所习之业至贱至微，彼买办细崽辈，大都澳门乡人十居其九，即此洋奴一端，岂非明证欤？"有人讥讽："盖粤人所称为糠摆渡口（俗名买办细崽）、广东婆、咸水妹均系香山一县男女也。"甚至有人痛责："生无耻之乡，习不堪之业，在粤人已不齿之于人类。"这些言论攻击的范围，显然超出了杨月楼案，而要把脏水泼到全体香山人身上了，言词的恶毒、污秽，令人难以卒读，背后反映了江浙本地商帮对香山外来商帮的强烈不满和排斥。

香山人被迫奋起还击，他们把这视为道德、人格、名誉之争。由唐廷枢倡议，香山人在上海创办《汇报》，为自己发声。上海知县叶廷眷，也是香山吉大乡（今属珠海市）人，对报纸给予了很多支持，《申报》披露了《汇报》的创办内幕："首先倡捐者，上海令叶邑侯也；倡议开馆者，唐君景星诸人也；倡立馆规者，容君纯圃也；主笔诸君，皆延粤中名宿也。机器、铅字，皆容君所承办也。"发刊词《创办上海汇报章程并序》，由郑观应执笔，阐明香山人办报纸的宗旨与立场，是"传述中外人情，格致功用，既可维持风教，又堪裨益民生"。

这些名字，个个都是如雷贯耳，粒粒都是耀眼巨星。《汇报》没有对社会舆论借杨月楼案污名化香山人，直接进行辩解与反击，而是通过仿效西方报纸，励风俗、宣教化、劝善惩恶，以及采编朝野新闻、商业行情，来塑造香山商人脚踏实地，不温不火的商业形象。广东人一向拙于争长论短，做生意可以，吵架总吵不赢。

但《申报》继续发文讽刺挖苦，暗示香山人靠着多金，得到上至南洋大臣、北洋大臣，下至上海县令的撑腰，依仗官府势力，"有文才者为官即可以肥家，有资财为官始可以卫家也"。旅居上海的香山人，被大大激怒了，真是"唔发火当病猫"①，吵架不行，打架可是从来没怕过谁。他们聚众冲击道台衙门，扬言如果官府不制裁《申报》，他们就去焚烧报馆，杀死编辑。

由于《申报》馆址在租界，如何处理，还须租界当局点头。香山同乡向英国领事提出，至少要惩治报馆华员。租界当局当然不会答应。交涉结果，达成了妥协：在华界和城门张贴布告，宣布《申报》在杨月楼案中，收受贿赂，所刊言论，均为谎言。

"杨月楼案"轰动一时，被列为"清末四大奇案"之一，在很长时间里，成为小市民街谈巷议的话题。由此引起舆论的大张挞伐，直接刺激香山人团结起来，抵御外侮。

在上海原来有一个广肇公所，是这班广州府、肇庆府在沪商人联络感情、交流商情的地方，咸丰三年（1853）香山溪角乡人刘丽川，在上海发动"小刀会起义"，公所在骚乱中被烧毁了。同治十二年（1873），由唐廷枢、徐润、徐荣村等香山商人发起重建广肇公所。叶廷眷大力支持，徐润把自己在二摆渡地方的一

---

① 粤俗语"唔发火当病猫"是我不发火，你当我好欺负的意思。

处房产，平价让出，作为公所的新址，其宗旨是"联乡里而御外侮"。唐廷枢、徐润、郑观应等人，都是广肇公所的董事，其账目由徐润掌管了二十年之久。广肇公所为同乡做了不少抚恤、赈济、祭祀和聚岁演戏之类的事情，开办多所义学，供同乡子弟读书；创建广肇医院，为乡里施医问诊；又设立广肇山庄，给去世的乡里停柩。

杨月楼案的风波，余波未平，中国又发生了一连串大事，把人们的注意力吸引去了。同治十三年底（1875年初），年仅19岁的载淳帝驾崩，4岁的爱新觉罗·载湉入承大宝，两宫太后垂帘听政，改年号为光绪。光绪二年（1876）令人眼花缭乱：中国近代第一位驻外使节郭嵩焘赴英国就任；左宗棠带领湘军远征新疆；朝廷与英国在烟台签订条约，承认英国在中国西南边境的"条约权利"。

在风起云涌的形势催迫下，唐廷枢更觉得中国振兴实业，刻不容缓。凉秋九月，他乘坐小轮船，从大沽向北塘口进发，在芦台登岸，经陆路驰赴开平镇，对开平以东三十里的古冶、西南十五里的唐山和以北二十里的风山三地，进行了认真勘察，发现这里的煤铁矿藏，十分丰富。取回的样本，经过化验，与英国的上、中等矿产质量相当。

唐廷枢立即上书李鸿章，力主开办开平煤矿。他说："查开煤机器、木桩及建造煤栈、雇用洋人及置用器物，共需银十万两。但开煤必须筑铁路，筑铁路必须采铁，煤铁相为表里，自应一齐举办。计购煤铁机器等银四十万两，筑铁路银四十万两，为数颇巨，恐非易筹。如能先筹银三十万两购买机器，递年逐筹银三十万两，以为买地筑路、采煤熔铁等项之需，便可敷衍。铁路筑成，第二年可入铁路利银十九万两，煤利银七万五千两，铁利银十万两，其实两年便可归本。以后每年入息三十余万两之多，岂不溥哉！"

李鸿章一如既往地给予支持。八月，开平设立矿务局，负责开采煤铁等矿，以唐廷枢为总办。唐廷枢分身无术，后来招商局总办一职，由郑观应接手。唐廷枢集中精力在开平煤矿。他订立招商章程十二条，拟先开一煤井，建造两座生铁炉、二十至三十个熟铁炉，购置机器、买地、建房、筑路，聘请英国矿师和工头，总投资以八十万两银为限。然而，千辛万苦，到光绪六年（1880），开平矿务局才实收股银三十万两。

为了确保唐山煤矿开采成功，唐廷枢把制铁项目暂停了，把人力物力都投入到煤矿。但购买土地、机器、挖河、筑路，已花了七十余万两，如果不是李鸿章百计周章，拨出部分官款，再向民间借贷垫上，开平也难免半途而废。

灯盏无油望月光，家中无米等禾黄。李鸿章日盼夜盼，就盼着开平煤矿的成功。皇天不负有心人，尽管千难万难，但开平矿井总算出了第一筐煤。光绪七年（1881）四月，开平矿务局正式成立，这是中国历史上第一家大型矿业公司。经过唐廷枢的艰苦努力，到光绪八年（1882），矿局资本增至一百二十万两。唐廷枢又创办了中国近代第一家水泥厂——唐山细棉土厂。

为了把握历史的全貌，更真切地理解香山人在大变局中所扮演的角色，有时不得不插入一些看似无关的历史事件——其实它们有着千丝万缕的内在关系。李鸿章的"中兴蓝图"，涵盖了工业时代的各行各业，轮船、纺织、冶金、电报、电话、保险、教育，乃至声、光、电、化，无所不包，但提纲挈领者，只有三项：筑铁路、办银行、建海军。

铁路与银行一旦建起来，交通方便，货行有利，融资渠道顺畅，实业就全盘活了。而一支现代海军，在海洋经济时代，是"富国强兵"的重要标志之一，国脉盛衰攸关。在李鸿章的规划中，这是三位一体的，互为依存，缺一不可。

光绪七年（1881）初，在李鸿章的支持下，有大臣提出修筑铁路，但甫一提出，即被朝廷否决。李鸿章的性格是"绕指柔"，一旦认准目标，不会轻易放弃。朝廷不让修大铁路，他就修一条连接唐山和胥各庄的小铁路。

唐廷枢是开平煤矿总办，这个任务落在了他的肩上。他是修铁路的有力支持者，深知在中国办这些实事，不可大肆张扬，须不显山不露水，先干了再说，等事情办成之后，好处都一一摆在眼前了，才能堵住反对者的嘴。因此，在朝廷否决修路还不到半年以后，中国人自己修筑的第一条铁路——唐山至胥各庄（今河北省丰南县）铁路，就在五月十三日，悄然动工了。

为了压缩成本，唐廷枢曾打算修成窄轨铁路（宽1.067米），但负责设计的英国工程师极力主张采用国际标准轨距（1.435米）。日本早期修筑的窄轨铁路，后来证明有种种弊端，日本为此花了九牛二虎之力，浪费了巨大的人力物力，才改回标准铁路，中国不应再走这样的弯路。唐廷枢从善如流，采纳了英国工程师的意见。

十月，全长二十二里的唐胥铁路，全线竣工。为了减少阻力，李鸿章上报朝廷，声称这是一条名副其实的"马路"，以骡马拉煤车在铁轨上行走，没有火车。足足等了一年，等那些反对铁路的声浪慢慢降温后，英国工程师利用开平煤矿的废旧锅炉，悄悄造了一辆蒸汽机车，命名为"中国火箭"号（中文名"龙号"），在唐胥铁路上运煤。

不出所料，汽笛一响，就像丢了个炸弹进紫禁城，守旧派轰然而起，大加责难，认为火车隆隆驶过，震动先帝东陵，喷出的黑烟，伤害禾稼，应奉旨查办，禁止行驶。后来李鸿章等人唇焦舌敝，据理力争了好长时间，才逐渐平息异议，解禁通行。

在经历种种艰难曲折，突破重重障碍之后，中国终于跌跌撞撞，迎来了铁路时代。李鸿章因此感慨地说："大清可以没有李鸿章，不可以没有唐廷枢。"这句话极富震撼力，潜台词俨然在说："中国要走自强之路，不能没有香山人。"闻者暗暗惊叹：这帮香山人，真是不得了。

光绪十三年（1887），李鸿章派人到热河勘探，发现遍山线、土槽子一带的铅矿，含量丰富，所出青铅，是制造枪弹与配铸制钱的重要原料。李鸿章马上决定，由官府接办该矿，拨出数万两专款，从国外购进机器，进行开采。

热河一带，分布着赤峰红花沟矿、喀拉沁左旗东转子山金矿、四道沟金矿、喀拉沁右旗承平银矿等一批矿山企业，虽然咸丰年间（1851—1861）已开采，但规模都不大，资金也不足，技术十分落后，还是依赖人工用水冲筛淘洗的土方法，效率非常低，大多数开采几年就倒闭。李鸿章要盘活这些矿，又想起了香山人，他把这事交给了徐润。

徐润这位被洋人形容为"终年穿长袍，剃光的脑袋上戴顶瓜皮帽"的人，这时正处于事业的低谷，原因是他除了贸易和实业，还有一个很大的兴趣，就是房地产业。据他的《自叙年谱》说，他在上海先后购地三千余亩，已建成楼宇面积三百二十余亩，包括洋房五十余座，楼房、平房、沿街店铺两千余间，年收租金达十二万两。除此之外，他在天津、塘沽、广州、镇江等地，都有房地产，堪称雄视一时的地产巨子。今天上海的愚园路，即以徐润的私家园林"愚园"命名。

不过，徐润也不总是一帆风顺的。光绪九年（1883），上海房地产市场不景气，价格暴跌，徐润亏损累累，债台高筑，甚至挪用了招商局的钱来应急，被人举报。当时人们都说，徐润这回劫数难逃，不是服毒，就是跳河。有朋友见到他时，竟关切地问："你还有口饭吃吗？"徐润只能苦笑一声。其实他还有不少土地，只是难以遽然变卖而已，唯靠变卖古董、字画、首饰以及向亲朋好友借钱还债，渡过难关。

直到光绪十七年（1891），徐润才得以起死回生。由于唐廷枢的精神和体力，长期透支，健康每况愈下，光绪十八年（1892）李鸿章委任郑观应为开平煤矿粤局总办，已有让他接班之意，同时重新起用徐润，委他为开平矿务局会办，办理林西矿、热河承平银矿和建平、永平等处金矿事宜。李鸿章把徐润召到天津，当面嘱咐他："你去好好整顿，还我借款，发财可助开平。"

徐润感激地说："有中堂之力，哲尔者之能，或许办出头绪。中国人学办矿，'把握'两字能否望，侥幸值中堂之福，凑巧遇着如咸丰三四年出一二百万即大妙。"他向李鸿章详细报告他的想法，去年他曾去塞外作过调查，知道咸丰三年至七年（1853—1857），五年间挖出银子千余万；咸丰八年至十一年（1858—1861），出银二百万；然后逐年下降，至光绪八年至十一年（1882—1885），出银仅五六万。目前只求维持，碰机会去办，已无力再投资。因此，必须重新考虑，土法、西法，究竟哪个更加适合。

李鸿章倾耳细听，然后鼓励他："好好整顿。"

得到李鸿章的青睐，徐润精神舒畅，还跑去照了一张相。照完相后，徐润专门写了一篇长文，得意洋洋地给人解释：照片中那个"其偏左而坐，右足蹑石，右手执眼镜，左手按膝，若有所思者"，就是鄙人啦，是"为规画建平矿务未开办时所摄也"。

徐润东山再起，自然加倍卖力，从蒙古昭乌达盟北的林西县出发，沿着滦河及其各支流，进行实地调查。承德、永平两府所属十四州县，长城以南，陡河以东，深山穷林，川泽平原，足迹无不踏遍。徐润在年谱中写道："道经锦州之大凌河牧场，旷渺无垠，土眽膏沃，水陆相通，且地上积有历年牛马鸟粪数尺，就地种植，可省肥料，获繁孳而得大利，盖操左券必矣。"

一路上，他拍了几张照片作为留念，打算传给后人，但又怕后人搞不清照片上哪个是他，于是把拍照时的位置、姿势和心情，都一一记录下来：

> 中左短衣软帽，右手提灯，左手叉腰耸立者，为落煤井履勘线路道时所摄也。中右草帽革靴鹄侍者，为勘关外各矿接办承平时所摄也。若夫偏右左手握杖，右手携草帽，忧愁其容，龙钟其态者，为矿物棘手，遏塞焦劳，病莫能兴时所摄，故精神疲倦，气象愁惨若斯也。
>
> 中后小右拈髭而侧坐者，为各矿办有成效，苦尽甘

回，心怀略岂，故所摄之影似亦气象光昌耳。

已年过半百的徐润，笔下忽焉而喜，忽焉而愁，把一个率真不饰的形象，活脱脱勾勒出来了。

徐润在调查中发现，许多矿山倒闭，原因不是技术落后，反而是因为采用西法，盲目投资，造成成本高昂。比如喀拉沁旗境内的承平银矿，采用西法开采，聘用十几名洋矿师，五百余名矿工，经营数年，亏损四十余万两。徐润更深信土法比西法好，中国人力至贱，只要让当地人有口饭吃，也算是以工代赈。

在李鸿章支持下，徐润成立了官督商办的金矿总局，设在建昌县，另有六所分局。最初因厂房、买机器、请工人，花费巨大，又再续招商股。他起草了一份《拟兴滦州卞凉汀商务公司节略》，呈交给李鸿章，可惜，由于局势变幻，未遑实施。徐润最有争议的改革，是放弃西法采矿，恢复土法，雇用近四千工人。工人的工作条件，极之恶劣。徐润自己承认："工人之苦，终日以身蹈危险，井下工作，一如食阳间饭，办阴间事。每工能得工资制钱一百文，欣幸已极。"

据徐润在光绪二十一年（1895）的一封信函中说："现计总公各局约有四千余人藉此养生，前年采见金二千余两，至去年统计出金七千二百余两。"虽然没有多大赚头，但总算扭亏为盈。虽然徐润深知"工食太薄，此乃中国之大病"，但在中国办企业、开矿山，往往只能凭这种极低的人力成本，才能维持。

徐润除了经营开平煤矿，还投资了平泉铜矿、宜昌鹤峰州铜矿、孤山子银矿、三山银矿、天华银矿、潭州银矿、建平金矿、金州煤矿、贵池煤矿等十几处矿产，俨然在"茶叶大王""地产大王"之外，又多了个"矿业大王"的称号。

在19世纪中国"自强运动"这个大舞台上，香山人抢尽了风头。办航运不能没有香山人，修铁路不能没有香山人，开工厂不能没有香山人，挖煤采矿不能没有香山人，建设海军，自然也必须香山人到场。

生活在海边的香山人，似乎与船特别有缘，除了从事轮船航运外，海军也成了他们施展的新舞台。中法战争中，福建水师全军覆没，朝野受到了极深的刺激，从而形成了"大治水师"的共识。李鸿章一手办海军学堂，培养人才，又欲到欧洲采购先进军舰。这个任务，又落到唐廷枢头上。光绪九年（1883），他受李鸿章委托，游历欧洲，花了一年时间，走遍巴黎、伦敦、阿姆斯特丹等地，为海军采购铁甲舰。

光绪十一年（1885）九月七日，海军衙门成立。在新建立的现代海军中，有两位年轻的香山人，脱颖而出，一位是程璧光，一位是蔡廷干。

香山南朗聚居着不少程氏族人。相传他们是元代从苏州迁徙来的。据《南蓢程氏族谱》记载：程氏一世祖正谊公，苏州吴县人，居苏州府郭南园旁昼锦坊；宋景祐元年（1034）因为做官，从福州移居广州，封广平郡。其子嗣程相峰在南宋时管香山寨盐场，举家移居南蓢。当时村子南面，仍是一片海滩，长满蓢草，程氏的开村先祖便为其起名为"南蓢"。

程璧光字恒启,号玉堂,南蓢田边村人,他的父亲程培芳是美国旧金山华侨,同治十年(1871)在檀香山去世。当时程璧光才十岁,披麻戴孝,扶枢还乡。安葬父亲后,程璧光感觉前路茫茫,不知何去何从。五尺童子,既不懂耕种,也不懂经商,彷徨之间,投靠了在福州的姐夫陆云山。

陆云山在南洋水师中任管带,程璧光就跟着他,在船上见习。光绪元年(1875),程璧光考入福州船政学堂,学习航海驾驶。当时他才14岁。毕业后加入南洋水师,在扬武舰当练习生。后历任南洋水师超武炮船管带、元凯炮船管带、福建水师学堂教习、广东水师广甲快船帮带等职,积功擢都司,调升广丙舰管带。

这时,另一位香山人也加入了海军。他叫蔡廷干,字耀堂,上栅村人,同治十二年(1873)第二批赴美留学幼童之一。他在美国入读康纳狄格州哈特福德语文学校;不久进入新不列颠中学读书。在高等学校将届毕业之前,曾到马萨诸塞州罗沃尔机械厂学习。奉调回国后,蔡廷干被分配到大沽水雷学堂,学习鱼雷的理论知识和操作技术,并在英、美、法的外籍教官指导下,学习电机,采矿、测量等课程。光绪十年(1884),他在北洋舰队实习期间,向担任舰队教习的英国海军军官学习了航海课程,毕业后被派往福建水师当一名士官,参加了中法之战。后以守备衔尽先补用,调往北洋水师服役,三年期满改为实授,调任福龙号鱼雷艇管带。

光绪二十年（1894）四月，海军进行大阅。李鸿章是主要的阅操大臣之一，程璧光作为广东水师广丙舰管带，受邀参加了这次校阅。全军各舰及南洋、广东各兵轮，停泊在大沽口外，鸣放礼炮，站列桅班，演奏军乐，恭迎帅座。

初七，全体军舰乘潮出海，驶往山海关附近海域。沿途操演，白天以旗号、手号联络，晚上以灯号、火号联络，大雾则以雾角汽号联络，雁行鱼贯，鹰扬蛇蜕，变换战阵，井然有序。据演习的记录，"广东三船沿途行驶操演船阵，整齐变化，雁行鱼贯，操纵自如"，"中靶亦在七成以上"。初八舰队抵达旅顺口。二十日抵胶州，翌日在烟台参观各国军舰。一路上观看水陆两军演习。二十三日到达本次校阅的终点站——山海关。

程璧光第一次参加如此大规模的海军集体行动，内心无比激动。整个校阅过程，顺利圆满。当舰队在茫茫大海上航行，仰望着天空飘过的缕缕煤烟，程璧光深知，自己这一生，都与海军分不开了。

会操结束之日，也是朝鲜局势日益紧张之时，程璧光上书李鸿章，请求留在北洋，随时投入战场。李鸿章也觉得此议甚好，于是把广乙、广丙二舰留在北洋，广甲舰返回广东解送岁贡荔枝后，也留在了北洋。就这样，程璧光被编入了北洋水师。

六月二十三日，日本海军在丰岛附近海面挑起战争。八月十八日，北洋海军主力与日本联合舰队在黄海海面遭遇，展开大战，程璧光、蔡廷干都参加了战斗。程璧光的广丙舰最初在大东沟港口外执行警戒，蔡廷干的福龙艇在大东沟近岸担任舰队的侧翼警戒。中午12时48分战斗打响后，广丙舰于午后1时半赶到战场，投入激烈的海战，福龙艇也紧随其后。

下午2时40分，广丙发炮击伤日舰西京丸，并引发火灾。蔡廷干指挥的福龙鱼雷艇，逼近至日舰三十米处，发射鱼雷两枚，当时日本海军军令部长桦山资纪海军中将正在西京丸上，自以为"我事已毕"，瞑目待毙。可惜两枚鱼雷从日舰底下经过，并未击中。海战中，程璧光被弹片击中腹部，血染战袍。

经过数小时激战，北洋舰队主力舰只剩下定远、镇远、来远、靖远四舰，与日本吉野、高千穗、秋津洲、浪速、松岛、千代田、严岛、桥立、扶桑九舰对战。北洋舰队处于绝对的劣势之下，仍奋战不退。海战至下午5时许结束。北洋舰队致远、经远、超勇、扬威、广甲五艘军舰沉没，来远受重伤，死伤官兵约六百人。日本联合舰队松岛、吉野、比睿、赤城、西京五舰受重伤，无一沉没，伤亡二百三十余人。李鸿章后来奏报："臣查大东沟一战，我以十船当倭十二舰，倭舰虽不及定、镇两铁舰之精坚，而船快炮快，实倍于我。我军奋力迎击，血战逾三时之久，为地球各国海战向来罕有之事。"

光绪二十一年（1895）正月初五，日军开始进攻威海卫，北洋海军被困于威海卫港内。正月十七日，提督丁汝昌和护理左翼总兵署镇远管带杨用霖皆拒降自杀。蔡廷干在指挥福龙艇退出战场时，被日军舰截获俘虏，囚禁于大阪。海军中的部分洋员与威海卫营务处商议降事，决定以丁汝昌名义向敌乞降。递交降书这项极其屈辱的任务，落到了程璧光头上。十八日，程璧光乘镇北炮舰，含垢忍辱，前往日本旗舰，递交投降书。下午，程璧光再到日舰，交出中国将弁、洋员名册及陆军编制表。二十日，威海降约正式签署。二十三日，日军开进刘公岛，北洋海军全军覆没。

甲午海战之败，原因很多。程璧光、蔡廷干作为舰艇指挥官，奋力作战，喋血沙场，当可无愧。《马关条约》签订后，被俘官兵获释，但全部遭到朝廷革职遣散处分。程璧光也丢了军职，返回香山。他的弟弟程奎光，时任广东水师镇涛船管带，在广州已加入了革命小团体兴中会。程璧光归乡后，经弟弟的劝说，亦答应入会。八月，兴中会在广州策动起义，计划泄露，程璧光逃至南洋槟榔屿。光绪二十二年（1896），李鸿章出使欧洲，路过槟榔屿时，程璧光前往行辕晋谒，李鸿章劝他回国，并为之请免甲午之战全军覆没之责。

程璧光毅然返国，重新供职于海军，后历任兵舰管带、船政司司长、统领巡洋舰队等职，宣统三年（1911）五月，曾率海圻号巡洋舰远赴英国，参加英王加冕仪式。后古巴和墨西哥发生大规模的排华事件，程璧光率领海圻舰访问古巴，受到当地华人的热烈欢迎。古巴总统向程璧光承诺："古巴军民绝不会歧视华侨。"墨西哥政府不等海圻舰造访，便就排华事件向清廷赔礼道歉，偿付受害侨民生命财产损失，换取海圻舰取消访问。这是程璧光在访英途中，一次成功的"炮舰外交"。民国政府成立后，程璧光历任内阁海军总长、南方护法政府海军总长，1918年被政敌刺杀，死于广州。

蔡廷干日后的经历，也是充满着跌宕曲折。辛亥革命后，他曾在民国政府中担任高等军事参议、海军副司令等职，一直官至盐务稽核总所总办、税务处会办、外交总长、代理国务总理。他的英文非常好，曾应清华、燕京两大学邀请，为客座教授，讲授中国文学，并为中国文学古典名著做英语译注。他用英语译注老子《道德经》的《老解老》及《用英文翻译的中国诗》，在学界都有众多的读者。1935年，蔡廷干在北京病逝。

甲午战争的惨败，是继鸦片战争之后，对中国的又一当头棒喝，结束了人们对所谓"同光中兴"的最后一丝幻觉，促使大批仁人志士，投身到推翻大清王朝的革命中去。富有改良思想的广东学者梁启超，在《李鸿章传》中曾作如是评价："十九世纪之末，有中东一役，犹十八世纪之末，有法国革命也。法国革命，开出十九世纪之欧罗巴；中东一役，开出二十世纪之亚细亚。譬犹红日将出，鸡乃先鸣；风雨欲来，月乃先晕，有识者所能预知也。"

不过，唐廷枢没有能够看到亚细亚的"红日将出"那天。光绪十八年（1892），甲午战败前两年的四月二十日，唐廷枢六十大寿。唐山矿区四十八乡绅父老子弟，同送万民牌伞给他，他虽然满心欢喜，但已感觉自己时日无多，很可能是最后一次过生日了。他把开平矿务局的很多事务，都移交给了徐润、郑观应。入秋以后，北方的天气，一天比一天肃杀。中秋节已经过去了，一轮明月看上去还是那么圆满、透亮。八月十七日，唐廷枢在天津开平矿务总局溘然长逝，终年六十。

他的死讯就像巨大阴云从天空掠过，阴影向四处快速蔓延。13个国家的驻津领事馆在公祭日下半旗志哀。上海、广州、天津、香港、汉口、福州各地的洋行，纷纷以各种形式，表达他们的悼念。葬礼由李鸿章亲往题写挽联。招商局派出一艘专轮，运载唐廷枢的灵柩回乡。各国使馆、洋行派出13艘专船护航。

船队途经上海时，黄浦滩头灯火通明，千百人齐聚江边迎柩。轮船驶抵唐家湾后，灵柩被安放在岸边的灵棚里，13艘洋轮一字排开，各下半旗，各国代表上岸，向灵柩鞠躬致意。唐山民众建了一座"唐公祠"，以永久纪念唐廷枢。上海的外国报纸《北华捷报》发表文章，称"他的死，对外国人和对中国人一样，都是一个持久的损失"。

这场举国瞩目的葬礼，成了香山人展示阵容与声望的一次盛会。从下面这份名单，就可以领悟到，其势力之广泛与鼎盛，到了何种程度：

唐廷枢的兄唐廷植是怡和洋行买办，弟唐廷庚是轮船招商局总办，侄唐杰臣、儿子唐玉田、侄孙唐季常，都在怡和洋行里做事。徐润的堂兄弟徐芸轩、徐渭南，儿子徐少之、徐元生、徐叔平在宝顺洋行，另一位堂兄弟徐兰大在礼和洋行。郑观应的父亲郑文瑞、叔父郑秀山、兄郑思绪在宝顺洋行，弟郑思贤在礼和洋行，郑庆蕃在轮船招商局，郑翼之和侄郑慈荫、郑宗荫在天津太古洋行。莫仕扬的儿子莫芝轩在太古洋行，莫襄甫在广州太古洋行，还有一位儿子莫藻泉以及孙子莫冰如、莫久畅、莫干生、莫应湉,都在香港太古洋行。

唐、徐、郑、莫四大家族,都是三代买办,堪称"买办世家"。美国学者郝延平在《十九世纪的中国买办:东西间桥梁》一书中,感慨地写道:"'香山人'这一名称甚至被看作(是)'买办阶级'的同义语。"但唐廷枢、徐润、郑观应后来都脱离了洋行,不再是买办,而他们一生最辉煌的业绩,都是作为实业家创下的,因此,他们的身份,定为"民族工商业家",更为恰当。

这些香山人,都有一个特点,就是永远忘不了自己的家乡,无论他们走得多远,走得多久,家乡总是萦绕于心。徐润在自己的事业如日中天时,派人回香山,修建村道、祠堂,在徐氏宗祠旁边,兴建了一座占地二十多亩的"愚园"(也称"竹石山房"),准备将来回乡安度晚年。

徐润在自己的年谱中说:"在乡里,则修风水,浚沟渠,栽树木,建围墙,筑神社,建乡约,设赒会,兴义塾,倡平籴,无不经营创办,以堵闾阎;在族中,则修谱、建祠,虽值艰窘,次第举办不惜也。"只要家乡人提出的是公益要求,他们几乎有求必应。光绪二十七年(1901),香山绅民发起成立慈善机构福善堂,香山四百七十二人、六十三姓参与了这一善举,旅居上海的香山商人,也纷纷向家乡捐款。在《倡建签题碑记》中,徐润、郑观应等人的名字,均赫然在列。

唐廷枢去世后,徐润继续活跃于工商界。直到李鸿章也去世了,大靠山一失,他开始体味到什么是"世态炎凉"了。袁世凯出任北洋大臣后，他被逐渐边缘化。徐润心灰意冷，加上年纪也大了，患有严重的咳喘肺病，甚至几度昏厥，濒于病危，故不得不逐渐淡出舞台。宣统三年（1911），徐润在上海去世，终年73岁。他的灵柩回到香山北岭村愚园安葬。但五十多年后的"文革"期间，徐润的墓曾被爆破掘开，于其中只发现一些朝服和几粒珍珠，并未见有骸骨。难道这只是衣冠冢吗？他的遗体到底葬在哪里？这成了一个谜团。

郑观应自称经历了"七险九难"，一辈子笃信道教，出钱刻印的道教书籍，从《吕祖灵应迹》到《金丹真传》，不计其数，因此没少受家人责备与朋友嘲笑，但晚年却更加虔诚，也许是因为一生备受哮喘折磨，群医束手，绝望之中，唯有诚心祈求道教祖师，大发慈悲，赐予治病神丹。他在《上张三丰祖师疏文》中，描述自己的苦况："日暮途穷，室人交谪，哮喘益剧，病势难支。"但他却活得比徐润更长久，见证了大清王朝的覆灭，直到1922年，在上海提篮桥招商公学宿舍去世，飘然归返道山，终年八十。第二年，灵柩移葬于澳门。他对澳门有很深的感情，生前曾赋诗："三面云山一面楼，帆樯出没绕青州。侬家正住莲花地，倒泻波光接斗牛。"如今，他终于回到这块深爱的故土了。

19世纪的下半场，被李鸿章称为"三千余年一大变局也"。香山人在这个大变局中，爆发出惊人的能量，成为一股推动中国向前的强大力量。历史不能没有他们，历史不会忘记他们。

英雄辈出

- 中山先生

- 让共和之光照耀

- 一时多少风流

中山先生

在南朗镇，距离程璧光家的田边村，不过六千米的地方，有一条小村子，叫翠亨村，属永宁乡大字都。村子三面环山，东边对着浩瀚大海。相传康熙年间（1662—1722），蔡姓人在这里建村，所以叫蔡坑村，后来迁入的姓氏愈来愈多，道光初年改名为翠亨村。村子的历史不算长，人口也不算很多，同治五年（1866）时有六十多户，但就有杨、陆、冯、孙、麦、苏、谭、钱、梁、陈等十个姓氏，以杨、陆两姓为大姓，孙姓只有六户。村民以从事耕田和打鱼为主。

孙氏家族的先世居河南陈留，晚唐时远祖孙拙，曾任中书舍人及两浙节度使。黄巢之乱时，其后人孙𬤝充任承宣使，领兵于闽越江右之间，后来以功封为东平侯，定居在江西宁都县，这是孙族南迁之始。孙𬤝的五世孙迁居福建长汀。至明永乐年间

（1403—1424），其中一支由孙友松率领，迁居广东紫金县，这是孙族入粤之始。

迨至明亡清兴之际，紫金的孙氏族人，卷入了抗清运动。事败后，族人东零西散。孙连昌带着家人，逃亡至增城，清康熙年间（1662—1722），由增城迁居香山涌口村。是为香山孙族之始。再传至孙殿朝，从涌口村迁居翠亨村，还有一部分族人迁居迳仔蓢村。这是《中华民国国父实录》一书的说法。因为紫金是客家地方，所以有史家认为翠亨孙族是客家人。

但还有另一种更具说服力的说法，见于光绪六年（1880）的翠亨《孙氏家谱》，以及邓慕韩在1930年发表的《总理故乡调查纪要》等文献资料，说翠亨孙族最早是从杭州迁到珠玑巷，再南迁到东莞员头山，辗转至东莞上沙；明成化年间（1465—1487），从东莞上沙迁到香山涌口；清康熙年间（1662—1722），从涌口迁到迳仔蓢村；乾隆初年迁入翠亨。《孙氏家谱》写道："始祖、二世、三世、四世祖俱在东莞县长沙乡（即上沙乡）居住。五世祖礼赞（瓒）公，在[由]东莞县迁居来涌口村居住，妣莫氏太安人，生下长子乐千、次子乐南。乐千居住左步头，乐南居住涌口……兹于乾隆甲午年（康熙前期），十一世祖瑞英公即迁来迳仔蓢村居住，建造祖祠。"按这种说法，孙族并非从紫金迁居香山，否定了翠亨孙族是客家人之说，也把孙族在香山定居的时间，往前推移了很多。

关于孙殿朝之前孙族的迁徙，虽然路线上有不同的说法，但有一个共同之处，就是都称十四世祖孙殿朝是孙族迁入翠亨村的始祖。孙殿朝的儿子叫孙恒辉，孙恒辉的儿子叫孙敬贤，孙敬贤的儿子叫孙达成，孙达成的儿子叫——孙中山。

孙中山生于同治五年（1866），幼名帝象。这在当地是一个很普通的名字，在翠亨村的小孩中，还有叫帝卓、帝贺、帝泽、帝福的，孙中山哥哥孙眉的幼名叫帝眉，这都不表示他们降生时有龙凤之姿，帝王之相。

其实，孙中山出生时家境并不好，父亲已经53岁了，年轻时在澳门当裁缝、鞋匠，返乡后佃耕二亩半薄田，一亩年收才两百多斤，还要兼做更夫，每年挣几石谷的工钱，才可以勉强养家糊口。村人都说他性格温和，从不与人争执，暇时经常独自坐在榕树下，默默抽着旱烟。

不过，孙达成有一个祖传的癖好，就是笃信风水，长年供养着一位从嘉应州请来的风水佬，帮他寻找营造坟墓的风水地，仅此一项开支，已耗费不少，但他始终坚信，祖坟风水好，会福庇子孙。他父亲孙敬贤葬在犁头尖山黄帝田，孙氏先祖孙瑞英、孙连昌葬在猪肝吊胆（地名），这些墓地的风水好不好，只有风水佬知道，至少孙达成大半辈子的际遇，都是十分不堪的，并没有得到祖上的福庇。

孙中山在村里有三个最好的朋友：陆皓东、杨鹤龄和杨心如，自称是"翠亨四杰"。陆、杨都是翠亨大姓。陆皓东名中桂，字献香，以号行，比孙中山小两岁，他的父亲陆晓帆是上海大买办，与唐廷枢、郑观应、徐润等人都相熟。陆氏家族中出了不少买办，相传在广州十三行当买办的陆仁基回乡买田买地时，站在翠亨村东边，用手往前划一个圈说："这里我都买落。"结果把本村在这边的田地，连同邻村的田全买了下来，一下子买了三百五十多亩良田。

杨鹤龄原名仕年，字礼遐，出生于澳门，他回村的时间不多，过年时才回来祭祖，但与孙中山却很谈得来。杨姓的先祖，南宋绍兴年间（1131—1162）从广陵迁居石岐南关，传到第五代，南宋咸淳元年（1265）迁到南蓢崖口，清康熙年间（1662—1722）再迁到翠亨村。村里杨姓最富有的是杨达轩，他在广州、汕头、香港以介绍人出洋谋生，俗称"卖猪仔"，赚得沟满渠满，家有良田三百多亩，奴婢成群。

据村中老人说，杨姓与孙姓一向没什么来往，隔阂很深。孙中山尽管家境贫寒，但却与杨鹤龄、杨心如结为最好的朋友，大人也没有反对，可见乡间的贫富鸿沟，并没有人们想象的那么深不可逾。孙中山五岁那年，哥哥孙眉便远渡重洋，到檀香山做工。光绪二年（1876），孙中山进入村里的私塾，接受启蒙教育，一直读到12岁。塾师为他取名孙文，年纪稍长，取号日新，字德明。

这时孙眉已赚到一点钱了，资助孙中山到檀香山读书。这一年，杨鹤龄也去了香港读书，后来转入广州的算学馆继续学习，陆皓东、杨心如则留在村里读私塾，四人从此各散东西。孙中山在朋友的陪伴下，第一次踏出国门。辽阔的海天，让他感觉心胸豁然开朗。后来他在《答翟尔斯教授书》中说："始见轮舟之奇，沧海之阔，自是有慕西学之心，穷天地之想。"

　　孙中山进了火奴鲁鲁的意奥兰尼学校读书，这是由英国基督教圣公会主办的学校，他开始接受基督教文化的熏陶。转眼过了五年，光绪九年（1883），孙中山提早结束学业，从檀香山回国，这时他已经是一位17岁的年轻人了。孙中山回国的原因，是他在火奴鲁鲁到处宣传反对崇拜偶像，劝华人不要信奉关帝，逢人就说："关云长不过是三国时的一个人物，死后怎能降福于人间？你们生了病，还是要看医生才是。"孙眉怕犯众怒，匆匆把他送了回国。

　　孙中山回到翠亨村，见到陆皓东、杨心如，久别重逢，互诉衷肠，欢谈竟日。海外五年的阅历，令孙中山对在乡下所看到的一切，都有了不同的感受。他知道乡人还很守旧，所以刚回到翠亨村时，尽量表现克制，大家都称赞他有见识，邀请他参与管理乡政，包括改修道路，在街道上点夜灯，组织壮丁夜警队，轮流值班，防范盗贼之类。

　　但以孙中山的性格，要掩饰自己的真实思想，简直比死还难受。没过多久，他就忍不住要发声了，每经过一处神庙，看见有人烧香拜神，便上前说几句神像是"木雕泥塑"，拜之无益之类的话，乡人骇然而走。有一回，天后庙天后娘娘脸上的金漆，掉落了几块，大家不约而同都怀疑是孙中山所为，但苦于没有证据，不好追究，只能在背后嘀嘀咕咕。孙中山知道后，干脆明人不做暗事，约陆皓东一起去砸神像。

　　村里有一座祖庙，咸丰六年（1856）修葺时，陆皓东的父亲还捐了钱，名字被刻在《三修翠亨村祖庙碑记》上。祖庙北极殿里有一尊北极帝君神像，右手持剑，左手食指与中指竖起，孙中山与陆皓东把北帝左手的两根手指折断了，又损坏了另外三具神像。

这件事在翠亨村炸开了，村民极为震惊和愤怒，气势汹汹地包围了孙中山家，堵在门口叫嚣责难，痛骂孙中山是不是疯了，在国外学坏了，如此亵渎神明，必令村子遭到天谴，惹灾招祸，罪孽深重。孙达成吓得躲起来不敢见人，最后由孙中山的母亲杨氏出面，向村民赔礼道歉，愿出十两银子，建醮一坛作为补偿。孙中山知道在家乡待不下去了，只好与陆皓东一起潜赴香港，进了域多利书院（即皇仁书院）读书，并受洗加入了基督教。

光绪十一年（1885），孙中山再赴檀香山。孙眉知道他砸了村里的北帝像，十分生气，罚他去锯木头，孙中山也不示弱，跑去哥哥的房间，把他的关帝像扔到厕所里。孙眉对这个脾气倔强的弟弟，又疼爱又担心，毫无办法。孙中山在檀香山只待了五个月，受不了那里的沉闷生活，便以结婚为由，返回了香山。

乡人知道孙中山信奉了洋教，破坏神像的行为，也就可以理解了，风波已经平息。孙中山与外坐村（今属珠海市）女子卢慕贞结婚后，回到香港域多利书院复学。陆皓东也结婚了，但他的运气不好，母亲做主，盲婚哑嫁，娶的妻子是跛脚的，媒婆介绍相睇时，女子坐在椅子上，看不出来，结婚后才发现。陆皓东大为恼火，认为媒婆有心欺骗，一气之下，连洞房也不肯进，便离开家乡，去了上海学习电报，从此不回香山。

光绪十二年（1886）夏天，孙中山毕业了，到广州进入博济医院附设南华医学院，学习医学。在广州，他与童年伙伴杨鹤龄相见了。一别八年，他们都不是当年在乡下掏鸟蛋、摸鱼虾的小孩了。重逢的喜悦与欢愉，是难以描述的。杨鹤龄的儿子回忆说，他们"彼此间的友谊远远地超过童年时代的感情"。

这时，中法战争结束，朝廷与法国签订《中法新约》，孙中山对此异常愤慨，认为清廷并未战败，竟也签订如此屈辱的条约，他后来在《建国方略》中说："予自乙酉中法之败之年，始决倾覆清廷，创建民国之志。"

光绪十三年（1887），孙中山转入香港丽雅氏西医书院习医，给自己改号"逸仙"（粤语与"日新"谐音）。在他入学的第二年，父亲孙达成便在乡下去世了。光绪十八年（1892），孙中山以第一名毕业。李鸿章是这所书院的赞助人之一，书院教务长康德黎（James Cantline）推荐孙中山去天津，希望他在李鸿章创办的西医学院里任教。据孙中山的同学江英华回忆，英国香港总督曾写信给英国驻华公使，建议他向李鸿章推荐孙中山、江英华两位学生，说他们识优学良，能耐劳苦，请予任用。李鸿章当时正在广求西学人才，复信让孙、江二人来京候缺，暂给月俸五十元，并拟授钦命五品军功衔。

孙中山也有意在医界发展，如果能顺利北行，很可能会得到李鸿章青睐，在京津当一名医生，那么，历史可能会有另一种写法。但孙中山北上，却在广东受阻。北上入京谋差，要先得到两广总督李瀚章批准，总督衙门要求孙、江二人填写三代履历。孙中山出身寒微，觉得这是官府对他的羞辱，一怒之下，不去北京了。随后他在澳门创办中西药局，杨鹤龄动员他的妹丈、澳门富商吴节薇，借给孙中山一千四百四十两银子，作为开办费。孙中山开始在澳门、广州等地行医。

这一年，孙眉从檀香山寄了一笔钱回来，让孙中山重建乡下的房子。这时，孙中山还没有确定未来的路向，正好有闲暇，回翠亨村主持建房的工程。这座两层楼房，坐东向西，占地面积500平方米，是把原来的平房拆去屋顶，加建一层而成的。风格亦中亦西，楼上有七个赭红色的装饰性拱门，屋檐正中饰有光环，环下雕绘着一只口衔钱环的飞鹰，颇有欧洲的风味。室内则是典型的中国传统建筑设计，中间是正厅，两边是耳房，右耳房是孙中山的卧室，枕头被褥全是雪白的，这是做医生的癖好；二楼南边是他的书房；正厅后面的"神后房"，是他母亲的房间；一侧有孙眉的房间。

孙中山亲笔为新落成的房子题写楹联："一椽得所，五桂安居"，悬挂在正门左右。前面有一堵院墙围着，楼前楼后都有门通往街外。一切都改观了，旧居的模样已看不出了，只有楼房前那棵酸子树，是孙中山当初从檀香山带回来栽种的，依然郁郁葱葱。

孙中山学的是西医，擅长外科和治疗肺病。当时内地相信西医的人还不多，闱姓赌王刘学询胯下长了个脓疮，吃中药没治好，后来经西医手术治愈了，令他对西医大为改观。他听澳门的朋友说，有一位孙中山，是他的香山同乡，年纪轻轻，医术精湛，可惜其医局经费匮乏，如果有人肯捐助，让他驻院赠医赠药，也是一桩美举。刘学询听了，立即赞助了孙中山一千银元，同时要自己在澳门的十家店铺，各赞助一千元，总共赞助了一万一千元，还联络澳门的绅商，劝他们都出点钱，最后凑足了三万余元，支持孙中山"行医济世"。

刘学询后来在《总理史实访问记》中回忆，他还带着孙中山"往谒两广总督李瀚章以及将军各司道各大绅等，复与各大绅联名登报为总理（孙中山）赞扬，由是总理（孙中山）医名腾噪珠江矣。"刘学询为孙中山大做广告，两人因此结下了一段情谊。

有了这笔钱，孙中山就在广州的洗基开设东西药局。由于他医术颇精，声名鹊起，求诊的人愈来愈多，于是他又在双门底圣教书楼（今北京路白沙巷口）开设东西药局分诊所。圣教书楼是基督教人士所开办，凡属上海广学会出版的西方书籍译本，如《泰西新史揽要》《西学启蒙》《万国公报》等，这里都有寄售，圣教书楼是当时广州最著名的新学书店。

这段时间，孙中山不时在广州与香山之间走动，有时他到铁城，借住在南朗人程北海开的北海草药局里。北海草药局的铺面在迎恩街（今孙文西路东段），不算很大，但生意还可以。程北海的哥哥程君海是补博士弟子员，饱读诗书，自称"挑灯遍读五洲书，把酒纵谈千古事"，却不愿做官，宁愿在翠亨村设馆，教授村童读《三字经》《千字文》，孙中山做过他的学生，对这位老师很尊重，所以程君海介绍孙中山到自己弟弟的店中落脚。

孙中山有空就向程北海介绍西医的知识，程北海也不是迂昧闭塞的人，知道了西医的妙处后，便邀请孙中山入伙，把北海草药局改成中西药局，除了中草药外，还卖发冷丸、癣皮肤水、拔毒生肌膏、立止牙痛水之类的西药，包装上一律印上"孙逸仙博士监制"的字样，这是诚实可靠的保证。

虽说"不为良相，当为良医"，但孙中山还没有死心，一边行医，一边仍然想方设法与李鸿章搭上关系。光绪二十年（1894），孙中山打算出国游历，要到北京办理护照，他觉得这是个机会，在翠亨村写了一封长信给李鸿章，倾诉多年的救国愿望和主张，希望得到李鸿章接见，以便当面进言。正月十六日，孙中山从香山到广州，托已经卸任的澳门海防同知魏恒，写一封推荐信，想通过直隶津海关道兼直隶津海关监督盛宣怀引荐，面见李鸿章。

孙中山怀揣着魏恒的引荐函，乘轮船前往上海。在上海，他见到了陆皓东，各叙间阔之情，也认识了同乡郑观应。孙中山把致李鸿章的信给他看，请代为润色，并希望郑观应能介绍他与李鸿章见面。

孙中山的信函，洋洋洒洒八千余字，内容大致是主张以西方国家为楷模，改革教育制度，培养人才，以先进技术发展农工商业，达到国家独立富强目的，其改革纲领为："窃尝深维欧洲富强之本，不尽在于船坚炮利，垒固兵强，而在于人能尽其才，地能尽其利，物能尽其用，货能畅其流。此四事者，富强之大经，治国之大本也。"他建议重视发展农业，开设农师学堂，举办农艺博览会，出洋考察农业，开垦荒地，集商经营等。他坚信，

"以中国之人民材力，而能步武泰西，参行新法，其时不过二十年，必能驾欧洲而上之"。

郑观应看了孙中山的意见书后，深为赞许，当即写了一封热情洋溢的信给盛宣怀，请他代求李鸿章接见，并发给出国游学护照。信中说：

> 敝邑有孙逸仙者，少年英俊，曩在香港考取英国医士，留心西学，有志农桑生殖之要术，欲游历法国讲求养蚕之法，及游西北各省履戡荒旷之区，招人开垦，免致华工受困于外洋。其志不可谓不高，其说亦颇切近，而非狂士之大言欺世者比。兹欲北游津门，上书傅相，一白其胸中之素蕴。弟特敢以尺函为其介，俾其叩谒台端，尚祈进而教之，则同深纫佩矣。

孙中山在陆皓东的陪伴下，从上海到了天津，见到了李鸿章的幕僚罗丰禄，请他代求李鸿章接见，并把意见书托他转呈李鸿章，罗丰禄满口答应。他是李鸿章的股肱耳目，孙中山能见到他，与李鸿章就只隔一步之遥了。

可惜，孙中山来的时机不巧，这时朝鲜风云骤起，日本蠢蠢欲动，形势万分危急。李鸿章处理外交，日夜劳心焦思，根本没时间顾及一个医生求见这样的事情。孙中山的意见书呈上去后，又复石沉大海。孙中山由此判断，李鸿章也是个牛皮灯笼点不亮的老朽，于是愤然认为，既然朝廷听不进金玉良言，唯有推翻朝廷，才能救中国。他后来写道："知和平之法无可复施，然望治之心愈坚，要求之念愈切，积渐而知和平之手段不得不易以强迫。"从此，他坚定地走上了反清的革命道路。

李鸿章一直到死都不知道，由于他冷落了孙中山，大清江山便多了一个掘墓人。

这一年，郑观应的《盛世危言》在上海出版，风靡朝野。据说书中《农功》一节，是由孙中山执笔，郑观应修改润色后，收辑入该书的。然而，该书出版之日，孙中山却满怀对朝廷的失望与愤怒，再次来到了檀香山。他在火奴鲁鲁创建了生平第一个革命组织——兴中会，提出了"驱逐鞑虏，恢复中国，创立合众政府"的响亮口号。在286名兴中会会员中，有271个广东人。

由孙中山起草的《兴中会章程》宣称："中国积弱，非一日矣！上则因循苟且，粉饰虚张；下则蒙昧无知，鲜能远虑。近之辱国丧师，蕝藩压境。堂堂华夏，不齿于列邦，文物冠裳，被轻于异族。有志之士，能无抚膺！夫以四百兆苍生之众，数万里土地之饶，固可发奋为雄，无敌于天下；乃以庸奴误国，涂（荼）毒苍生，一蹶不兴，如斯之极。方今强邻环列，虎视鹰瞵，久垂涎于中华五金之富、物产之饶。蚕食鲸吞，已效尤于接踵；瓜分豆剖，实堪虑于目前。有心人不禁大声疾呼，亟拯斯民于水火，切扶大厦之将倾。用特集会众以中兴，协贤豪而共济，抒此时艰，奠我中夏！"

第二年春天，孙中山与陈少白、陆皓东、郑士良等人，在香港成立兴中会总部，对外称乾亨行。兴中会动员了三合会、三点会、添弟会、天地会等绿林会众，并策反了广州水师营、巡防营的一部分士兵官佐，准备趁重阳节之机发难，攻陷两广总督衙门和巡抚衙门，成立临时政府。陆皓东设计了一面青天白日旗，作为起义旗帜。这是由兴中会领导的第一次起义，史称"乙未广州起义"。

在起义前夕，孙中山在香港拜访了刘学询，两人关起门来，促膝密谈。谈起这几年的经历，孙中山告诉这位乡里："别来所经营者，非个人之事，乃中国之事。今日不能不晤君，此事非君不办。"

刘学询问："是什么事呢？"

孙中山神色凄然说："中国要被瓜分了。"他把自己上书李鸿章，却没有回音的事，告诉了刘学询，然后说："与其希求官僚之振作，不如运动草莽之奋起。故转而与三点会、三合会、哥老会、大刀会、小刀会、青红帮等相联合，连月奔命，现时机已熟，拟先由粤发难，粤一起事，天下响应，即可以粤为根据，与外人立约，使其承认，则可倒满清而复大汉矣。"

刘学询对这种"谋反"言论，并不震惊，反而冷静地问："以什么名义号召呢？"显然他自己也想过这些事情。

孙中山说："我所组织者名兴中会，即兴复中国之意，旗帜为青天白日。最近计划，拟俟广州大员万寿拜牌时，以炸药尽歼之，即可乘机据粤。现在省城同志已有数千人，惠州二三万人，广西亦二三万人，其他长江一带之各会党，尤不止此数也。"他问刘学询，是否愿意出来领导这场起义。

刘学询点头说："君诚非常人，相别一年，志气魄力乃如是之大。"但他并不赞成马上举事，认为不如"先以勤王名义号召，俟兵权在握，方能处置裕如"。其实，孙中山也不是真心要奉刘学询为领袖，只是希望他在金钱上，有所支持。刘学询告诉他，目前正是官厅收解闱姓饷银之期，为数甚巨，暗示他可以劫取这笔巨款，作为未来革命的经费。

于是，孙中山偕陆皓东、郑士良、陈少白、邓荫南等人到广州建立兴中会分会。其会址在双门底王家巷王氏书舍，对外挂出"农学会"招牌作掩护。孙中山的好友、道济会堂长老区凤墀（兴中会员）代起草《拟创立农学会书》，刊登于广州《中西日报》，以"研讨农桑新法"为名，发展会员至数百人。刘学询、潘宝璜、潘宝琳等广东著名官绅，均在《翃立农学会征求同志书》上署名赞助。

广州志士加入兴中会颇为踊跃，有香山人程奎光、程璧光和南海、番禺等地数百人。孙中山以王氏书舍为总机关，另在双门底圣教书楼、东门外咸虾栏张公馆等处设分支机关数十处，以容纳往来同志和贮藏秘密文件。

孙中山认为当时广州城内官衙，防卫十分松懈，他的计划是组织一百人的敢死队，以二十余人携带武器，攻入府署的官眷住所，杀其长官，令其群龙无首；以二三十同志预伏在城中各要道，如果城外官兵入城增援，则加以阻击；并在横街窄巷炸毁几间店铺，使援军无法通行。再以二三十人进攻旗界，劫持闱姓厂在西关收存的数百万赌银。任务已完成的各队则四处放火，造成声势。

这是一个非常大胆的计划，但因为起义人数太少，风险颇高，不少人主张从顺德、香山、北江三路调会党集中广州。重阳节期间，有登高、拜山之俗，各乡到省城的民众很多，正方便党人混入，同时举事。孙中山从之，派人联络东、西、北三江的绿林团练，都很顺利，无不踊跃听命。

清代大儒朱次琦的侄子朱淇负责起草"奉天讨满檄文"，并将安民告示先期印好，收藏在王氏书舍的墙壁中，准备起义后四处张贴。英文对外宣言则由孙中山的老师何启博士与香港《德臣西报》主笔英人黎德（Thomas H.Reid）在香港起草，只待起义一声炮响，即分送各国，要求承认义军为交战团体，享受各国一切中立权利。

各路人马陆续潜入广州，聚集在起义总机关附近，定起义口号为"除暴安良"，以臂缠红布为标志，只等香港一路同志由杨云衢率领，乘当晚夜轮到达，即可发动。不料当晚香港同志并没有上船，孙中山接到杨云衢电报，称香港队员须改迟二日才能启程。广州总机关的同志认为，推迟起义，消息势必泄露，况且两天后香港同志能否行动，尚未可知，不如暂时中止计划，遣散广州的同志，以免遭受损失。

于是，广州总机关致电香港同志暂勿来省。孙中山一面下令部众尽快撤离，以免被官府一网打尽，一面督饬少数留省同志分头收藏武器、烧毁文件。但电报到达香港时，香港同志准备的七箱军火，已交付船运，无法取回，两百多人的队伍亦已整装待发了，杨衢云乃复电孙中山："接电太迟，货已下船，请接。"

这时消息已经外泄，官府缇骑四出，大肆搜捕。王氏书舍和咸虾栏等机关均被破获。陆皓东本来已安全撤离，但他担心收藏在王氏书舍里的党人名册被官府搜获，按图索骥，遂不顾友人劝阻，潜返王氏书舍，把名册取出全部烧毁。当最后一本名册化为灰烬时，大批官兵已破门而入了。陆皓东等五人被捕。

第二天，当香港轮船抵达广州时，官府已派重兵在码头守候，船甫泊岸，即上船大捕党人。船上四十多名党人被捕，七箱军火亦全部被官兵缴获。陆皓东在狱中受尽酷刑，表现出视死如归的勇气。审讯时，陆皓东奋笔疾书，痛斥清廷腐败无能，直陈革命意义，写下了一篇慷慨淋漓的"供词"。他在讲述自己投身革命的心路历程时写道："吾姓陆名中桂，号皓东，香山翠亨乡人，年二十九岁。向居外处，今始返粤。与同乡孙文同愤异族政府之腐败专制、官吏之贪污庸懦、外人之阴谋窥伺，凭吊中原，荆榛满目。每一念及，真不知涕泪之何从也。居沪多年，碌碌无所就，乃由沪还粤。恰遇孙君，客寓造访，远别故人，风雨连床，畅谈竟夕。吾方以外患之日迫，欲治其标，孙则主满仇之必报，思治其本。连日辩驳，宗旨遂定，此为孙君与吾倡行排满之始。"他大声疾呼：

今事虽不成，此心甚慰。但一我可杀，而继我而起者不可尽杀。公羊既殁，九世舍冤，异人归楚，吾说自验。吾言尽矣，请速行刑！

陆皓东等人被官府杀害。程奎光在营务处受军棍六百之刑而死。还有几名党人死于狱中。其余被捕的六十多人，一律被指为"愚民受惑"，各发川资一元遣散回乡。孙中山称赞陆皓东这位童年好友、香山之子，是"中国有史以来，为共和革命而牺牲第一人"。广东按察使兼管全省驿传事务衙门发布告示，悬赏缉拿"逸犯"，孙中山名列榜首，悬花红银一千元。

孙中山逃回香山，躲藏在小榄何氏族祠昭忠祠里，富绅何作权安排他逃往澳门。何作权与当地三合会关系密切，由三合会安排接应。九月二十八日夜晚，何作权带着孙中山，从昭忠祠后门出来，摸黑翻过凤山，到了莺歌咀码头。

四周黑沉沉，静悄悄。孙中山第一次经历这种神秘惊险的场合。只见何作权向黑暗中打了声唿哨，立即闪出几条大汉，一声不响，迅速把孙中山领上早已在码头等候的小艇。艇上装满了饲鱼草料。孙中山也不说话，跳进草堆里，艇家把艇撑离码头，只听见水中一阵咿哑之声，小艇便隐入了茫茫夜色之中。天亮时，孙中山安全抵达澳门。

两广总督派兵到香山搜捕"余党"，扬言要把翠亨村"夷为平地"。孙中山的夫人事先已带着儿子孙科等人，在朋友协助下，逃往檀香山，投靠孙眉去了。清兵到翠亨村，发现这只是一条不大的村子，几乎没什么豪门巨族，也没什么书香门第，大多是面带菜色、瘦骨嶙峋的农夫，觉得不太对头，这个地方，似乎不会出什么朝廷钦犯、江洋巨贼，估计是走错地方了，于是掉头扑向地名相似的翠微村。翠微村真是无端祸从天降，村民吓得鸡飞狗走，最后由村里乡绅出面，向官兵苦苦解释，才避过"夷为平地"之祸，虚惊了一场。

乙未起义虽然失败，但孙中山和革命党的名字第一次震动天下。据孙中山自述，这次失败后，"举国舆论莫不目予辈为乱臣贼子，大逆不道，咒诅谩骂之声，不绝于耳，吾人足迹所到，凡认识者几视为毒蛇猛兽，而莫敢与吾人交游也。"然而，孙中山、陈少白等人流亡到日本，杨衢云则流亡到印度、南非洲。他们跋履所至，结交华侨，宣传革命。随着时间的推移，风气渐开，同情和支持革命者日益增多。

光绪二十三年（1897），孙中山在世界各地游历，七月抵达日本横滨。他给自己起了个化名叫"中山樵"，简称中山。"孙中山"这个名字，开始载入史册。

自明朝覆亡后，许多大明遗民，潜入江湖，以"反清复明"为号召的广东帮会，日兴月盛。太平天国失败后，流落江湖的残余势力，纷纷加入帮会，珠江三角洲、肇庆、韶州地区是天地会、添弟会、三合会、隆兴会、卧龙会的天下，惠州、潮州地区是合义会、天地会、牛头会、添弟会、三点会、双刀会的地盘。各路草泽英雄，蜂结城乡，盈千累万。光绪二十五年（1899），兴中会、哥老会和三合会首领在香港成立兴汉会，孙中山被推为总会长。

孙中山最后一次尝试与李鸿章联络，是在光绪二十六年（1900），那年是庚子年，北方的义和拳运动，正闹得地覆天翻。义和拳是起于山东的一种秘密教门，打着"扶清灭洋"的旗号，被慈禧太后视作"朝廷赤子"，引入北京，到处设坛作法，烧毁洋宅、教堂、施药房、医院，杀死传教士和教民，最后配合官军进攻外国使馆，闯下弥天大祸。这年秋天，由英、法、美、德、意、日、俄、奥组成的八国联军，以保护使馆的名义，攻入北京。慈禧太后、载湉仓皇西狩，行前一再电令两广总督李鸿章入京勤王。

早在五月间，孙中山在日本收到刘学询的一封信，大意是说："粤督李鸿章因北方拳乱，欲以粤省独立，思得足下为助，请速来粤协同进行。"并承诺确保孙中山的安全，答应借十万元给孙中山还债，还汇了五千元给孙中山等人作回广东的旅费。孙中山对李鸿章再次燃起希望，六月，孙中山领衔与几个革命党人联名致函香港总督卜力（Henry Arthur Blake），提出在南方成立自治政府，并得到卜力的支持。

然而，整件事存在诸多疑点。以李鸿章的地位与性格，断不会与海外革命党联合，密谋独立。要么是刘学询的一厢情愿，要么是李鸿章想诱捕孙中山。孙中山接到刘学询的信后，带着几名同志和日本朋友，五月二十一日乘船到了香港，准备与李鸿章见面。由于港府不准孙中山入境，他们只能待在船上，等候消息。李鸿章知道孙中山抵港后，大开中门，表示愿意与孙中山在广州举行晤谈，还派出安澜号兵舰，到香港海面迎接孙中山。

孙中山正准备登船，同行的同志忽然提醒他，李鸿章也许没有独立的决心，这只是个陷阱。孙中山一惊，马上止步，改派三个日本人代表他到广州。刘学询见孙中山不来，大失所望。

这三位日本人向刘学询提出两个条件，一是赦免孙中山的罪名，并保证其人身安全；二是给予贷款十万两。刘学询当即答应了第二项，并表示次日就可以在香港交付一半，又派人向李鸿章报告。李鸿章表示：关于孙中山的安全，不仅要向三位日本人士保证，而且要奏请慈禧太后特赦孙中山。参加了广州密谈的日本人宫崎寅藏在回忆录《三十三年之梦》中，神秘兮兮地说："这一段情节有些像传奇小说，但事关他人秘密，至今不能明言，甚觉遗憾。"

由于形势变化太快，兴中会与李鸿章的合作，不了了之。在北京失陷前，李鸿章已决定遵旨北上，去收拾北京那个烂摊子。六月二十一日他离开广州，乘船前往上海。卜力曾试图劝阻他，甚至答应如果李鸿章中止行程，港督将解除对孙中山的入境禁令，允许他上岸和李鸿章会谈，并取道香港进入广东，但最终也没有能够拦得住李鸿章。《孙中山年谱》写道："兴中会同李鸿章的'合作'尝试最后落空。"

"最后落空"这四个字，促使孙中山对清廷彻底绝望，从此义无反顾地走上了推翻清廷，创立民国的道路。

让共和之光照耀

这是一个划时代的年份。光绪三十一年（1905），孙中山与来自湖南的黄兴、宋教仁、陈天华，来自广东的冯自由、胡毅生、汪精卫、朱执信等人，在日本东京共同组织"中国同盟会"。其所奉行的宗旨是"驱除鞑虏，恢复中华，创立民国，平均地权"。在东京加盟的留学生就有好几百人。除甘肃没有留日学生外，17省的人都有。

来自香山的郑彼岸、刘师复、林君复等七个人，也加入了同盟会。郑彼岸，又名岸父，是濠头人。刘师复，原名绍彬，字子麟，出生于石岐望族，父亲刘鼎旸秀才出身，曾创办香山县第一所现代学校。后来他成为安那其主义者，主张"不食肉、不饮酒、不吸烟、不用仆役、不做官吏、不婚姻、不置妾、不狎妓、不奉宗教"等戒约。林君复是大涌安堂村人，林姓是安堂村的大姓，唐代林氏九牧衍派始祖林披，出身官宦之家，先后娶夫人郑、陈、朱氏，共生九子一女，这九位儿子与唯一的女婿，都高中科举，所以乡间有"九子十登科"之誉。他们任官期间，以仁、智、义、礼、乐、忠、信、天、地、德这十种品德，轨物范世，后来安堂村民绘"十德图"，悬于宗祠，作为处世的典范。林君复早年在广州格致书院读书，后来到日本就读于早稻田大学。加盟时，孙中山曾问了林君复一个问题："你能舍得家业吗？"林君复毫不犹豫地回答："即罹杀身之祸、灭族之灾，亦在所不惜，遑论家园。"

他们入盟后，立即返回香山。林君复在安堂村创办觉群学堂，刘师复在石岐创办进德女校，郑彼岸创办同仇女学堂。他们到处公开宣传革命，郑彼岸甚至在学堂门，张贴出"仇满仇洋"的楹联，官府竟莫可如何。这时的香山，已笼罩着山雨欲来的空气了。只要稍有头脑的人，内心都暗暗吃惊，这个王朝已黄泥壅上颈，神仙也难救了。

然而，人在临终之时，往往会有"回光返照"的时刻，让人误以为情况开始向好。这年初夏，两广总督张人骏在一位定居香山的世交鼓动下，大力赞助香山开埠，把香山场和九洲环之间一幅荒地，辟为"香洲无税商埠"，似乎就是这种回光返照的闪现。

在官府的想象中，开发香洲是为了压迫澳门。有一位给事中上奏朝廷，认为澳门地非冲要，每岁所入，主要靠妓捐赌饷，而前往澳门嫖妓赌博的人，多属内地游民，"我若相戒勿往，彼自无所取盈"。使人们不去澳门的最好方法，莫过于造出一个比澳门更繁荣的地方来。这就是开发香洲的初衷。

香洲距澳门三十余里，内河外海轮舶都可以行驶，水陆交通方便，如果经营得宜，一二年间即可成就一繁华都邑，更可收澳门外溢之利，归为我有。官府甚至许下诺言，香洲"六十年无税"。愿景蓝图，灿然可观，吸引了各地股商，纷至沓来，考察投资环境。有人担心，香洲前面一望汪洋，无遮无拦，缺少避风的地方，恐怕不能藏风聚气，须在海边筑一条大堤，商业才能畅旺。没想到一语成谶，竟在开埠之日就应验了。

光绪三十四年（1908）三月初三，两广总督张人骏乘坐宝璧号军舰，率同二十多艘大小兵轮，浩浩荡荡，亲赴香洲主持开埠典礼。香山署理知县钱保寿和广东商界、慈善界、报界一百多人，乘船前往观礼，军乐队奏响乐曲，吹吹打打，场面十分热闹。

这年十月，载湉帝与慈禧太后去世。年仅两岁的爱新觉罗·溥仪继位，年号宣统。

人们好像都在等着某种事情的发生。同盟会的人就要弄出一些事情，点燃这个火头。光绪三十三年（1907），刘师复潜入广州，密谋行刺广东水师提督李准，但炸弹意外爆炸，他不仅左手受重伤，落下残疾，还被官府抓了起来，押回香山监禁。他在狱中阅读安那其主义的书籍，后来成了一位激进的安那其主义者。

第二年秋天，郑彼岸在石岐创办《香山旬报》，这是香山第一份正式印刷发行的报纸。社址设在铁城西门外李崇正堂，各乡镇都有代理处。郑彼岸是报纸的主编兼发行人，从第47期开始，发行人改为李怜庵，萧硕璜督印，后来交给了郑彼岸的弟弟郑自强，编辑先后有黄冷观、杨子毅、秦侣伊、毛仲莹等人。

刘师复在狱中为报纸撰写文章，痛陈中国现实："乃者世历绵暖，厥美斯坠，哀南风之不竞，入修夜之未旸。剩水残山，无自由之回照；焦原毒浪，只巽种之凭陵。外交史空有泪痕，海权不复；地理图再变异色，势力成圈。执政弃之等珠崖，国民安之如燕雀，加之教育失坠，群治晦盲，清议久亡，民智斯闭！"《香山旬报》要"拂拭真智，咸革旧染，兴化厉俗，作我民气，因以恢复自由，振大汉之天声，发扬我邑人耿光，被于中土"。

十二月，新帝登极，大赦天下，刘师复得到香山几位知名士绅的担保，一获释放，马上到香港，组织"支那暗杀团"，专门策划暗杀广东的军政要员，希望以个人的恐怖行动，警醒民众。郑彼岸也是暗杀团成员之一。加入暗杀团的仪式，既庄重又神秘，通常都在夜间举行，四面用黑布遮拦，中间放一桌子，覆以白布，上面放一具骷髅和一支蜡烛。入盟者先要对着骷髅，独自沉思一段时间，为的是对生死做一个冷静思考，如果仍然决定加入，则由主盟者宣读组织的宗旨与纪律。

在后来的两年里，暗杀团在广州组织了对广东水师提督李准、广州将军凤山等人的暗杀行动，成败参半，但极大地震撼了朝野。参加行动的人，都是用抽生死签的方法选出来的。郑彼岸留在石岐，继续主编《香山旬报》。报纸的调门愈来愈高，文章也愈来愈尖锐，对当地的劣绅进行猛烈抨击，发表了《清查劣绅谓何》《不严办劣绅恶弁邑人无噍类矣》《劣绅的黄昏时期》等一系列文章。

然而，孙中山觉得这还不够，他让林君复在澳门创办一家话剧社，用来宣传革命。林君复颇感为难地说："我不懂戏剧啊。"孙中山笑了："你有勇气与功力。"孙中山搞革命，就靠这两件东西。"好吧，唯有顶硬上！"林君复凭着勇气，变卖家产，在澳门创办了"仁声剧社"，编写了剧目《血泪》《金钱毒》等，自称不懂戏剧的林君复，还亲自粉墨登场，参加演出。

宣统二年（1910），民间的怒火，终于烧到了"劣绅"的头上。事情的缘起，是县衙设捐局收取巫道僧尼捐。这事把和尚、道士们激怒了，方外之人，本来就身无长物，靠十方香火供养，哪有什么钱可捐，这分明是乞儿兜里搵饭食。①他们从五月初一起，关闭全县所有的寺庙、庵堂、道观，分头到各乡各村，呼吁民众支持他们。

初六晚上，大批僧道带领信众，包围了捐局，声称官府如果不答应他们的要求，他们就闹上府里，府里不答应，他们就闹上道里，道里不答应，他们就闹上司里。这官司非打到底不可。石岐的巡警出动驱散民众，但这头散开，那头又聚起来，而且愈聚愈多，人们的情绪也愈来愈焦躁。到了9点多，有人怒喊把捐局拆了，人们轰然叫好。巡警慌了，急忙向驻守石岐的协台马德新

---

① 粤俗语，意为向贫困者打主意。

求援。马德新坐着轿子，率领一队巡防营兵勇赶来，喝令民众立即散去，否则枪弹无情，勿谓言之不预。

在场的僧道与民众怒不可遏——香山人哪个怕死了？"波你沙葛①，你有枪弹，我有石仔！"有人捡起石块朝马德新扔去，其他人纷纷仿效，一时间石块如骤雨般飞往巡警和防营兵勇，马德新的面颊和肩头被石块击中，轿子也被砸得稀烂。兵勇鸣枪警告，民众一听枪声，更加激愤，一拥而上，七手八脚，攀肩爬背，上瓦的上瓦，撞门的撞门，一会儿就把捐局的房子拆为平地了。

人们意犹未尽，转头又去把承办海防经费和甄捐的富绅陈善余家砸了，放火烧了房子。冲天的火光，一下子把人们内心关闭的闸口打开了，那只沉睡多年的猛兽，突然苏醒，要寻找出柙的口子。

是夜12点，有更多人从狭窄、昏暗的巷子里跑出来，街头怒火，一发不可收拾，到处是人影幢幢，忽东忽西，女人在尖叫，男人也在尖叫，混乱的脚步声，夹杂着成群的狗的狂吠，汇成一股巨大的泥石流，奔腾咆哮，继续四处流动，冲向新的目标。

当人们经过基盐埠时，不知谁喊了声"里面有好多盐"，就像听到号令一样，滚滚的人潮"轰"一声扑上去，两三下就把围墙冲垮了。巡警开枪打伤了几个人，但挡不住人们的脚步，仓库里的食盐，被抢劫一空。有人点燃了里面的杂物，火舌顿时从

---

① 沙溪话骂人的粗话。

房子的每一扇门窗往外窜，人们借着火光，才看清楚周围一张张如醉如狂的面庞，每个人的头发都像竖起来一样，每双眼睛里都闪烁着熊熊大火，手舞足蹈，你推我挤，让人联想起舞醉龙的场景，但这不是舞醉龙，这是暴动。浓烟夹着"噼噼啪啪"响的火星，直冲云霄，仿佛预示着一个动荡的时代来临了。

宣统三年（1911）三月，南部同盟会集合全体精英，在广州组织起义。三月二十九日，起义爆发，革命党人攻入了两广总督署。可惜两广总督张鸣岐已闻风逃去，革命党人与前来增援的清军展开激战，最后起义归于失败，死难党人不计其数，丛葬于广州东郊黄花岗。这场起义对香山的人心，再次形成强烈的冲击波。

革命党人已不满足于办报宣传了，他们要行动了。八九月间，林君复、郑彼岸、林警魂、萧楚碧、萧叔鸾、郑仲超、刘卓棠等人，在澳门南环41号设立秘密机关。他们作了分工，林君复、林警魂两兄弟主持总机关工作，林警魂负责筹措经费；林君复、郑仲超等人策动驻守在前山的三千多新军；郑彼岸的《香山旬报》报社作为在县城的机关，策反驻石岐的巡防营、游击队、团练局和县衙亲兵，联络石岐的开明绅士，争取支持；萧碧楚在石岐正薰街的住宅，作为贮藏军火的仓库。原籍前山的澳门富商陈芳的孙子陈永安，也是同盟会员，在金钱上源源不断地予以支持。

局外人往往以为，策反军队是一件非常困难和危险的事情，其实，当这个王朝已经摇摇欲坠时，策反是轻而易举的。驻前山的新军营长任鹤年，字介眉，号维垣，今湖南汨罗市高家坊镇人，燕北讲学堂毕业，早就加入同盟会了，同盟会三月在广州起义时，他也有秘密参与。在他的包庇下，前山的恭都小学堂里，潜伏着不少革命党人，整天和新军士兵宣讲"黄帝子孙，光复汉族"一类大道理，利用异姓结拜、歃血为盟、印发盟单的办法，把大部分官兵都拉过来了。郑仲超刚从陆军速成学堂毕业，在新军里有不少同学，大家不用多费口舌，拍拍膊头，对上暗语，就是同志了。前山寨的安香、广福两艘兵轮，帮助革命党运送军火，畅通无阻。

香山的官兵，以新军战斗力最强，装备也最好，这是甲午战争后组建的新式军队。把新军拉过来以后，剩下的杂牌武装，就好办多了。游击队有八十多人，驻守在龙王庙，由武解元出身的黄龙彰率领；县衙亲兵三十多人，由王作标率领；还有一个团练局，由郑雨初主持。这些都是本地人，乡里鬼鬼，上茶楼叫两只叉烧包，焗一壶靓寿眉，没什么话不可说的。

郑彼岸逐一游说，把他们都拉进了同盟会。最后剩下马德新的巡防营。马德新是湖南人，骡子脾气，手下的防勇大部分是他从湖南带来的，个个是结拜兄弟，外人水泼不进，驻守在县城内外，成为同盟会起事的最大威胁。

石岐河西岸的长洲、隆都，一向号称人稠物穰，溪角刘姓、安堂林姓、南文萧姓，都是显赫的大姓，族人逾万，不乏高门大户。往南去是大涌，从澳门秘密运来的军火，一部分扮成新娘的嫁妆，吹吹打打，运入石岐萧家，一部分收藏在大涌的林家；往北去是小榄，当地秘密帮会势力很大，一开口"三八二十一，^①无钱亦食得"，兄弟叫到，就算谋反逆天，也不眨一下眼。两个最有名的人物，是李就成与伍顺添，江湖中只要亮出他们的名号，无不心悦诚服，现在他们都和同盟会搭上线了，愿意共同起事。

八月十九日（公历10月10日），武昌新军打响了全国起义第一枪，辛亥革命爆发了。各种消息，不断从广州和澳门传来，时而说广州将军在广州被革命党炸死了，时而说广州七十二行、九善堂、总商会宣布承认共和，时而又说两广总督张鸣岐要镇压革命党，在士绅名流、富商大贾中，引起极大的不安。凤鸣路、大庙下、悦来路一带的茶楼，成了消息总汇。人们利用各种关系渠道，打探最新消息。在西市口（今民族路）最大的奇珍茶楼里，茶客们整天交头接耳，窃窃私语。

九月初一，陕西新军起义，占领西安。初二，江西新军起义，占领九江，成立九江军政分府。初三，革命党人在广东化州起义，打响了广东第一枪。九月十一日，同盟会在淡水揭起义旗，归善、博罗、河源、和平、海丰等地，望风而归。人们暗暗吐舌吃惊，但又假装镇静，颤抖的手端着茶杯，从茶楼窗口望着外边的街道与行人，心里都在问一个问题：真的要变天了吗？

一旦发生革命，城里会不会大乱？要不要出城避一避？一

---

① "三八二十一"是天地会切口"洪"字的隐语。

年前和尚、道士们发起的那场骚乱，令人心有余悸。乡下会不会平安一点？许多人左思右想，拿不定主意。有些人跑回乡下，发现乡下风平浪静，不像要乱的样子，不禁后悔了，调头又往城里跑。这样来来回回，跑个不停，愈跑心里愈慌瑟瑟①。

秋天过去了，气温一天天下降。俗话说"立秋长短插，立冬一齐黄"，重阳过后，立冬将至，田里的稻子开始黄了，快要开镰收割了。河里不时摇过一两艘装满笼仗杂物的船，与捕鱼船擦舷而过，那是城里的有钱人回乡避乱了。风一吹来，河边的芦苇齐刷刷伏下，风一过去，又齐刷刷扬起，惊起几只"钓鱼郎"，从草丛中扑打着翅膀，带着尖锐的、长长的叫声，飞向河对岸，把船上的有钱人也惊得东张西望。

夕阳西下，北风渐紧，出海的渔船都归来了，剩下内河和浅海处，还有几艘小渔船，忙着下最后一轮网。女人在船尾摇橹，男人站在船头，把渔网抛向河中，渔网像一朵朵绽放的菊花，慢慢沉入水里，消失在金色的涟漪之间。当网收起时，一条条咸水鲈、淡水鳊、大黄鱼、青鲛，在网目中拼命挣扎，激起的浪花，反射出点点粼光。船头的男人张开喉咙唱起来：

> 出海打鱼鱼打缯，有鱼打缯无人来寻。
> 虾仔在涌鱼在海，鱼虾跃水等哥追来……

---

① 粤语"慌瑟瑟"是慌慌张张之意。

这是一个平静的深秋，看上去一切和往年没什么不同。然而，这样的平静，很快就要结束了。巨变来临了。

经过朝廷在宣统二年（1910）进行的地方行政改革——很难理解，朝廷为什么还有心思折腾这些，唯一的解释是，它并不相信自己已死到临头——香山原来的九个都镇，改为九个区：仁良都改为第一区，辖今石岐、港口、环城、石鼓一带；隆镇改为第二区，辖今沙溪、大涌、横栏、沙萌、板芙西部一带；榄镇改为第三区，辖今小榄、古镇、东凤、东升、坦背一带；东镇改为第四区，辖今张家边、南朗、翠亨、长江一带；谷镇改为第五区，辖今三乡、神湾、石莹桥一带；上恭镇改为第六区，辖今唐家、下栅、淇澳一带；下恭镇改为第七区，辖今香洲、前山、湾仔、坦洲、横琴、万山一带；黄梁镇改为第八区，辖今斗门、乾务、白蕉、三灶一带；黄旗都改为第九区，辖今黄圃、阜沙、南头、浪网、民众、三角、小黄圃、潭洲、大岗、黄阁一带。

当巨变到来时，第一块倒下的骨牌在小榄。

何倍樵是一位乡绅，平日与绿林好汉李就成、伍顺添过从甚密，称兄道弟。他约李、伍二人在竹桥头的全记酒米铺见面，劈脸就说："天下大乱了，要保住乡梓，唯有实行武力自治。你们怎么看？"李、伍拍着胸脯说："我们都是钟鼓楼里的麻雀，自细吓大，反就反，未惊过。"何倍樵拍案而起说："好，说干就干，今晚就起事，行不？"李、伍笑着说："有什么不行？"

当天下午，在大庙前慈恩庙的门口，突然围了一圈人，争着看墙上的一张"大汉人布告"。布告痛骂清廷政治不良，亟须改革。大家纷纷猜测什么人这么大胆。当晚，李就成、伍顺添带着一批会党兄弟，悄悄摸入小榄，缴了当地两百多名乡勇的枪，就像落雨收柴一样，迟迟辑辑①，没有遇到任何反抗。起义者沿着漆黑的街道敲打铜锣，边走边高喊："推倒满清，有平米食！"睡梦中的居民被吵醒，纷纷披衣出街，互相打听是怎么回事。路边房子的窗口，一个一个亮起来了，整条街道都亮起来了。"是革命党来了！""我看好像是堂口的人！""听说是何先生作反了，连他也作反，这世道，唉！""大家都姓何，何先生说反，我们就跟着反，不反正衰仔！"

天亮前，小榄家家户户的门口，都悬挂起一块白布，表示附从革命。一眼望去，满街满巷，白布飞扬，仿佛为大清王朝戴孝一样，十分壮观。那些江湖好汉，现在成革命民军了。他们以罗涌口梁家祠为司令部，部署兵力，扼守各个关隘码头，屯兵在员峰沙口一带。

有一位叫李观海的秀才，自认为是大清忠臣，与乱党贼子不共戴天，闯入梁家祠，当面痛斥李就成："你们这些杀不尽的贼，大清哪里亏待你们了，为甚要犯上作乱，祸延乡梓？"李就成也不与他生气，还故意用些话去挑逗他，其他人袖手围观，哈哈大笑。李秀才恼羞成怒，调头冲出梁家祠，直奔到海边，一头扎进海里，自溺而亡了。围观的人无不摇头咨嗟："这又何苦

---

① 中山方言"迟迟辑辑"，意为干净利落。

来，何苦来。"

快到中午时分，小榄涌边响起急遽的锣声，有人叫喊："清狗来啦！清狗来啦！"何倍樵、李就成带着队伍，匆匆赶到沙口，只见巡防营、游击队由马德新、黄龙彰领队，乘坐几艘小火轮，破浪而来。

民军马上摆开阵势，驳壳枪、火绳长管鸟枪、烂肚蛇、大口钯、猪仔脚，一齐开火。小火轮无法埋岸，停在河中，与岸上开枪对射。民军的火力也不弱，"乒乒乓乓"，子弹横飞。黄龙彰早就是同盟会的人了，岸上一开打，马上亮出反正的旗帜，夹击巡防营。经过几个小时激战，巡防营死伤几十人，始终无法埋岸，只好循原路退走。

这一天，是1911年11月3日。[①]

三天以后，任鹤年把前山新军里的"自己友"，都召集到黄茅斜的陈永安祖屋里，开秘密会议。大家听说小榄"光复"了，十分兴奋。"我们也干吧，等不得了！"人们几乎众口一词地说。傍晚，前山的营房前有人吹响了螺号，其他几个关卡哨站也传来了螺号声。这是动手的暗号。一名士兵跑到旗杆前，升起一面白旗。他再转身一看，远处的几个营房，都已升起了白旗，便扯开喉咙叫喊："革命啦！革命啦！"北风灌入他的喉咙，火辣辣的痛，竟也没有感觉了。士兵们操起德制毛瑟步枪，涌出营房。只有一个不愿附从的标统，翻墙而出，朝澳门方向踉跄逃

---

① 辛亥革命以后纪年，均采用公历日期。

去，大家见了不禁哄然大笑。

前山寨不发一枪，不流一滴血，便落入革命党手中了。这天夜里，新军营房灯光火猛，全体官兵没一个睡觉的，都忙着分发子弹、擦拭枪械。他们推举任鹤年为司令，准备开往石岐，占领县城。

当天，林君复从前山赶回石岐，把前山起义的消息，通知石岐的党人。11月7日，立冬前一天，他在正薰街的萧宅召集党人开紧急会议，认为目前形势十万火急，生死成败，系于一线，小榄、前山都起义了，石岐必须马上响应，不能让官军有喘息之机。下午，隆都的团勇听到号令，纷纷集合，溪角乡由刘卓棠统率，龙聚环乡由刘汉华统率，象角乡由彭雄佳统率，豪吐乡由高胜湖统率，坎下乡由梁守统率，安堂乡由林秀统率，申明亭乡由杨落云统率，加上南文乡，汇聚起来有两三千人马，浩浩荡荡，向西河路进发，直扑石岐。

队伍在龙王庙前停下，郑彼岸和各路头领商量了一下，决定兵分两路，一路由梁守带领，从南门进城；另一路由郑彼岸带领，从西门入城。这时，马德新到广州求援去了，城里巡防营群龙无首，散去了大半；其他兵勇更无斗志，都自愿把武器都交给了民军。在整个过程中，革命军只在南门和县衙外开了几枪，打死了两个想反抗的防勇，其他地方，顺风顺水，简直像趁墟一样，就把县城占领了。

大清王朝在香山的最后一任知县是覃寿堃，字孝方，湖北蒲圻县人，光绪三十年（1904）会试第27名，殿试登进士三甲第57

名，先是分发为广东新宁县知县，后改钦州知州，此时上任香山知县才两个月。朝廷原本已委任了广西人董荣舒接替他，但董荣舒没有到任，注定让覃寿堃在香山为旧王朝送终。其实他在日本留过学，对世界大势是有所了解的，内心同情革命，所以对革命党在香山的活动，也采取听之任之的态度。

当天下午，他正在一位富绅家中，忽然听得城中人声喧腾，又传来几声枪响，往来的人传递信息，一会说革命党进城了，一会说革命党占领县衙了，一会说革命党正在搜寻知县大人。覃寿堃知道，是福不是祸，是祸躲不过，革命党总会找到他的，于是，便派人去通知革命党，把他带回了县衙，全部印信拱手交出。革命党知道覃寿堃平日没什么恶迹，对他也很客气，没有为难他，让他在新政府中，继续担任临时县长，负责维持局面。覃寿堃发出"申缴文"，布露全县：

> 前广东广州府香山县知县覃为申缴事：窃知县怀抱民族主义，十年于兹，以事势禁格之故，延误至今，未有所展。乃者天假之缘，当知县奉檄出宰之日，值民国军政府莅邑之时。知县为中国计，为前途计，为地方治安计，为同胞生命财产计，均有应尽之义务，现已担任军政府事件。所有前掌县印乙颗，应即备文缴销，以为与满清政府断绝关系之证据。为此备文具申，伏乞照验施行。

这是一个万众欢腾的日子，谁也没想到，革命成功得如此容易，但一切似乎又在意料之中。街上的炮仗声响成一片，足足响了几个小时，红纸屑漫天飞舞。人们兴高采烈地涌到街上，东奔西跑；连街上的狗也好像受到感染，追逐着人们，又跳又叫。茶楼上坐满了茶客，一扫前几天的满脸疑云，都在高谈阔论着"革命"二字；剃头匠的摊档前，排起了长龙，男人纷纷把脑后的辫子剪掉。在大街上，不时可以看见剪了辫的人，头上像一丛乱草，却神气活现，把那条剪下来的辫子，舞得像条死蛇一样，一边晃着瘦棱棱的肩膀，一边荒腔走板地唱着："玄郎走在江湖上，杀得人来救得人。"而女人最高兴的是放开小脚了，从此不用再裹了。

西门大街的振兴商店前，围了密密麻麻几层人，原来消息灵通的店主，连夜赶制了一批同盟会的青天白日旗，这是孙中山第一次在广州组织起义时的旗帜，是被陆皓东的鲜血染过的。后来孙中山在这面旗上加了红色，他解释说，红色是鲜血之色，代表为自由不惜流血；青色是天空之色，代表公正平等；白色是纯洁之色，代表人心清洁乃能博爱。人们争相购买，买到的欢天喜地，回家挂在门前，见人就骄傲地说："这是共和的旗，是中山先生设计的，我们的乡党！"买不到的，围在商店门前不肯离去。

民军在水关街的协镇衙门设立革命机关，公推黄龙彰、梁鸣洗、郑雨初为军事领袖；又在城里的深巷高氏大宗祠设立民政部临时办事处，公推郑彼岸、高拱元和附城的一些士绅主持；石岐的绅商也召开大会，宣布组织筹饷局，为民军筹措军费。

当时哄传南海、顺德、三水一带的会党，纷纷拉队伍、扯大旗，准备起事。两广总督张鸣岐命令清乡督办江孔殷率广州、顺德两协绿营营勇和保安队前往弹压。11月9日，江孔殷乘坐的兵舰，驶入石岐海面，气氛顿时紧张。民军在岸边架起大炮，准备迎击。下午，前山的新军也开到了，沿岸人山人海，旗帜飞舞，像筑起一道墙，民军声势大涨。其实江孔殷与革命党早就暗通款曲，根本不打算开战。兵舰在海上转了一圈，便扬长而去。人们都松了一口气。

当天，一个震撼人心的消息传来：广东宣布独立了！孙中山的战友、同盟会员胡汉民出任军政府都督，张鸣岐逃到香港去了。炮仗声再次在全城响起，到处电光闪烁，烟雾弥漫。天真的变了！想当年，八旗清军初到香山，金戈铁马，驰骋纵横，又是禁海，又是迁界，把成千上万的老百姓赶出家园，在海边建立无人区，构筑百里沟堑，是何等的威风，何等的霸强，但二百多年的江山，说垮就垮了！

12月23日，香山人过了在共和旗帜下的第一个冬至。各个宗祠都举行隆重的祭祖仪式，家家忙着杀鸡宰鸭，准备茶酒、米饭、碌堆（一种油泡糯米粉煎堆），拜天地，祭祖先。隆都、仁良都、得能都和铁城的居民，户户烧起大镬滚水煮汤圆，这是香山人过冬必不可少的食品，隆都人有句俗话："做冬做汤圆，许吃不许藏。"因为这是尽情欢乐的日子。

天下归心，大局已定。覃寿堃也完成他在香山的历史使命，收拾行装，回老家湖北去了，后来民国政府成立，他担任了副总统府顾问、湖北省议会议长。林寿图成为民国政府的第一任香山县长，他是大涌安堂村人。

起义新军在任鹤年率领下，组成香军，进驻广州，后来参加广东北伐军，开赴南京，南北议和后解甲归田。任鹤年继续追随孙中山参加"二次革命"、讨袁护法和东征、北伐诸役，1927年获授中将军衔，1933年参与蔡廷锴、蒋光鼐在福建成立的"中华共和国人民革命政府"，翌年在去上海途中，猝死于汉口。

民国成立后，刘师复成为安那其主义的坚定奉行者，到处为推广世界语奔走，担任中华世界语学会广东支会负责人。但他的身体，在反清革命期间，已经累垮了，以致百病缠身，1915年便溘然去世，年仅31岁。

很多香山人都说，以林君复的革命历史，别说做个七品县官，一省都督都做得。但出乎所有人的意料之外，林君复却抛下尘世的一切功名利禄，灭了心头火，剔起佛前灯，在归善象山古寺削发出家，以青灯古佛为伴，1942年圆寂，留下"只带赤心来，不携寸草去"的遗言。

一时多少风流

　　辛亥革命的炮声一响，不及旬日，大半个中国便宣布脱离清廷，形势发展之快，有如"排山倒海"，这是在年初同盟会广州起义失败时，还无法想象的。12月29日，各起义省份的代表在南京举行临时大总统选举会议。到会代表来自17省，共45人，每省一票，孙中山得16票，当选为中华民国临时大总统，定于公历元旦入南京就职。

　　孙中山还在美国，看到国内的消息，立即踏上了归国旅程。在经历了无数次起义、失败、再起义、再失败之后，他终于看见了共和的曙光。孙中山在答《大陆报》记者问时豪迈宣称："吾党固已定期起事，然不欲如武昌之急促，广州今前两年曾两次起事，故吾党不得不乘机起义，不然恐无机会，是以有今日之现象，倘若待吾党布置完备，依时崛起，即一呼可得广州、武昌、南京三巨镇，并可联合大军，直捣黄龙，不费战争，可定大局。"

1912年1月1日，上午10时，孙中山偕各省代表由上海乘沪宁线专车赴南京；下午5时，抵达下关车站。孙中山曾经说过，总统府不要华丽宫殿，如果没有合适的房子，搭个棚子做总统府也无妨。不过，现在他不必在棚子里办公，旧两江总督署已改为总统府。

晚上10时，在二十一响礼炮声中，孙中山就任中华民国临时大总统，改元为中华民国元年。孙中山向全国庄严宣告：国家之本，在于人民，合汉、满、蒙、回、藏诸地为一国。亚洲第一个共和国正式诞生了，中国的一条腿已经迈进了民主共和的门槛——虽然还没有国会，没有宪法，没有民选政府，但人们相信，都会有的！这个古老民族的新生与崛兴，已没任何力量可以阻挡了。

香山城乡一片沸腾，人们欢呼雀跃，无比骄傲：香山人做总统了。老人们笑呵呵地问：总统是什么官？和皇帝一样大吗？年轻人说：他把皇帝都打倒了，你说谁大？接着，他们的声音就被笑声淹没了。铁城街头，天天都有人烧炮仗，舞龙舞狮。食客盈门的奇珍茶楼，也请来龙狮队，敲锣打鼓，把"奇珍茶楼"的招牌，换成"孙奇珍茶楼"。有人好奇地问：改招牌有何讲究？茶楼老板哈哈大笑说：我姓孙，大总统也姓孙，这个"孙字招牌"

不但要挂出来，而且要擦到蜡蜡烬①。

1912年2月12日，离除夕还有五天，人们都在忙着准备过年的东西时，又有个惊人的消息在坊间哄传：清宣统皇帝正式宣布退位，两千多年的君主制，终于在大地回春时，轰然倒塌了。正当人们要大肆庆祝一番的时候，接踵而来的消息，却让香山人坠入冰窟之中：孙中山向参议院辞职，并荐袁世凯为第二任临时大总统。当天，袁世凯宣布赞成共和，参议院随即选举他为第二任临时大总统。

所有人都一头雾水。为什么？香山人冒着诛九族的危险，拼死拼活打下的江山，为什么要让给这个坐享其成的前清贰臣？他们在茶楼里拍案大骂："冚家铲②个袁世凯，大不了我们打一场，香山人未怕过！"但这改变不了现实。石岐城内外死气沉沉，大家都被这瞬息万变的世界，弄得有点懵了，窝着一肚子火。

4月25日，卸任后的孙中山返抵广州。当他的座船埠岸时，码头上的欢迎人群高呼："欢迎孙大总统！""孙大总统万岁！"这是一种愤愤不平的表示。但孙中山却不以为然，他说："我辞职了，就是一介平民，不能叫大总统，何况现在共和时代，也不能学帝王专制，喊总统万岁。"他坚持要欢迎的人群撤掉相关标语，停止喊相关口号，才肯上岸。

---

① 粤语"蜡蜡烬"是锃亮之意。

② 粤语"冚家铲"是骂人语，香山人经常挂在嘴边。

5月27日，孙中山经香港、澳门返乡，从关闸进入前山。香洲埠、吉大、山场、湾仔、南屏、造贝等地民众，闻讯蜂拥而来，聚集了几千人，齐声呼喊着："欢迎孙先生光荣归里！"一时间山鸣谷应。孙中山用家乡话向民众发表演讲，然后继续上路，往南蓢去了。前山乡民在他演讲的地方，兴建一座亭子来纪念，命名为"中山亭"，这是全国第一座纪念孙中山的建筑。

崖口村在立泉祖祠召开欢迎大会，孙中山身穿黄色斜纹衫裤，头戴通帽，和村民见面，发表演讲，然后沿着乡间小路，信步而行，返回翠亨村。小路两旁的田里，秧苗一片绿油油，果树也长出了新叶，到处都是青翠嫩绿。村民都聚集在村前的沙冈仔欢迎。孙中山在孙家祠摆了十桌酒菜，宴请翠亨村和附近石门九堡60岁以上的村民，也包括妇女。

5月29日，孙中山与家人一起到左步村祭祖，那是先祖迁入翠亨村之前的住地。据村里老人陆天祥回忆："中山先生还站在凳上讲了一番话。第二天，他又北上去了，从此以后，我们再也没有见过他了。"孙中山离开翠亨村后，经南蓢、宫花、卖蔗铺，一路往石岐去了。在石岐他出席了各界在清风园为他召开的茶话会，然后从天字码头乘船返回广州。这是他一生中最后一次返乡。

这时，孙中山的家庭生活，也起了变化。1915年，孙中山在日本与卢慕贞离婚，与海南女子宋庆龄结婚。卢慕贞这时已加入基督教，1933年被澳门浸信教会按立为该会第一任会佐，1952年在澳门去世，2005年，卢慕贞的陵墓从澳门迁回中山市。1918年

7月4日，孙中山在给儿子孙科的信中说："若时机适宜，父当回乡一住，以遂多年之愿。"

"回乡一住"是他的"多年之愿"，可惜再没有实现的机会了。

辛亥革命后，南北交战双方，在英国驻汉口领事馆的调停下，举行和谈。南方各省革命军代表是伍廷芳，北方清廷的代表是唐绍仪。有趣的是，他们都是广东人，伍廷芳是新会人，唐绍仪是香山人。两地相邻，一水相隔，当年唐家湾的唐姓先祖，就是从南雄经新会迁到香山的。

唐绍仪，字少川，咸丰十一年十二月（1862年1月）出生于唐家村。他的父亲唐巨川，在上海做茶叶生意。当年容闳在香山招收赴美留学生，唐廷枢推荐了本乡的一批子弟，唐绍仪是其中之一，同治十三年（1874）第三批赴美。光绪六年（1880）以优异成绩毕业于康州哈特福德公立高中，进入哥伦比亚大学。

唐绍仪少年时，曾由父亲作主，大茶小礼，三媒六证，与雍陌郑氏一位女子订了婚。不料因为唐绍仪出洋留学，归期遥遥，引起郑家不满，竟退回庚帖，解除婚约。唐巨川为这事几乎郁闷成病。这天，三乡一位姓张的泥水佬经过唐家村时，见唐巨川坐在门口，愁绪无聊，便上前攀谈。

唐巨川把儿子订婚、出洋、女方退婚的事情，说了一遍，老张拍手笑说："我家有女，年方十七，尚未许人。"唐巨川一听，喜笑盈腮，赶紧把老张请入家中，细细商谈。双方谈得入港，都有"拉埋天窗"①的意思，老张唯一的担心是，唐绍仪长年漂泊海外，几时才回来？到时他女儿会不会抱只公鸡拜堂②？唐巨川急忙摆手说："不会，不会，犬子快回了，快回了。"老张说："那就事不宜迟，赶紧定下来。"于是唐巨川去拜访张家，见过张家的女儿，也很满意，择日送上庚帖和小龙凤饼、油炸粉角、茶叶之类的订婚礼物，把这头婚事定了下来。

唐巨川说的果然没错，光绪六年（1880），朝廷政策改变，所有留学生都被召回。这些留学生，除在美国病故3人、中途辍学23人，剩下的94名留美幼童，分三批回国。唐绍仪也与同学一道，收拾行装，启程归国。这批留美同学，回国后大多投身到电报、矿山、铁路等行业中，唐绍仪在天津税务衙门，谋了一份翻译的差使。

上任之前，唐绍仪回了一趟乡，奉父命与三乡张家女儿完婚。迎亲的队伍，吹吹打打，把新娘接到唐家。新郎踢过轿门，新娘跨过火盆，洞房花烛，合卺成婚，过了几天小登科的快乐日子，唐绍仪便带着新婚妻子，到天津税务衙门赴任去了。光绪九年（1883），朝鲜作为大清的藩属国，请设税务署，朝廷派天津税务司、德国人穆麟德（Paul Georg von Möllendorff）赴朝鲜筹办海关，穆麟德选了唐绍仪作为随员之一。

当时在朝鲜，亲大清的事大党与亲日本的开化党，明争暗

---

① 粤俗语"拉埋天窗"是为儿女完婚之意。

② 唐家旧俗，男方如果在海外不归，则以公鸡代，女方与公鸡拜堂。

斗，大有你死我活之势。光绪十年（1884）十月十七日，朝鲜发生"甲申政变"，是日邮政总局新楼落成开业，举行招待晚宴。获邀出席的人包括美国公使、英国总领事、中国的总办朝鲜各口商务委员陈树棠、朝鲜禁卫大将军闵泳翊等人。闵泳翊是亲华的事大党领袖之一。晚宴期间，总局旁边一处房子，突然发生火警。闵泳翊走到室外察看，刚到门廊，便遭到开化党政变分子伏击，身受重伤，被抬到税务总署。穆麟德吩咐唐绍仪持枪守在门口，不准任何人进入。

唐绍仪持枪鹄立门口，听见四面枪声频传，紧张得两腿直颤。清廷在朝鲜有驻军，袁世凯任总理营务处，会办朝鲜营务，接到消息，匆匆赶到税务总署了解情况，但在门口被唐绍仪拦住，不准内进。袁世凯怎么说都没用，气得暴跳如雷，后来经人出面解释，唐绍仪才放他进去。这件事令袁世凯印象深刻，认为唐绍仪能忠于职守，事后把他延揽入幕，担任西文翻译兼洋务委员。

光绪二十六年（1900）爆发庚子之乱时，唐绍仪正在津榆铁路供差，八国联军包围天津，城外炮声隆隆，城里七慌八乱，街上挤满了难民，哭天抢地。唐绍仪带着家眷躲进开平矿务局的一处房子里，但妻子张氏不忍见难民的惨状，毅然跑到街上，协助难民找地方躲避，又是送衣服，又是送口粮，几百人得到了她的接济。五月二十三日，张氏和女儿唐四姑等人正在家中料理杂务，忽然一颗炮弹落下，击中房子，轰然炸开，张氏与女儿躲避不及，一同葬身炮火。

光绪二十九年（1903），北洋大臣、直隶总督袁世凯奏请旌表张氏与唐四姑等人，称"其临难不苟，大义凛然，即士大夫亦所难能，况在巾帼"。朝廷准奏，张氏获旌表节烈铭幅，封诰命一品夫人。后来，唐绍仪把母女的遗骸移厝宁塘村后山，建了一座"旌表节烈"牌坊，这座牌坊在1947年前后，被台风刮倒了。

庚子之乱后，袁世凯权势愈来愈大，随着他在朝廷步步高升，唐绍仪也从山东洋务总办，一直做到邮传部尚书。辛亥革命后，唐绍仪全权代表袁世凯，出席在上海举行的南北议和。和议告成，孙中山辞去临时大总统一职，袁世凯成为第二任临时大总统，而唐绍仪则获委为民国政府第一任内阁总理。

具有戏剧意味的是，就在袁世凯公布总理任命的当天，唐绍仪加入了同盟会，此举似乎表明他这个总理，不仅代表北方的官僚势力，也代表南方的革命势力。

在其后的十年里，中国内乱不已，各派势力，今天对抗，明天联手，后天又打得你死我活。1916年5月，段祺瑞组阁，以唐绍仪为外交总长，但却遭到北方督军团的反对，唐绍仪被迫辞职。同年6月，企图复辟帝制的袁世凯暴毙。天下没安宁几天，又发生了约法问题，南北关系再度破裂，孙中山偕他的老乡、海军总长程璧光等人，南下广东，成立护法军政府。唐绍仪也南下以表支持。但1918年程璧光被暗杀事件，令他大为震撼，渐渐萌生退意。5月，军政府改为总裁制，唐绍仪被南方非常国会推为七总裁之一。

天下大势，分分合合。1919年初，为了结束因约法问题引起的南北分裂，双方举行和谈，唐绍仪这次成了南方的总代表。1920年6月，唐绍仪与孙中山等在上海通电反对桂系军阀，正式脱离军政府。11月，桂系军阀势力被驱逐出广东，唐绍仪随孙中山回到广州，重建军政府。但这时唐绍仪与孙中山，政治理念上两歧遂分，乃至渐行渐远。1921年5月5日，孙中山在广州就任非常大总统，仍以唐绍仪为财政部长，唐绍仪拒绝就职；1922年北洋政府第二次委任唐绍仪为国务总理，他也同样婉拒。

唐绍仪回到唐家村，埋头修建他的私家园林。每次官场失意，他就会回乡修建园林，仿佛从此隐居不出。宣统二年（1910）时，他被任命为邮传部尚书，不久因受排挤而辞职，黯然回乡后，修建了一座小园林，名为"小玲珑山馆"，似乎要高卧东山，远离红尘，但没过多久，辛亥革命爆发，他就复出担任南北议和的代表了。1914年，唐绍仪辞去总理职后，在上海、广州、佛山等地大肆采购古董、瓷器和假山石，回乡扩建小玲珑山馆，似乎要遁世长居于此，以种花种草自娱，但袁世凯死后，他又忍不住重作冯妇，入阁秉政了。1921年与孙中山闹翻，他回乡后对园林进行第二次扩建，命名为"共乐园"，园门口题写了一副楹联："开门任便来宾客，看竹何须问主人"，似乎要与乡人共乐，安享余生。

共乐园面积有四百多亩，种满茶花、芍菊、山杜鹃、桂兰、含笑、玫瑰、夜合等花草，还有荔枝、龙眼、黄皮、人心果、菠萝蜜、橄榄、番石榴等果树，一年四季，满眼缤纷，收成时节，果实累累。园里还修筑了一座观星阁，每逢初一、十五夜晚，唐绍仪便登上阁顶，仰望星月天空，俨然一世外高人。

然而，唐绍仪的故事并未就此结束，在这个风起云涌的年代，每个人都有自己的使命要完成，该走的路，只要还有一步没走完，想抽身退步是不可能的。他注定还要再复出，这是他的宿命。

当年随容闳赴美国留学的那批幼童，平均年龄只有12岁左右，经过几十年风雨磨砺，如今大都踏入半百，正是老成历练，操刀制锦的年龄。

蔡绍基是第一批留学幼童中的佼佼者，他来自香山拱北北岭村，先在美国哈德福特高中就读，光绪五年（1879）的毕业会上，他以《鸦片贸易》为题，发表演讲，演词慷慨激昂，震动四座，他最后大声疾呼："中国没有死，她只是睡着了，她最终将会醒来并注定会骄傲地屹立于世界！"这句掷地有声的话，曾在一代中国人心中，久久回荡。不久，蔡绍基进入耶鲁大学学习法律，直到被朝廷召回。

光绪九年（1883），唐绍仪跟随穆麟德赴朝鲜筹办税务署时，推荐蔡绍基、梁如浩，一同前往朝鲜。梁如浩，原名昭涛，字如浩，号孟亭（梦亭），也是香山唐家人，第三批留美幼童，曾先后入读美国哈德福特中学与史梯芬工学院，归国后在天津西局兵工厂当绘图员。这三位留美幼童，如今又走到一起了，在"甲申政变"的惊涛骇浪中，与袁世凯都结下了一段情谊。

从朝鲜回国后，在袁世凯的提携下，蔡绍基先后出任牛庄海关道台、天津海关道台、直隶总督府北洋洋务总办等职。光绪二十一年（1895），北洋西学学堂成立，翌年更名为北洋大学堂。这是中国第一所现代意义上的大学，号称"东方康奈尔"，与世界一流大学看齐，毕业生可免试进入美国哈佛、耶鲁等大学攻读研究生。蔡绍基是北洋大学堂二等学堂（相当于预科）的首任总办。

庚子年，八国联军侵入津门，烽火连天，北洋大学堂被强占，校舍遭到破坏，学堂被迫停办。蔡绍基以直隶总督府署理外交事务的官员的身份，挺身而出，与联军反复交涉，积极争取复校。后来他主持在清军废弃的西沽武库，重建校舍。经过三年奋斗，建成教学楼、外籍教师宿舍楼、中国教师宿舍和学务处等办公用房，把原来的库房，两座改为教室，六座改为学生宿舍，北洋大学堂得以正式复校。

光绪二十九年（1903），唐绍仪当了一年校长，光绪三十三年（1907）起，梁如浩又当了一年校长，蔡绍基从光绪三十四年（1908）开始接掌北洋大学堂。在这几年间，北洋大学堂一共资送52名学生出洋。这些人中，包括后来的国务总理王宠惠、外交家王正廷、经济学家马寅初、数学家秦汾、金融家钱永铭等。

1915年，袁世凯力邀蔡绍基出任工业大臣一职，但蔡绍基对袁世凯复辟帝制，深感失望，婉言拒绝，从此退出政坛、教坛，在天津过起隐居生活，直到1933年去世。

另一位在中国教育史上，名垂竹帛的人物，是清华学校（今清华大学）第一任校长唐国安。他是香山唐家鸡山人，同治十二年（1873），经他的族叔唐廷枢的推荐，随第二批幼童，赴美国留学。初入新不列颠中学，后考入耶鲁大学法律系，是蔡绍基的同学。朝廷中止留学生计划后，唐国安回国，曾在上海约翰书院（即后来的圣约翰大学）执教，并被聘为《南方报》编辑，兼任寰球中国学生会会董。

光绪三十三年（1907），唐国安进入外务部任职。当时美国拟将部分庚子赔款退还大清，用于遣派学生赴美留学。唐国安与唐绍仪等人，奉旨参与筹划此事。根据协议，从1909年起，每年用退款遣派100名学生赴美学习，从第五年起减为每年不少于50名，依此循进，至1940年结束，期限32年。

宣统元年（1909）清廷在北京成立"游美学务部"，任命外务部丞参周自齐为总办，外务部主事唐国安为会办。周自齐政务繁多，留学生的事情，只能挂个虚名而已，实际操作的人是唐国安。在其后三年间，他协助各省直接派遣三批留美学生。宣统二年（1910）朝廷正式任命唐国安为外务部考工司主事。宣统三年（1911）初，游美学务部将"游美肄业馆"正式定名为"清华学堂"，唐国安兼任副监督。这就是清华大学的前身。

1912年4月，民国政府外交部取消游美学务部，原有一切职权，划归清华学堂接管，唐国安被任命为正监督。5月，清华学堂改称为清华学校，"监督"改称为"校长"，唐国安出任清华第一任校长。可惜，他在校长职位上，只干了一年，1913年8月在京病逝。校友陈鹤琴在《我的半生》中写道："他（唐国安）是一个基督徒，待人非常诚恳，办事非常热心，视学生如子弟，看同事如朋友，可惜做了（校长）不久，就得病去世了，我们都觉得很悲痛，好像失掉了一个可爱的慈母。"

在留美幼童中，还出一位了不起的人物，就是张家边大岭村的欧阳庚。这条有七百年历史的村落，竟诞生了四位驻外领事，不能不让人另眼相看。至今村里还有一条路，被人们称为"领事路"，是当年欧阳族人居住的地方。

在欧阳家族中，第一代的外交官是欧阳辉庭，号锦棠，曾任直隶州知州，后调任大清驻美国旧金山总领事。同治十一年（1872）第一批幼童赴美留学，就是在他担任总领事期间，由他协力促成。卸任后，他回到大岭村生活，带领乡亲，开辟了大岭百亩鱼塘、百亩荔枝园。

第二代的外交官是欧阳庚，字兆庭。他是第一批赴美留学幼童之一，先后就读纽约曼哈顿西海文小学、纽约海文中学和美国耶鲁大学雪菲尔德理工学院。光绪十年（1884），他的堂兄欧阳辉庭把他召到领事馆做见习领事，第二年晋升为副总领事。1897年，孙中山在伦敦蒙难后，逃到檀香山，写信给欧阳庚，托其作保，才被允许登岸。欧阳庚还把自己的表弟廖仲恺介绍给孙中山，做他的助手。

1906年，旧金山发生大地震，山崩地裂，中华镇几乎全镇尽毁，大火数日不熄，香山籍华侨所聚居的洛克镇，成为一片废墟。欧阳庚的妻子简丽莲是一位医生，在火灾中救出了很多华侨孤儿，但她却被火柱压倒，重伤毁容，大女儿锡淑在震灾中死亡。欧阳庚自己也负了重伤，肋骨被压断，一条腿被压伤，头部左侧烧伤了一大块，愈后也长不出头发了。

欧阳庚在失去爱女和妻子重伤的双重打击下，仍忍住伤痛，奔走致力于唐人街的重建，出版了《同一经纬地震史》《震灾防火》《重建金山中华街》《大坑香山移民史》等著作。三年后，他的妻子因旧伤复发而去世，年仅37岁。朝廷诰授欧阳庚为资政大夫，并赠爵上三代：诰赠其曾祖父欧阳应琏、祖父欧阳善培、父亲欧阳敬庸为光禄大夫，敕赠其伯父欧阳徵庸为文林郎。

欧阳庚历任驻温哥华、驻巴拿马总领事；民国成立后，历任驻爪哇总领事、驻英使馆一等秘书、驻智利国第一任公使、驻玻利维亚条约特使等职。曾获二等、三等嘉禾章，三等保光嘉禾章等。1941年逝世。欧阳庚的侄子欧阳干昆曾任驻爪哇副领事，获过政府颁授的五等嘉禾章。

欧阳祺，字祉庭，欧阳庚的堂弟，自幼赴美国旧金山读书，美国哈佛大学毕业。欧阳庚丧妻休养期间，推荐欧阳祺继任大清驻旧金山领事。欧阳祺和美国总统老罗斯福（Theodore Roosevelt）是哈佛大学同届毕业的同学，关系密切。经欧阳庚、欧阳祺多年的活动，老罗斯福在任期间，将庚子赔款退回给大清，作为教育经费及留美中国学生基金。宣统三年（1911），朝廷用这笔退款，创办了留美预备学校——清华学堂。民国成立后，欧阳祺曾任驻爪哇领事馆总领事，1930年逝世。

今天，在上海还有三条以香山人命名的马路：中山路、逸仙路和欧阳路。欧阳路就是纪念欧阳庚的。由此可见香山人在上海的影响力。

让历史学家惊叹的是，在清末民初的政治、经济、外交、军事、文化各个领域，香山人的身影，几乎无处不在，仿佛构成了一张庞大、繁密的网络，把中国近代史上最重要的人物与事件，都串起来了。当历史这支如椽大笔，在记述孙中山的革命经历时，一定会写到他的哥哥孙眉；写到孙眉，一定会写到他在檀香山的挚友杨著昆；写到杨著昆，一定会写到他的儿子杨仙逸；写到杨仙逸，一定会写到他与孙中山的友谊。以至于后人在读历史时，有点像走迷宫，每转一处，都会意外地遇见某张熟悉的面孔，心里不禁诧异：我刚才不是遇见过他吗？怎么这里他又出现？

这张网络尽管千丝万缕，但探源溯流，最终都指向一个在珠江三角洲最南端的地方——香山。这是群雄的家乡。

中国人的家乡观念，一向很重。家乡在每个人心中的位置与分量，不尽相同，有的人像唐绍仪那样，一失意就回家乡，自我疗伤；也有的人一得意就要回家乡，光宗耀祖。也有的人从小就生活在海外，几乎没饮过家乡的水，没见过家乡头顶的星星，没听过家乡田里的蛙鸣，但他们对家乡仍有一种缠绵缱绻的感情，发自血液与骨髓，难以解释得清楚。乡音永远有一种不可抵御的魔力，尤其是对那些离乡日久的人而言。身在异国他乡，忽然听见街上有人用乡音念一句"三灶无柴，茅尾大兜烧破镬；四门有炮，中心小引弹长江"①，谁能不热泪长流？

乡音的感染力，在海外香山人那里，得到了无数次的验证。孙中山留下为数不多的演讲录音，人们也许并不觉得有多铿锵激昂，有多大的鼓动性，但他带有浓浓乡音的演讲内容，对香山人、对广东人、对听得懂这种乡音的每个人来说，却有一种直达内心的冲击力。许多人就是被孙中山的演讲所打动，走上了反清的道路。

中国的航空事业，也是因为有一个年轻的香山人听了孙中山演讲后，义无反顾地投身进去，从而揭开了第一页——这个人叫杨仙逸。

杨仙逸，字学华，号铁庵，香山北台村人。这条村子在香山西边，与翠亨村中间隔着五桂山。杨仙逸出生在檀香山，童年是在海外度过的。他的父亲杨著昆是檀香山华侨，经营蔗园和糖厂，与孙眉是好朋友，通过孙眉介绍，与孙中山结识。有一次孙中山在檀香山利哩霞街的剧场演讲，杨仙逸跑去聆听。孙中山痛斥清廷的腐败，造成了中国落后，任由列强宰割，中国人当奋起推翻这个腐朽的朝廷。他所讲的一切，是那么新鲜，那么震撼，那么能够打动人心。这次演讲，几乎改变了杨仙逸的一生。

宣统元年（1909），杨仙逸报读夏威夷大学。在选择自己未来的方向时，他受到"航空救国"的激情鼓励，转入美国加利福尼亚州哈厘大学机械科、茄弥斯大学航空科学习机械和水陆飞

---

① 这是用香山地名组成的一副对联。

机结构、性能以及飞机驾驶技术，最后获得万国飞行会水陆飞行执照。

宣统二年（1910），杨仙逸在夏威夷加入同盟会。1911年、1913年，他与父亲先后在檀香山创办中华飞船公司、图强飞机公司。1916年入纽约拨夫罗市寇狄斯飞行学校受训。次年归国，发起组建空军学校。

孙中山在南方组织护法政府时，任命杨仙逸为飞机队队长，筹建飞机队。杨仙逸先后出访美、日、墨西哥等国，争取财力、物力支援，为建立飞机队作准备，1919年在福建漳州组成"援闽粤军飞机队"，并担任总指挥。为配合援闽粤军回粤作战，杨仙逸曾亲驾飞机，在广州抛撒传单，投弹轰击督军府，协助粤军驱逐盘踞广东的桂系军阀。

杨仙逸与孙中山是香山同乡，"仙逸"与"逸仙"，名字也很相似，甚至连他们自己有时也会混淆。杨仙逸的妻子程度纯祖籍是南朗安定村，从祖父那一辈迁到石岐居住，父亲是个跌打医生。她很会烹饪，香山人喜欢吃的鱼角、红枣饼，做得尤其地道，孙中山在广州时，不时到杨仙逸家中，品尝她的厨艺。有一次，杨仙逸吃过饭后，请孙中山题书留念。孙中山欣然答应，马上展纸研墨，蹲在地上，挥毫写了一幅中堂。在题写上款时，孙中山习惯地先写了个"逸"字，宋庆龄在旁赶紧提醒他，他蓦然醒悟，停笔琢磨了一会，在"逸"字上面加了个"仙"字。看上去"仙逸"的名字升高了一格，有点突兀，但恰恰成了两人不分彼此的友谊证明。

1921年，杨仙逸奉命赴日本、墨西哥、美国等国向侨胞募款，购买了12架飞机，其中有四架是杨著昆出钱购买的。杨仙逸还招募了一批美国华侨青年飞行员回国服务，组成了中国第一支空军队伍。1922年，杨仙逸出任孙中山大本营航空局局长，筹建中国第一家飞机制造厂——广东飞机制造厂，他兼任厂长。

1923年6月，第一架双翼双座侦察教练飞机出厂，报请孙中山大元帅检阅。孙夫人宋庆龄作为中国第一位上天的女性，坐在这架飞机上，环绕广州市飞行一圈，安全着陆，成为轰动一时的新闻。孙中山以宋庆龄早年的英文名字"Rosamonde"命名这架飞机为"乐士文"号，他亲笔书写"志在冲天"的横幅，赠给杨仙逸，盛赞他是"革命航空之父"。宋庆龄后来回忆，她学会开车，也是杨仙逸教的。

1923年9月20日，杨仙逸在博罗梅湖白沙前线的一架水上飞机上，指导用水雷改装炸弹的试验时，不幸水雷意外爆炸，当场遇难。大元帅府沉痛悼念，追授他为陆军中将，把这一天定为"空军节"。杨仙逸在广州黄花岗有一个陵墓，墓碑上刻着孙中山题写的"杨仙逸先生之墓"。后来他的家人觉得到广州祭扫，山长水远，颇不方便，便把他的遗骸移回香山，安葬在石岐博爱路北侧的新村蠄蟝山（今紫马岭公园）。杨仙逸一生闯荡，最终还是魂归家乡，长眠故土。

孙中山曾向杨仙逸遗孀程度纯表示，希望她在香山创办一所纪念学校。程度纯经过多方奔走努力，终于在1925年，利用石岐龙母庙街一间旧工艺厂，创办了仙逸小学，以纪念她的夫君、中国的航空之父。孙中山哲嗣孙科担任学校董事长，程度纯任董事兼校长。后来，学校招生愈来愈多，校方把石岐民生路杨家祠改建为主校舍，在徐家祠再办了一所分校。1936年，杨著昆从夏威夷汇了两万元给程度纯，用这笔钱，把小学扩建为中学。

这就是今天坐落在石岐中山二路南侧、西林山麓的杨仙逸中学。在该校的章程中，有这样一段话："杨仙逸中学创办于1925年，以纪念我国杰出的民主革命家杨仙逸将军，曾分设中学和小学。1952年秋，杨仙逸中学与大公中学、雨芬中学合并为石岐联合中学。1956年秋改名为石岐第二中学。1981年10月，为缅怀杨仙逸烈士对民主革命建立的功勋，复名为杨仙逸中学。学校校庆日为10月26日。"

程度纯没有想到，杨仙逸学校落成之日，竟是孙中山去世之时。

1924年，国民党召开一全大会，在孙中山主持下，实行联俄联共政策，改组国民党，接受共产国际和中国共产党的帮助，欢迎共产党员以个人身份加入中国国民党，并创办黄埔军校，训练革命军队。大革命的怒潮，轰轰烈烈，席卷南方。

1924年10月，奉系军阀张作霖和直系将领冯玉祥联合推翻曹锟为总统的直系政权。冯玉祥、段祺瑞、张作霖先后电邀孙中山北上共商国是。孙中山接受邀请，并提出废除不平等条约、召开国民会议作为应对时局的办法。11月，他离广州北上，先抵上海，再绕道日本赴天津；12月底，扶病到达北京；1925年3月12

日，因患肝癌在北京逝世，享年59岁。

这是一个晴天霹雳，噩耗通过电波，迅速传遍世界。香山人奔走泣告，街道上站满了悲痛的市民，似乎不知所措。所有政府机关都降半旗，在国旗首端系上一幅长方形黑布，店铺也在门口挂上了黑布条。所有的茶楼、酒馆、戏院，肃静无哗；往日的锣鼓声、弦乐声、戏曲声、唱歌声、炮仗声，统统沉寂下来。

3月21日，香山县长卢家驹、国民党香山县党部暨大元帅哀典香山筹备处，先后拍唁电给北京的宋庆龄和孙科。3月23日，香山在学宫举行各界各团体悼念大会。当天，乌云压顶，大雨如注，凉风悲飒。赴会致祭者有各级官员，国民党县党部各执行委员和全体党员，各乡民团、商团、农会、工会及各学校。会场上高悬着"精神不死""继续奋斗"的挽联，祭台两侧悬挂着惊心骇瞩的巨幅对联："革命尚未成功，同志仍须努力。"

下午1时，大会开始，由主持者唱礼、宣读诔文、宣读孙中山的"总理遗嘱"，然后各学校的学生齐唱哀歌。那悠长、悲婉的歌声，透过风声、雨声，直达云天。上海《民国日报》报道："全场各界多有失声痛哭或眼含酸泪者。"哀典筹备处还印了两万份特刊，由童子军在会场上分派给各界代表。特刊介绍了孙中山的革命历史与革命精神。

为纪念孙中山，4月15日，国民党中央执行委员会议决，经广州民国陆海军大元帅府照准，香山县更名为中山县，县治设在石岐。广东省署训令各机关：

本会第六十九次会议，廖委员仲恺提议，请将先生生长之香山县改为中山县，由党施行模范政治，以实行党纲，训练实际政治人才。决议通过，函省长公布施行等由。其办法诚较以一都市或建筑物命名，益为完全，用特录案函请查照，希即依照决议公布施行，特因准此。

4月20日，中山县名称正式启用。作为一个响亮的地名，它第一次出现在历史上了。

青山依旧在

- 打造模范县

- 烽火下的血泪

- 跨越石岐海

打造模范县

时间进入20世纪20年代以后，生活在中山的人，会有一种眼花缭乱、心跳气促的感觉，各种新事物像崩大围的洪水般，汹涌而来，让人措手不及、应接不暇。

1920年12月，广东省制编纂委员会决定，在全省推行县长民选，实行"半干涉主义"，即由县民直接选举县长候选人三名，再由省长圈定其中之一。暂不采取完全直选，是因为土豪劣绅在地方的势力过大，难保不出现操纵选举的情形。会议草拟并公布了《暂行县自治条例》《暂行县长选举条例》和《暂行县议会议员选举条例》。

民众可以选自己的县长，这可是开天辟地头一回的新鲜事。政府规定，每位选民必须在当年参加义务劳动三天，凭劳役证换取选票。如不能参加的，须出资请人代劳，每天毫券四角。义务劳动主要是修筑公路。从后来投票的踊跃程度看，多数民众都领到了选票，显然有相当部分不能参加劳动的选民，宁愿出钱请人代劳，也要参加投票。茶楼、酒馆、街头巷尾，人们都在热烈地讨论这件事。1921年11月，中山有史以来第一位民选县长，新鲜出炉，他的名字叫吴铁城。

吴铁城，字子增，三乡大布村平湖人。父亲吴玉田在江西九江经商，他就出生在九江，早年入读九江同文书院，宣统元年（1909）参加同盟会，辛亥革命期间任九江军政府总参议官，负责办理与军事有关的工作，后被推举为江西省代表，出席南京各省都督府代表会议，组织临时政府，制定约法。

吴铁城上任的第一件事，就是要把铁城的城墙拆了，还要开辟十条纵横大马路，让石岐变得像一个现代城市。这并不是他个人的心血来潮，1920年前后，拆城墙、修马路，在政府主导下，在全省已形成一股不可抗拒的潮流。连广州也开始拆城墙了，中山岂能落后。

城墙，在冷兵器时代，也许还有点作用，曾经挡住了黄萧养之类的海盗进攻，但鸦片战争以后，热兵器日益显出威力，火炮可以轻易地穿透城墙，城墙的御敌作用，早就名存实亡了。一堵城墙的存在，更多时候，只反映了城里人的某种优越感而已。《石岐志》写道："城内居民多属官宦、地主、豪绅，人们称为城里人；城外居民一为石岐埠人，多属商贾及外地客商，人们称为石岐大街市人；一为沙冈墟，乃四郊农民土产品集散之市集，逢三六九日热闹非常。"

其实，沙冈墟也不仅仅是农产品的集散地，它的商业繁荣，并不逊于城里。光是布店，沙冈墟就有二十多间，比如隆彰、溢隆、隆盛、怡隆、和利、茂纶、泰彰、永纶、林文记、利记祥等，比十八间的布店还要多。石岐城外一天天繁华，城内瞠乎后矣。按宣统二年（1910）的统计，铁城内只有25条街道，1042户居民；而西门外已有45条街道，5024户居民；南门外有35条街道，2970户居民；北门外（沙冈墟）有21条街道，2468户居民；东门外也有15条街道，1460户居民。城里人的那种优越感，已在一点点贬值。在满脑子新思想、追求新作风的政府官员看来，城墙是旧时代的象征，要建设现代城市，非拆不可。

然而，城里人还是不乐意，城墙一拆，他们的优越感便没了，而且可能会影响城里的地价，这是一个实际的利益问题。于是城里人纷纷向吴铁城提出：城墙对城内的居民与商业，是重要保护，拆城墙等于自拆藩篱，"自毁长城"，在风水上也是大忌，风水一坏，全县都要行衰运。还有人警告他："县城是铁城，你也叫铁城，铁城拆铁城，对你也是个凶兆。"

吴铁城哈哈一笑说："风水之说，全不可信。个人祸福事小，民生经济事大。这城墙是拆定的了，把城隍爷请来也没用。"

他带着县政府的人员，来到商业最繁华的登瀛门。元代文人黄裳曾有《石岐津渡》诗咏："云际斜晖挂树腰，登瀛门外望兰桡；人来人去潮消长，千古石岐难动摇。"但今天也许是这幅如画美景的最后一天了，千古石岐要变样，登瀛门将成为历史的记忆了。许多市民听到消息，都赶来围观，城门内外挤得满坑满谷。吴铁城精神抖擞，往掌心吐了两口唾沫，挥动大铁锤，砸向城墙。现场一阵惊呼，只见他手起锤落，砂石飞溅，拆墙工程开始了。

中山自南宋绍兴二十二年（1152）立县，修建城墙，至此已769年，其间经历过多次战争，也进行过多次大修，从土墙变成砖墙。此时它的历史使命要结束了。经过几个月的尘土飞扬，1923年春天，登瀛门被夷为平地，工程队继续往南、往北拆过去。天地间似乎豁然开朗，城内与城外，铁城与石岐、沙冈墟、南门外、东门外，打成了一片，再无阻隔。"铁城"这个名称，从此成为历史名词，不复存在，人们以"石岐"统称县城了。

城墙拆除后，紧接着就是筑路工程，政府决定按现代城市标准，兴建十条宽阔的马路，最主要的一条，是从原登瀛门通往天字码头的大马路，把原来的武峰里、怀德里、岐阳里、观澜街、大街市等狭窄的小街打通，开辟为宽阔的马路，最初命名为"城西大道"。这时孙中山逝世的消息传来，政府决定把城西大道更名为"孙文路"。

孙文路还没竣工，吴铁城便被调走了，工程因为拆迁补偿问题，一度停了下来。直到新县长朱卓文到任，下令加快进度，把马路两侧的旧房子，尽快拆除，筑路经费按店铺门前的尺寸分摊。为了避免商人们继续聒噪，朱卓文把石岐商会的几个领袖找来，开出了条件，只要商会支持修路，政府就把石岐大庙拨归石岐商会，作永久办公之所。

所谓"大庙"是铁城西门外的天后庙，坐落在石岐河岸边。当时政府要破除迷信，到处拆除神庙，天后庙里的娘娘神像已被拆掉了，剩下一座空庙，也没什么用，做个顺水人情，换取商人支持修路，何乐而不为？石岐商会是由李怜庵、萧仿琴等本地绅商发起，光绪二十九年（1903）成立的，虽名为石岐商会，但其实全县各商会、各同业公会，都听它的。其原在石岐萧健庵祠办公，地方较为逼窄，现在冷手执个热煎堆，得了最繁华路段的大庙，自然不再反对修路了。

庙门对着一条巷子，人们都叫它做"大庙下"。因为靠近码头，这里从明、清时就形成一个繁华市集，一年到头都很热闹，各种小商铺、小摊贩，挤满街头。小贩的唱卖声此起彼伏，这边在叫："黑蔗玉蔗冰糖蔗……""买烂铜烂铁……"那边也在喊："米仔头糕，祛湿解毒……""铲刀磨铰剪……"一种市井特有的嘈杂声，像溪水般在街巷之间，来回流荡。街上人潮涌动，你挨我挤，有人站在路边吃猪肠粉、牛腩粉，有人在茶楼里饮茶玩雀仔，不时有出嫁或出殡的队伍从街上走过，吹吹打打，惹来许多人的观看。这就是许多石岐人记忆中的大庙下。郑彼岸曾有一首诗，描写街市小贩的生活：

> 天色麻沙到墟市，未到人声已聒耳。最怜小贩皱眉头，个个愁无"直板纸"。只因拣纸延时候，买货争光唯恐后。卅斤货物打回头，一半青盐一半豆。盐豆分开做两袋，旧路回来跟大队。此时天色阴阴地，共说今天

好运气。谁料归途半路中，忽然翻雨又翻风。带得蓑衣
只一个，不敢搂身为搂货。北风凛烈雨淋漓，湿透重衣
冷袭肌。将到濠头筋力尽，两眼昏花路难认。初更报罢
才到家，湿衣换罢全身震。等到天光货卖完，算来赚得
十多元。米价每元三两几，不够娘儿吃两天。吁嗟乎!石
岐女，我所知，其他我不识，痛苦亦如斯!君不见濠头
街市前，许多小贩坐街边，压肩货担刚才歇，又摆街边
求卖脱。买者须知豆与盐，尽是贫民身上血。

　　这种生活场景，在中山存在了不知多少年。不过，自从开始
拆城以后，这里变成了一个大工地，拆老房，建新房，马路上堆
满了砖石竹杉等建筑材料，三行佬仿佛成了街道的主人，整天听
见他们呼呼喝喝。对此，人们可以忍受，因为当马路建好后，这
里将更加繁荣，地价将大幅提升。

　　没过半年，朱卓文又调走了，李蟠继任县长，工程时快时
慢，断断续续，但毕竟在往前推进，疏浚地下排水道、安装路
灯、修筑堤岸、开辟公园等工程，次第展开。1926年孙文西路
修毕，1927年孙文中路修毕，1928年孙文东路修毕。这是石岐的
第一条现代马路，全长1870米，宽15.2米。其他几条大马路也陆
续完工：1927年长堤竣工；1928年民族路竣工；1929年凤鸣路竣
工；1930年民生路竣工；1931年拱辰路竣工。在此期间完工的还
有太平路（原名五权路）。规划中本来有一条民权路，在仁和
里，但不知为什么，迟迟没有动工，中山人常讥笑说："我们石

岐人啊，有民生，有民族，却没民权。"直到1985年，民权路才修好，连接安栏路与民生路。

马路修好了，商会订购了240辆人力车仔，成立了"石岐人力车广盛公司""石岐手车利行公司"，在市内搭客。在中山人看来，这简直太时髦了，像广州、上海街头一样，每辆车仔只搭一人（有时也会挤上两人），有些可以人货混搭，限重300司斤①。车仔佬跑起来像一阵风，比轿子快多了，车上的小铃铛一响，行人纷纷回避，十分威风。

孙文路上新建起一排排骑楼。这种房子的一楼临街部分建成行人走廊，可以遮阳挡雨，走廊上方为二楼的楼层，犹如二楼"骑"在行人走廊之上，故称为"骑楼"。这种建筑模式，有人说是从南洋传来的，也有人说是岭南古老的干栏建筑的现代版，它的最大特点，是把中国老建筑与西方建筑的众多元素，融为一体，而且十分和谐。

骑楼通常由楼顶、楼身、楼底三部分组成，即所谓经典"三段式"。屋顶通常是坡形瓦面的，也有平顶建有天台的，有些还加建了中式小亭、尖塔。山花和女儿墙多姿多彩，大多直接采用具有古罗马特色的装饰符号，如罗马柱、卷曲花纹等，中间耸起三角形或圆形，然后以优美的波形向两边降低，营造出繁复华美的巴洛克风格。楼内的门楣、廊柱、窗檐、天花顶饰、线脚，每个细部，无不精益求精；水磨青砖、满洲窗彩色玻璃、客房竹帘等，又充满岭南韵味。

---

① 司斤即16两秤，16两为一斤。

走在孙文路上，两边的骑楼，参差错落，线条玲珑，楼随路转，步随景移，带有浓郁的南洋异国风味。有了骑楼，人们再也不怕"破蓬摵东"了，也不怕"天上鱼鳞斑"了，[①]无论天气好坏，照样逛街和开门做生意。

在修筑孙文西路时，曾遇到一个难题，就是汇丰百货公司大楼刚好挡住去路。这座大楼1911年就在这里了，由李怜庵等人从国外筹资兴建，是一座钢筋水泥结构的四层洋楼，一至三楼是百货商场，四楼是茶市，人们在这里饮茶，可以欣赏曲艺、魔术等表演；天台是一个游乐场，供应生果、糖果、茶水，不时请一些师娘（亦称"瞽姬"），用粤剧的剧本、曲调，自弹自唱，倒也吸引了不少人来捧场。从时间上看，石岐汇丰百货公司，比上海永安、先施、新新、大新四大百货公司都要老。对很多中山人来说，百货公司是文明、时髦的象征，为了保护这幢华丽的洋楼，孙文西路在修到这里时，不惜拐了一个弯，所以石岐人说："未有大马路，先有汇丰。"

骑楼下，一间间百货店、药材铺、凉茶铺、纸料铺、米铺、旅馆，门连户接，卖头绳、针线、纽扣、袜子、花边、毛巾、脂粉、布伞、座灯、脸盆的小日用杂货，卖牛油、朱古力、威士忌、白兰地等西洋食品酒水，卖竹纱、夏布、呢布等土洋疋头的大小店铺，鳞次栉比。与拆城前的老街相比，新街整洁多了，明

---

① "破蓬摵东"是刮风下雨的预兆，见本书前注；"天上鱼鳞斑"是太阳猛烈的预兆。

敞多了，中山俨然从一个垂垂老矣的旧县城，一步跨进了现代城市的门槛。

清末民初，是传统商业向现代转型的关键时期。中山华侨众多，陶冶出商人的世界性眼光和襟怀。广州著名的真光百货公司，是黄在扬、黄在朝兄弟的创办；大新公司是蔡兴、蔡昌兄弟创办的；广州先施公司是马应彪创办的；上海先施公司是黄焕南创办的；上海新新公司是李敏周、刘锡基创办的。这些人无一不是中山人。

蔡兴，字祥泰，别字英辉，号礼和；蔡昌，字均泰。他们是亲兄弟，唐家湾镇外沙村人。蔡兴毕业于上海英华书院，能说一口流利的英语。蔡昌只读过三年私塾。后来两兄弟随舅父到澳洲经商，从经营一个小小水果档口起步，后来创办永生公司，逐渐成为富商。

光绪二十五年（1899），蔡兴带着积蓄归国，与同乡马应彪等集资，于翌年在香港创办先施公司。不久，蔡昌也回国发展，在先施公司任职。宣统二年（1910），蔡昌雄心勃勃，计划创办一家大型环球百货公司，蔡兴十分支持。两兄弟往返港穗，游说华侨及商界投资，集资400万港元，于1912年在香港德辅道闹市区开设了大新百货公司，英文取名"The Sun"，有旭日东升之意。蔡昌担任大新公司经理，蔡兴担任先施、大新两大公司总行董事局主席。后来，他们移师广州，开办了两间大新公司，率先实行"不二价"明码标价、专人收款、固定经营时间等制度，并且还引用了优惠礼券、特价商品、抽奖、销售本公司品牌的特制商品等营销手段，成功地改变了人们千百年来的消费习惯和消费观念。蔡氏兄弟可以说是中国近代百货业的奠基人。

蔡兴不仅是商界巨子，在实业方面也多有建树，他独力开办或与别人合作开办过马玉山饼干公司、兴华制面厂、华洋织造厂、中华糖厂、中国邮船公司、中澳航业公司等，还担任广东银行、国民银行、香安燕梳公司及永生公司的董事或主席，是香港多间大公司和银行的董事会主席，也是先施公司大股东，曾先后被港府委为保良局绅、团防局绅，并多次当选为华商总会干事值理、中山侨商会所主席等，1923年还被广东省长礼聘为顾问。

蔡昌也是长袖善舞的巨商，人称"大班昌"，先后担任香港慈善机构保良局局长、东华三院董事长、香港中山海外同乡济难总会委员等职。他们不仅是中国近代百货业的奠基人，而且热心公益，曾捐资家乡创办学校和医院，在慈善方面也堪称表率。1930年，蔡昌在老家外沙村创办礼和小学，免费招收附近村童入学；创办"慈善福寿帛金会"，捐资救助年老贫穷乡亲。

在石岐孙文西路上，除了汇丰，还有一家永安公司，也是大型西式百货商店。永安公司与上海永安公司，都是中山竹秀园村郭乐、郭泉两兄弟创办的。他们最初在澳洲卖水果，1907年在香港创办永安百货公司，1929年在石岐开设分公司。

马路上安装了路灯。1912年，南蓢濠涌村人严迪光投资，在石岐创办迪光安记电力所，1922年从美国购进了两台1000千瓦的威士丁透平汽轮发电机组，把电力所改组为迪光发电厂，每天发电3750千瓦小时，有2200户人家用上了电灯。

有了电，夜晚的舞台就被点亮了，中山第一家戏院——在今孙文西路的泰东戏院，更加灯火璀璨，演员们满身披挂，在灯光下踢袍甲，走圆台，一声长句滚花，字字抑扬顿挫，赢得满场喝彩；有了电，电影也跟着进来了，位于龙母庙街口（今孙文东路）的天外天映画部开张了，内设楼上雅座和楼下普通座，这是中山的第一家电影院；不久，第二家电影院大观映画戏院，在照壁街的老祠堂里开张了；第三间有1200个座位的大型电影院中山电影院，也在西城门外李氏族祠开张了。这都是在20世纪20年代结束之前的事情。电影仿佛为人们打开了一扇通往世界的大门。

1925年，由中山人自己投资的第一条县境内公路——岐环公路修起来了，从石岐学宫经大柏山、细柏山、土瓜岭、牛起湾、濠头、陵冈、萌尾、上巷、白庙、张家边江尾头至大环，全长11.2千米。1927年，岐关公路也动工兴建了，东线从拱北关闸经南萌、张家边至石岐；西线从萧家村经三乡、板芙至石岐，两线全长99.98千米。在此之后，隆镇公路、谿叠公路、莆隐公路，也相继修起来了。

公路开通了，"钵钵车"①就开进来了。1925年，华侨出资成立东镇民办车路有限公司，购买了六辆福特牌汽车，中山从此有了公路客运。1928年，岐关公路翠微至拱北关闸公路开通后，华侨又投资成立岐关车路有限公司，从香港买回几辆雪佛兰汽

---

① 粤人把汽车称为"钵钵车"，以喇叭声形容。

526

车，在翠微、前山、北岭、拱北之间，从事客运。

中山有很多人在外地生活，邮政是他们与家乡联系的重要渠道。清代末年，中山境内的邮政机构，大多设在侨眷较多的地区。光绪二十七年（1901），香山第一所现代意义上的邮政局，在城西（今孙文西路东段）成立；光绪三十三年（1907）在城西十八间（今孙文西路西段）成立电报局。1925年石岐邮局改称为中山邮政局，在南屏、翠微、唐家、榄边、崖口、雍陌、茅湾、象角、冲溪、龙聚环、大黄圃、古镇、潭洲等地，都设有邮政代办所，其中榄边、唐家的代办所是三等邮政局。电报局也同时改称为中山电报分局。电话也开始进入中山了，1920年，县公署率先安装了20门电话交换机。

1919年，中山第一家西医的同寅医院，在小榄开业，是由美国同寅会的传教士开办的。1925年至1926年，石岐也开办了两家西医院，一家是岐光医院，一家是侨立医院。1922年，中山已开办了336所正规小学，同时还开办了多所县立中学、区立中学、县立女子师范学校和县立师范学校。

公共园林的概念，也开始引入城市建设中了。孙中山去世后，中山县工部局宣布，要把原来的西山寺，扩建为中山公园。达德街县议会设立筹备处，经费来源，一部分向商界借，以崇义祠红契作为抵押，筹到款后再归还；另由省政府拨款一万元，在中山县担任公职人员捐出薪金二成，中山人在外地受职者，均捐薪金一成，薪金在50元以下者免。公园计划在半年内完工。

西山寺是石岐最大的佛寺，建于明嘉靖年间（1522—

1566），内有大雄宝殿、伽兰殿、韦陀殿、准提殿、观音殿等，不仅是个和尚经礼忏的净院，也一直是士人雅聚的地方。大雄宝殿外挂着一副乾隆年间（1736—1795）的楹联："成佛生天，不过脚踏实地；现身说法，何须口吐莲花"。这似乎也成了中山人性格的写照。由于种种原因，西山寺最终没有被改建成中山公园，唯一的标志性建筑，就是在山上建了一座中山纪念图书馆，郑彼岸担任第一任馆长，公园定名为"西山公园"，直到抗日战争胜利后，才更名为中山公园。

中山人建公园的热情，十分高涨。1934年，在原城墙的东北角，先辟建了月山公园。面积虽只有两千多平方米，不算很大，但米粒之珠，也放光芒，在它周围有仁山、西山、丰山、盈山、福山、凤山、寿山环绕，号称"七星伴月"，公园里长松落落，卉木蒙蒙，尤其珍贵的是，它保存着中山最后一段古城墙。在古榕根须盘虬环抱下，那些苔藓斑斑的城墙砖石，别有一种沧桑意味。夏天，公园成了市民乘凉休憩的好去处。

人们亲历着中山的巨大变化，一座现代化城市，正以旭日初升般的势头，蓬勃向上。不少文人为此大唱赞歌，有一首诗形容："帆随云影通香岛，车走雷声到镜濠""九市喧阗城建雉，七星缠拱地如螺"。类似的赞美诗句，不胜枚举，有诗人感叹："娱乐场开政治闲。"另一位诗人则写道："此间均是乐年丰。"

但这并非太平盛世。放眼全国，军阀混战，各种政治动乱，层出不穷，中山也不是世外桃源，无处不在的怒火，蕴结成等待喷发的火山。孙文西路在悦来街口、马巷口、南基街口，都搭了过街天桥，桥上铺着钢板、棉胎、沙包等，构成防御工事。马路两侧内街的街口，也建起了关闸，一到夜晚某个钟点，就会关闭，断绝行人。烟墩山上，还建了一座瞭望台，有专人值班。这就是危机的象征。

从西山寺脚一直到天字码头，沿街每个店铺的墙上，都开有两个孔眼。有人说它们像两只死蛤蟆眼，死盯着人来人往的马路。但这不是蛤蟆眼，而是射击孔。每家店铺都准备了枪支，一有风吹草动，马上关上店门，把店铺变成一座碉堡。当人们意识到这点时，再从那些孔眼前经过，就会有提心吊胆的感觉。走进那些店铺里，还有更吓人的发现：所有店铺之间的墙壁上，都开了一扇小门，平时虽然关闭，但只要全部打开，就成了一条贯通全街的室内通道。整条马路，俨然成了一个互相沟通的联防网。

这是十分奇特的街景。白天熙熙攘攘，商店里人头攒动，茶楼里杯盘狼藉，很是热闹，但到夜晚某个时间，便突然安静下来了，人们全都消失了。昏黄暗淡的路灯，照射着空荡荡的街头，只有身穿黄色军服的持枪巡逻者的身影；每个街闸前面，也有人持枪站岗。这些人并不是军队士兵，而是一些武装起来的平民。

1923年，滇、桂、闽、湘、豫各路客军，蜂拥进入广东，到处拉夫和掳掠财物，导致治安恶化，中山商人以"商民自卫、武装和平"为宗旨，成立了商团，听命于广东商团，总团部设在大庙的商会内。石岐的两千多户商户，每户出一人（大商户出二人）、一支枪和一百发子弹。如果不出的，每月要缴5至10元，让商团雇人代替。平时没事时，商团负责联防救火、救济赈灾、举办善堂、兴办商业学校等事情，一旦出现盗匪，则一家报警，群起救援。

这反映出商界生存的艰难，他们出钱供养着军队，但军队并不保护他们，反过来还把他们当成俎上之肉，迫使商界不得用一些毫无军事常识的普通店员、工人，再去防御他们养肥的军队。历史在这里留下了啼笑皆非的慨叹。

孙文路上的茶楼总是顾客盈门，人们吃的干蒸烧卖、叉烧包、荷叶包，几十年都没什么变化，但茶客们的话题，却几天一变。

1925年春天，中山县第一届农民代表大会在仁厚里召开，会议商定成立中山县农民协会，农民要参政了。秋天，中山县总工会成立，工人也要参政了。随后，农民自卫军和工人自卫队，相继成立。冬天，中国国民党中山县党部成立，中国共产党中山县委员会也成立了。街头上几乎每天都有学生在游行，他们喊着口号，挥动着小旗在唱："打倒列强，打倒列强，除军阀，除军阀。努力国民革命，努力国民革命，齐奋斗，齐奋斗。"所有人都清晰地感觉到，一个风雷激荡的时代，已经来临。

人们每天上茶楼，第一件事就是买份报纸看看，有什么重大新闻，似乎一天没有重大新闻发生，本身就是重大的新闻了。报纸上说，国共两党合作，出师北伐了，打到长沙了，打到武汉了，打到上海了，大家兴奋了好一阵；但忽然又传来消息说，国共两党分裂了，国民党要杀共产党人了；然后说全国统一了，定都南京了；又说举行孙中山奉安大典了，孙中山将安葬在南京，而不是他的家乡中山。

人们的情绪，被这些消息牵动着，欢欣、亢奋、沮丧、愤怒、疑惑，各种情绪交织在一起。外面的世界变化太快了，时代在飞速前进，不为任何人稍停片刻。在经历了20世纪20年代的风风雨雨之后，历史开始进入另一个场景。

1929年2月8日，国民政府第十九次国务会议，决议把中山县升格为"模范县"，直辖于中央政府，设立训政实施委员会，在全县推行训政。这个委员会由孙科、唐绍仪、李禄超、郑道实、李蟠、杨子毅、钟荣光、马应彪、蔡昌九人组成，以唐绍仪为主席。蔡昌还担任常委与财务委员会主任，并出任中山县民众实业公司董事长。

委员会全部是中山籍人士，本地人办本地事，以中山人的素质，不愁建不好一个模范县。中山人为此深深自豪。但这一定例，没几天就被打破了，委员会增补了林森、张惠长、陈庆云、欧阳驹、余铭等人。林森是福建人，并非中山本地人。

唐绍仪再次复出，这一年他67岁了。在就职典礼上，他发表讲话，宣称要用25年时间，把中山县建成可与世界大都市相媲美的新型城市，兴建一系列的工业、港口、公路、铁路、商业、学校，使之成为全国的模范县。他激情洋溢地为自己92岁时的中山，描画了一幅美妙蓝图。

据1934年广东省民政厅《广东全省地方纪要》和1935年10月内政部《内政年鉴》记载,照1931年核定县等原案编列,以面积、人口、财赋等三种核算标准,中山县编为一等县,下辖九个区,第一区驻石岐,第二区驻沙溪,第三区驻小榄,第四区驻大环,第五区驻前山,第六区驻唐家,第七区驻三灶,第八区驻斗门,第九区驻大黄圃。

中山地位特殊,是孙中山的故乡,因此有无数眼睛盯着,不少国民党"大佬"级人物,争着往这里挤,或者把自己的亲信往里塞,导致县长的更换,快过眨眼,仅在1923年,中山就换了五任县长,最短命的只干了13天。如此五日京兆,再美妙的蓝图,也难以善始善终。

1929年11月,模范县第一任县长李禄超上任,只干了半年,便"避让贤路",换上了黄居素。黄居素,自号光纲老人,又名华廉,祖籍广东嘉应州(今梅州市梅县区),祖父在清同治年间(1862—1874)迁居香山石岐。黄居素九岁丧父,家境贫寒,母亲出为人佣,黄居素由祖父抚养。他在乡中读了几年小学、初中,赴广州入广东高等师范学校,但仅读了八个月,因无钱交学费而辍学回乡。1919年,他身无分文地在广州,甚至进了光孝寺当和尚;后来,经朋友介绍,在粤军总司令部任政治部主任,1925年任南方政府农民部长。

黄居素在任时,最宏大的计划,就是把唐家、上栅、下栅一带划为中山港区,按照"南方新港"和商埠标准,进行全面开发建设。为此,他把县政府也迁到了唐家,又按每亩禾田收取毫银二元，从县属一百四十多万田禾亩中，筹得二百多万元，成立民众实业公司。另外两项大工程是在唐家前环建一座大码头，在石岐天字码头旁边建一座大桥。但两项工程都是有头威，冇尾阵，[①]黄居素干了还不到一年，又被人赶下台了。人亡政息，工程也半途而废了，岐江桥的几个桥墩，后来还要再花钱请人把它们挖走。

1931年3月，唐绍仪兼任中山县县长。许多人诧异不已，因为唐绍仪怎么说也是做过内阁总理的人，可谓一人之下，万人之上，现在竟屈就区区县长。有人讥笑他太爱做官了，连县长也不放过，但也有人称赞，这才是真正的传统士大夫精神，"君子之心，可大可小；丈夫之志，能屈能伸"。

唐绍仪在县长任上，干了三年，算是比较长命的一位了。他的建设蓝图，与黄居素其实一脉相承，与当时"南天王"陈济棠制订的广东省三年施政计划，也遥相呼应，包括基本建设、发展实业、加强农渔业和乡村建设、引进外资和发展教育，涉及方方面面，而以开辟唐家无税商港，为重中之重。他多次邀请粤省要人和专家，到唐家湾实地考察，编印了《中山县发展大纲》，在港澳和海外广为散发，开辟筹资渠道。

他是本地人，对中山的风土人情、方言习俗，了如指掌，也喜欢到处微服察访，走乡访镇，与乡人交谈，毫无障碍。有一回他走到岐关公路，遇见几个乡民在那里吵吵闹闹，就上前打听是

---

① 粤语"有头威，冇尾阵"指虎头蛇尾。

什么事。乡民说,以前他们经常会带几只自养的鸡鸭,到澳门贩卖,换些零星的洋货回来,倒卖赚点小钱,但如今却被护路警士以走私罪,统统没收了。唐绍仪亲自出面,代乡民向警士求情,他笑嘻嘻地说:"小走私可以打击大走私。"谁都知道,当时规模最大的走私,是陈济棠组织从香港走私洋糖,那是由海军舰只和缉私船护航的大买卖。

还有一回,唐绍仪在孙文路上闲逛,经过一栋房子,门口悬挂一块牌子,上面写着"承办筵席捐办事处"。所谓筵席捐,实际上是省财厅规定收的,凡在茶楼、酒楼吃饭,结账总额一次达到1元(或2元)以上的,均需代征20%筵席捐。这在全省引起极大反弹,商界怒称是竭泽而渔,誓死反对。唐绍仪看到牌子后,脸色一沉,举起手杖,把那块牌子扫落下来,大声说:"食只鸡也要纳税,真是中外奇闻!"周围的商人纷纷鼓掌。人们把唐绍仪称为"布衣县长"。

1934年,唐绍仪在共乐园度过了他县长任期内最后一个中秋节。在中山人的传统中,中秋节是一年中最热闹的节日之一,它是庆祝丰收的节日,也是合家欢聚的节日。溯其起源,很可能在唐代时之前,唐代诗人杜甫就写过《八月十五日夜月二首》《十六夜玩月》《十七夜对月》等诗作,而中山早在南宋年间的"香山八景"中,就有"南台秋月"一景,元代诗人黄仲翁有诗咏道:"闉阓城南夜,澄鲜一望中。可怜台上路,举步是蟾宫。"显然南台是邑人中秋赏月的地方。

中秋之夜,明月当空。唐绍仪在观星阁摆上了柿子、柚子、香蕉、杨桃、芋头、田螺等食品，与家人一起赏月。月饼当然是必不可少的，石岐的月饼很出名，有素月、肉月、蛋黄月等种类，素月的馅是用莲蓉、豆沙、椰丝之类做的，给出家人吃，肉月的馅有金腿、五仁等，蛋黄月则加入了咸蛋黄。这些月饼都很矜贵，不是人人吃得起的，没钱的人家只能买下等面粉混合粗米粉做的糙米饼，叫做"穷家月饼"；更穷的人家，连糙米饼也吃不起，则买几块棋子饼应节，这种饼如象棋子大小，实心无馅。当圆月初上时，家家户户焚烧楮帛，点燃香烛拜月公，没有几块月饼，显得很没诚意。乡间有一首歌谣："八月十五是中秋，有人快活有人愁。有钱人家吃月饼，冇钱人家吃芋糕。"

共乐园里人声喧阗，人们扶老携幼，提灯游玩于荷池曲溪之间，从观星阁看下去，山路上闪闪烁烁的灯笼，细佬仔的欢笑声，在林间回荡不息。唐绍仪兴趣盎然地问人："今年鸡拍村还有没有斗歌啊？"人家答他："有啊，现在村东、村西还在斗呢，大概没分出胜负。"这是鸡拍村的传统，村东和村西的人，每到中秋之夜，就要互相斗歌，你一首，我一首，一直斗到天麻沙光。相传村东靠海，斗赢就好江海；村西靠山靠田，斗赢就好时年。[1]唐绍仪大笑，侧起脑袋，好像在倾听一样，然后说："我还会唱几句呢。"说罢轻轻打着拍子唱道："今晚歌堂系我开，吹箫打笛引郎来。引到郎来同我唱，一齐唱到大天光。"大家哄然笑了起来，笑声传得很远很远。

---

[1]　"好江海"指渔获丰收，"好时年"指五谷丰登。

明月的银光洒满大地，如同白昼。远处隐约有鼓乐之声，夹杂着烧炮仗的"噼噼啪啪"声响，此起彼落。唐绍仪拄着手杖，在观星阁上慢慢踱步，任夜风轻拂着鬓角，忽然吟诵起明代黄经的诗句："刁斗寂无声，银蟾夜自明，林风吹短髯，秋气肃孤城。漫作刘琨啸，仍含庾亮情。楼头笳鼓曲，曲曲乐升平。"

升平的日子快要结束了。

唐绍仪能够在县长任上，干了三年，算是给足他面子了。那些在后面排队轮候的人，愈来愈不耐烦了，"皇帝轮流做，明年到我家"。1934年10月7日，中秋节过去刚好一个月，突然有大批县兵包围了唐绍仪住所望慈山房（在今山房路口东段），把电话线也切断了，要求县政府立即发还欠饷。有一篇回忆录写道："那些士兵的来源都出自兵贩子地痞之手，经常又受到长官的打骂，为了防止他们'开小差'，所有部队类多压饷一两个月，当时中山县兵是压饷一个月。"等同入伍的押金，已成惯例，受影响的其实只是入伍头一个月。这次县兵闹饷，显然另有"倒唐"的目的。

唐绍仪躲在后座的楼上。他平时天天在这座楼上，远眺母亲的坟茔，人们都叫这座楼为"望母楼"，但现在从窗口往外窥望，四面全是密密麻麻的县兵，像一大群醉汉，朝着窗口放肆地叫嚣着。唐绍仪派人出去传话：欠饷可以找你们的长官。但那些丘八哪里听你说，不断叫嚷：长官也没有钱，钱都在县库里，县长必须负责。唐绍仪也出不去，日坐愁城，一筹莫展。第二天，陈济棠从广州派了一个教导团到唐家湾，名义是上保护唐绍仪，用小兵轮把他接到广州，其实是逼他走。县长一职，由陈济棠另委人接任，县政府也从唐家迁回石岐，在郑氏三公祠办公。

唐绍仪黯然下台。当他坐在小兵轮上，望着渐渐远去的码头，渐渐远去的家乡时，忽然想起一千多年前，锦半臂郑愚第一次离乡时，坐在船上写的那首诗："渔浦飔来笛，鸿逵翼去舟。鬓愁蒲柳早，衣怯芰荷秋……"一阵秋风吹来，仿佛也是一千多年前的风，让人遍体生寒。唐绍仪不自觉念了出来："怆然怀伴侣，徒尔赋离忧。"当年郑愚是去开辟他的新世界，而今天，他的世界已经开始落幕了。①

---

① 1937年抗日战争全面爆发，唐绍仪滞留上海，日本人邀请他出来组织汉奸政府，遭他拒绝。不过，国民党误以为他有意投敌，1938年9月30日，派人用斧子将其暗杀。

烽火下的血泪

中山注定要经历一次血与火的洗礼。1937年7月7日，北方发生"卢沟桥事变"，中日两国全面开战。尽管在南方的广州，仍然是歌舞升平，但中山却成了全省最先感受到战争威胁的地方。由于中山扼着珠江口的咽喉，地理位置极其重要，"卢沟桥事变"仅一个月后，日军军舰便驶抵珠江口，派遣小分队在中山第七区的高栏、荷包岛登陆，勘察地形，并占领了担杆、万山和内伶仃等岛屿。

自从唐绍仪走后，中山已走马灯似地换了几任县长，在这个"寇深矣，国危矣"的时刻，谁来当县长，竟成了一个令人焦躁的悬念。是年10月，新县长张惠长走马上任。张惠长，字锦威，中山张家边大环村人，幼年随父侨居美国；1914年入读美国纽约寇蒂斯航空学校，学习飞行技术；1917年毕业回国，在孙中山的大元帅府任侍从副官；1922年升任航空局副局长、代局长、北伐军飞机队队长；其后又当过广东航空学校校长和航空处处长。

1928年11月，张惠长与他的中山同乡陈庆云，以"航空救国"的名义，分别驾驶"广州号"美制莱茵陆机和"珠江号"美制莱茵水机，举行史无前例的长途飞行。张惠长从广州大沙头机场起航，途经武昌、南京、北平、奉天、天津、上海、南昌，12月8日回航广州，航行46小时，航程5976公里；陈庆云从广州珠江河面起航，沿海岸线北飞，经汕头、福州、杭州、宁波抵达上海，转飞汉口、长沙、桂林、梧州，于12月30日回抵广州，航行36小时，航程4400公里。这两只中山雄鹰，在没有导航设备和地面设施十分简陋的情况下，战胜了暴风雨、大风雪和浓云迷雾等恶劣环境，完成了中国航空史上第一次环国飞行的壮举，他们"鹰击长空"的雄姿，让全中国沸腾。1929年张惠长出任军政部航空署署长兼中国航空公司副理事长、中央航空学校校长。

让这样一位没有地方行政经验的飞行员出任县长，并兼任广东省抗日青年先锋队中山县总队队长，带有"战时县长"的意味，但可惜他手下连一架飞机也没有，只有一个地方守备总队、政务警察大队、义勇壮丁大队（即原来的商团），还有民众抗日自卫团，统属第三游击区指挥，张惠长任游击区司令。但这些都不是正规军队，他手中也没有正规军队。

中山县政府宣布从10月1日起，封锁海口，取缔省港渡船航线，仅保留石岐、澳门航线，渔船、渡船都不敢出海了。政府又调集磨刀门、横门、金星门的所有废旧船只，满载石块，凿沉于门前的航道上，以堵塞日舰前进，但这一带水深流急，沉船的作用，其实十分有限。11月10日，日军登上了高栏岛。人们不禁长吁短叹："要打仗喽，往后的日子，会愈来愈难过喽。"

张惠长眼睁睁看着日军飞机在头上飞来飞去，恨得直跺脚，愤叹英雄无用武之地。12月3日，日军飞机又在三灶岛上空盘旋，撒下了许多传单，声称要进行登陆演习，岛民无须惊惶，只要欢迎皇军，就可安居乐业。传单引起岛民极大的恐慌，当天便出现了逃难潮。5日，四百多日军从高栏乘船到莲塘湾，在三灶岛登陆，停留了二十多天，突然又撤走了，分别开往大横琴岛、台山上川岛和九洲洋。12月28日，日军攻上了横琴岛，但九天后又主动撤走了。日军如此突然而来，突然而走，让人更加不安，似乎敌人在酝酿一个大阴谋，恐惧在四乡弥漫。

1938年2月6日，正月初七，传统的"人日"，天空阴云密布，下着小雨，海面上雾霭茫茫。淇澳岛上的居民还沉浸在欢乐的过节气氛之中，家家早起煎饼，准备拜神。上午9点多，大海开始涨潮了，浓雾还没散去，海边突然传来隆隆炮声，接着是密集的枪声。人们在雾里奔走惊呼："萝卜头打来啦！萝卜头打来啦！"

日舰从岛的东西两边向岸上发炮。岸上守军只有44人，凭着一门火炮、四门土炮和步枪，向日舰还击，阻挡着日军登陆。双方从上午一直打到傍晚，大海开始退潮，日军也暂时停止进攻了。大雾又从四面八方涌过来，笼罩海面。淇澳岛上已经乱作一团了，人们赶紧收拾家里的各什各物逃亡，因为东西两边都有日舰监视，不能下海，所以大家都涌向西北方上船，趁着夜潮涨起，顺流逃向大茅岛。

与此同时，日军也趁着涨潮，开始登陆，与岛上守军展开激战。停泊在海上的日舰，不断朝海面开枪扫射，难民中有人中弹身亡，但人们趴在船舱里，只能咬住手臂不敢哭，生怕被日军听见。深夜时分，难民在涌口附近上岸，才敢放声痛哭。天亮以后，他们继续向榄边、大环等地仓皇而逃。

大雾逐渐散去，日机可以起飞了，三架轰炸机在淇澳岛投下了多枚"烧夷弹"，四处大火熊熊，树林、村落都成了火海。守备队被日军冲散了，士兵们各自在每座房子、每条水沟，每棵树的后面，继续抵抗，直到弹尽援绝。他们退到海边，但一条船也没有了，难民把所有船只都划走了，他们只好抱着木头、木板，跳进大海，向南面金星门方向泅水逃生。这次日军进犯中，据亲历者回忆，有13名青壮年被枪杀，30多间民房和店铺被烧毁，"劫后余生的居民纷纷举家朝大茅岛、涌口门（今属中山市南朗镇）或唐家方向划船逃难"。

与淇澳岛爆发战事的同时，唐家湾、企人石等地，也都战火连天。几天后，日军出动四艘军舰，运载六百余兵力，再次占据三灶岛，把十八乡的三百多名乡民抓去，在海澄田心村与莲塘村之间，修建了一个可供百多架飞机起降的机场。日军竟然在机场上挂了一个"新长崎"的牌子，简直把这里当成日本领土了。有一天晚上，忽然有几个不怕死的乡民，偷偷潜入三灶的日军军营，用菜刀割下了几个日本兵的脑袋。这一事件，令日军发狂，把岛上十八乡中的十三个乡，全部夷为平地。据统计，在整个沦陷时期，三灶岛上有2891人死于日军的暴虐。

兵凶战危，形势危急。珠江口战舰云集，航空母舰上的日机，频繁起降，中山几乎每天都会多次响起凄厉的空袭警报。4月3日下午，日机首次空袭唐家，海关分关被炸中，几间房屋倒塌，一名关员被炸死。5月4日，是石岐最血腥的一天。这天，空袭警报又拉响了，人们以为和往常一样，这些飞机是去广州的，所以都不太在意，有些小孩还跑到街上看飞机。但这天的日军轰炸机飞临长堤上空时，突然投下一连串炸弹。随着一阵尖锐的呼啸声，紧接着是接二连三的猛烈爆炸，震动了全城，密集的街市腾起一股股浓黑烟柱。人们惊呆了，然后轰然大乱，争先恐后找地方躲藏，哭爹喊娘，哀天叫地。这是石岐首次遭到空袭，事后清理，死难者20人，受伤者47人。

战火终于延烧到中山的腹地了。

中山县政府军事科，在日志中写下了悲惨的一页："自全面抗战军兴，本县之遭敌侵害者，以空袭为最，从民国二十六年（1937）八月初旬起，县境之空袭警报，无日无之，我民众之惨死于敌机炸弹下者，不知凡几，而财物之损失，尤难以数计。"据统计，从1937年8月至1938年底，日军空袭中山次数，达176次，投下炸弹514枚，炸死民众247人，炸伤523人，炸毁房屋544间。

1938年10月12日，星期三，这是历史上一个黑色的日子。日本对广东的闪电攻势开始了。日军从惠州大亚湾登陆，中国军队仓猝抵抗，还不到十天时间——10月21日——广州便告沦陷了。广东绥靖主任兼第四路军总司令余汉谋、广东省主席吴铁城、广州市长曾养甫、税警总团长张君嵩，在敌军兵临城下之际，没有组织有效抵抗，反而作鸟兽散。广州市民讥讽："余汉无谋，吴铁失城，曾养冇谱（甫），张君一松（嵩）。"①作为吴铁城的乡里，中山人听了，格外痛心疾首。

广州沦陷后，省政府撤到粤北。10月23日，日军攻陷虎门要塞；11月占领东莞、宝安等地；1939年3月，江会沦陷。中山四面被围，成了一块孤悬敌后的"飞地"。无数的北方难民涌入中山，他们很多人在路上已遗失了一切行李，衣衫褴褛，面目黧黑，饥寒交迫。他们挤满了石岐街头，有人哭泣，有人乞讨，有人蹲在街角吃垃圾，有人蜷缩在骑楼下睡觉，有人坐在路边茫然发呆，谁也不知明天会怎样，到处都充满着凄凉而阴暗的气氛。为了帮助难民，县商会从香港买进了3000包180司斤装的免税洋米，由香港香山会所、香港中山商会资助每担5港毫，运回石岐平粜，市民每人每次限购2元（20.5司斤）。平粜救活了很多人，而且一直维持到1940年石岐沦陷才结束。

1939年7月9日，日军五百余人进犯二区全禄、叠石两乡，与县守备队和乡警队交战，第二天就退回军舰上了。7月24日，又有数百日军乘登陆艇、汽艇，在飞机掩护下，闯入横门水道，

---

① 粤语"冇谱"是离谱之意；"松"是开溜之意。

西向横门（即今中山港火炬开发区东半部）沿岸登陆，东向马鞍山、矮山登陆。日军飞机则在四区及石岐岐关西路一带，不停轰炸扫射。张惠长带领县守备总队，苦守了七昼夜。7月31日下午，当漫天的尘土与硝烟散去时，他们总算看到日军开始后撤；而更令他们兴奋的是，一艘日军运输舰在玻璃围附近，碰到水雷，被炸沉。

8月中旬，日军三千多人再次进犯横门，双方不断交锋，持续了一个月时间，至9月中旬，日军又退回到海上。横门保卫战是中山抗战时期，最激烈的战役之一。为纪念此次战役的殉难将士，中山县政府在1947年修建了一座抗战阵亡烈士纪念碑。

日军不间歇的空袭，对人们造成极大的生命财产损失和心理压力。张惠长的家乡大环村，位于今华佗山公园南侧，成为日军空袭的重点目标之一。据当时的广东青年抗日先锋队总队成员黎一乐在《中山抗战初期史料考述》中回忆："1939年9月7日，第二次横门战斗的第一天，村民议论纷纭，忧心忡忡，上午11时，一架敌机经大环村上空向张家边村飞去，只见它来了个90度的左转弯，尾巴向上一翘，跌下一个东西来，几秒钟后，听到一声巨响。这是敌机在该村第一次投下的一个重型炸弹，炸死村妇一人。"

最初，村民惊恐万状，不知该往哪里躲避。黎一乐写道："炸弹首次在大环村落下来，村民是不知所措的。孩子们听到飞机声后，就急忙钻到台底下或床底下去，大人们也有这样做的。"8日、10日，日军向大环村轮番轰炸。日军飞机的轰炸，是以村南面张惠长的那处花园式住宅与后门山华佗庙之间相连的直线为"瞄准基线",进行投弹的。在9月8日至20日期间,投下了80多枚炸弹,炸毁了39间房屋。

9月20日,一千多日军直接攻入大环村,在村里到处纵火。张惠长的邻居是一户华侨,建了一幢漂亮的洋楼,日军以为是张惠长的,便用信号弹射入屋内,点燃了大火,把房子烧毁了。另一户华侨在三层高的楼房顶上,嵌了一个"青天白日"的国民党徽,被日军误认为是军政机关,用大炮轰击,一颗炮弹直接穿入大厅,整幢楼房都爆炸燃烧起来了。还有一户华侨,母亲刚刚去世,遗体还停放在屋里,房屋中弹起火,母亲的遗体抢救不出,也化为灰烬了。

10月4日,日军五六千人,兵分五路向石岐进攻。第一路从全禄入侵,横渡石岐西河,取道北台,沿公路犯石岐;第二路从叠石入侵,控制狮滘口和岐江西河的河道,掩护舰艇进入石岐码头;第三路由水路经金钟犯沙田,沿岐关西路东侧趋石岐;第四路从横门进犯,与大王头的日军会合;第五路从横门水道入,沿大雁沙南岸上,直逼石岐,另有一支小部队沿鸡鸦水道上,骚扰白鲤门、罗松一带。

石岐的枪炮声终日不息。7日上午,沙冈、槎洛桥附近,人们透过滚滚硝烟,已隐约看见飘扬的日军太阳旗了,但迎阳山、库充一带,仍在激战之中,迫击炮、机关枪、三八大盖,"乒乒乓乓"响成一片,愈来愈近、愈来愈密了。石岐民众扶老携幼,向第五区方向(即平岚、雍陌、鸦冈等地)仓皇奔逃。漫山遍野、一望无际,都是人潮,据称有十万之多。人们有的挑着担子,有的牵着猪牛,有的两手空空、蓬头跣足奔跑,有的小孩走失了,父母号天喊地。这是一个巨大的混乱的洪流,在所有的山冈、田野和衢路上,奔腾激荡。

在张惠长指挥下,县府、县党部、司令部、警察局等机关,全数撤入五桂山区。上午10时许,日军迫近石岐近郊,张惠长等机关长官才最后撤离,转往长冈村。长冈村是五桂山北麓下的一条村庄,隐藏在山沟里,与桥头、九曲林、崧埔、西陂合称"长冈五堡"(今长江水库一带)。南望五桂山,林木郁郁苍苍,如在云中;村前横着两条溪流,一条是崧埔水,一条是龙坑水,两水交汇,水势湍急。每逢雨季,易发山洪。古驿道穿崧埔水而过,原来跨水的石桥,已被破坏掉了。

县政府刚刚撤走,日军就浩浩荡荡开入石岐了。这座有七百多年历史的古城,第一次沦陷了。但奇怪的是,日军在石岐只待了三天,10月10日上午,就突然诡异地全数退出石岐,返回到军舰上,史称"三日沦陷"。这天正好是中华民国的国庆日。是什么原因导致日军撤退?人们纷纷猜测,有说是日军为了劝诱中山当局投降,有说是因为中山人的抵抗激烈,也有说日军是为了增援江会,还有说日军准备调兵去攻打南宁。总之,石岐失而复得了。张惠长率领县机关和守备总队,重返石岐。

人们收拾废墟,把烧焦的木头砖瓦清理走,把烧剩的家私杂物拣出来。在很多人的眼里,虽然只有短短几天,但石岐好像变得陌生了,与从前不一样了,但又说不清哪里不一样。也许是人们的表情，个个都愁容满面，疲惫不堪，酝酿着愤怒，再没有了往日的欢颜；也许是一些熟悉的、标志性的建筑、树木消失了，成了废墟、焦土、一块空荡荡的烂地；也许是一些常在一起饮茶的老街坊不见了，生死未卜，音讯全无。

这是一段相对安静的日子。在整个中国都炮火连天的时候，中山的这种安静，显得十分奇特。拉开历史的视野来看，1939年底，余汉谋的第十二集团军与日军展开粤北会战，也许这是迫使日军在南部消停一下的原因。

由于石岐沦陷了三天，12月15日，广东省政府在韶关召开第89次会议，决定撤去张惠长县长职，"着随同服务，戴罪自赎"，并委任吴飞继任县长。吴飞原来是县公安局局长，他一上任，立即宣布解散广东青年抗日先锋队。这对本来亟需提振的民心士气，无疑又是一个重挫。中山人讥诮：走了个会飞的县长，来了个唔会飞的县长。[①]县政府秘书谭冠之在《中山抗战与复员概纪》一文中，亦作不平之鸣："大敌当前，猝而易长，民众诧然，未免上下彷徨，而张公任内两年零两月，但凭少数孤军，独掌孤撑，苦战持久，一战再战，不失寸土交卸，此无负于家乡父老之托，上下一致，永铭去思。"从1937年7月抗战全面爆发至1945年8月抗战胜利，中山县一共换了八任县长。

1940年元旦，粤北会战结束，中日双方基本恢复了战役前

---

① 张惠长空军出身，故称"会飞"；吴飞名字的粤语谐音是"唔飞"，即不会飞。

的态势。国民党实行新的田赋征收办法，把原来征收代金，改为征收谷、麦、粟、小米等实物，导致流入沦陷区的粮食，大幅减少，粮价则一路狂涨。以齐眉米为例，1月份每担才卖19.2元，5月初暴涨至每担44元。这种惊人的涨幅，足以证实沦陷区的粮食供应，已捉襟见肘，这迫使日军又掉过头来，对付珠江三角洲的产粮区了。

1940年的农历新年刚过，横门外又集结了多艘日军军舰，不时向岸上炮击。村民似乎已习惯了这些炮声，大环村一些大胆的年轻人，甚至还三五成群跑到山上，用望远镜观察日舰。不过，人们都知道，日军迟早是要登陆的，阅历丰富的老人，都在做逃难的准备了。身在长冈村的黎一乐写道："3月6日，石岐和东乡上游一带的民众陆续涌入山区避难，路过长冈村的难民愈来愈多。"他在深更半夜，还经常听到难民呼儿唤娘的声音，对日军暴行的咒骂怨恨声，还有流离失所的叹息声。

3月1日，日军先攻陷顺德大良，5日渡过桂洲水道，从西向东进犯大小黄圃。日本南华舰队宣称："从3月5日上午11时开始对中山展开攻略战。"6日午前11时2分，日军海路方面从唐家、香洲登陆，兵分两路，从南向北攻陷前山、坦洲、翠亨；另一支主力在叠石登陆，直趋石岐，"对抗日牙城中山县城已完成其包围态势"。日军的骑兵、步兵，就像一股黑色风暴，一路滚滚而来，"在一望无际之广野上，以破竹之势继续进击"。7日陷南萌、张家边、三乡、恒美、石岐、沙溪、大涌。

3月7日上午10时，一队日军骑兵耀武扬威地出现在石岐街头，步兵、炮队随后。石岐再次沦陷了。大街上人喊马嘶，日本军队挤满了街道，用钢盔、刺刀、山炮，向这座城市展示占领者的威风。叠石方面的日军，也炸毁了叠石南面横河中的两道石砦，清理河中障碍物，下午4时左右，也进入了石岐。原县政府门前，挂起了太阳旗。居民都被赶到街上，列队欢迎，大街的墙壁被刷上了"中日提携建设新东亚""实行和平救国""粉碎赤化阴谋"一类标语。东门外学宫成了日军的司令部，绥靖救国军（伪军）司令部则设在原警察局内。

3月15日小榄亦告失陷，中山县境大部分沦陷。巨大的难民潮，从3月8日开始，再次席卷中山。据日本军方宣称，自从占领石岐后，至少有两万五千人逃往澳门避难。五桂山区的羊肠小道上，难民一个跟着一个走，队伍见首不见尾。他们的目标是逃往澳门。到了晚上，难民潮仍然绵绵不绝，很多人已一天一夜没合过眼了，但仍提着风灯，一步不停地赶路，漆黑的山路上，有如一条火龙，蜿蜒而行。不时有人抬着伤兵担架，匆匆往前赶，发出低沉的提醒声音，难民都自觉地靠到路边，让担架先走。有时前头突然传来口讯，说日军飞机要来夜袭了，让大家赶紧熄掉灯火。山路上的火龙顿时消失。过了一会，警报解除，茫茫黑夜中，先是有些零星的风灯重新亮起了，一盏又一盏，闪闪烁烁，最终又汇成一条火龙，继续前进了。

难民队伍先到了大布村，听说日军都开往石岐了，南面没多少日军，大家发出欢呼，似乎看到了希望，于是鼓起精神再上路，朝肖家村、水截头、南溪方向前进。在肖家村，他们惊喜地发现，岐关车路公司的长途汽车居然还在运营，便蜂拥而上，把每一辆开往澳门的汽车，都挤得针插不进。那些挤不上汽车的人，只好继续步行。他们互相搀扶着，互相鼓励着，每一双充满血丝、布满风尘的眼睛，都盯着南方：澳门！澳门！多走一步就近一步了。

石岐沦陷后，吴飞率县政府匆匆转移到八区斗门，守备中队、政警中队和集结中队，全部撤往鹤山，后来改编为挺进第三纵队，属余汉谋领导的第七战区建制。5月，"唔会飞"的吴飞，也被省政府撤职了，但换上的新县长干了没几个月，又被撤换了。1941年6月13日，日军再次攻入斗门，八区失守，中山全境沦陷。县政府流亡到新会后，再换县长。其实，对中山人来说，现在谁当县长，意义已不是很大了，他们有更残酷的难题要面对：明天，还有米落镬吗？

石岐沦陷前，用大洋券买米，是十元一担，沦陷后飙升至七八十元一担，人们已经叫苦不迭了，但谁也没想到，一场更大的灾难，正在逼近。1943年春天，中山发生大旱，持续了140天，丘陵区的农作物，几乎全面失收。市场开始发疯了，米价先是暴涨至两百多元一担，没几天便跳至五百多元一担。一个飞发佬[1]抱怨，他给人理个发才收四角，一天手不停也至多理二十多

---

    [1] 粤语"飞发佬"即理发匠。

个头，收入不过十元左右，只能买两斤米，但他一家八口，靠他一个养活，每餐只有一斤米落镬，每人只有二两米落肚。街头有一首悲惨的民谣在流传："千记万记，谨记民国三十二①，一元买米三钱二。"

这个飞发佬一直有工做，还算好的了，很多店铺都执笠②了，收入完全断绝。乡下地方，本来就是"放下禾镰冇米煮"，遇上这样颗米无收的灾年，等待他们的，不是逃亡，就是死亡。在新村的140户人家中，饿死了100多人，百余户逃荒乞食，十几人卖身到海南。小榄也同样恐怖，每天都有上百人从顺德逃难来，被安置在滘口东漱桥的更寮和六房祠内，但并没有什么救济，因为小榄本身也是灾区，当地人也没饭吃，结果每天都有几十人饿死。一位亲历者写道："如滘口宝华巷22户，便因饥饿无以为生，饿死42人，其中3户全部死光。现在百寿堂（以前白须土地）每天弃婴在地的少则五六个，多则十多个。小榄镇内每天拾获死尸不下百数十具。"

另一位亲历者回忆，他在石岐有一个好朋友，失业后把房子卖了5500元，才撑了几个月，钱就花光了，只好继续卖家具；等家具也卖光了，就卖衣服被褥，最后一切都卖光了，全家四口断粮，一起饿死。另一个例子是孙文中路仁山广场那间为人熟知的女子茶室，老板是著名画家李鹿门、李秋如的后人，在七仙街有

---

① 民国三十二，即1943年。

② 粤语"执笠"即倒闭。

一座"李本立堂"大宅,属于富裕人家,但沦陷后也撑不下去,茶室倒闭,连大宅也被迫卖掉,最后屋主李氏夫妇和兄弟全部饿死。

街上到处都是饿死的尸体,许多婴儿还没死,就被丢弃在路边等死,"弃婴曝烈日下,一日三变其色,出现黑色即死亡"。这种细致的描述,让人毛发耸然。专收路尸的"黑箱队",一天忙到晚也收不完。在这一年里,有五六万人口的石岐,就饿死近万人。那位亲历者说:"以我所知的亲友们,一二人饿死或全家饿死者,不知凡几,也有的流为乞丐,有的逃荒别处,结果都无法生存,凄惨情形,真是令人目不忍睹。"石岐的饿殍统统运去岐关车路旁的浦鱼洋,剥光衣服后,草草掩埋,以致尸骨暴露,恶臭弥天,被称为"千人塌"。一位乡人后来写了首《吊浦鱼洋万人坟》的诗,记述这人间地狱般的一幕:

> 村前之北小山头,伤心惨语浦鱼地。
>
> 黑箱来自石岐街,饿死弃尸埋在此。
>
> 埋法名为蛇蜕壳,十亩三层尸万几。
>
> 其中一妇与婴儿,妇死儿生口吸乳。
>
> 监埋恶吏太忍心,死母活儿同委弃。
>
> 儿哭一声泥一锄,生埋不问谁家子。
>
> 荒丘十亩作尸场,浅浅泥封无尺许。
>
> 阴沟低处尸汁泄,奇臭薰天闻数里。
>
> 饿狗食尸含骨回,啃骨灶边等闲事。

这样的万人坟，不止浦鱼洋一处，诗中写道："连年兵灾夹饥馑，千家万户骨肉分！君不闻西桠南萌三灶岛，惊心几处万人坟！"

这场灾难一直到1944年还没过去，物价继续暴涨，仿佛永无止境。这年11月物价与1943年1月相比，大米涨了21倍，猪肉涨了28倍，片糖涨了18倍，食盐涨了14倍。全县人口下降至191489户、744700人，比1934年减少36%。据抗战后的政府统计，在整个沦陷期间，中山有12.4万人因饥饿而死。很多年以后，凡经历过1943年灾荒的人，一提起都会惨然变色，如见鬼魅。

中山人的反抗，并没有停止，那些没有被日军刺刀和饥饿弄死的人，变得更加坚强、勇敢。中山人从来都是不怕死的。在最艰难的日子里，南番中顺游击区指挥部，一直坚守在五桂山上。日军曾调动了骑兵、炮兵和擅长山地作战的部队，试图把它扑灭，既采用过长期围困之法，也采用过速战速决之法，都没有成功。相反，游击队还一天天活跃、壮大起来。1944年春天，中山抗日游击大队改编为中山人民抗日义勇大队，顶住了日军的"十路围攻"，7月又击退了日军的"四路围攻"。

日军为打通粤汉铁路南段，1944年11月，调集重兵，从南北两面，大举进攻广东省的战时省会韶关，从而打响了第三次粤北会战。国民党省政府自顾不暇，对遥远的敌后地区，更是鞭长莫及。1945年1月15日，由共产党领导的珠江纵队第一支队成立，队长欧初是南朗镇左步村人，他在回忆录中追述："我们多数是在晚上集中兵力打击敌人，日间分散活动作开辟工作。战术中坚持敌进我退，敌退我进，敌驻我扰，敌疲我打，打得赢就打，打不赢就走，我们就是运用这些战术把敌、伪、顽、匪打得晕头转向。当时我们的连队不多，但今天在这个地区挂一个番号，明天到了另一个地区，又挂不同的番号，到处活动，使敌人摸不清我们的兵力，看起来就好像很多部队。"

五桂山，这个曾以"地多神仙花卉"令人神往的地方，现在借茂密的山林、纷繁的溪流，把抗日游击队深深保护起来。他们规模虽然不大，却始终活跃，时而出现在北台、下栅，时而出现在崖口、浮墟，然后又消失在五桂山的丛林之中，对日军造成了极大困扰，也成了中山人的希望所在。

就这样，他们坚持到1945年8月，日本宣布无条件投降。

跨越石岐海

抗日战争终于胜利了。1945年10月4日，中国军队第64军159师开进中山县，全县各地的日军，集中到石岐投降。人们欢腾若狂——苦难结束了，新的一天开始了！

10月7日，县政府从第二区谿角乡搬回石岐，在学宫旧址办公。全县重新划，分为九个区，设立区署。第一区驻石岐，第二区驻谿角，第三区驻小榄，第四区驻濠头，第五区驻古鹤，第六区驻官塘，第七区驻三灶，第八区驻斗门，第九区驻大黄圃。

许多因战争而中断的轮船航线，陆续恢复通航了。石岐与香港之间的联和、美利、利达、广发、金发等轮船，每天都有航班；往返广州的民生拖渡、龙记拖渡、顺利电船，去江门的新大辉、大捷、海达等电船，去澳门的顺发、祥利、珠江、民兴等电船，都相继开通。石岐与各区的乡渡，也都恢复正常了。几乎所有轮船上，都坐满了回流的难民，他们流浪了几年，终于回乡了，每个人的脸上，都布满了欢乐、期待。

所有人都热切期盼着天下从此太平，老百姓能过上安稳的生活。孙文西路的原商会外，张贴了"中山县商会筹备委员会"的大招纸，号召商业大户尽快复业，让中山再次繁荣起来。1946年1月，中山米谷同业公会捐出5万司斤大米；3月再捐出了十几万包大米、衣服、胶鞋和医院铁床，赈济邑内的贫民。与善堂爱惠医院开办平民饭堂，供应平价饭，每半份饭（白饭十三两）卖100元；每份饭（白饭一斤十两）卖200元，津贴茶水鱼菜，每天可以卖出白饭七百斤。

6月，几位石岐的米商发起倡议，设醮追悼在沦陷期间殉难的万千同胞，凤鸣路的各家米商纷纷响应，很快筹集了四千多万元，在上基康公庙搭建了一座大醮棚，从庙前至长堤一路铺上板道，又在长堤搭建了两座大醮棚，用重金从罗浮山礼聘道士前来主持法事，据说醮金亦达千百万元。此举被舆论批评"铺张扬厉，极尽浪费"，但吸引了各区的妇女，成群结队，蜂拥而来，每天都有成千上万的人涌入石岐。

石岐街头熙熙攘攘，久违的热闹又回来了。不少商店重新开门营业。当人们从孙文西路转去悦来大街时，发现原来的难民救济院，变身为"青年电影院"。新年期间，上映美国歌舞爱情喜剧电影《出水芙蓉》，大幅的电影广告上，一位美丽的女子，穿着泳衣，双手撑开一个像贝壳或蝴蝶翅膀的金色物体，上面用英文写着"bathing beauty"，令人心旌摇曳。买飞看"美女冲凉"[1]的人络绎不绝，每天三场，场场爆满，在放映的五天内，卖出了近万张戏飞。这个电影院很奇怪，屏幕放在中间，两边都是观众席，有一边观众看的是镜像画面，而且坐的全是没有靠背的长凳，但这似乎并不影响人们的兴致，因为和平了，不打仗了，看什么都开心，怎么坐都舒服。

中山的另一个商业中心是小榄，小榄有一个商业中心在永宁大榄市。有人这样描述："永宁乡，像静幽样的平靖，没有作浪兴波的风雨，在字典中，似乎永宁二字，才可以代表它的特征。"大榄市不仅是小榄的商业中心，而且顺德、新会的人，都喜欢来这里交易。中山人豪气，大碗喝酒，大块吃肉，光是一个四月初八舞醉龙，就已经"酒流成河"了。永宁人酿酒很出名，他们再用酒糟喂猪，一举两得，与桑基鱼塘有异曲同工之妙。

大榄市在妙灵宫附近，每天聚集着永宁乡三街八坊五十四社的居民、挤满了从外地来的商贩，简直水泄不通。每天清晨，都是这样一幅画面："附近的种菜农户和各地的货客，都聚在涌边来交易，因此，船艇来往，更又挤拥了。还有一个桑市，买桑卖桑的人，都于墟期赶集，船只穿插，煞是好看。"其实小榄历来无所谓墟期，天天都是墟，处处都是市。饱受创伤的永宁乡人暗暗祈祷：让好日子绵绵无尽期吧。

---

① 粤语称买票（车票、船票、戏票等）为"买飞"。"飞"为英语fare译音。称洗澡为"冲凉"。

但人们很快就发现，好日子实在太短了，甚至好像从来没有来过。疮痍满目的各区，要在短期内恢复，谈何容易。三灶岛被日军修了机场，又屠杀了十三乡，是重灾区之一。民众回来后，面对的是一片废墟，日军只留下80间简陋的木屋，农田被铺上水泥，变成了飞机跑道；村庄已被烧毁，一砖一瓦都要重建。他们砍掉树林，烧掉野草，开辟道路，重新搭建茅房。不过，丢荒几年的田地，就算马上复耕，两三年内也不会有好收成，只能把砍下的树木卖到岛外，挣点小钱，大部分人不得不重操楫橹，以捕鱼为生，生活似乎一下子被打回到南宋时代。

叠石乡在战前有748户人家，靠耕种17顷沙田和一些山园山地，日子过得也算康和。但在战争中，它经受了日军175次炮击，两度被攻陷，受轰炸、焚烧的反复摧残，长达两年八个月，战后到处是残垣败瓦，一片萧条，人口仅余530户。当地耸立着一块五尺高的石碑，上面镂刻着："（民国）廿八年（1939）六月九日敌机肆虐，乡民死伤多人，女士随队来救，在此殉职，乡人德之，爰泐碑以志不忘。"这是纪念在空袭中因救护乡人而殉难的申明亭乡女救护队员杨丽容，它提醒着每个人不可忘却的历史。

小泽乡原本是沙溪的鱼米之乡，沦陷前的1939年，全乡有3732人，但到1943年锐减了783人；1945年比两年前又再减少了267人，全乡只剩下2682人，有些是逃亡了，有些是饿死了。1945年抗战胜利，义仓在12月派米赈灾，竟有2532名乡人要领救济粮活命，几乎全乡人都要靠救济活命；1946年4月第二次派米，还有1350人领赈。可见经过四五个月时间，当地的元气仍远远未能恢复，许多人还挣扎在饥饿线上。

国民党虽然恢复了政权，但忙于接收敌产，对地方行政、治安管理，十分松懈，以致各种盗贼，乘隙而入，兴风作浪。胜利后恢复经济、凝聚民心的黄金时间，就这样被政府的昏聩与短视，轻轻断送了。

1946年7月，正是水稻收成的季节，一伙土匪竟打着"行政院粤桂闽区敌伪产业处理局查缉组"的旗号，光天化日，直闯到九区的大冈，出示伪造的敌产处理局的手折、关防、证明书、封条、训令、公文等，架起机关枪，强行封割安平乡同兴围、泰兴围、二沙旧南围等处的沙田水稻，甚至开来几条大船，勒令农民把割下的稻子，装船运走。乡长见公文上盖着鲜红大印，哪里想到会是假的，便一一照办。

这股冒充政府强行封割之风，像传染病一样，瞬间刮遍各个沙田区。三区的东海，四区的沙边乡，九区的大黄圃、马鞍四沙，一区的深湾沙、白溪、湖洲、鲤山、月角等处，都出现封割禾田的土匪，有的直接抢割谷子，有的投寄勒索信，要求各乡公所每亩交两斤白谷，给他们做伙食费。最初人们以为真是政府官员，敢怒不敢言，后来发现其中有诈，便激烈反抗了。

7月1日，有一股全副武装的土匪，闯到一区的峰溪沙，抢割禾田。驻防当地的自卫队和警察大队，立即出动弹压，与土匪爆发枪战。双方打了几个小时，竟不分胜负，土匪的猖獗，可见一斑。

这股"传染病"愈演愈烈，后来一些乡间无赖，也模仿土匪，雇人到处抢割禾田。他们采取"闪电"方式，像旋风一样，突然出现在某地，以最快速度收割若干禾田，然后装船火速撤离。由于他们忽东忽西，人们防不胜防。7月16日，有十几人跑到石军河的沙田抢割。乡民匆匆报警，当乡警接报赶到时，他们已经割了五亩地，三十几捆禾都装上船，准备运走了。乡警当场拘捕了这些人，他们一概声称，自己并非土匪，只是受人雇佣来收割的。乡警把幕后主使人抓到法院，称他们为"抢割犯"。这是一个前所未闻的罪名。

报纸连连惊呼"土匪极度披猖"。每天打开报纸，"曹步匪党截劫货渡""五区土劣勒索谷船""翠微附近虎蟹横行""峰溪沙匪抢割，竟与团队激战""冒官封割禾田，大部落网解办""深湾匪党勒收伙食"这类标题充斥着版面，连篇累牍，触目惊心。有一篇报道详细记述："本县月来不断发现匪徒，昼伏夜出，为害民众。各沙早造收割期间，土匪明目张胆，留难谷船，勒收行水，县属一、四、五区一带农民纷纷接到恐吓函件，每亩勒收稻谷二斤，五区三乡牛栏司理曾连，日前被掳。及四区大环乡，与第四区署及四区警察所所在地之江尾头乡，地势相连，一衣带水，自卫武力充足，不料匪徒近来越弄越凶，于8月5日胆敢遗函该乡，着由乡长负责在乡中田亩内，每亩勒征军谷二斤。"

匪徒之所以猖獗一时，到了无法无天的程度，是因为背后多少有一些劣绅在撑腰。在古鹤、翠微一带，曾经出现一些武装关卡，对过往的商旅，随意检查勒索。这些人自称"护沙队"，但既不出示证件，也无佩戴符号，就凭腰间有一支快掣驳壳枪，便社威擅势，对路人予取予夺。有一次竟截查了一位过路的官员，官员赫然震怒，当场下令随员缴了这些人的枪械，但经审问发现，原来真的是护沙队，只好申斥一番，把枪械发还。

在珠江三角洲，有一种叫"大天二"的土匪，尤其凶恶霸道，是其他省份所没有的。"大天二"这个名称，源自赌博牌九，在赌牌九时，拿到一个天牌，配一个十点，就作两点计，两点牌本来是很小的牌，但因为配了天牌，立即"身价百倍"，压过其他两点。"大天二"就是点数虽小，却可称霸的意思，这些人也不讳言自己是恶人："我拳头大过你，有本事你咬我啊？"他们到处掳人勒索，霸耕抢割，包烟庇赌，抽收行水，走私漏税，乃至称王称帝。有作者描述："（他们）几于令到人人畏惧，莫奈伊何，不敢得罪他们，一得罪了他们，马上就大祸临头。"甚至官吏都要与他们拉关系，花钱向他们买怕，否则永无宁日。

在河道上拦劫船只的事件，也在急剧增加，其中不少就是大天二的"杰作"。7月4日，往返于小榄与江门之间，运载大批面粉杂货的小榄带记渡轮船，在曹步附近，突然遭到土匪拦截，持枪械威胁，宣称要收保护费，并要求把船上的货物全部卸到岸上，但船主交不出保护费，土匪便把轮船劫走了。几天之后，又有大批土匪闯到三区东海附近，拦劫从小榄前往容桂的运粮货船。这次乡民奋起反抗了，他们一路追踪土匪，在板沙尾把正在分赃的土匪，打了个措手不及，四散溃逃，当场打死了四名土匪。

由于治安日益恶化，县政府8月7日宣布，在中山实行清乡，实行四大措施：一、从7日起封锁交通五天；二、岐关车准由石岐到达前山，不得往澳门；三、开往港澳的船只，一律只到前山，禁止搭客至港澳，经过中山境内河道时，不准沿途搭客；四、封锁期内，一律禁止前往港澳。在清乡期间，石岐实行戒严，清查户口，每晚12时起开始宵禁，居民禁止外出。但封锁交通五天期满后，政府又宣布延长三天，足见形势之严峻，气氛之紧张。土匪横行，把乡里刚刚光复时的快乐心情，全都冲掉了。

大部分的案件，都与粮食有关。人们才吃了两天饱饭，茶楼、酒楼的生意，刚有点起色，饥荒的阴云，又再卷土重来。1946年3月的米价是2.3万元一担，到6月时已升至4.65万元；食盐从7000元一担，升到1万元。到1947年，米价升势方兴未艾，人们开始忧心忡忡了，1943年的大饥荒，会不会噩梦重临？

中山县政府在12月4日公布厉行节约的措施，凡十人宴席，中式的每席不得超过六菜一汤，连茶饭在内的总价，甲级不得超过国币120万元，乙级90万元，丙级60万元；西餐每客甲级不得超过三菜一汤，总价在10万元以内，乙级以下二菜一汤，8万元，丙级4万元。然而，政府规定得愈详细，执行得愈坚决，似乎就愈坐实了粮食危机的传言，人们的恐慌也就愈烈。

大黄圃发生的一件事，让民间的恐慌，达到了沸点。由于

1946年大黄圃水灾严重，乡民申请豁免田赋，不料，非但申请不获批准，田粮办事处还勒令农民立即清缴1946年、1947年两年的田赋，谁敢稍有延迟，就把谁捆绑到办事处押留。办事处派兵到大黄圃第二十五保南约追缴田赋时，到了欠粮人家的门前，先往屋里开枪扫射，然后破门而入，把户主捆绑押走。这种追缴田赋的手法，简直与日本侵略军不相上下。

米价暴涨，导致粮食走私，有如滚滚洪流，势不可当。政府对货车、轮船的查缉十分严格，人们便化整为零，采取蚂蚁搬家的办法，组织单车队，每辆单车运一百斤米，络绎不绝地运往澳门。单车一般被认为是家庭的运输工具，不引人注意，每日奔走于途的单车，有三四百辆之多，或从东镇车路，经紫马岭入岐关车路，至三乡或翠微，或从华佗庙直落，或从清风桥转岐关车路，抵三乡或翠微，到达目的地后，再化零为整，卖到澳门黑市。

1947年2月，中山市面的黄金、港币、白米的价格，呈现惊心动魄的波动。白米在2月7日是83元一担，9日是95元，10日是120元，11日是190元。港币的兑换价，也从7日的178元，升至11日的360元，但随后又跳崖式地往下跌，跌至13日的248元。谁也不清楚内里究竟发生了什么事情。记者以惊悚的笔触写道："2月份，踏进了艰险的荆途，人们都掉进了恐怖的深渊里。一周内，物价从山坡跃到山巅，又从山巅滚到山坡，波谲云诡，谁都为之茫然。"

另一位记者警告："暴风雨的停息，残存着一个严重的是民生问题。"石岐新运妇女委员会举办的营养食堂,把每天供应30个散餐,紧急增加至300个;施粥站每天施粥的人数,也从1700人,增加至2800人;庇寒所收容了百多位流浪街头的男女;救济院也收容了两百多人,但仍应接不暇。县公务员每月可以领90司斤口粮,县公役员警每天可领1司斤口粮应急。政府继粮食禁止出口后,又宣布食油、柴、炭都禁止出口,一些乡(比如五凤乡)甚至宣布,粮食不准流出本乡;有些原本产粮的乡(比如坦洲)反过来派人到石岐抢购粮食;那些靠近澳门的乡(比如凤山乡、将军乡),干脆流通葡币,拒收国币。

这一切都预示着,暴风雨还远远没有停息,民生问题不是"残存",而是每况愈下,掉进了无底洞。

旗鼓乡竹秀园联保的一位老妇人,因为米价狂升,生活艰辛,2月19日在家中悬梁自尽。这一天,元宵节过去刚好半个月,这位老妇人熬过了抗日战争,熬过了1943年的大饥荒,却被1947年的粮价压垮了。这是众多穷困家庭的缩影。人们说起来,无不神色黯然,唉声叹气。

晚上,石岐除了市中心还有一点灯光外,东南北门各地,一片漆黑,如同鬼城般死寂。沉沉无边的黑暗,为这座陷于恐慌的城市,增添了一丝诡异气氛。有人写信问电灯局,为什么晚上会断电,电灯局声称,因为机器太旧,运转不灵了。这让人不禁怀疑:这部国家机器,是不是也运转不灵了?

在惊涛骇浪之间,焦头烂额的中山县政府,忽然接到前县长吴铁城——如今他已官拜国民政府立法院副院长——的一封来函，信中说：中山县过去实行模范县制，经内政部核定，已无恢复必要，该县如有合于示范县的条件，可由广东省政府定为示范县。这封信让人哭笑不得，眼下当务之急，是考虑怎么遏止通货膨胀的洪水，把模范县的招牌，换成示范县的招牌，并不起任何作用。

在大米、黄金、港币的领涨之下，各行各业都应声齐涨。石岐的店铺租金，本来就很昂贵，现在更是节节攀升，而且要收港币、黄金。一个中等铺位，月租四五百港元以上，或者一二两黄金，另外还得再交几个月的押金。1947年3月11日，100元港币的兑换价，一日之间，从兑24万元国币，跳升至兑36万元国币，按这个汇率，一个中等铺位的租金，等于要144万元。国币的信用，一落千丈，被人斥为"细钞"。店铺老板一看你拿出细钞，立即摆手摇头，满脸嫌弃地说："没货，没货。"但如果你是拿港币，老板马上点头哈腰说："请进，请进，到里面谈谈，你要什么货都有。"

然而，就算能租下铺位，怎么进货呢？从石岐到广州的大舱位船票，卖到7000元一张，从石岐到小榄，也要3200元，到容奇要5000元；去香港的船票，普通座位也要2万元，有个布床位让你可以躺一躺的要2.5万元。商人晚上在煤油灯下一拨算盘，不禁愁眉深锁：得卖多少货，才赚得回这个水脚钱？扛不住的，只好关门大吉。

理发行业公布调整价目，甲等剪发3000元，乙等2600元，连洗头4200元，小童2000元。社会舆论顿时哗然，纷纷痛骂理发行业是趁火打劫，雪上加霜。但飞发佬也要吃饭，他一天最多能剪多少个头，是有定数的，没办法薄利多销，如果不加价，他自己就要吊起沙煲①了。所以骂飞发佬也只能是出口闷气，没甚作用。物价这匹脱缰的野马，继续狂奔不止。

1948年5月，通货膨胀，物价飞升，已到了全无理性的失控状态，与1947年12月相比，大米涨了10.1倍，猪肉涨了7.7倍，食油涨了1.9倍，食盐涨了12.2倍。当政府开始发2万元、4万元，甚至25万元面值的关金大钞时，中山人的愤怒简直无处发泄，憋得快要爆炸了。

人人都知道，深渊就在眼前。1948年8月19日，国民政府公布《财政经济紧急处分令》，正式实行币制改革，把法币改为金圆券。政府规定法币依照300万对1的比率，折合金圆。金圆券本身含有一定的金值，折合四分之一美元。政府信誓旦旦地说，他们拥有2亿美元的金条、硬币和外汇作准备金，还有价值3亿美元的政府所有企业证券作保证，资信绝无问题，金圆券的发行量，绝不会超过准备金。

但事实上，金圆券却成了一场旷古未有的大灾难。金圆券发行后，政府没有设法疏导游资，而收兑民间的外币金钞，又未有及时妥善运用，国营事业股券的出售、银行钱庄的增资、敌伪产业的处理，全都各行其事，不是烂尾，就是失控，致使民间的金圆券，迅速变成大量游资，银根松滥，币信暴跌，变成一摞摞

---

① 粤语"吊起沙煲"指断炊。

废纸。

可笑的是，连县立中学向高中学生收取学杂费，也不要金圆券了，每个学生收90司斤大米，学生会费5司斤，建校费稻谷100司斤。开学时候，学生一个个扛着米袋进学校大门。只有制服费与书籍费，略收一点金圆券，但马上换成黄金、港币，交银钱店收取日息，到月终发教职员薪水时，又在市面以贱价买回金圆券支发。教员拿到金圆券后，以百米短跑的速度冲向米铺购米，但米价比他起跑时，已经又涨了一轮。

11月1日是所谓的"商人节"，中山县商会在门口贴了一副大大的对联"受之以节，勉为其难"，发泄着不满。这种阴郁的空气，盘桓不散，随时会酿出不测的事情。有一位商人哭丧着脸说："波你沙葛，这世道怎么活？还不如一把火烧了铺头，我还能拿点燕梳①！"民间在积聚着怒火，从他们深凹的眼眶里，几乎可以喷出火来，石头也能点燃。

没人知道，火会从哪里喷出来。圣狮乡有一户人家，家中的地底突然喷出火来，把这家人吓坏了，赶紧泼水灭火。事后他们挠破头也弄不明白，这股无名之火，到底是从哪里来的。为防地底再次冒火，这家人只好在家里堆起大堆的沙子，压住那个喷火眼，仿佛下面有一个随时会出来作祟的妖怪。

这只是一个前奏，后面还将高潮迭起。那个冬天，火在四处蔓延。凤鸣路公信酱园起火了，孙文中路畅生号商铺起火了，港

---

① 粤语"燕梳"是保险之意，英文Insurance的音译。

口乡聚源社起火了，榄镇南泉沙罗汉闸起火了，沙溪共和街谦诚油糖米店起火了，中兴乡塔园起火了，港口乡明德社起火了……

自杀的新闻愈来愈多，斗殴、杀人的新闻，也愈来愈多，原因多属鸡毛蒜皮的小事。但报纸上的新闻标题，却一个比一个血腥：《指盗窃松柴，乡民被殴吐血》《因借不遂，歹念顿生，乱刀劈伤主人》《柴刀劈夫案》《醋海翻波，老妻刀劈老夫》，反映出社会上下，充满了暴戾，让人不寒而栗。

对气候的寒暑变化、四季更替，女人们从来都比男人更敏感，也比男人更相信神明的力量。这天，石岐的女人们组织了18位梳辫的女人和18位梳髻的女人，宣称要日夜斋戒18天，逐一参拜石岐的18间庙宇，诚心祷告上苍神祇，保佑国家人口平安，消弭战争兵燹灾害。她们拜完一间庙宇，列队走向另一间庙宇。领头的女人抬着一具悦城龙母像，还有一位女人紧随其后，挥动葵扇，给龙母扇风，似乎怕她中暑，其他女人举着一条写有"保万民千千万"字样的布幡，沿途击鼓鸣锣，引来大批市民围观，指指点点。

当锣鼓声渐渐远去以后，围观的人群也陆续散去。天空飘着几缕淡云，石岐河水静静流淌；白露已过，秋分将至，禾科已定，稻子快要抽穗了；有些人忙着给水田排水，让太阳晒晒禾根；有些人忙着给甘蔗剥荚。城里则依旧熙熙攘攘，打铜的、织补的、卖草头药的、卖和顺榄的、画炭像画的档口，依旧挤满街头。然而，似乎总有一种忐忑不安的气氛、一种等待出事的焦灼之感，在人群之中，暗暗流动蔓延。自立县以来的八百年间，中山人曾多次置身于这种风雨晦明的时刻，他们经历过南宋德祐二年（1276），经历过元至正二十一年（1361），经历过明崇祯十七年（1644），经历过清宣统三年（1911）。现在，他们又面临着一个历史的门槛了。

一艘从广州来的花尾渡埋岸。从船下来的旅客，脚步匆匆，神情兴奋，带来了一个惊人消息：天要变了，国民党要垮台了，共产党要来了。这些旅客上岸以后，散向四面八方，融入了大街小巷、樵村渔浦之间，然后，消息就在城乡迅速传播开了。人们都在窃语私议，中国人民解放军粤赣湘边纵队中山独立团在五桂山成立了，五桂山区人民政府也成立了。①

10月14日，一艘从石岐驶往省城的花尾渡，缓缓驶近了广州西堤，拉响汽笛，准备埋岸。高耸云端的爱群大厦，已遥遥在望。忽然有人惊呼一声："快看！快看！"乘客们纷纷涌到船边张望，一面红旗在码头上飘扬。"不是青天白日啦！""有五颗星星，我知道，是中华人民共和国！""国民党完蛋了！共产党已经打到广州啦！"人们惊疑不已，议论纷纭。花尾渡在江心停了下来，不敢驶进码头。有人吵着要上岸，有人要调头回中山，船舱里争吵不休。船长犹豫不决，挠了半天头皮，最后下令花尾渡驶回石岐。

当花尾渡驶回石岐时，中华人民共和国中山县人民政府、中国人民解放军石岐军事管制委员会，已经宣告成立。

---

① 五桂山区人民政府成立于1949年9月。

10月30日凌晨，中国人民解放军两广纵队第一团先头部队300多人，从东莞县太平镇乘船抵达石岐；上午9时，粤赣湘边纵队中山独立团和五桂山军民1000多人，挺进石岐，与两广纵队先头部队会师。成千上万群众涌上街头，欢天喜地迎接解放军进城。军民在仁山广场举行欢迎人民解放军暨庆祝中山解放大会。

他们曾经那么向往解放区的生活，那么羡慕解放区的人民，现在，他们终于也成为"解放区的人民"，也过上了"解放区的生活"了！在那个清晨，许多人推开窗子，向远处眺望，天空好像真的明朗了，太阳好像真的鲜艳了，许多人深深地呼吸着，聆听着从大街上传来一波一波的锣鼓声、歌声和口号声，深信美好的生活，已经近在眼前。

一个时代结束了，一个时代开启了。

时间之河没有为谁停下，依然在浩浩荡荡向前。一部卷帙浩繁的中山历史，从此要另起一章了。1953年3月12日，中央人民政府内政部批准设立石岐市（省辖市），分设民生、烟墩、莲峰、中区、太平、岐江上、岐江下、水上、郊区九个办事处，并从中山县划出长洲、后山、柏山、张溪、基边、员峰六个乡归入石岐市郊区（后改称环城乡）。但到1959年3月22日，国务院宣布撤销石岐市，把原石岐市的行政区域，划归中山县。

1953年4月，中央人民政府政务院批准设立珠海县，以中山、东莞、宝安三县所属海岛为其行政区域。中山县的渔民区和前山、关闸、吉大、南屏、北山等地与淇澳、三灶、高栏、荷包、大小霖、大小横琴等海岛，划归了珠海县。1957年3月，中山、珠海两县调换相邻的部分乡村，中山县坦洲区的康济、翠微、造贝乡，翠亨区的下栅、东岸、官塘乡，乾雾区白蕉乡的白藤村，划归珠海县管辖。珠海县的万顷沙区，包括万顷沙镇和沙尾、沥心沙、新安、沙头、沙中、冯马、大岑、新建、板头、大虎、东瓜宇等11个小乡，划归中山县管辖。

1958年10月，原属黄圃公社的小黄圃、高黎等两个小乡，划归顺德县管辖。1959年7月，大岗、万顷沙等两个公社和大岗镇，划归番禺县管辖。

1959年3月，珠海县被撤销了，原珠海县的行政区域全部重归中山县，香洲和各海岛改为珠海公社。但只过了两年，1961年10月，珠海县又恢复了，中山县的唐家、香洲、前山、湾仔、三灶、万山等六个公社和那洲、上栅等两个小乡，再次划归珠海县管辖。

1964年5月，原属横栏公社的特沙大队，划归新会县管辖。1965年7月，国务院批准设立斗门县，中山县又把斗门、乾雾、白蕉三个公社与平沙农场，划给了斗门县。

经过这一连串的变化，今天中山的行政区域范围最终形成了。直到20世纪80年代以前，中山都是珠江三角洲的一个农业县，号称"鱼米之乡"。然而，当历史进入20世纪的最后20年，改革开放风起云涌，为中国创造了无限可能性。

1983年12月，中山获准撤县改市。从此"中山市"这个响亮的名称，便挟着时代的风雷，横空出世了。人们将看到，中山是如何从一个万马齐暗、前路迷茫的困局中，突围而出，与南海、东莞和顺德，并驾齐驱，赢得"广东四小虎"之誉，为中国经济创繁荣，为社会文化开生机，在中国近现代社会转型史中，上演了令人目眩和惊叹的一幕。1988年，中山市被国家统计局列为全国第一批36个率先跨入小康水平的城市之一。

在广东，只有两个以人名命名的城市，中山市是其中之一。[①]在当今的世界上，凡有华人的地方，没有不知道孙中山的。全国有多少条中山路？也许多得难以统计。但中山市只有一个，它仿佛向世人宣示：这里才是近代反专制革命的真正起点，是中国百年走向的重要坐标所在。

对今天的很多中山人来说，"香山"这个名称，似乎已经很遥远了，郑愚、黄佐、唐廷枢、郑观应、徐润、容闳这些名字，也许很陌生了。然而，曾几何时，香山人在中国的对外贸易上，占了半壁江山，甚至可以说，上海开埠之初，就是香山人手把手教会上海人怎么做生意的。是香山人引领着中国走向大海，走向世界；是香山人把铁路、轮船、机器等现代文明之物，从海洋的彼岸，带进了中国大门；是香山人对两千年皇权专制统治，发出第一声怒吼，洒下第一滴反抗的热血。

这些昔日的辉煌，很少有中山人自己说起了，只有那些散布在四乡八镇的老牌坊[②]，坐落在水村山郭的镬耳封火山墙大屋，

---

① 另一个是茂名，以潘茂名命名。

② 中山有八座古牌坊：三乡镇"乐善好施"坊，南朗镇"孝义"坊，火炬开发区"浦江世泽"坊，沙溪镇"探花及第"坊，沙溪镇"升平人瑞"坊，沙溪镇"期颐偕老"坊，大涌镇"升平人瑞"坊，黄圃镇"百龄流芳"牌坊。

盘根错节的参天古树，纵横交贯的麻石村道，依然保持着记忆深处的儒雅古风，让人在高楼大厦之间，依然可以追寻千百年渔海樵山的岁月；在车水马龙的街道，依然可以重温旧时村歌社舞的欢乐；在急遽前行的历史脚步声中，让中山人的血脉，与先祖的血脉，一齐搏动，不息不止。

中山人对初来甫到的客人，往往更热衷于介绍他们的"中山杏仁饼""石岐烧乳鸽"或者"沙溪走地鸡"，而不是他们的先人曾经在广州十三行、在上海黄浦滩叱咤风云的历史。他们那种岭南人的性格，特别鲜明：低调、朴实、外冷内热，不习惯吹嘘自己如何如何了不起。但他们确实了不起。看似外表平平无奇的中山人，内里却有万谷千岩，秀聚其中，就像一座永远开采不完的宝矿，永远有新发现，永远有新惊喜。

当然，中山人也有外热的时候。一年一度的小榄菊花会，满城尽带黄金甲，千花万花一时开，小榄也因此而得了个"菊城"的雅号。这让人感到，菊花在中山人的心目中，已不仅是观赏植物那么简单了，而是被赋予了深厚的精神价值，那就是"当风傲立，不惧秋霜"。

中山人舞龙、舞狮、舞鱼、舞鹤、舞麒麟，直舞得地动山摇。问起任何一个中山人，他都会如数家珍般地告诉你：黄圃的飘色、古镇的舞龙、大涌的舞狮、坦洲的咸水歌、五桂山的客家山歌……即使只是想象一下，也已感觉到五彩缤纷，八音缭绕，极尽视听之娱了。尤其是西区的舞醉龙，真是一团团的烈火，把人烧得血脉贲张。那种张扬，那种气派，那种翩若惊鸿、婉若游龙的身手，何尝不是在展现着中山人最豪放、最淳真的一面？

　　香山以前是一个大海岛，她诞生于大海，是大海唤醒了她，哺育了她，她在海涛中出落成长。这座城市是属于大海的，她的泪水像海水一样咸涩，她的笑声像海风一样爽朗。此时此刻，走在孙文西路步行街上，站在烟墩山的八角文塔旁，侧耳细听，亿万年前的涛声，仿佛还在耳畔隆隆作响。此时此刻，在天那边，在海那边，在喧腾的人潮间，一阵高亢嘹亮的歌声，破空而起，刹那间，激活了每个人对中山绵长的记忆，还有无限的憧憬：

　　　　十二月采茶又一年，家家丰收喜欢天。

　　　　男女老少多快乐，敲锣打鼓庆丰年……

参考书目

嘉庆、康熙、乾隆、道光、光绪、民国历代《香山县志》
《香山县志续编》《香山县乡土志》。

中山市博物馆编印：《中山历史文物图集》，1991年11月。

中山市文化局编：《中山市文物志》，广东人民出版社，
1999年版。

珠海市文物管理委员会编：《珠海市文物志》，广东人民出
版社，1994年版。

中山市人民政府石岐区办事处编：《岐海九曲》，2008年6
月印。

唐家湾镇志编纂委员会编：《唐家湾镇志》，广东人民出版
社，2015年版。

中国第一历史档案馆编：《明清时期澳门问题档案文献资料
汇编》（1—6卷），人民出版社，1999年版。

徐润著：《徐愚斋自叙年谱》，文海出版社有限公司。

郑观应著：《郑观应集》（上、下），上海人民出版社，
1988年版。

费成康著：《澳门：葡萄牙人逐步占领的历史回顾》，上海
社会科学院出版社，2004年版。

珠海市政协编：《珠海人物传》，广东人民出版社，1992年版。

陈序经著：《疍民的研究》，商务印书馆，1946年版。

胡波著：《香山买办与近代中国》，广东人民出版社，2007年版。

胡波著：《被误读的群体：香山买办与近代中国》，广东人民出版社，2010年版。

唐有淦编著：《从洋行买办到民族资本家》，1995年印。

吴竞龙著：《龙舞九天：中山醉龙舞》，广东教育出版社，2009年版。

吴竞龙著：《水上情歌：中山咸水歌》，广东教育出版社，2008年版。

吴竞龙著：《菊城流金：中山小榄菊花会》，广东教育出版社，2010年版。

甘建波著：《香山钩沉》，政协广东省中山市委员会《中山文史》编辑部2004年印。

黎一乐编著：《中山抗战初期史料考述》，政协广东省中山市委员会文史资料委员会2000年印。

郭雁冰：《从宝镜湾遗址看宝镜湾岩画的文化内涵》（论文）

郭雁冰：《珠海宝镜湾岩画凿刻工具探析》（论文）

叶伟忠：《珠海湾区沙丘遗址的考古发现与保护研究》（论文）

广东省中山市博物馆、广东省文物考古研究所：《2004年广东中山龙穴遗址发掘简报》

李晓龙：《宋元时期华南的盐政运作与区域社会：以东莞盐场地区为中心》（论文）

叶锦花：《王朝制度、地方社会与盐场兴衰：广东香山场与福建浔美场之比较》（论文）

黄健敏：《伶仃洋畔乡村的宗族、信仰与沿海滩涂：中山崖口村的个案研究》（论文）

段雪玉：《宋元以降华南盐场社会变迁初探：以香山盐场为例》（论文）

张倩著：《海岛社会与民间信仰：珠海淇澳岛的人类学研究》（论文）

王东峰：《清朝前期广东政府对澳门的管理》（论文）

萧凤霞、刘志伟：《宗族、市场、盗寇与蜑民：明以后珠江三角洲的族群与社会》（论文）

余子龙：《碉楼与乡村防卫设施演变：以中山地区为例》（论文）

何诗莹：《中山南下村汉武侯庙考述》（论文）

叶显恩：《走向海洋：珠三角开发及其近代化进程》（未刊稿）。

上栅村社区居民委员会等编：《上栅村史馆图文》（未刊稿）。